供给侧结构性改革
与中国资源型城市转型

徐君

著

人民出版社

国家社会科学基金一般项目（16BJY042）

江苏高校优势学科建设工程资助项目（PAPD）

江苏省"青蓝工程"人才工程项目（苏教师〔2017〕15号）

江苏省教育厅高校哲学社会科学重点项目（2018SJZDI090）

——————— 共同资助 ———————

前　言

自 20 世纪 90 年代以来，经过多年的高强度开采，大多数资源型城市出现了资源枯竭、生态环境恶化、经济增长乏力、产业结构单一等问题，长期积累的体制性和结构性矛盾日益凸显。党的十九大报告对资源型城市的发展困境开出了药方：实施区域协调发展战略，支持资源型地区经济转型发展；要建设现代化经济体系，必须把提高供给体系质量作为主攻方向，显著增强我国经济质量优势。供给侧结构性改革以转变经济增长方式、化解过剩产能、提升产品供给质量为重要目标，为资源型城市转型发展带来新机遇、新思路。以供给侧结构性改革为主要驱动力的资源型城市转型与传统的依靠投资、消费、出口"三驾马车"拉动城市转型具有显著差异，在制度、结构、产业、要素等方面创新了资源型城市发展动力与发展方式，为资源型城市转型带来新契机。因此，探究供给侧结构性改革驱动资源型城市转型问题具有重要的理论参考价值和现实指导意义。

本书以城市可持续发展理论、城市生命周期理论、主体功能区划理论、演化博弈理论、空间异质性理论、产业结构演进理论为基础，以供给侧结构性改革为理论指导，以资源型城市转型为研究对象，综合运用熵值法、层次分析法（AHP）、灰色关联 TOPSIS 法、灰色预测法、综合指数法等多种量化技术，遵循供给侧结构性改革从制度、结构、产业、要素等 4 个层面发力的基本判断，紧紧围绕制度、结构、产业、要素等 4 条主线，展开对供给侧结构性改革推进资源型城市转型的系统研究。本书在梳理国内外供给侧结构性改革和资源型城市转型相关研究成果及理论的基础上，界定了供给侧结构性改革、资源型城市及资源型城市转型的内涵，阐明了资源型城市转型的历史脉络和理论框架，分析了资源型城市转型的机遇与挑战，对供给侧结构性改革驱动资源型城市转型，明确了逻辑基础，探究了演化特征，剖析了因子，探究了传导机制、动力机制、共享机制和动态调控机制，设计了评价指标体系，构建了包含灰色关联TOPSIS评价模型、障碍因子识别模型、灰色预测模型的资源型城市转型评价及预测模型，选取了典型资源型城市进行实证研究，设计了以"1个目标、2大支撑、3方主体、4个层面"为核心的战略框架，提出了对策建议。

本书主要研究内容如下：

（1）介绍了供给侧结构性改革驱动资源型城市转型的背景和意义，梳理了国内外相关研究成果。

（2）界定了供给侧结构性改革、资源型城市转型等概念，总结分析了城市可持续发展理论、城市生命周期理论、主体功能区划理论、演化博弈理论、空间异质性理论和产业结构演进理论，并从内在一致性、互动作用等方面探究了供给侧结构性改革与资源型城市转型的内在逻辑，剖析了它的效应。

（3）剖析了资源型城市概况、发展现状、分布情况及发展阶段，并从制度、结构、产业、要素等4个层面分析了供给侧结构性改革驱动资源型城市转型的机遇与挑战。

（4）从路径依赖、结构脆弱性、路径创造、空间演化、资源禀赋等5个方面探究了供给侧结构性改革驱动资源型城市转型的演化特征。

（5）从制度改革、结构优化、产业升级和要素创新等4个方面界定了供给侧结构性改革驱动资源型城市转型的因子，并探究了其传导机制、动力机制、共享机制和动态调控机制。

（6）基于对逻辑基础和影响因子的分析，设计了供给侧结构性改革驱动资源型城市转型评价指标体系。该体系包含经济、制度、结构、产业、要素、生态等6个准则层指标，33个具体评价指标，并进行了定量测度。在此基础上，构建了灰色关联TOPSIS评价模型、障碍因子识别模型、灰色预测模型。

（7）基于2012—2016年评价指标的面板数据，选取我国40个典型资源型城市进行实证研究，根据构建的灰色关联 TOPSIS 模型，得到了资源型城市转型指数综合评价结果，并按照不同的城市类型，剖析了其转型指数的分异特征。

煤炭资源型城市转型指数分异特征。第一，考虑不同年份煤炭资源型城市综合转型指数变化规律，2014 年＞2012 年＞2016 年＞2013 年＞2015 年。第二，考虑不同发展阶段煤炭资源型城市综合转型指数变化规律，成熟期＞衰退期＞成长期＞再生期。第三，考虑不同地区煤炭资源型城市综合转型指数变化规律，东部＞中部＞东北部＞西部。

石油资源型城市转型指数分异特征。第一，考虑不同年份石油资源型城市综合转型指数变化规律，2012 年＞2014 年＞2016 年＞2013 年＞2015 年。第二，考虑不同发展阶段石油资源型城市综合转型指数变化规律，成熟期＞再生期＞成长期＞衰退期。第三，考虑不同地区石油资源型城市综合转型指数变化规律，东北部＞西部＞中部。

冶金资源型城市转型指数分异特征。第一，考虑不同年份冶金资源型城市综合转型指数变化规律，2014 年＞2013 年＞2016 年＞2015 年＞2012 年。第二，考虑不同发展阶段冶金资源型城市综合转型指数变化规律，再生期＞成长期＞衰退期＞成熟期。第三，考虑不同地区冶金资源型城市综合转型指数变化规律，南部＞中部＞东北部＞西部。

森工资源型城市转型指数分异特征。第一，考虑不同年份森工资源型城市综合转型指数变化规律，2013 年＞2014 年＞2012 年＞2016 年＞2015 年。第二，考虑不同发展阶段森工资源型城市综合转型指数变化规律，再生期＞成熟期＞衰退期。第三，考虑不同地区森工资源型城市综合转型指数变化规律，西部＞东北部。

综合资源型城市转型指数分异特征。第一，考虑不同年份综合资源型城市综合转型指数变化规律，2012 年＞2013 年＞2016 年＞2014 年＞2015 年。第二，考虑不同发展阶段综合资源型城市综合转型指数变化规律，再生期＞成熟期＞衰退期。第三，考虑不同地区综合资源型城市综合转型指数变化规律，东部＞东北部。

（8）从 5 种不同类型资源型城市中，各挑选 2 个（成熟期和衰退期），一共 10 个（分别是临汾、阜新、东营、濮阳、攀枝花、铜陵、丽江、白山、邯郸、辽源），进行基于时间序列的障碍因子识别，并从分类指标障碍度、单项指标障碍度进行解析。研究发现，第一，从分类指标障碍度看，不同类型的资源型城市的障碍特征类似，整体呈现波动下降的趋势。煤炭、石油、冶金、森工资源型城市在结构层面、制度层面、产业层面障碍度较大，综合资源型城市除此以外还在要素层面障碍度较大。第二，从单项指标障碍度看，不同类型的资源型城市的障碍制约因子有所不同。煤炭资源型城市主要的障碍因子为第二产业从业人员比重、医疗保险参与率和城镇职工基本养老保险参与率。石油资源型城市主要的障碍因子为第二产业从业人员比重、规模以上重工业增加值占GDP 比重和互联网宽带接入用户数。冶金资源型城市主要的障碍因子为外贸依存度、人口增长弹性系数和单位 GDP 能耗。森工资源型城市主要的障碍因子为外贸依存度、医疗保险参与率和规模以上重工业增加值占 GDP 比重。综合资源型城市主要的障碍因子为第二产业从业人员比重、医疗保险参与率和普通高等学校在校生人数。第三，2015 年是评价指标障碍度变化的转折年份，大多数评价指标障碍度由上升转变为下降，原因在于资源型城市在供给侧结构性改革的政策驱动下，努力抓住发展机遇，针对城市转型发展存在的难题，从供给侧结构性改革的角度实施城市转型。

（9）在预测研究中以城市发展阶段为划分尺度，选取不同资源型城市的部分样本作为研究样本。成长期城市选择松原（石油类）、榆林（煤炭类）、贺州（冶金类）。成熟期城市选择东营（石油类）、平顶山（煤炭类）、本溪（冶金类）、黑河（森工类）、邯郸（综合类）。衰退期城市选择濮阳（石油类）、韶关（煤炭类）、白银（冶金类）、白山（森工类）、辽源（综合类）。再生期城市选择南阳（石油类）、焦作（煤炭类）、马鞍山（冶金类）、丽江（森工类）、唐山（综合类）。依据灰色预测模型预测石油城市、冶金城市、森工城市、煤炭城市、综合城市的转型指数变化趋势，结论如下。第一，成长期资源型城市综合转型指数呈现下降趋势，成熟期、再生期资源型城市综合转型指数呈现上升趋势。第二，对比分析发现，预测期内煤炭资源型城市综合转型指数显著大于石油资源型城市综合转型指数，冶金、森工、综合资源型城市综合转型指数介于二者之间。

（10）以供给侧结构性改革作用路径及实施方式为研究依据，围绕资源型城市转型指导思想，立足于资源型城市转型目标，以人才、创新、资金等微观要素以及制度、政策、法规等宏观要素为支撑，实现政府、企业、公众多方参与，形成资源型城市转型的长效机制，构建以"1个目标、2大支撑、3方主体、4个层面"为核心的战略框架。

（11）从推进制度变革、促进结构优化、加快产业转型、矫正要素扭曲配置、转变经济增长方式、加强生态环境治理、树立资源开发新理念等方面提出了对策建议。

本书的研究成果创新了资源型城市转型的研究思路，丰富了资源型城市转型的研究内容，为实现资源型城市高质量发展和转型提供了理论和实践指导。由于资料和学识所限，本书的一些观点和论证可能存在一些不足之处，敬请读者批评指正！

徐 君

2019 年 3 月于江苏师范大学

目 录
contents

第一章 绪 论 …………………………………………………………… 001

　第一节 供给侧结构性改革驱动资源型城市转型的时代背景和价值 001

　　一、供给侧结构性改革驱动资源型城市转型的时代背景 001

　　二、供给侧结构性改革驱动资源型城市转型的价值 003

　第二节 供给侧结构性改革驱动资源型城市转型的国内外研究现状 004

　　一、供给侧结构性改革的国内外研究现状 004

　　二、资源型城市转型的国内外研究现状 013

　第三节 供给侧结构性改革驱动资源型城市转型的研究框架和研究

　　　　　方法 022

　　一、供给侧结构性改革驱动资源型转型的研究框架 022

　　二、供给侧结构性改革驱动资源型城市转型的研究方法 022

第二章 供给侧结构性改革驱动资源型城市转型的理论及逻辑基础 ………… 025

　第一节 供给侧结构性改革驱动资源型城市转型的相关概念 025

　　一、供给侧结构性改革 025

　　二、资源型城市 027

　　三、资源型城市转型 028

　第二节 供给侧结构性改革驱动资源型城市转型的理论基础 030

　　一、城市可持续发展理论 030

　　二、城市生命周期理论 031

三、主体功能区划理论 033

四、演化博弈理论 035

五、空间异质性理论 037

六、产业结构演进理论 040

第三节 供给侧结构性改革驱动资源型城市转型的逻辑基础 043

一、供给侧结构性改革与资源型城市转型具有内在一致性 044

二、供给侧结构性改革驱动资源型城市转型 045

三、资源型城市转型反作用于供给侧结构性改革 046

四、供给侧结构性改革驱动资源型城市转型的效应分析 047

第三章 供给侧结构性改革驱动资源型城市转型的现状、机遇及挑战 ········ 051

第一节 资源型城市概述及现状分析 051

一、资源型城市概述 051

二、资源型城市发展现状分析 055

第二节 供给侧结构性改革驱动资源型城市转型的机遇 060

一、制度层面机遇 060

二、结构层面机遇 062

三、产业层面机遇 062

四、要素层面机遇 063

第三节 供给侧结构性改革驱动资源型城市转型的挑战 064

一、制度层面挑战 064

二、结构层面挑战 069

三、产业层面挑战 074

四、要素层面挑战 080

第四章 供给侧结构性改革驱动资源型城市转型的演化特征分析 ················ 085

第一节 路径依赖特征 085

一、供给侧结构性改革驱动资源型城市转型路径依赖的初始
条件 086

二、供给侧结构性改革驱动资源型城市转型路径依赖的自我

增强机制 089

第二节 结构脆弱特征 092

一、供给侧结构性改革驱动资源型城市转型结构脆弱的特征 093

二、供给侧结构性改革驱动资源型城市转型结构脆弱的表现

形式 094

第三节 路径创造特征 101

一、路径创造理论 101

二、供给侧结构性改革驱动资源型城市转型路径创造机制 102

第四节 空间演化特征 104

一、资源型城市职能演化 104

二、资源型城市空间结构类型及演化规律 105

三、供给侧结构性改革驱动资源型城市空间结构发展的趋势 108

第五节 资源禀赋特征 109

一、资源型城市分布区域广 109

二、资源型城市种类繁多 111

第五章 供给侧结构性改革驱动资源型城市转型的机制分析 112

第一节 供给侧结构性改革驱动资源型城市转型的因子 112

一、制度改革 113

二、结构优化 118

三、产业升级 125

四、要素创新 129

五、驱动机制 133

第二节 供给侧结构性改革驱动资源型城市转型的传导机制 133

一、空间结构与制度改革 133

二、空间结构与产业升级 137

三、空间结构与要素创新 138

四、制度改革与产业升级 139

五、制度改革与要素创新 141

六、产业升级与要素创新 142

第三节　供给侧结构性改革驱动资源型城市转型的动力机制 144

一、空间结构供给的压力机制 144

二、制度改革供给的拉力机制 145

三、产业升级供给的推力机制 145

四、要素创新供给的支撑力机制 146

第四节　供给侧结构性改革驱动资源型城市转型的共享机制 148

一、共享机制下的空间结构调整 149

二、共享机制下的制度改革 149

三、共享机制下的产业升级 150

四、共享机制下的要素创新 150

第五节　供给侧结构性改革驱动资源型城市转型的动态调控机制 152

一、成长期调控机制 152

二、成熟期调控机制 152

三、衰退期调控机制 153

四、再生期调控机制 154

第六章　供给侧结构性改革驱动资源型城市转型的评价及预测模型⋯⋯⋯⋯ 156

第一节　供给侧结构性改革驱动资源型城市转型评价指标体系设计 156

一、评价指标构建原则 156

二、评价指标体系设计 157

三、评价指标定量测度 159

第二节　供给侧结构性改革驱动资源型城市转型评价及预测模型
构建 166

一、评价及预测方法选择 166

二、数据处理与权重设定 168

三、资源型城市转型的灰色关联 TOPSIS 评价模型　171

四、资源型城市转型障碍度识别和评价模型　175

五、资源型城市转型灰色预测模型　176

六、评价及预测结果分析　179

第七章　供给侧结构性改革驱动资源型城市转型的实证研究⋯⋯⋯⋯⋯ 180

第一节　实证样本选择　180

第二节　确定指标权重　182

一、层次分析法确定权重　182

二、熵值法修正权重　184

第三节　基于面板数据的我国 40 个资源型城市转型实证过程　186

一、原始数据的采集及处理　186

二、灰色关联 TOPSIS 评价过程　193

三、评价结果分析　208

第四节　供给侧结构性改革驱动资源型城市转型障碍因子的实证

研究　223

一、障碍因子计算过程及结果　224

二、典型资源型城市的实证分析　232

三、资源型城市转型指数障碍因子分异特征　287

第五节　供给侧结构性改革驱动资源型城市转型的灰色预测实证

研究　289

一、灰色预测过程及结果　289

二、预测结果分析　293

第八章　供给侧结构性改革驱动资源型城市转型的战略框架及对策⋯⋯⋯ 298

第一节　供给侧结构性改革驱动资源型城市转型的战略框架　298

一、供给侧结构性改革驱动资源型城市转型的指导思想　298

二、供给侧结构性改革驱动资源型城市的转型目标　300

三、供给侧结构性改革驱动资源型城市转型的支撑体系　302

四、供给侧结构性改革驱动资源型城市转型的参与机制 304

五、供给侧结构性改革驱动资源型城市转型的战略框架模型 306

第二节　供给侧结构性改革驱动资源型城市转型的对策设计 308

一、推进制度变革，强化顶层设计 309

二、促进结构优化，筑牢转型基础 312

三、加快产业转型，构建支撑体系 316

四、矫正要素扭曲配置，创新要素供给机制 320

五、转变经济增长方式，培育转型新动能 326

六、加强生态环境治理，实现绿色生态发展 328

七、树立资源开发新理念，开辟转型新路径 332

参考文献 335

后　记 344

第一章 绪 论

第一节 供给侧结构性改革驱动资源型
城市转型的时代背景和价值

一、供给侧结构性改革驱动资源型城市转型的时代背景

2015 年 11 月，"供给侧结构性改革"这一概念被正式提出，在国内外引起了广泛的讨论。如何理解供给侧结构性改革，并借助其带来的宏观政策优势化解过剩产能、提升经济增长的质量和效率、实现经济结构转型，已经成为学术界的研究热点。当前，我国经济正处于增长速度换挡期，"三驾马车"作用日渐式微，且副作用和后遗症越来越多，经济高杠杆泡沫化风险加剧，生产要素的低成本优势发生转变，供给侧结构性改革成为适应和引领经济新常态的必然选择。在经济新常态下，我国经济已由高速增长阶段转向高质量发展阶段，建设现代化经济体系是我国发展的战略目标。2017 年 10 月 18 日，党的十九大报告明确提出："深化供给侧结构性改革。建设现代化经济体系，必须把发展经济的着力点放在实体经济上，把提高供给体系质量作为主攻方向，显著增强我国经济质量优势"。[1] 由此可见，供给侧结构性改革已经成为突破结构性矛盾、化解过剩产能的重要抓手。

长期以来，资源型城市为我国经济持续稳定增长提供了煤炭、石油、钢铁

---

[1] 《党的十九大报告辅导读本》编写组：《党的十九大报告辅导读本》，人民出版社 2017 年版。

等资源保证。资源型城市大多是在新中国成立以后迅速成长起来的。资源开发活动为社会提供了大量的就业机会，吸引人口聚集，加快了城市化步伐，推动了资源型城市经济社会的快速发展。从20世纪末以来，大多数资源型城市出现了资源枯竭、生态环境恶化、经济增长乏力、产业结构单一等问题，长期积累的体制性和结构性矛盾日益凸显。首先，大量资源型城市面临"矿竭城衰"的困境。据统计，我国262个资源型城市中，有2/3的矿山城市已进入中老年期，1/4的资源型城市面临资源枯竭。在以采矿为主的资源型城市中，处于成长期、成熟期、衰退期的比例分别为20%、68%、12%。其次，资源型城市产业结构单一。资源型城市兴起的原因决定了城市后续发展的命脉。产业结构单一的问题十分普遍，相当数量的资源型城市第二产业比重在30%以上，少数甚至超过80%。例如，大庆市2002年、2007年、2012年第二产业比重分别为86.9%、85%、80.9%，虽然呈下降趋势，但仍超过80%。最后，资源型城市生态环境脆弱。生态环境恶化的状况十分普遍。我国资源型城市的开采方式以掠夺式、粗放式为主，对生态环境治理和保护的力度严重不足，生态环境质量普遍较差。尤其是近年来雾霾天气多发，我国北方由于天气干燥、空气流动性差，资源型城市成为这一新污染的推手。2015年，我国黑色金属、矿物制品、有色金属等高耗能产业共产生工业废水58.1亿吨，占工业总量的32%；产生废气60.46万亿立方米，占工业总量的88.24%；产生工业烟尘635.03万吨，占工业总量的57.3%；产生固体废弃物15.99亿吨，占工业总量的51.41%。

党的十九大报告对资源型城市的发展困境开出了药方：实施区域协调发展战略，支持资源型地区经济转型发展；要建设现代化经济体系，必须把提高供给体系质量作为主攻方向，显著增强我国经济质量优势。供给侧结构性改革以转变经济增长方式、化解过剩产能、提升产品供给质量为重要目标，为资源型城市转型发展带来新机遇、新思路。以供给侧结构性改革为主要驱动力的资源型城市转型与传统依靠投资、消费、出口"三驾马车"拉动城市转型具有显著差异，在制度、结构、产业、要素等方面创新了发展动力与发展方式，为转型带来新契机。因此，有必要深入分析供给侧结构性改革驱动资源型城市转型的逻辑基础及作用机制，并设计评价、预测和战略框架，为资源型城市创新转型路径提供理论借鉴。

二、供给侧结构性改革驱动资源型城市转型的价值

本书以系统科学理论为基础，以供给侧结构性改革为理论指导，以资源型城市转型为研究对象，重点分析了供给侧结构性改革驱动资源型城市转型的逻辑基础、机遇挑战、作用机制及战略框架，构建了评价模型，并以资源型城市转型的路径为最终落脚点。该研究既有利于更加清晰地梳理供给侧结构性改革的作用路径及方式，丰富资源型城市转型领域的研究成果，明确二者的内在联系，也能够为决策者提供理论参考，创新城市转型发展新思路。

（一）理论价值

首先，明确了供给侧结构性改革驱动资源型城市转型的逻辑基础，阐明二者具有内在一致性，供给侧结构性改革能够有效驱动资源型城市转型。此外，资源型城市转型发展以创新驱动理念为着力点，重点解决结构性矛盾、增长动力不足、产能过剩、高端供给不足等问题，反作用于供给侧结构性改革。其次，借鉴供给侧管理思路，从制度、结构、产业、要素等4个层面界定供给侧结构性改革驱动资源型城市转型的因子，并从制度改革、结构优化、产业升级和要素创新等4个方面，论述供给侧结构性改革驱动资源型城市转型的传导机制、动力机制、共享机制和动态调控机制，丰富了资源型城市转型的研究范畴，为城市转型发展提供了新思路。最后，基于供给侧结构性改革的作用路径，构建了包含经济、制度、结构、产业、要素、生态等6个准则层指标、33个具体评价指标的资源型城市转型评价体系，突破了传统评价指标选取视角的主观性和随意性，提升了评价模型的针对性和科学性。此外，本书将评价模型、障碍因子识别、预测模型有机结合起来，弥补了传统评价思路单一化、片面化的缺陷。

（二）实践价值

资源型城市持续为经济增长提供能源资源支撑，在我国国民经济发展中的重要性不言而喻。以供给侧结构性改革为研究视角，研究资源型城市转型的机

遇挑战、机制、战略框架及对策建议，有利于决策者明确城市发展定位及转型现状，为其提供新思路，完善城市治理政策体系。首先，本书通过分析供给侧结构性改革与资源型城市转型的内在逻辑，以及新时代背景下资源型城市转型面临的机遇与挑战，帮助政策制定者深刻了解资源型城市转型现状，结合时代背景制定发展政策。其次，在机制分析及因素界定的基础上，设计了资源型城市转型评价指标体系及综合评价模型，并选取不同发展阶段、不同类型的资源型城市进行实证研究，能够为供给侧结构性改革视角下的定量研究提供借鉴，拓宽评价方法的适用范围。最后，本书立足于资源型城市发展现状、问题及实证分析结果，从制度、结构、产业、要素等供给侧结构性改革视角提出并制定具有针对性和可操作性的资源型城市转型发展路径，加快产业结构调整步伐，尽快实现生态文明建设目标。

第二节　供给侧结构性改革驱动资源型城市转型的国内外研究现状

一、供给侧结构性改革的国内外研究现状

（一）国外供给侧结构性改革研究现状

1.供给侧结构性改革的理论起源与历史沿革

供给侧结构性改革相关理论起源较早，伴随着经济学的发展历程。从纵向历史发展来看，供给管理思想是伴随着现代经济学而产生和发展起来的，并一度成为经济发展中的主流调控思想和政策思路。从经济思想史和经济史来看，重商主义强调发挥政府的宏观调控作用，鼓吹需求管理政策，而重农学派反对重商主义的需求管理政策，认为应该增加土地要素供给，强调农产品供给的重要基础性作用。[1]

---

① 李佐军：《供给侧改革改什么、怎么改？》，机械工业出版社 2016 年版。

1776 年，亚当·斯密（Smith A.）在《国民财富的性质和原因的研究》一书中系统地抨击了重商主义的需求管理政策，强调劳动、资本、技术等供给侧因素在经济发展中的作用，注重发挥市场调节的关键作用。[①] 1803 年，法国经济学家萨伊（Say J. B.）在《政治经济学概论》中提出了萨伊定律。这一供给管理思想认为供给会创造出需求，供求在自由竞争市场条件下的失衡会在价格变化的调节下重新均衡。20 世纪 30 年代，西方经济危机的爆发引发了人们对自由放任经济政策的质疑，"供给创造需求"的论断被否定。1936 年，英国经济学家凯恩斯（Keynes J. M.）对萨伊定律提出质疑，他认为自萨伊和李嘉图提出以后，有关"供给创造需求"的论断需要谨慎对待。凯恩斯的研究思路与萨伊不同，他认为总需求不足是爆发经济危机的根本原因，因此政府必须通过扩张性的货币政策和财政政策对总需求进行管理。

20 世纪 70 年代，"滞胀"问题的出现宣告了凯恩斯需求管理政策的失灵，供给学派普遍得到重视。所谓"滞胀"就是物价持续上涨和经济发展停滞同时存在，政府的需求管理政策难以全面解决这两个问题。紧缩政策能抑制物价上涨，但会加剧经济停滞；扩张政策能促进经济复苏，但会加剧价格上涨。于是，反对政府干预、强调供给侧管理的理论，如以弗里德曼（Friedman M.）为代表的货币主义[②]、以拉弗（Laffer A. B.）和万尼斯基（Wanniski J.）为代表的供给学派、以科斯（Coase R. H.）为代表的产权学派、以卢卡斯（Lucas R. E.）为代表的理性预期学派等开始兴起。

供给经济学在诞生及发展初期只得到了少数人的认可，但随着经济问题不断涌现，需求侧管理思维无法解决经济发展中出现的新问题。[③] 在实践中，供给学派理论和政策主张被美国总统里根（Reagan R. W.）和英国首相撒切尔夫人（Thatcher M. H.）采纳，取得了良好的经济治理效果。20 世纪 80 年代，供给侧管理思路被里根接受，他通过减税和提高市场自由度增加市场供给，同时

---

① Smith A., *The Wealth of Nations*, New York：Modern Library，1994.

② Friedman M., *Capitalism and Freedom*, Chicago：University of Chicago Press，1962.

③ Gwartney J.D., "Supply-side Economics", *The concise encyclopedia of economics*, No.5（2008），pp.145-149.

运用凯恩斯的社会总需求调节政策和货币学派的货币供应量增长控制政策，实施了摆脱经济滞胀的改革举措，他所坚持的经济理论被称为"里根经济学"。[①]与里根在同一时代，英国首相撒切尔夫人提出"撒切尔主义"，坚持新自由主义的自由市场经济理论，反对凯恩斯理论和福利国家理论，大力推动私有化和市场自由化，取消汇率管制，削减福利开支。[②]

2. 供给侧改革的深入发展

国外有关供给侧管理的研究由来已久，但由于供给学派的理论观点常常与货币学派、产权学派的理论主张交叉使用，供给学派的理论体系并未在学术界产生较大影响力。通过阅读书籍及查阅外文文献可以发现，国外学者对供给侧改革的研究较少，但研究开始得早，成果较为丰富。学者运用经济学基本理论对供给总量和要素供给进行分析，并运用供给侧改革的基本理论，解决煤炭、医疗卫生、税收等行业出现的问题。

在供给总量分析方面，学者从微观层面分析经济增长的动力源泉，认为劳动力、人才、技术、资本等是经济增长的关键要素。1776 年，亚当·斯密在《国民财富的性质和原因的研究》一书中指出，企业内部的劳动分工和物质资本的积累是国民财富增长的源泉。1912 年，美国经济学家熊彼特（Schumpeter J. A.）首次明确了创新在经济发展过程中的重要地位，认为新的生产要素被引入或生产要素被重新组合是产生创新的重要基础。[③]英国经济学家哈罗德（Harrod R. F.）长期从事经济均衡增长的研究，通过对产值增长率、资本—产量比率和储蓄率关系的研究，认为物质资本积累和技术进步是经济增长的源泉。[④]1956 年，美国经济学家索洛（Solow R. M.）提出了新古典经济增长模型，认为劳动、资本、技术是经济增长的三个根本动力因素。20 世纪 60 年代，美国经济学家舒尔茨（Schultz T. W.）首次提出了人力资本的概念，强调了人力

---

① Wilson G.W., "Where Reaganomics Succeeded, Where it Failed, and Why", *Business Horizons*, Vol.27, No.4（1984）, pp.2–8.

② Turgeon D.D., "Fishery Regulation: Its Use under the Magnuson Act and Reaganomics", *Marine Policy*, Vol.9, No.2（1985）, pp.126–133.

③ Schumpeter J.A., *The Theory of Economic Development*, Califon: Transaction Publishers, 1982.

④ Harrod R.F., *Dynamic Economics*, Cambridge: The MIT Press, 2003.

资本的重要性，并将经济增长归结于人力资本的增加。

在要素供给研究方面，学者着重分析了创新、资本、人才等要素对企业效益或经济效益的驱动作用。中川（Nakagawa M.）等（2009）认为创新是 21 世纪经济发展的核心动力，由于经济范式的转变，技术溢出结构也随之发生改变，技术溢出成功地引领了创新。[①] 乌亚拉（Uyarra E.）等（2014）强调了公共采购对创新的促进作用，认为公共采购的障碍大小受到采购流程、采购人员能力、采购程序等因素的影响，研究还发现市场交易状况和创新程度取决于供应商对市场壁垒的感知程度。[②] 安祖拉托斯（Antzoulatos A. A.）等（2016）利用计量经济学的基本理论，研究了资本供给和资本结构对金融发展的作用，探讨了金融发展对企业资本结构和企业面临的财务约束松紧度的影响。[③] 霍（Huo B. F.）等（2016）主要研究了人才要素对供应链整合与企业竞争绩效的影响，在收集和分析来自 10 个国家的 317 家制造商的数据的基础上，采用结构方程模型和回归分析，发现组织承诺有利于挖掘人才潜力，对供应链整合产生正面影响。

近年来，部分学者基于供给侧管理的基本思维，将供给侧改革引入其他行业问题的解决上。詹尼萨罗（Giannitsarou C.）在 2006 年探讨了供给侧改革与学习动力之间的关系，研究了资本减税后自适应学习过渡阶段的性质、大小和长度，利用脉冲响应分析，证明了导致改革时期外生性技术冲击的根本原因是学习过渡阶段的不对称和敏感。山田（Yamada K.）在 2011 年探讨了 20 世纪 90 年代日本所得税改革对劳动力供给的影响，休闲消费选择模型表明税率的变化会引起劳动力供给的变化。近藤（Kondo A.）等（2013）研究了日本全民健康保险对卫生服务利用的影响，以及供给侧对此产生的反应，研究结果表明任何放缓供给侧方面反应的行为都有可能限制医疗保健系统满足日益增长的

---

① Nakagawa M. & Watanabe C. (eds.), "Changes in the Technology Spillover Structure Due to Economic Paradigm Shifts: A Driver of the Economic Revival in Japan's Material Industry beyond the Year 2000", *Technovation*, Vol.29, No.1, pp.5–22.

② Uyarra E. & Edler J. (eds.), "Barriers to Innovation through Public Procurement: A Supplier Perspective", *Technovation*, Vol.34, No.10(2014), pp.631–645.

③ Antzoulatos A. A. & KoufopoulosK. (eds.), "Supply of Capital and Capital Structure: The Role of Financial Development", *Journal of Corporate Finance*, Vol.38, No.6(2016), pp.166–195.

医疗需求的能力。[1] 利姆瓦塔那农（Limwattananon S.）等（2015）研究了供给侧改革对泰国医疗支出风险和利用的影响，在适度公共卫生预算的条件下，立足于供给侧方面的改革措施，以提高成本效益为目的，通过扩大医疗保险的范围，实现医疗保险的全覆盖。[2]

（二）国内供给侧改革研究现状

1. 供给侧改革的内涵研究

在中央正式提出实施供给侧改革之前，国内学者对中国经济问题的研究大多基于需求侧管理的视角，部分学者对供给问题的研究主要集中在公共服务供给[3]、公共产品供给[4]、劳动力供给[5]、房地产供给[6]等方面。中央调整经济治理思路后，国内学者基于供给侧改革的视角，探究高等教育、能源改革、农业等领域的发展新思路。供给侧改革的内涵具体如表1-1所示。

表1-1 供给侧改革内涵总结

研究视角	内涵	文献作者
能源视角	供给侧的本质是自然资源、劳动力、资本和技术等生产要素的组合与配置，供给体系所存在问题的本质就是生产要素低效率、低质量的"错配"。能源既是满足居民消费需求的终端产品和生活要素，也是满足国民经济各行业发展不可或缺的中间投入品和生产要素	林卫斌等（2015）
创新驱动	在内部要素条件及外部经济环境发生变化的情况下，对生产要素进行创新性重组及改良，同时对管理及制度进行创新，降低交易成本，更好地满足市场需求，以实现经济在"质量、效益"基础之上的可持续发展	黄剑（2016）

---

① Kondo A. & Shigeoka H., "Effects of Universal Health Insurance on Health Care Utilization, and Supply-side Responses: Evidence from Japan", *Journal of Public Economics*, No.99（2013）, pp.1-23.

② Limwattananon S. & Neelsen S.（eds.）, "Universal Coverage with Supply-side Reform: The Impact on Medical Expenditure Risk and Utilization in Thailand", *Journal of Public Economics*, No.121（2015）, pp.79-94.

③ 蓝国彬、樊炳有：《我国体育公共服务供给主体及供给方式探析》，《首都体育学院学报》2010年第2期。

④ 蔡拓、杨昊：《国际公共物品的供给：中国的选择与实践》，《世界经济与政治》2012年第10期。

⑤ 程杰：《养老保障的劳动供给效应》，《经济研究》2014年第10期。

⑥ 易斌：《住房需求抑制还是土地供给调节：房地产调控政策比较研究》，《财经研究》2015年第2期。

续表

研究视角	内涵	文献作者
经济新常态	供给侧改革是以新常态为背景，其目标是发展知识密集型经济，以提高经济社会的技术水平或全要素生产率	龚刚（2016）
农业视角	所谓农业供给侧改革，就是针对现阶段我国农业供给与需求不匹配、不平衡，产业链条短，产品质量低，农业生产低效率的背景，对主要矛盾方的供给侧进行调整，特别是用改革的办法调整供给结构，矫正市场配置中的要素扭曲现象，提升生产效率和供给质量，提升农业竞争力，从而更好地满足群众对高品质农产品的需要，为我国全面实现现代化做出贡献	张蓓（2016）
煤炭行业	在能源消费增长减速换挡、结构优化步伐加快、发展动力开始转换的新常态下，通过煤炭的清洁利用和削减过剩产能，经济从粗放式发展向"提质增效"转变，达到推进科学技术创新的同时，兼顾民生和能源使用效率提升的目的	张宗勇（2016）
高等教育	以供给侧改革为解读视角，我国高等教育在办学方向、学科设置和创新创业教育方面存在突出矛盾。因此，以深化供给侧改革为目标，提升高等教育有效供给的质量，增强创新创业型人才供给，创新高校教育质量评价制度	吕景泉等（2013）

2. 供给侧改革的成因与理论逻辑

在实施供给侧改革的原因方面，学者的研究大多基于对当前经济困境的讨论。贾康等（2013）在梳理和考察西方传统供给学派、制度经济学、发展经济学等经济学主张的基础上，提出"新供给经济学"的理论认识框架，有效化解"滞胀""中等收入陷阱"等潜在风险。[①] 徐朝阳（2014）主要探讨了中国经济受供给抑制政策影响而产生的矛盾经济现象：消费率持续下滑，社会消费品零售总额却持续高速增长。因此，改革的重点和突破口必须放在存在明显供给抑制政策而大量有效需求得不到满足的经济领域。[②] 林卫斌等（2016）认为我国的供给侧改革源于经济领域存在三个方面的供需失衡，即有供给无需求、有需求无供给和供应的低效率抑制有效需求。[③] 杨家宁（2016）认为目前中国经

---

① 贾康、徐林、李万寿等：《中国需要构建和发展以改革为核心的新供给经济学》，《财政研究》2013 年第 1 期。

② 徐朝阳：《供给抑制政策下的中国经济》，《经济研究》2014 年第 7 期。

③ 林卫斌、苏剑：《供给侧改革的性质及其实现方式》，《价格理论与实践》2016 年第 1 期。

济增长出现了结构性产能过剩，供需错配成为经济发展的主要矛盾，现阶段政策着力点应放供给侧调整力度上，在降低企业的制度性交易成本、化解产能过剩、加大公共服务供给等方面实现供给侧的结构性动力机制优化。[1]

在供给侧改革的理论逻辑研究方面，国内学者主要梳理了西方传统供给学派的理论实践，试图从经济增长理论、交易成本理论、制度经济学理论、发展经济学理论、机会窗口理论、钻石理论等多方面探讨推进供给侧改革的必要性和合理性。贾康等（2013）对西方经济学和传统供给学派的核心观点及运用成效进行梳理，并总结了德国和日本实践以需求管理为核心的凯恩斯主义与货币刺激政策的经验教训，认为中国的供给管理要以结构优化为侧重点。王一鸣（2015）认为供给侧改革要运用经济增长理论，通过技术创新提高全要素生产率，改变以往依靠劳动、资本、土地等要素大规模、高强度投入的方式。[2]滕泰、沈建光和陈宪（2015）等学者提出供给侧改革要借鉴制度经济学理论，深化教育体制、行政管理体制、金融体制、财税体制和国有企业的改革，破除经济发展的制度性障碍。徐林（2015）认为在供给侧改革中推行交易成本理论，有利于帮助企业降低各种税费、融资成本、管理成本等制度性交易成本，降低企业杠杆率，为企业实现减负。徐礼伯等（2016）认为钻石理论在出发点、立足点、强调内容等方面与供给侧改革不谋而合，比较适合指导中国的供给侧改革和产业突围。[3]赵航（2018）基于组织冗余与组织创新等理论，从微观层面分析供给侧改革的作用机制，认为供给侧改革在优化资产结构的同时，还需要搭建组织学习平台，培育企业家导向，构建内生型创新体系。[4]

3. 供给侧改革的互动机制研究

我国经济结构性矛盾导致增速放缓，供给侧改革是打造创新型经济、引领新常态的有效途径。张为杰等（2016）着重分析了供给侧改革与我国经济新常

---

[1] 杨家宁：《供给侧改革的认知框架与动力机制》，《理论导刊》2016 年第 9 期。

[2] 王一鸣：《通过供给侧改革重塑发展动力》，《人民日报》2015 年 12 月 28 日。

[3] 徐礼伯、钞小静、苏德金：《新常态下的供给侧改革与中国产业结构升级——基于钻石理论的视角》，《江海学刊》2016 年第 4 期。

[4] 赵航：《供给侧改革的微观机制研究：基于组织冗余与组织创新》，《企业经济》2018 年第 1 期。

态的内在逻辑及政策一致性，认为新常态下的经济结构优化依赖于供给侧结构性改革，供给侧结构性改革是我国经济增长动力转换的重大路径创新。[1]逄锦聚（2016）认为我国经济发展中出现的结构性矛盾是推进供给侧结构性改革的依据，它为供给侧结构性改革作用方式及路径研究提供了重要理论和实践依据。曹海军（2018）以功能路径、技术路径、场景路径作为分析维度，分析社区公共服务供给侧改革的需要、操作和保障。

国内学者广泛研究了供给侧改革的作用客体，深入探讨供给侧改革与资源型城市、商业银行、体育产业、农业、高等教育等领域的互动发展机制。曹国华等（2016）立足于商业银行面临的经营新常态，分析银行信贷风险管理的现状和供给侧改革背景下商业银行面临的机遇和挑战。[2]李博（2016）认为我国体育产业存在着无效供给过度、有效供给不足和"供需错位"等供给问题，应该从减少无效供给、增加有效供给、把握供给侧改革机遇等方面保障体育产业实现跨越式发展。[3]江维国（2016）认为我国农业发展中面临的问题大多来源于供给侧，因此要从生产要素、制度安排、政策机制调整等方面入手，加快推进农业供给侧结构性改革。[4]杨彧等（2018）运用方差列联表分析、F检验方法和定性变量回归方法，利用国有控股、私营和外商投资三类工业企业2014年度的省际截面数据，深入分析供给侧改革背后的制度因素。

4. 供给侧改革的实施对策研究

供给侧改革的实施路径与所要解决的问题相对应，不同学者的研究重点略有差异，但大部分都是从政府、产业、市场、要素等角度展开论述，具体如表1—2所示。

---

①　张为杰、李少林：《经济新常态下我国的供给侧结构性改革：理论、现实与政策》，《当代经济管理》2016年第4期。

②　曹国华、刘睿凡：《供给侧改革背景下我国商业银行信贷风险的防控》，《财经科学》2016年第4期。

③　李博：《"供给侧改革"对我国体育产业发展的启示——基于新供给经济学视角》，《武汉体育学院学报》2016年第2期。

④　江维国：《我国农业供给侧结构性改革研究》，《现代经济探讨》2016年第4期。

表 1−2　供给侧改革的实施对策

研究视角	实施对策	文献作者
经济新常态	促进产业转型升级，实现从传统产业向现代产业的转变。 矫正要素配置扭曲，实现从要素驱动向创新驱动的转变。 改革行政管理体制，实现从政府管制向市场机制的转变	冯志峰 （2016）
乡村旅游	生产要素改革；产品结构改革；产业结构改革；消费环境改革	毛峰 （2016）
信托业	开拓创新，从供给侧增加有效信托产品；精耕细作，坚持差异化发展道路。 紧跟潮流，抓住互联网技术革命的升级机遇；创造品牌，打造核心竞争力。 完善风控，提升风险应对能力；引进人才，培育专业性的队伍	王婷婷等 （2016）
高等教育	调整高等教育类型结构，加快健全高等职业教育体系，有效解决应用创新型和技术技能型人才供给不足的问题。调整高等教育层次结构，以创新驱动促进传统产业的改造升级和新兴产业的发展。调整高等教育科类结构，使高等教育的学科专业结构与产业结构相匹配	袁广林 （2016）
互联网金融	依托大数据驱动金融供给创新；提升信贷资源配置效率；坚持差异化品牌发展路径；深度挖掘用户需求变化；提升金融风险防控能力	陆岷峰 （2016）
"一带一路"加工贸易	面向"一带一路"市场需求推进供给侧结构性改革。 构建与"一带一路"沿线国家贸易分工的综合成本优势。 优化加工贸易出口"一带一路"沿线国家的产品价值链。 适应"一带一路"沿线国家的贸易规则，避免贸易摩擦	陈晓君 （2016）
物流业	调整产业空间布局，构建共享发展模式。优化能源消费结构，提高能源利用效率。深化制度变革，鼓励创新发展。加速要素升级，提高供给效率	何黎明 （2016）
土地租赁	经济治理：堵不如疏，推动集体土地流转是根本。 政治治理：土地行政管理体制改革是关键。 社会治理：农村社会现代化是核心	卢伟民 （2016）

（三）供给侧结构性改革国内外研究总结

国外供给管理思想由来已久，国内对供给侧改革的实质性研究刚刚起步，相关研究成果不断出现。

（1）供给侧改革的定性研究丰富，政策评价不足。国外学者最早产生供给侧管理思想，并主张进行供给侧管理，研究内容主要是推行医疗、税收、劳动力等领域的供给侧改革，突破产业发展瓶颈。国内政府管理行为较早体现了供给侧管理思想，但并未形成成熟的理论体系。供给侧结构性改革这一概念被正式提出以来，有关供给侧改革的研究主要集中在概念界定、理论梳理、路径设计等领域，政策实施效果评价相对不足。

（2）尚未形成统一的供给侧改革概念框架。关于供给侧改革的概念，国外学者的研究并未直接触及供给侧改革这一概念，只是基于供给侧的研究视角，调整产业结构或要素市场中不适应生产力发展的部分，侧重考虑供给侧改革的结果。国内学者有关供给侧改革的论述基本与中央的论述一致，但由于不同学科的学者对供给侧改革关注的视角不同，部分学者对供给侧改革的实质及核心目的存在分歧。部分学者将供给侧改革与所研究领域相结合，进一步提出针对某一具体产业发展的新概念，少有学者从综合视角对供给侧改革进行界定。

（3）供给侧改革研究缺乏评价指标体系。与一般研究对象不同，供给侧改革在本质上是一个经济动作，其作用方式根据实施对象的不同而变化。供给侧改革作为耦合系统，更加强调与其他系统的作用关系，需要从综合视角衡量供给侧改革的实施效果。对供给侧改革的评价是供给侧改革研究的重点和难点，现有关研究均未涉及，这是未来需要重点关注的问题。

（4）供给侧改革的动力机制与调控研究不足。供给侧改革研究以问题对策分析为主，研究成果多立足于某一具体产业，阐述供给侧改革视域下产业发展瓶颈及解决途径，缺乏对供给侧改革驱动因素的作用过程、动态变化及调控的研究，缺少各构成因素对供给侧改革及相关产业的影响程度、相互作用关系、综合效果的定量分析。从目前可见的研究成果来看，供给侧改革的影响因素及动力机制处于空白状态，关于供给侧改革的成因、影响要素、相互作用关系和调控的研究仍是重点和难点。

二、资源型城市转型的国内外研究现状

（一）国外资源型城市转型研究现状

伴随着国外学者对资源型经济问题的广泛关注，资源型城市建设中出现的经济依赖、社区发展等社会经济问题引起了学者的重视。20世纪20年代，资

源型城市相关研究逐步开展。资源型城市转型相关研究涉及政治学、社会学、心理学、经济学等，理论基础丰富。

1. 资源型城市内涵及发展阶段研究

1921年，矿业城镇（Mining Town）这一概念在英国学者奥隆索（Auronsseau）关于城市分类的研究中首次被正式提出。与此同时，与矿业城镇密切相关的概念"大宗商品输出理论"（Staple Theory）逐渐形成。20世纪30年代，加拿大经济学家英尼斯（Innis H.A.）率先开始了资源型城市的相关研究。针对单一产业城市的发展特点，他用"飓风"（Cyclone）形容城市在资源开发中迅速兴起、资源枯竭后快速没落的特征，描述了这类开发方式的生命周期和严重危害。[①] 英尼斯的研究正式开启了资源型城市发展问题的学术探讨。

随后，越来越多的国外学者开始关注资源型城市发展的特点及其影响，其中包括经济依赖性、人口增长、城市规划、生态环境等，研究领域横跨经济学、管理学、社会学、人口学等学科。1933年，琼斯（Jones S. B.）采用描述性研究方法，对比分析了加拿大落基山脉一带的旅游城市班芙（Banff）和矿业城市坎莫尔（Canmore）。1964年，加拿大学者罗宾逊（Robinson J. L.）从自然环境、经济基础、城市规划、发展历程等方面对比研究了加拿大的四个资源型城镇，认为它们与20世纪初期兴起的资源型城镇有所不同，并重点分析了四个资源型城镇的发展轨迹及经验教训。有关资源型城镇的社会心理问题、规划建设、发展阶段等研究也逐渐丰富。1971年，卢卡斯（Lucas R. A.）等系统地研究了资源型城镇的成长历程，首次提出资源型城市的"四阶段发展理论"，即将资源型城市划分为四个发展阶段：建设期（Construction）、发展期（Recruitment）、转型期（Transition）和成熟期（Maturity）。[②] 这种划分方式影响很大，其后很多学者虽然从不同角度重新补充定义，但更多的是引述或修正。布拉德伯里（Bradbury J. H.）等（1983）拓展了卢卡斯划分的资源型城市

① Innis H.A., *The Fur Trade in Canada: An Introduction to Canadian Economic History*, Toronto: University of Toronto Press, 2001.

② Lucas R.A. & Tepperman L., "Minetown, Milltown, Railtown: Life in Canadian Communities of Single Industry", *Oup Catalogue*, Vol.51, No.2(1971), pp.286–287.

发展阶段，增加了衰退期和关闭期两个新阶段，并实证研究了处于衰退期的矿业城镇谢弗维尔（Schefferville）。①

2. 资源型城市转型发展影响研究

20 世纪 80 年代以来，技术和创新逐渐成为经济发展的核心动力，资源经济呈现技术密集型和资本密集型，部分资源型城市开始出现经济效益下滑的趋势，资源型城市转型的相关研究逐渐成为学术热点。资源型城市的经济转型影响该区域的城市发展、经济发展和劳动力市场。罗丝（Ross D. P.）1986 年指出，资源型城市必须加快转变发展方式，寻求资源型产业与非资源型产业之间的平衡，实现区域可持续发展。海特（Hayter R.）和巴恩斯（Barns T. J.）等认为，伴随着经济全球化浪潮，以及环境保护意识的提升，加拿大的资源经济正在发生新变化。② 实际上，2006 年加拿大的原材料及加工产品出口有增无减，且投资数量仍在增加。资源型城市的发展虽然面临诸多困境，但仍然是部分地区经济社会发展的主要推动力。③

资源型城市转型发展的关键在于产业重组。巴恩斯等（2000）回顾了加拿大资源型产业及资源型城市的发展状况，研究了矿产、石油等不可再生资源以及林业、渔业等可再生资源耗尽带来的负面影响。在资源耗尽的情况下，部分幸运城市能够找到新的经济增长点，但不少城市因此走向衰落。资源型城市转型是一个艰巨而痛苦的过程，会带来诸如失业率升高、经济增长乏力、人才外流等一系列社会问题。④ 进入 21 世纪以后，人类与资源环境的矛盾更加凸显，关于资源型城市转型发展对居民负面影响的研究逐渐增多。麦克马洪（Mcmahon G.）等（2001）通过典型案例分析，归纳了资源开采对资源型

① Bradbury J.H. & St-Martin I., "Winding Down in a Quebec Mining Town: a Case Study of Schefferville", *Canadian Geographer*, Vol.27, No.2（1983）, pp.128-144.

② Hayter R., *Flexible Crossroads: Restructuring of British Columbia's Forest Economy*, Vancouver: University of British Columbia Press, 2000.

③ Markey S. & Halseth G.（eds.）, "The Struggle to Compete: From Comparative to Competitive Advantage in Northern British Columbia", *International Planning Studies*, Vol.11, No.1（2006）, pp.19-39.

④ Li H. & Long R.（eds.）, "Economic Transition Policies in Chinese Resource-based Cities: An Overview of Government Efforts", *Energy Policy*, Vol.55, No.4（2013）, pp.251-260.

社区经济、社会、文化、环境等方面的影响，建议政府应该作为一个协调者，建立一个利益各方能够充分交流的多方协调机制，促进社区积极参与资源型城市转型。洛基（Lockie S.）等（2009）以澳大利亚昆士兰中部的酷派贝拉（Coppabella）煤矿为评价对象，截取 2002—2003 年和 2006—2007 年两阶段的数据，选取犯罪率、交通模式、就业率、住房、公共服务、交通模式等评价指标，对煤矿的社会影响进行了评价。[①]

3. 资源型城市转型发展机制研究

随着学者对资源型城市相关问题的深入研究，资源型城市转型发展机制及资源型社区规划等问题逐渐被关注。在关注这些问题之前，不少学者深入探究了资源型城市经济发展的依赖性和制约性。布拉德伯里（1984）以依附理论的视角分析了资源型城市、跨国公司、劳动力、政府等资源型城市各经济要素间的关系。研究认为，跨国公司的经营模式决定了其在资源型城市中的地位，而政府的导向作用同样不能忽视。资源型城市根据规模、影响程度可以被划分为边缘型和中心型。边缘型资源型城市与处于核心区域的中心型资源型城市之间存在明显的"剥削关系"，前者明显依赖于后者。资源型社区对资源型城市的转型发展也存在一定影响。马什（Marsh B.）在 2015 年以美国宾夕法尼亚州一个煤炭城镇的社区居民为研究对象，调查分析了资源型社区居民对城市转型发展的态度，发现社区居民对城市具有强烈的归属感，愿意支持城市顺利实现转型发展。[②]

经济转型是资源型城市转型发展的重要组成部分。产业转型离不开技术的支持，技术创新促进资源产业规模化、资本化运作，助力资源型城市实现技术与资本的聚集。帕克（Parker P.）在 1997 年通过对比分析日本与加拿大的煤炭贸易发现，即使极具稳定的新型资源型产品分担了传统资源型产品的交易额

---

① Lockie S. & Franettovich M.（eds.），"Coal Mining and the Resource Community Cycle: A Longitudinal Assessment of the Social Impacts of the Coppabella Coal Mine", *Environmental Impact Assessment Review*, Vol.29, No.5（2009）, pp.330–339.

② Marsh B., "Continuity and Decline in the Anthracite Towns of Pennsylvania", *Annals of the Association of American Geographers*, Vol.77, No.3（2015）, pp.337–352.

度，资源型产业的高度依赖性仍然没有降低，高附加值产业也没有得到有效发展。同时，学者开始关注资源型城市转型策略，从不同角度提出发展路径。[①]马基（Markey S.）等（2006）认为资源型城市转型的有效途径是从经济、资源的比较优势逐渐向城市的竞争优势转变。进入 21 世纪后，对资源型城市承载力及脆弱性的研究逐渐丰富，为资源型城市转型路径设计提供参考。德黑兰尼（Tehrani N. A.）在 2013 年综合分析城市承载力的影响因素，建立了城市承载能力负荷数字模型（UCCLN）。弗兰德（Friend R.）等（2013）认为要改善城市对环境变化的适应能力，就要从解决城市贫困、降低城市脆弱性两个视角制定应对措施，增强城市适应能力。[②]

（二）国内资源型城市转型研究现状

1. 资源型城市产业转型升级研究

国内学者对资源型城市转型发展问题的研究始于 20 世纪 80 年代。国内学者普遍认为产业结构单一是制约资源型城市可持续发展的主要障碍，因此产业转型是资源型城市转型发展的关键。

首先，资源型城市产业转型模式研究。张米尔（2003）提出资源型城市产业转型的三种模式：产业延伸模式、产业更新模式以及产业复合模式。赵西君等（2007）研究了"资源诅咒"下成熟资源型城市产业转型模式，即资源产品的深加工、接替产业的培训。周勇（2007）基于产业演进规律，从政府、产业、资源、社会四个视角构建了资源型城市的产业转型模式。江海燕（2014）认为资源型城市产业转型不仅要考虑产业特点，还要考虑宏观经济环境，并将产业转型模式划分为三种：产业结构升级模式、产业更新嬗变模式和综合模式。[③]刘玲玲（2014）指出资源型城市的产业转型模式主要有三种：产业深化

① Sorensen T. & Epps R., " The Role of Tourism in the Economic Transformation of the Central West Queensland Economy", *Australian Geographer*, Vol.34, No.1（2003）, pp.73–89.

② Friend R. & Moench M., "What is the Purpose of Urban Climate Resilience? Implications for Addressing Poverty and Vulnerability", *Urban Climate*, No.6（2013）, pp.98–113.

③ 江海燕：《资源型城市产业转型的时机及模式选择研究》，硕士学位论文，福建师范大学，2014 年。

模式、产业替代模式以及两种模式相结合的转型模式。[①]

其次，资源型城市产业转型的问题及路径。张米尔、武春友（2001）认为资源型城市在多年发展中形成了一系列制约产业转型的障碍，主要包括区位障碍、财力障碍、环境障碍、体制障碍、人才障碍等。姚平和姜曰木（2012）分析了技术创新和制度创新在资源型城市产业转型中的作用机理，并基于这两种创新设计了产业转型路径。唐楠（2015）认为资源型城市产业转型面临产业资源依赖较强、区域产品竞争加剧、产能过剩问题突出等困境，加快产业转型应该实施集群创导策略、循环发展策略和延链升级策略。张文鹏（2016）以枣庄市为例研究资源枯竭型城市产业转型，认为枣庄市产业转型面临创新能力较弱、基础不牢、保障力不强等困境。[②]

最后，资源型城市产业转型效果评价。常用的产业转型评价模型有主成分分析法、因子分析法、多元非线性回归分析法、TOPSIS法、案例研究法等。张团结等（2008）建立了产业契合度评价模型，衡量了替代产业在资源型城市转型发展中的作用，评价了资源型城市产业转型的整体效果。任玉琨（2009）运用博弈模型分析了高市场集中度条件下的油气资源型城市产业转型，得出企业总是倾向于减少用于产业转型的投入，转而依赖政府的结论。王巧莉和韩丽红（2017）通过构建资源型城市产业转型效率评价指标体系，运用DEA模型测评了东北三省19个地级资源型城市产业转型效率。[③]杨瑞兰（2017）在分析区域经济发展态势的前提下，运用数据包络分析模型评价榆林市产业转型能力，随后运用比例性偏离份额法确定榆林市的主导产业。[④]

2. 资源型城市转型发展政策研究

资源型城市转型发展政策主要包括政府管理政策、融资政策、财税政策

---

① 刘玲玲：《我国资源型城市产业转型模式研究》，硕士学位论文，北京交通大学，2014年。

② 张文鹏：《资源枯竭型城市产业转型面临问题与对策研究——以枣庄市为例》，硕士学位论文，新疆大学，2016年。

③ 王巧莉、韩丽红：《基于DEA模型的资源型城市产业转型效率研究——以东北三省地级资源型城市为例》，《资源与产业》2017年第1期。

④ 杨瑞兰：《新常态下资源型城市产业转型与优化路径研究——以榆林市为例》，硕士学位论文，宁夏大学，2017年。

等。资源型城市的兴起缘由及发展轨迹决定了政府在其转型发展过程中的主导作用。罗文韬（2009）认为在资源型城市转型过程中，政府要转变自身职能，做服务型、规制型、支持型政府，加快产业结构优化。熊花（2014）认为政府具有统筹协调、公共服务、规划引导、制度创新等作用，资源型城市政府要从优化产业结构、加强公共服务、完善市场监管、夯实社会保障等方面加快城市转型。栗川（2015）以平顶山为例，分析了资源型城市转型过程中政府公共服务的作用，认为应该构筑现代政府公共服务体系，做好维护性公共服务，推进经济性公共服务，优化社会性公共服务，助力城市转型。[1] 谭玲玲（2017）认为政府转型是实现资源型城市转型的基础，政府必须重塑其政治职能、经济职能、社会职能及生态职能，才能尽快实现资源型城市转型发展的目标。

融资政策及财税政策是政府管理政策的重要组成部分，能够有效调节企业成本、融资规模，提升区域创新水平。刘洋（2009）从财政政策视角提出东北资源型城市可持续发展的改革建议：加大财政转移支付力度；拓宽财政融资渠道；完善税收政策；建立资源开发补偿机制、衰退产业援助机制、替代产业扶持机制。李海超（2013）认为完善我国资源型城市转型融资体制，必须推动融资主体、融资项目、融资条件、融资工具市场化，拓宽融资渠道，促进融资主体多元化。[2] 刘彭丽（2016）介绍了日本九州、德国鲁尔区等资源型城市的转型发展经验，总结了几点启示：采取直接扶持措施、吸引外埠资金的投入、发挥政府主导作用、设立专项基金。[3] 白雪洁等（2016）基于 SBM-Undesirable 模型分析了金融发展、资源特征与城市转型的关系，研究发现金融发展对城市转型的影响与资源发展阶段相关，衰退型、成长型城市转型分别依赖于资金规模和资金配置效率。[4]

---

[1] 栗川：《资源型城市转型中的政府公共服务研究——以平顶山市为例》，硕士学位论文，重庆大学，2015年。

[2] 李海超：《我国资源型城市转型融资问题研究》，博士学位论文，东北师范大学，2013年。

[3] 刘彭丽：《资源型城市经济转型的财税政策研究——以铜陵市为例》，硕士学位论文，安徽财经大学，2016年。

[4] 白雪洁、汪海凤、孙红印：《金融发展、资源特征与城市转型》，《经济与管理研究》2016年第2期。

3.资源型城市转型评价体系研究

不同学者研究资源型城市转型的角度不同，同一学者对资源型城市不同系统转型研究的侧重点也有差异，导致评价指标、评价方法也不相同。资源型城市转型程度评价指标的选取必须遵循客观性、动态性、全面性、可操作性等原则，常用的指标权重确定方法有层次分析法、变异系数法、熵值法、经验权数法等。评价指标的选取多从经济、社会、资源、环境等视角，评价方法十分丰富，具体如表1—3所示。

表1—3 资源型城市转型评价视角、指标及方法

研究视角	评价指标	评价方法	文献作者
协调性	技术进步水平、市场化程度、对外开放程度、城市化水平、教育水平、基础设施水平	面板数据模型	王川红（2009）
城市竞争力	经济能力指标、产业结构指标、人力资本指标、环境约束指标	主成分分析法	向铮（2016）
可持续发展	资源禀赋指数、经济规模指数、经济助推指数、经济效益指数、环境状况指数、社会支持指数、科技创新指数、城市经营指数 自然生态安全、经济生态安全、社会生态安全	数据包络分析法 生态足迹法	杨振超（200） 王冠（2016）
转型效果	经济总量、经济结构、技术进步、居民生活水平、科教文卫事业、城市建设、环境状态、环境改善 发展水平、发展潜力、结构优化、城市建设、人民生活、社会保障、资源占有量、环境质量、绿化水平	多层次模糊综合评价模型、变异系数法 灰色关联方法	刘慧（2017） 曲娜（2015）
低碳转型	经济低碳转型、社会低碳转型、资源系统、环境低碳转型、能耗排放、低碳技术与应用、低碳政策	TOPSIS法	王玲（2014）
转型效率	工业用电总量、固定资产投入、工业就业人数、地区生产总值、第三产业产值、市区绿化覆盖率	超效率DEA模型	张荣光等（2017）
系统演化	资源环境、经济环境、生态环境、科技环境、社会环境、开放环境、产业环境	结构方程模型、因子分析法	张雨浦（2013）
经济转型	资本投资、第三产业发展水平、对外开放度、市场化程度、技术进步水平	H—P滤波、面板数据实证回归模型	陈妍等（2017）

（三）资源型城市转型的国内外研究总结

近年来，有关资源型产业的研究成果不断丰富，国内外学者无论是在概念界定、影响因素研究，还是在评价指标选取和评价方法确定上，都取得了一定的研究进展，但是还存在一些不足之处。

首先，转型机制及战略框架有待完善。在基础理论研究上，国外有关资源型城市的研究起步较早，自资源型城市转型这一概念被提出以来，有大量关于生态效率评估、转型效果评价、协同效应分析的实证研究，也已形成较为完善的理论和方法论体系，但缺少直接针对资源型城市转型的机制分析及战略框架设计。国内相关研究起步较晚，资源型城市转型的研究缺乏基于某一宏观视角的机制分析，对其内在规律研究不足。

其次，测度指标体系和测度模型亟待规范。国外相关研究中的宏观统计数据与微观问卷调查数据相互补充。注重理论与实践相结合，关注定量评价方法发展动态，数据分析及模型构建时有创新，且与统计学、生态学、地理学等学科交叉研究，理论应用于实践且能辅助决策。而国内大多借鉴国外的测度方法和指标，指标体系构建及评价方法选取相对单一，模仿性创新较为普遍，指标体系普遍从经济、社会、生态、资源等层面设定，理论模型丰富但评价方法单一化问题突出，缺少从相近研究领域引入评价模型的创新思维。

最后，影响因素与提升路径研究不足。国外研究方面和领域要比国内更加广泛和深入，理论假设的提出到定量验证都体现出清晰完整的研究脉络。国内研究方面，对资源型城市转型影响因素的界定，大多从定性角度进行剖析，极少采用定量方法测定影响因素的影响程度，缺乏必要的科学性和说服力。现有文献中，资源型城市转型路径的可操作性、实施性不足，缺少系统地从回溯历史的角度把握资源型城市的发展脉络，基于供给侧改革、"一带一路"等国家战略的对策建议较少。

第三节　供给侧结构性改革驱动资源型城市
转型的研究框架和研究方法

一、供给侧结构性改革驱动资源型转型的研究框架

本书立足供给侧结构性改革和城市转型相关理论，以资源型城市转型为研究对象，紧紧围绕其核心问题进行研究，界定供给侧结构性改革与资源型城市转型的理论内涵，分析资源型城市转型发展现状、机遇及挑战，明晰供给侧结构性改革驱动资源型城市转型的因子，探究机制，并基于灰色关联 TOPSIS 评价模型、障碍因子识别模型和灰色预测模型，评价并预测我国资源型城市转型水平。最后，设计供给侧结构性改革驱动资源型城市转型的战略框架和对策。本书的研究框架如图 1-1 所示。

二、供给侧结构性改革驱动资源型城市转型的研究方法

（一）文献研究法

通过对国内外供给侧结构性改革及资源型城市转型相关文献的搜集、梳理和总结，总结分析城市可持续发展理论、城市生命周期理论、主体功能区划理论、演化博弈理论、空间异质性理论、产业结构演进理论，了解有关问题的研究现状及未来发展趋势，最终确定研究方向和研究内容。

（二）社会调研法

采用现场调查法，深入调研资源型城市转型发展现状，总结资源型城市转型面临的机遇与挑战。同时，在确定评价指标体系及权重时，采用直接面谈法，咨询资源型城市领域研究专家，听取他们的意见和建议。

（三）比较分析法

对比分析我国不同类型、不同发展阶段资源型城市的转型水平，依托灰色关联 TOPSIS 法，探究我国资源型城市转型升级的特点和差异。同时，基于时

研究思路　　　　　　研究内容　　　　　　研究方法

提出问题

绪论

| 时代背景 | → | 价值 | → | 研究现状 | → | 总体框架 |

文献综述法
对比分析法

供给侧结构性改革驱动资源型城市转型的理论及逻辑基础

| 相关概念 | → | 理论基础 | → | 逻辑基础 | → | 内在逻辑关系 / 驱动效应分析 |

系统分析法
对比分析法
推理分析法

供给侧结构性改革驱动资源型城市转型的现状、机遇及挑战

| 发展现状分析 | → | 机遇挑战 | → | 制度层面 / 结构层面 / 产业层面 / 要素层面 |

系统分析法
对比分析法
推理分析法

分析问题

供给侧结构性改革驱动资源型城市转型的演化特征分析

| 路径依赖特征 | → | 结构脆弱特征 | → | 路径创造特征 | → | 空间演化特征 | → | 资源禀赋特征 |

系统分析法
对比分析法
推理分析法

供给侧结构性改革驱动资源型城市转型的机制分析

| 因子识别 | → | 制度层面因子 / 结构层面因子 / 产业层面因子 / 要素层面因子 | → | 机制分析 | → | 传导机制 / 动力机制 / 共享机制 / 动态调控机制 |

文献综述法
问卷调查法
系统分析法
对比分析法
推理分析法

供给侧结构性改革驱动资源型城市转型的评价及预测模型

| 评价指标体系设计 | → | 灰色关联TOPSIS模型 | → | 障碍因子识别模型 | → | 灰色预测模型 |

数据模型法
文献综述法
系统分析法
对比分析法
推理分析法

解决问题

供给侧结构性改革驱动资源型城市转型的实证研究

| 样本选择 / 数据收集 / 模型验证 | → | 评价结果分析 | → | 障碍因子分析 | → | 预测结果分析 |

实证研究法
系统分析法
对比分析法
推理分析法

供给侧结构性改革驱动资源型城市转型的战略框架和对策

| 战略框架 | → | 指导思想 / 转型目标 / 支撑体系 / 参与机制 | → | 对策 | → | 制度变革 / 结构优化 / 产业转型 / 要素升级 |

问卷调查法
对比分析法
推理分析法

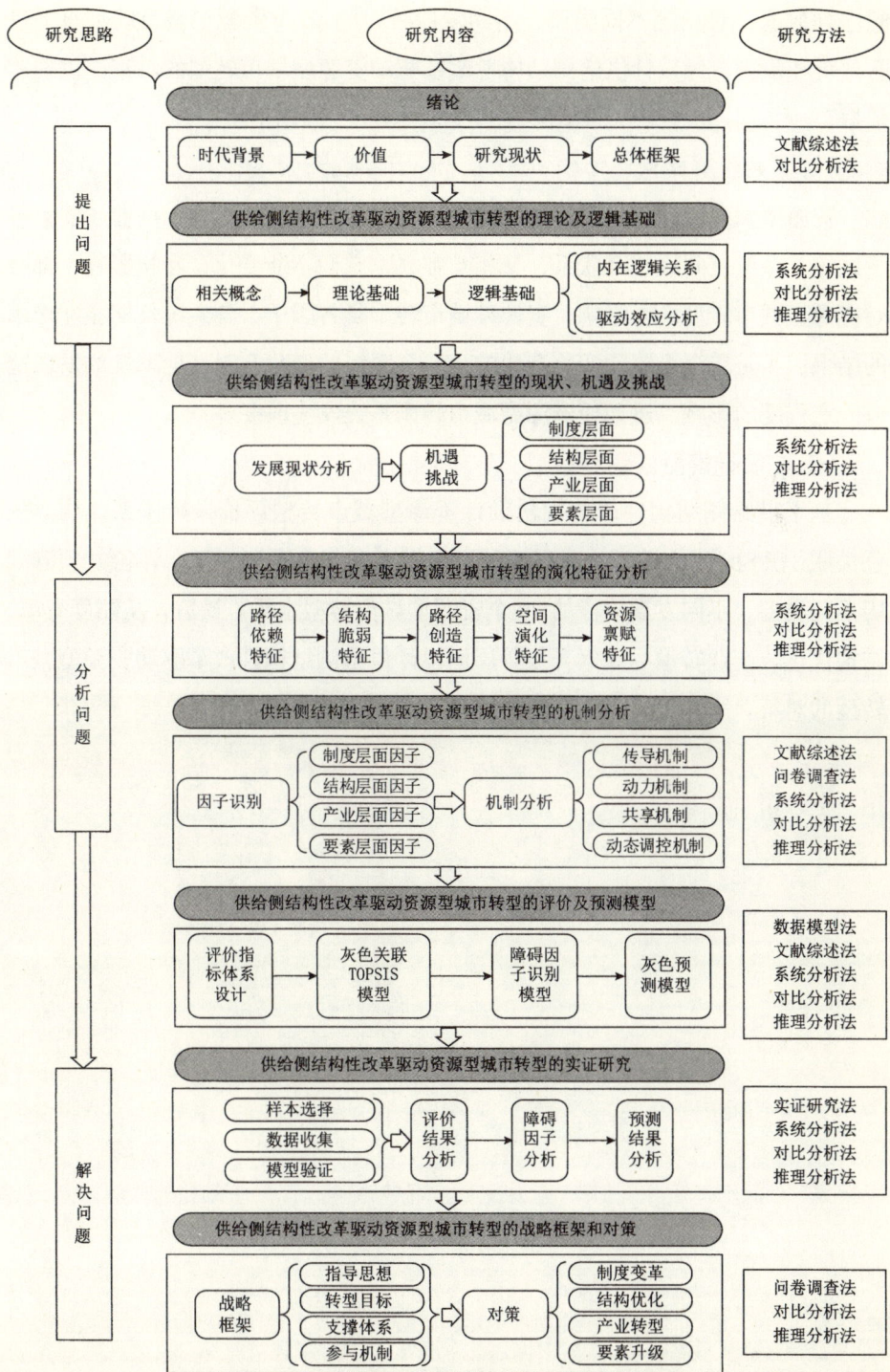

图1—1　研究框架图

间序列数据，对我国不同类型、不同发展阶段的 40 个资源型城市转型水平进行评价和预测，为设计供给侧结构性改革驱动资源型城市转型的对策提供现实依据。

（四）系统科学法

资源型城市转型是一项复杂的系统工程，包含制度、结构、产业、要素等子系统，系统之间既相互联系，又相互独立，它们不断变化，互相影响，都会对资源型城市转型产生影响。资源型城市转型是各因子、各系统长期相互作用的结果，不是单个系统的变化造成的，一个系统的变化会对其他系统的发展造成一定程度的影响，进而使资源型城市转型系统发生改变。

（五）数据模型法

基于供给侧结构性改革视角设计资源型城市转型评价指标体系，构建灰色关联 TOPSIS 评价模型、障碍因子识别模型和灰色预测模型，评价并预测我国不同类型、不同发展阶段的 40 个资源型城市转型水平。最后，从制度变革、结构优化、产业转型、要素升级等层面设计供给侧结构性改革驱动资源型城市转型的对策。

第二章 供给侧结构性改革驱动资源型城市转型的理论及逻辑基础

第一节 供给侧结构性改革驱动资源型城市转型的相关概念

一、供给侧结构性改革

（一）供给侧结构性改革的内涵

供给侧改革、结构性改革、供给侧结构性改革、供给管理、供给政策这五个概念十分相近，既有联系又有区别，明确辨析这些概念有助于深入理解供给侧结构性改革与资源型城市的关系。所谓供给侧改革，是指从产业端、生产端、要素端等供给侧入手的改革。结构性改革主要针对经济发展中的结构性问题和制度性矛盾，改革措施的目的性更强。供给侧结构性改革是指从产业端、生产端等供给侧入手，针对结构性问题和制度性矛盾而推进的改革。供给管理重点强调了针对供给问题而开展的管理，强度与改革相比较弱。供给政策则是为供给侧结构性改革和供给管理提供支撑的宏观政策。需要特别指出，本书认为供给侧改革是供给侧结构性改革的简称，并不严格区分供给侧改革与供给侧结构性改革。

（二）供给侧结构性改革的特点

与通过刺激消费或扩大投资、出口的需求管理不同，供给侧结构性改革的特点有以下三个。第一，从调控内容看，需求管理注重政府在经济发展中的调控功能，依据市场需求管理市场秩序，信息反馈周期较长；而供给侧结构性改革更强调发挥市场主体，如企业、创业者的能动作用和积极性，强调创新、人才、资源、技术等要素对经济增长的驱动作用，注重激发市场本身的发展活力。第二，从调控效果看，需求管理政策的实施对象是经济发展中的短期和临时性问题；而供给侧结构性改革更加注重解决经济发展的结构性问题，从供给侧增强经济发展的中长期能力、综合竞争能力和自主创新能力。第三，从调控手段看，需求管理主要依赖以财政政策和货币政策为主体的宏观调控政策，对经济发展中的短期突出问题进行适度调整，能够及时高效解决经济发展的难题；而供给侧结构性改革通过将生产要素由低效率部门转移到高效率部门，构建有利于经济长远发展的政策制度体系和创新型经济驱动体系，如调整管理制度、完善人口政策、培育经济增长新动力等。

（三）供给侧结构性改革的实质

供给侧结构性改革是依据我国经济发展现状而做出的重大战略部署，是突破发展瓶颈、改善要素供给、实现经济转型、培育增长新动力、增强经济可持续发展能力的必然选择，其实质就是要形成新主体，培育新动力，发展新产业。

（1）形成新主体。以制度变革为着力点，不断深化行政体制改革，加大国企改革力度，确立市场经济地位，简政放权，惩治腐败，改革政府行政体制中不适应经济新形势的部分，减少政府行政行为对市场经济事务的过度干预。尊重市场主体地位，充分发挥市场机制的调节作用，对资本、人才、技术、土地等要素进行优化配置和整合利用，使企业、企业家、创业者等成为市场经济的主体，激发他们的创新热情，从而构造具有创新活力的市场新生态。

（2）培育新动力。变革已有经济治理模式，实现供给侧管理手段与需求侧调节手段的有机配合。转变依靠"三驾马车"的传统经济增长模式，重视技术、创新、人才等要素对经济增长的核心驱动作用。创造有利于创新要素迸发的制度环境，破除制度性障碍，促进民营企业发展，鼓励产学研结合，壮大民营经济力量，提高全要素生产率，打造经济增长新引擎。

（3）发展新产业。深化市场经济体制改革，减少行政力量对市场发展的过度干预。加快淘汰落后产能和僵尸企业，缓解产能过剩矛盾，推动资源的更优化配置和高效利用，实现市场出清。同时，适应新一轮信息化革命浪潮，积极发展高新技术和战略性新兴产业，创造新供给，释放新需求，培育经济增长新动力，推动经济结构转型升级，开启经济发展新周期。

二、资源型城市

有关资源型城市的研究较为丰富，资源型城市的内涵不断明晰。不同学者基于不同的研究视角，给出了内涵的定义。总结起来，资源型城市的定义主要有以下三种。第一，从资源开发角度出发，认为资源型城市是"依靠自然资源的开采和加工而发展起来的城市"。第二，从产业发展角度出发，认为资源型城市是指"因自然资源的开采而兴起，资源型产业在地区工业中占较大份额的城市"①。第三，设定评价指标及阈值，如果某个城市满足几项指标或阈值，则将该城市定义为资源型城市。具体指标包括：城市内采掘业从业人员占全部从业人员 5% 以上；城市内采掘业产值占工业总产值 10% 以上；县级市采掘业从业人员规模达 1 万人以上，地级市达 2 万人以上；县级市采掘业规模在 1 亿元以上，地级市 2 亿元以上。②此外，政府层面兼顾各方利益，给出的定义更加简洁准确。2013 年，国务院颁布的《全国资源型城市可持续发展规划（2013—2020）》将资源型城市定义为"以本地区矿产、森林等自然资源开采、加工为主导产业的城市"③。

不同研究视角下的定义从不同侧面反映了资源型城市的特征，主要特征有两个：一是资源型经济在城市发展中的重要性；二是资源型产业产值占城市总产值的比重。鉴于此，本书将资源型城市定义为伴随自然资源开发而繁荣，资源型产业产值占城市总产值的比重较大，以自然资源开采、加工为主导产业的城市。首先，资源型城市的第一要素是城市，即资源型产业从业人员聚集在一

---

① 曾万平：《我国资源型城市转型政策研究》，博士学位论文，财政部财政科学研究所，2013 年。

② 周羽：《湖南省矿业城市转型问题研究》，博士学位论文，中国地质大学，2015 年。

③ 中华人民共和国国务院：《国务院关于印发全国资源型城市可持续发展规划（2013—2020 年）的通知》，2013 年。

起，为了满足生活需要，主动或被动地建立区域商业生态系统，吸引其他要素定向聚集，形成具有一定规模的群落。其次，资源型城市具有较强的资源依赖性。原因在于资源型城市以自然要素为发展依托，产业类型以资源开采与加工业为主，生产矿产品及初级加工品，向其他地区提供能源和原材料，以此获得经济利益。资源型产业发展对城市经济命脉具有重要支撑作用。这一现象导致资源型城市对资源型产业过度依赖，产业结构单一、经济发展停滞、生态环境恶化等成为大多数资源型城市共同面临的困境，严重制约资源型城市生态文明建设。最后，资源型城市分类主要遵循定量分析为主、定性分析为辅的原则。不同类型资源型城市具有不同的发展轨迹和转型趋向，界定清楚城市类型能够帮助决策者制定有针对性的对策建议。在划分城市类型过程中，当单个资源型城市达到产业结构、市场占有率、就业结构三项指标的阈值时，将其定义为矿业城市，满足森林资源潜力、资源开发能力两项指标的阈值时，将其定义为森工城市，其他城市类型划分以此类推。

三、资源型城市转型

转型是指事物从一种运动形式向另一种运动形式转变的过程，是一个包含经济、社会、政治、文化、生态等多个子系统的有机整体。[①] 从经济学的角度看，转型主要包括以下几个方面。第一，体制转型。主要指的是从计划经济体制向市场经济体制转变的过程。这是国内外对转型的一种主要的解释，根据这个定义我们可以把东欧和中国的转型称为"转型经济"或者"转型国家"。第二，经济形态的转型。主要是从生产力角度出发，认为经济发展阶段由较低层次向较高层次转变的动态过程是经济型态的转型。第三，经济体制和社会形态相结合的转型。一方面是指计划经济体制向市场经济体制转变，另一方面是指以所有制关系为基础的生产关系性质以及上层建筑性质都发生根本性变化的社会形态的转型。第四，从传统社会主义向社会主义初级阶段转变。这一转变主要强调的是生产力的提升和转变。第五，经济增长方式的转型与体制转型。主

---

① 沈瑾：《资源型工业城市转型发展的规划策略研究基于唐山的理论与实践》，博士学位论文，天津大学，2011 年。

要指的是体制转型和经济增长方式由粗放型向集约型的转变。体制转型是实现经济增长方式转型的基础，只有体制转型发生根本性的变化，经济增长方式才能发生根本性的转变。第六，体制和发展的同时转型。发展转型从某种意义上说是指从相对落后的农业国向较为发达的工业国转型。从发展转型的角度来看，体制转型与发展转型密切相关、相辅相成，体制转型是促进和实现发展转型的根本。①

以上关于转型含义的理解可以为我们研究资源型城市转型提供基本的认识路线和分析框架。相关学者将资源型城市经济转型定义为经济形态的转换。把经济转型理解为在资源配置中经济主体资源取向的根本性变化。就资源型城市而言，自然资源具有不可再生性，这使资源型产业必然面临不可逆转的衰亡，所以资源型城市的经济转型具有客观性和必然性。但资源型城市经济转型不一定是由低级向高级转变的过程，比如一些煤矿关闭以后，原本的矿工可能自己开始经营蔬菜或花卉等营生。这也是一种经济转型的体现，但并不是从低级向高级的转变。可见，资源型城市转型主要是指经济转型和引发的全方位的社会变革。资源型城市转型的过程是逐渐脱离对自然资源的依赖，转变经济增长方式，转型的最终目标是实现城市的健康、全面和可持续发展。资源型城市的转型要适应国内外市场的变化，不断寻找能够带动地区经济和社会就业的接替产业来代替传统资源产业。资源型城市转型要以吸引国内外先进人才与技术为前提，逐渐形成具有城市特色的区域创新过程。资源型城市转型是体制和机制不断深化改革的过程，需要对城市管理体制机制进行变革，是建立更加符合市场经济运行规律、更加灵活高效的个体运行体制机制的过程；是对劳动力资源进行二次开发，改变其形态、提高其附加价值的过程；是城市功能从单一性向综合化、多功能转变的过程；是对严重破坏的自然环境不断修复与保护，使其更适合经济发展，适宜人居的过程；是城市文化与人的思想与观念不断更新，更好地融入现代文明潮流的过程。总之，资源型城市转型是城市发展自我扬弃、自我否定、自我创新的过程。

---

① 张晨：《我国资源型城市绿色转型复合系统研究》，博士学位论文，南开大学，2010年。

第二节　供给侧结构性改革驱动资源型
城市转型的理论基础

一、城市可持续发展理论

（一）城市可持续发展的理论内涵

城市可持续发展是一种兼顾城市当前发展与未来发展的科学发展方式，主要是指在城市建设过程中，以实现城市和谐、稳定、科学、协调发展为目标，以优化产业结构、加大创新力度、转变发展方式、提升供给质量为手段，以协调资源、环境、人口与经济增长的关系为主要方法，充分发掘城市内在潜力，发挥城市集聚效应，实现长远发展。

城市可持续发展的内涵重点强调了以下几个方面。首先，城市可持续发展必须兼顾城市当前发展与未来发展。可持续发展强调了发展的延续性，要求发展方式在资源环境的可承受范围内。可持续发展的核心在于保证当代人发展权益的同时兼顾后代长远发展，促进经济、社会、资源、环境的协调发展。其次，城市可持续发展的核心要义是资源节约与环境保护。一方面，现有资源大多数属于不可再生资源，具有不可再生的特点，如何利用好有限资源是摆在决策者面前的关键问题。另一方面，环境问题关系每个市民的生活，资源开发导致的生态破坏不可避免，关键在于加强后期生态修复，降低城市建设对生态环境的过度干预，实现人与自然和谐共处。最后，城市可持续发展必须平衡城乡利益分配，处理好城乡要素配置不均衡导致的一系列矛盾。一方面，合理配置城乡建设资源，适当制定乡村发展优惠政策，鼓励村镇发展旅游业、特色农业等产业。另一方面，完善生产资料在城市各部门间的合理配置，以系统观、整体观协调资源配置，减少资源闲置与资源浪费，提高资源利用效率。

（二）城市可持续发展的主要内容

城市是一个复杂的巨系统，构成城市系统要素的可持续性决定城市可持续发展水平。城市一般由人口、经济、环境、资源、科技、社会等要素构成，它们作为子系统共同构成了城市巨系统。一般而言，实现城市可持续发展，关键在于促进人口、社会、经济及环境等子系统的可持续发展。①

第一，人口可持续发展。人口作为城市发展最重要的因素，是推动城市发展的决定力量。一方面，合理的人口数量有利于推动城市人口可持续发展，人口数量与城市资源总量相匹配，激发城市消费活力。另一方面，人口素质影响劳动力结构，人才数量的增多有利于企业开展创新活动，提升经济发展质量，改善城市经济增长效率。第二，社会可持续发展。形成可持续发展的城市，应该提升人口素质，吸引人才落户城市，不断提高城市基础设施建设水平，完善医疗卫生制度、失业保险制度等社会保障制度，提供平等的职业发展机会，宣扬健康向上的城市文化，提倡节约健康的消费模式。第三，经济可持续发展。经济可持续发展是城市可持续发展的保证，应该不断深化经济体制改革，推动经济发展结构优化升级，打造经济增长新引擎，促进资源集约利用，不断增强城市吸引力，加速技术、人才、资金等要素流动。第四，环境可持续发展。在城市建设中，减少人类活动对自然环境的过度干预，做好污水处理、生活垃圾处理等相关工作。在日常生活中，努力推行清洁生产，提倡健康的生活方式，减少生产、生活垃圾排放，增加可再生资源的开发使用力度，保障城市生态环境的良性发展。

二、城市生命周期理论

城市作为人类社会发展到一定阶段的产物，是劳动力、资源、技术等要素定向聚集的结果。从宏观角度审视不同城市的各个发展阶段，发现它们基本都经历了由简单到复杂的发展过程。在城市成长的过程中，由于内外因素及其交互作用的影响，城市的发展轨迹呈螺旋式的上升，达到一定规模后，城市扩张速度会趋缓，甚至出现衰退的迹象。这一时期，城市能否从追求规模转向追求质量，成为城市转型的关键。

---

① 王中亚：《"资源诅咒"与资源型城市可持续发展研究》，博士学位论文，天津大学，2011年。

20 世纪 80 年代，美国学者苏维兹-维拉（Suarez-Villa L.）进一步阐释了城市生命周期理论，他认为城市发展的不同阶段与生物的成长阶段类似，经历出生、发育、发展、衰落等阶段。在城市发展的每个阶段，城市内外影响因素作用于城市发展驱动主体。城市生命周期是各影响因素生命周期相互叠加的结果。如果城市发展由单一影响因素驱动，那么城市生命周期同步于影响因素生命周期。如果多个影响因素在不同生命周期分别作为主要因素驱动城市发展，那么城市发展则表现为螺旋式上升，即呈现 S 形模式。

资源型城市因矿而兴，城市经济发展状况与资源丰富程度、开采状况等密切相关。矿产资源富集程度的变化引起劳动力、资本、技术等要素聚集程度的变化，进而促使资源型城市呈现不同的生命周期特征。自然资源具有有限性和不可再生的特征，资源型城市的扩张会使自然资源面临枯竭，随后资源型城市失去发展动力，陷入停滞不前的状态。城市中的资源开发会经历开采、扩张、鼎盛、衰退、资源枯竭等时期，城市发展会依次出现起步、成长、成熟、衰退等时期，如图 2-1 所示。资源开采带来城市繁荣，资源枯竭导致城市发展速度放缓，如果城市不能及时调整产业结构、培育经济增长点，顺利实现转型发展，"矿竭城衰"的魔咒将难以打破。

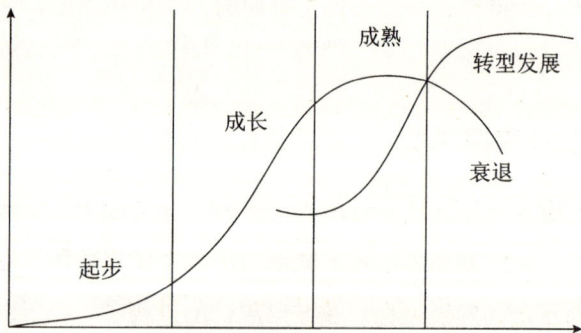

图 2-1　资源型城市生命周期图

由图 2-1 可知，资源型城市生命周期被划分为起步、成长、成熟、衰退或转型发展等阶段。第一，起步阶段。资源型城市起步阶段的资源开采和开发刚刚开始，丰富的资源具有较大的经济诱惑力，劳动力、技术、资金等要素开始向资源周围聚集，资源开采企业陆续建立，城市发展初见雏形，资源型城市产业性质及产品特点与其所依赖的资源类型息息相关。第二，成长阶段。成长阶段接近产业成熟期，是资源型城市发展的迅猛期。资源型城市发展度过了适应期，与资源开采、加工、生产相关的企业大量出现，企业规模不断扩大，产量迅速提升。与产量迅猛提升相伴出现的是单位资源开采成本降低，经济效益高于资源开发初期，企业发展迈入繁荣稳定时期。第三，成熟阶段。这一阶段资源型城市发展进入稳定增长状态，资源型产业发展达到最高峰，城市规模趋于稳定，产业扩张逐步稳定，产业效益增速放缓，甚至出现小幅回落。第四，衰退阶段。资源型产业效益持续下滑，产品产出逐步减少，生产加工能力减弱，劳动力外迁趋势明显，资源型产业开始萎缩，城市竞争力下降，资源型城市步入衰退期。由于资源的不可再生性，可持续发展成为从资源型城市兴起的那一刻就必须面对的问题。虽然国外部分资源型城市通过深度找矿、延长产业链等措施增加资源服务年限，但资源枯竭总会到来，转型发展成为资源型城市的唯一出路。

三、主体功能区划理论

（一）主体功能区划理论的内涵

我国"十一五"规划提出"根据资源环境承载能力、现有开发密度和发展潜力，统筹考虑未来我国人口分布、经济布局、国土利用和城镇化格局，将国土空间划分为优化开发、重点开发、限制开发和禁止开发四类主体功能区，按照主体功能定位、调整、完善区域政策和绩效评价，规范空间开发秩序，形成合理的空间开发结构"[①]。

（二）主体功能区划的方法论

首先，合理选择区域发展轴线。区域发展轴线通常建立在综合交通运输通道途经地区，具有较强的辐射能力和扩散效应，同时具备较强的综合经济实力和发展潜力。区域发展轴线是连接不同发展区域的关键，确定发展轴线时，既要考虑地理位置、交通条件、资源禀赋，也要明确不同区域间经济交流便利程

---

① 杨正先、韩建波、温泉：《混沌与分形理论在主体功能区划中的应用初探》，《中国人口·资源与环境》2014 年第 A1 期。

度，合理选择区域开发重点、方向及开发方式。

第二，科学确定区域节点。所谓区域节点是指经济实力较强且与卫星城市联系紧密的核心城市，一般具有人口规模大、基础设施条件好、投资条件佳、社会建设水平高的特点。选择区域节点时要重点考虑以下要求。一，城市基础设施完善，产业结构合理，辐射带动能力强，人口素质较高。二，聚焦能力强，对区域其他城市具有较强的服务能力和扩散能力。三，外向性优势明显，具有一定的国际战略性，对国外投资有吸引力。四，有效参与全国产业分工，具备带动其他城市转型发展的能力。①

第三，明确影响因子，科学构建指标体系。主体功能区划以区域定量评价结果为依据，合理确定影响因子、科学选择评价方法是进行合理主体功能区划的基础。因此，既要选择代表城市经济实力、发展潜力的影响因子，也要明确影响因子的内在联系，注意指标因子在时间尺度上的动态变化性，构建合理、科学的评价指标体系。此外，在主体功能区划评估研究中，要特别注意解决重点经济开发区域的空间扩散问题，厘清其扩散强度、方向、途径等基本内容。

最后，科学选择评估方法。主体功能区划的评估方法包括定性方法和定量方法，定性方法主要有专家访谈法、德尔菲法、社会调查法等，定量方法主要有主成分分析、聚类分析、关联矩阵法等。各类方法有各自的适用范围，但也都存在缺陷，如评价过程稳健性较差，当变量存在严重的多重相关时，可能重复变量的效果夸大等。现阶段在一定的空间尺度内，利用 GIS 技术与空间聚类分析可以有效解决区划边界效应的问题，具有较强的适用性。对待不同的主体功能区划，应合理选择优化评估方法。

（三）主体功能区划理论对资源型城市转型发展的影响

我国资源型城市众多，分布地域广泛，很多资源型城市面临着严峻的生态环境，无节制地开采自然资源必然会对地区经济和社会发展产生诸多不利影响。主体功能区划是基于人与自然和谐发展的原理制定的区域可持续发展政

---

① 张明东、陆玉麒：《我国主体功能区划的有关理论探讨》，《地域研究与开发》2009 年第 3 期。

策。主体功能区划的理论与方法为资源型城市及资源型区域的发展提供新的研究思路。本书在科学评估资源型城市转型发展的过程中，综合考虑主体功能区划的方法论中对指标选取及处理时的重点要求，提高资源型城市转型发展评估结果的科学性。同时，依据主体功能区划理论的相关要求科学制定资源型城市转型发展的提升策略，促进资源型城市资源、环境、经济、社会等系统的良性互动发展。

四、演化博弈理论

演化思想很早就贯穿在经济理论的研究中，在以静态分析为主的新古典经济学时代，凡勃伦的《有闲阶级论》、熊彼特的《经济发展理论》①、哈耶克的《自由秩序原理》和阿尔钦的《不确定、演化和经济理论》②等都是运用演化思想的经典著作。但是演化一词真正出现在学术领域还是从生物学研究开始的，达尔文主义的出现标志着生物学演化思想的正式形成。而博弈论基于每个主体都有一个明确的外生变量、每个主体决策取决于决策者的知识及其对其他决策者的预期等假设，是对竞争格局中各个决策主体相互交往的过程进行研究并做出决策的科学。③ 20 世纪 70 年代，随着史密斯和普赖斯（1973）提出演化稳定策略（Evolutionary Stable Strategy，ESS）④，作为一种将动态演化过程和博弈理论分析结合起来的理论，演化博弈论应运而生，该理论源于生物进化论，能够对生物进化过程中的很多现象做出合理的解释，以下对演化博弈理论的特征和应用范围进行介绍。

（一）演化博弈理论的特征

第一，演化博弈理论的研究对象是随着时间和空间发生变化的某一个或某一类群体。第二，演化博弈理论研究的目的是理解群体演化的动态过程以及说明群体为何或怎样达到目前的状态。第三，影响群体变化的因素既具有一定的

---

① 熊彼特：《经济发展理论》，商务印书馆 1990 年版。

② Alchian A., "Uncertainly, Evolution and Economic Theory", *Journal of Political Economy*, No.58（1950），pp.211–222.

③ 盛昭瀚等：《演化经济学》，上海三联出版社 2002 年版。

④ Smith J.M. & Price G.R., "The Logic of Animal Conflict", *Nature*, No.246（1973），p.15.

随机性和扰动性，又有通过演化过程中的选择机制而呈现出的规律性。第四，演化博弈理论几乎所有的预测或解释能力都表现在群体的选择过程，通常群体的选择过程具有一定的惯性，而且这个过程潜伏着突变的动力，从而不断地产生新变种和新特征。[①] 而演化博弈模型的建立主要基于两个方面的行为，即选择机制和突变机制或新奇创新机制。演化博弈模型的特征有：第一，研究对象为参与人群体，分析动态的演化过程，解释群体为何以及如何达到目前的发展状态；第二，群体的演化有突变和演化两个方面的行为机制；第三，经过群体选择形成的行为具有一定的惯性。[②]

（二）演化博弈理论的应用领域

演化稳定策略（ESS）概念的提出使演化博弈理论在各个领域得到了长足的发展，将人们对博弈论的研究引入一个新视野，为演化博弈论的发展找到了突破口，是演化博弈理论诞生的标志。20 世纪 80 年代，对演化博弈理论的研究逐渐深入，经济学家把演化博弈理论引入经济学领域，用于分析社会制度变迁、产业演化、金融证券以及股票市场等，对演化博弈理论的研究由对称博弈向非对称博弈深入，取得了很多研究成果，如泽尔腾（Selten）在 1980 年证明了"在多群体博弈中演化稳定均衡都是严格的纳什均衡"，说明传统的演化稳定均衡概念在多群体博弈中显示出局限性。20 世纪 90 年代，演化博弈理论的发展进入一个新阶段，威布尔（Weibull）在 1997 年比较系统、完整地总结了演化博弈理论，其中也包容吸纳了一些最新的理论研究成果。其他的一些成果包括克雷斯曼（Cressman）以及萨谬尔森（Samuelson）的很多著作文献，阿尔塞（Arce）、丹尼尔（Daniel）和托德（Todd）在 2005 年研究的四种不同类型的囚徒困境博弈达成所需的信息要求和演化。进入 21 世纪后，国内学者也对演化博弈论的基本内容和相关概念进行了研究。张良桥、冯从文[③]（2001）、盛昭瀚（2002）介绍了演化博弈理论基本概念和相关内容。石岿然、周峰、易余

---

① 钟锦：《基于演化博弈的淮河流域水环境管理研究》，博士学位论文，合肥工业大学，2008 年。

② 殷辉：《基于演化博弈理论的产学研合作形成机制的研究》，博士学位论文，浙江大学，2014 年。

③ 张良桥、冯从文：《理性与有限理性：论经典博弈理论与进化博弈理论之关系》，《世界经济》2001 年第 8 期。

胤等①（2005）学者将演化博弈理论运用到农村税费改革、电力市场、信贷市场、双寡头市场和自主创新行为合作研发中。可以看出，演化博弈理论被广泛地运用到各个领域，其应用研究的内容不断得到完善和优化。

（三）演化博弈理论对资源型城市转型的影响

国务院于2013年印发了《全国资源型城市可持续发展规划（2013—2020年）》，明确指出推进我国262个资源型城市可持续发展是我国现代化建设进程中的重大战略问题。资源型城市作为我国重要的能源后备基地，其建设质量关系到我国能源安全和经济社会稳定发展。资源型城市作为我国一类特殊的城市，在城市发展和转型过程中具有典型的生命周期特征，在不同的阶段不同类型的资源型城市会呈现出不同的经济、社会和生态特征。导致不同特征出现的原因主要是在内部因素和外部扰动的影响下，城市不同因子之间相互作用。如在资源型城市成长期，城市具有丰富的自然资源，能够为城市资源型产业发展提供足够的资源支撑，但是在这一时期城市经济发展水平较低，社会保障不足，城市化水平整体较低。当城市步入成熟期，自然资源的数量可以支撑城市产业发展的需求，经济发展水平和社会发展水平得到较大幅度提升，但是生态环境遭到较大程度的破坏。当资源型城市步入衰退期，面临矿竭城衰的难题，不同因子之间的相互作用使得资源型城市的重重危机面临爆发。如果资源型城市顺利转型，能够形成支撑城市经济社会发展接替产业或者新产业，则城市的不同影响因素之间会面临再一次的正向影响、促进和跃迁。可见，演化博弈理论在资源型城市发展过程中起着重要作用，是揭示资源型城市转型机理的重要理论依据。

五、空间异质性理论

（一）空间异质性的内涵

异质性（Heterogeneity）的概念最早起源于生态学的相关研究，在对生态系统进行研究的过程中得到了普遍的应用，这体现了该概念的重要性。早在

---

① 易余胤、肖条军、盛昭瀚：《合作研发中机会主义行为的演化博弈分析》，《管理科学学报》2005年第4期。

18 世纪和 19 世纪，地理学家、植物学家和生态学家就对空间异质性（Spatial Heterogeneity）进行过定性描述，但研究的重点主要是在区域和景观水平上。[①] 但是，在早期关于种群和群落生态学的研究中，学者通常把环境视为同质的，把种群和群落在空间上的随机分布作为基本假定。这样的做法虽然简单方便，但是并不能真正反映种群和群落的关系，空间异质性的引入已经成为一个棘手的问题。在一个广阔的尺度范围内，所有生态系统都表现出异质性和缀块镶嵌的特点，而缀块镶嵌是种群结构的变化、元素的循环和能量的流动等变化的基础。[②] 因此，空间异质性也成为景观生态学研究的核心问题。

就空间异质性的概念，乌尔班（Urban）等学者将空间异质性定义为生态学变量在空间上的不均匀性和复杂性，表现为生态系统的缀块性和环境变化的梯度性。[③] 利（Li）等学者将空间异质性定义为研究系统特征在空间上的复杂性或变异性。该定义便于描述和应用，并指出景观的生态系统组成构成了基本空间异质性格局。与此同时，环境特征的空间差异性、资源的可利用性以及不同生物种群和群落在景观上的分布都表现出空间异质性的分布格局，也说明环境异质性对生物在景观上的异质性分布具有较强的制约作用。[④]

（二）空间异质性的度量

20 世纪 50 年代以来，关于空间异质性的定量研究越来越多。对于一个景观而言，其是多种异质性的集合体。如果不考虑任何生态学功能，仅从观测者的角度对系统特征的空间异质性进行测量，则称之为测量的异质性或结构的异质性。[⑤] 相反，如果要研究系统的生态学功能，就需要以某个生物个体、种群或物种为研究对象，称为功能的异质性。其中，测量的异质性虽然

---

① Sparrow A.D., " A Heterogeneity of Heterogeneities", *Trends in Ecology & Evolution*, Vol.14, No.11（1999）, pp.422–423.

② Levin S.A., "The Problem of Pattern and Scale in Ecology: The Robert H. MacArthur Award Lecture", *Ecology*, Vol.73, No.6（1992）, pp.943–1967.

③ Urban D.L. & O'Neill R.V.（eds.）, "Landscape Ecology", *Bioscience*, Vol.37, No.2（1987）, pp.119–127.

④ 陈玉福、董鸣：《生态学系统的空间异质性》,《生态学报》2003 年第 2 期。

⑤ Caselli F. & Ventura J., "A Representative Consumer Theory of Distribution", *American Economic Review*, Vol.90, No.4（2000）, pp.909–926.

简单便于操作，但是带有较大的随意性和主观性，往往具有较低的生物相关性。而功能的异质性与生态学的研究过程密切相关，具有多维性，为了准确，在测度过程中需要和物种感知和响应的尺度联系，具有较强的客观性。根据不同的数据类型，相关研究采用不同的方法进行研究。例如，对于景观类型图（Categorical Maps），空间异质性可用缀块组成和结构的复杂性来描述，如缀块类型的数目与比例、缀块的形状和大小，景观组分的破碎度（Fragmentation）、亲和度（Affinity）、优势度（Dominance）、相对丰富度（Relative Richness）、聚集度（Contagion）等多种指数。对于数值图（Numerical Maps），如分形方法（Fractals）、巢状样方分析（Nested Qua Drat Analysis）、趋势面分析（Trend Surface Analysis）、半方差图（Cardiograms）或相关图（Correlatives）、谱分析（Spectral Analysis）等空间统计学方法可以描述格局如何随尺度而变化。此外，多元分析方法，如分类（Classification）或聚类分析（Cluster Analysis）、回归分析（Regression Analysis）或直接梯度分析（Direct Gradient Analysis）、排序（Ordination）或间接梯度分析（Indirect Gradient Analysis）也被用于空间异质性的定量分析。[1]

（三）空间异质性对资源型城市转型的影响

在资源型城市的研究中，空间异质性主要体现在不同城市之间经济社会要素格局的差异上[2]，主要包括自然资源的异质性、城市发展阶段的异质性、政策规划的异质性和微观主体的异质性。其中，自然资源的异质性主要包括资源种类异质性、资源储量的异质性和资源质量的异质性。城市发展阶段的异质性主要是指资源型城市自然资源的利用状况不同，资源型产业发展的阶段不同导致城市发展阶段不同，发展阶段的差异对资源型城市转型方案的制定至关重要。政策规划的异质性主要是指处于不同阶段的资源型城市应该制定不同的发展政策。微观主体的异质性主要是指不同资源型城市的劳动力、生产技术具有

---

① Sugihara G. & May R.M., "Applications of Fractals in Ecology", *Trends in Ecology & Evolution*, Vol.5, No.3（1990），pp.79-86.

② 孙久文、姚鹏：《基于空间异质性视角下的中国区域经济差异研究》，《上海经济研究》2014年第5期。

较大的异质性，特别是劳动力管理能力（企业家能力）的差异、对生产技能掌握程度的差异会直接影响企业的生产率。引入空间异质性的概念主要是基于全国不同区域的资源型城市发展时期和自然资源存在较大差异的事实会在很大程度上影响资源型城市转型发展。空间异质性是影响制度改革的关键因素，也是指导政府行为的重要方面，会导致政府行为的差异性，而政府行为的差异性又会直接影响产业结构的调整和升级。可见，异质性是资源型城市转型过程中不可忽视的驱动因子，要综合考虑全国一盘棋的现状，统筹兼顾。

六、产业结构演进理论

（一）产业结构演进理论的产生与发展

早在工业革命之前，随着资本主义经济开始由农业经济转向工业经济，产业结构理论应运而生。所谓的产业结构，是指不同产业的构成及各产业之间的联系和比例关系。由产业结构的定义可知产业结构基本包含两层含义。一是指社会生产中物质资料生产部门和非物质资料生产部门之间的比例关系。其中，物质资料生产部门包括农业、工业、建筑业、商业和邮电业等，非物质资料生产部门主要包括科学、文化、教育、卫生和金融等只能提供非物质服务的部门。二是指第一、第二、第三产业之间的联系和比例关系。[1] 1672 年，英国经济学家威廉·配第首次揭示了产业结构和国民经济收入的关系，即随着经济社会的发展，产业中心会从有形产业向无形产业转移，当工业收益大于农业收益时，劳动力追逐高收益会导致其由农业部门向工业部门转移的现象，而当商业收益大于工业收益时，劳动力又会向商业转移，即配第定理。之后，李嘉图、斯密等人也对产业结构的内容进行了研究，但是并没有形成理论体系。直到 20 世纪 30—40 年代，产业结构理论的研究才得到长足发展。英国经济学家费舍尔通过对经济数据进行对比分析，在配第定理的基础上提出三次产业划分方法。日本经济学家赤松根据日本产业结构和经济发展之间的关系，提出雁行模式理论。德国经济学家霍夫曼通过对 20 多个国家的经济数据进行计算，提

---

[1] 黄悦：《东北地区资源型城市资源诅咒效应及协调发展研究》，博士学位论文，东北师范大学，2016 年。

出著名的霍夫曼定理。之后，英国经济学家克拉克通过统计分析的方法印证了配第的观点，从而得出了著名的配第-克拉克定理，即随着经济的发展，劳动力会从农业部门转移到制造业部门再转移到商业和服务业部门。

第二次世界大战以后，产业结构的研究内容得到了进一步发展。1966年，美国经济学家库兹涅茨深入考察发展中国家的收入在三次产业间的变化情况，并提出著名的库兹涅茨法则。列昂惕夫建立了投入产出分析体系，为研究国民经济和产业结构之间的关系提供了有力工具。此外，刘易斯、赫希曼、罗斯托等学者从发展经济学的角度丰富了产业结构的研究内容。刘易斯提出了二元经济结构模型，即发展中国家普遍存在的落后的农村和农业生产部门与比较发达的城市和制造业部门并存的现象。赫希曼提出不平衡增长理论，指出在发展中国家，资本应该优先投入产业关联度高的部门中。罗斯托提出了经济成长阶段论和主导产业扩散论，指出人类社会发展共包括六个经济成长阶段：传统社会、起飞前阶段、起飞阶段、成熟阶段、高额群众消费阶段、追求生活质量阶段。[①] 与此同时，战后日本学者开始对产业结构进行研究，提出了多个产业结构理论，如赤松提出的雁形模式理论、筱原三代平提出的动态比较费用论和两基准理论、佐利贯雄提出的战略产业优先增长论以及关满博提出的技术群体结构论。

（二）产业结构演进的特征

首先，产业结构演进与工业化阶段相关。产业结构的演进会经历前工业化时期、工业化中期、工业化后期和后工业化时期等四个阶段，在这个过程中，产业结构的发展将经历一个由低级向高级的转变。在前工业化时期，第二产业是支撑国民经济发展的主要产业，第一产业占比逐渐降低，第三产业占比逐渐上升，但是第三产业占比仍然比较小。在工业化中期，第二产业仍然占据主导地位，但是第二产业逐渐向深加工产业发展，逐渐摆脱初加工阶段，第三产业的占比持续上升，第一产业占比持续下降。在工业化后期，第二产业在国民经济中的占比占据绝对的主导地位，甚至会影响整个经济的发展。在后

---

① 林毅夫等：《中国的奇迹：发展战略与经济改革》，上海人民出版社2014年版。

工业化时期，第二产业占比逐渐下降，第三产业占比持续上升，知识产业的发展是支撑地区经济发展的主要产业，整个产业结构由低级向高级转变，实现高度现代化。

其次，主导产业的转换过程具有顺序性。产业结构的演进与国民经济发展密切相关，支撑地区经济发展的主导产业不是一成不变的。在前工业化时期，农业是国民经济发展的主导产业。在工业化中期，第二产业如以原料工业和燃料动力等基础工业为主的产业成为支撑地区经济发展的主导产业，这一时期产业的加工密度低，生产相对粗放。在工业化后期，第二产业仍然是国民经济发展的主导产业，但是产业结构向高级阶段演进，产业延伸链不断提升，地区经济发展迅速。在后工业化时期，第三产业成为主导产业，服务和信息产业成为支撑地区经济发展的关键产业。

第三，三大产业具有依次代替的性质。随着国民经济的发展和社会的进步，第一产业首先成为主导产业，随着国民经济的进一步发展，第二产业成为地区经济发展的主导产业，当国民经济发展到一定程度时，第三产业成为支撑地区经济发展的主导产业。

最后，产业结构的演进在不同区域间具有可塑性。产业结构的可塑性并不是颠倒产业依次替代的性质，而是指产业结构由低级向高级转变的各个阶段的时间长短可以通过城市转型缩短，通过城市转型加快城市的发展速度。

（三）产业结构演进理论对资源型城市转型的影响

产业结构演进理论与资源型城市转型密切相关，资源型城市产业发展也是产业结构演进理论的验证。从产业结构演进特征来看，资源型城市成长期、成熟期、衰退期和再生期的产业结构与前工业化时期、工业化中期、工业化后期和后工业化时期的产业结构特征高度契合。如处于成长期的资源型城市，第二产业即资源型产业的发展还比较缓慢，地区发展仍然以第一产业为主，资源型城市处于建城阶段，整个城市的基础设施比较落后，第三产业发展缓慢，城市创新能力较低，居民生活的便利程度较低，生态环境尚未被破坏。当资源型城市进入成熟期，第二产业发展迅速，充足和优质的自然资源为地区资源型产业的发展提供了重要支撑，第二产业逐渐成为地区经济发展的主导产业，但是这一时期的产业结构还比较低级，资源型产业较多处在初加工的时期。第一产业占比逐渐降低，第三产业占比逐渐上升，社会基础设施逐渐完善，这是因为第二产业的发展为社会经济发展积累了资本，为城市的发展提供了资金支撑。当资源型城市步入衰退期，第二产业在地区经济发展中的占比仍占处于主导地位，技术水平不断提升，创新能力不断增强，产业结构逐渐高级化，资源型产业逐步深化。与此同时，第三产业占比逐渐提升，城市完善程度不断提升。当资源型城市逐渐步入再生期，传统的第二产业占主导地位的产业结构由于自然资源的枯竭已经不复存在，城市产业结构趋于多元化，第三产业占比进一步提升，城市产业结构抗干扰能力不断提升。

此外，产业结构演进的依次替代特征和可塑性特征也在资源型城市的发展中得到印证。资源型城市产业结构的演进也是遵循主导产业由第一产业向第二产业转变，再转向第三产业的过程。我国资源型城市众多，地域分布广泛，并不是所有的资源型城市都必然经历衰退到再生的过程，一些资源型城市在成长期就开始致力于城市转型。通过加快技术和要素创新，一些资源型城市能够缩减第二产业占据主导地位的时间，抓住改革和政策机遇大力发展第三产业，缩短城市衰退和再生的时期，使城市发展不断由低级向高级转变。

第三节　供给侧结构性改革驱动资源型
城市转型的逻辑基础

车海刚指出，供给侧结构性改革是相对于需求侧而言的，指的是劳动力、土地、资源、资本、技术等生产要素的有效供给和利用。供给侧结构性改革的目的，一是提高供给质量，打破资源型城市经济发展创新能力不足、科技水平低下、低端能源供给过剩的困境；二是完善结构性改革，提升城市发展的体制机制保障水平，扫除资源型城市转型过程中的制度性障碍，有效解决资源型城市转型发展难题。

供给侧结构性改革的"四则混合运算"是其发挥驱动效应的有效手段。其中，"加"就是发展战略性新兴产业，提升供给质量，增加有效供给，拓宽经济发展空间。"减"就是降低企业隐性成本，放松政府管制，加强反腐，打破垄断。"乘"就是落实创新驱动，以创新作为乘数因子，促进新兴产业的成倍式增长。"除"就是促进过剩产能有效化解，减少低端供给，实现去产能化。由此视之，所谓供给侧结构性改革包含了三个层面：一是制度层面的供给，即制度改革；二是产业层面的供给，即产业转型；三是要素层面的供给，即要素创新。此外，李佐军认为我国经济面临严峻的结构性问题，而要解决这类结构性问题，必须采取结构性改革对策。他认为供给侧的"制度变革、结构优化、要素升级"相对于需求侧"三驾马车"的"三大发动机"，是经济发展的根本动力。综上所述，本书综合两位学者的观点，认为供给侧结构性改革主要从制度、结构、产业、要素等 4 条主线推进，后续研究中的问题分析、因子界定、实证研究、战略设计等皆遵循此论断。

一、供给侧结构性改革与资源型城市转型具有内在一致性

稳步推进供给侧结构性改革是化解产能过剩、促进城市转型、实施创新驱动的应有之义，资源型城市转型发展有利于优化经济结构、提升发展质量，对供给侧结构性改革具有反向促进作用。一是正确认识资源型城市转型发展是推进供给侧结构性改革的良好契机。在经济高速增长阶段，依赖资源开采加工的经济增长模式极具活力，深层次的结构性矛盾存在但并不明显，资源开发带来的经济效益在市场需求拉动下呈现稳定增长态势。在强大的增长惯性下，供给侧结构性改革的时机和条件并不成熟，结构性矛盾并未伤及地方政府利益，地方政府的政策执行力严重不足。自从经济发展步入新常态，需求不足、供需错配等问题加速资源型城市衰竭，产能过剩大范围出现，经济增长由高速换挡至中高速，市场需求出现萎缩，经济发展结构性矛盾凸显，资源型企业经济效益下滑影响地方政府财政收入，推进供给侧结构性改革逐渐具有现实基础。因此，资源型城市转型发展背景下推进供给侧结构性改革是重要的窗口机遇期。二是正确认识供给侧结构性改革有助于推进资源型城市转型。投资、出口、消费等需求端要素动力疲软，则土地、资本、劳动力、创新、政策等供给端要素

对资源型城市调整产业结构、提升经济增长质量的驱动作用更为显著，是经济新常态下资源型城市转型的新动力。从前文的分析中可以看出，资源型城市经济效益增长曲线与国民经济增长率相契合。产能过剩的实质是产业效率低、产品质量无法满足市场需求，资源型城市以资源开发为核心的产业结构亟待依托创新这一核心驱动力实现转型发展。从宏观层面看，供给侧结构性改革推动政府经济治理思路由需求侧管理政策主导调整为需求侧管理政策与供给侧管理政策并重。需求侧管理政策通过刺激消费、加大投资、扩大出口实现经济阶段性高速增长，但无法实质性地优化经济结构。供给侧管理政策从政府、产业、企业等生产端入手，尊重企业与市场的主体地位，消除阻碍资本、技术、劳动力等要素自由流动的障碍，发挥创新核心驱动作用，市场主体投资决策更趋理性化，提高供给侧质量和效率。简言之，供给侧管理政策依托市场化手段解决供给结构的深层次矛盾，实现新旧产业格局的升级换代。因此，供给侧结构性改革有利于资源型城市转型发展，同时资源型城市转型发展伴随着产业结构优化、供给质量提升。

二、供给侧结构性改革驱动资源型城市转型

产业结构单一、发展动力不足、供给效率低下是资源型城市面临的主要问题，借助于转型发展实现产业结构优化、培育新的经济增长点是解决资源型城市问题的核心途径。资源型城市是我国经济社会发展的重要组成部分，承担着为经济发展提供原材料的重任，粗放型发展模式已经不能适应市场需求和要素供给的新变化，要更加注重产业供给质量和生态效益，这是扭转城市发展颓势的关键。长期以来，我国资源型城市发展过于注重经济增长，忽略了产业结构及经济结构的优化治理，导致结构性矛盾突出。我国资源型城市发展的结构性矛盾主要表现在有效供给不足与产能过剩并存，进而导致资源型城市供给结构扭曲、资源依赖严重、产业结构单一、创新动力不足。具体而言，一方面资源型城市经济发展严重依赖资源型产业，资源型产品价格影响经济平稳发展，需求结构优化导致低端产能过剩，无效供给过多。国内外市场需求乏力制约有效需求规模，国内经济结构转型逐渐摆脱"世界工厂"的发展模式，创新的作用

被放大，资源型城市以原材料输出为主的产业发展模式无法满足市场需求，经济效益下滑，产能过剩严重。近年来，我国钢铁、水泥、平板玻璃、有色金属等行业产能严重过剩，僵尸企业大量存在，导致上游原材料供应企业利润下滑，影响资源型城市经济发展。另一方面资源型城市产业处于产业链低端，转型进程缓慢，深加工产品供给不足，产业链条有待延伸。经济发展推动市场结构发生变化，中低端消费市场规模逐渐落后于高端消费市场规模。市场消费结构呈现出由模仿型消费向个性化消费、从量的满足向质的提升、从排浪式消费向多样化消费、从有形产品向无形服务等一系列转变。产品加工企业在提高产品质量的同时，要求资源供给企业优化供给效率，改善产品供给质量。资源型城市的单一化产业结构存在巨大风险，多元化产业发展战略成为转型出路。

供给侧结构性改革以市场为导向的政策措施是驱动资源型城市转型的最有效机制。在新常态下，供给侧结构性改革充分尊重企业和市场的主要导向作用，在强化宏观规划的同时减少政府对企业具体发展的不合理行政干预，逐渐消除政府对要素供给与定价的管制政策，促进要素自由流通，清理僵尸企业，解除资源过度占用，吸引创新要素聚集，鼓励资源型城市拓宽发展路径。依赖市场机制，供给侧结构性改革驱使大量的生产性资源由生产效率低的部门流向生产效率高的部门，实现产能过剩领域与有效供给不足领域的平衡，推动供给侧与需求侧有效衔接，从而改善资源型城市转型的要素环境、政策环境和竞争机制。

三、资源型城市转型反作用于供给侧结构性改革

遵循"创新、协调、绿色、开放、共享"五大发展理念，资源型城市转型发展以创新驱动理念为着力点，重点解决结构性矛盾、增长动力不足、产能过剩、高端供给不足等问题。在新常态下，创新驱动是资源型城市借力供给侧结构性改革化解结构性矛盾、培育增长新动能的有效途径。供给侧结构性改革从制度变革、结构优化、产业转型、要素升级四个层面发力，深化行政体制改革，推进产业、城乡、区域、消费、能源等结构优化，寻找经济增长新动力，提高全要素生产率。创新是优化要素配置、推进供给侧结构性改革的根本途

径，同时也是资源型城市寻找发展新动力、顺利实现转型发展的关键。

一方面，资源型城市转型吸收大量生产性资源，资金、技术、人才等要素在市场机制调节下加速流向资源型城市，改善区域创新能力，优化产业结构，加速实现供给侧结构性改革预期目标。供给侧结构性改革的一个重要目的是化解过剩产能，清除僵尸企业，促进要素自由流动，发挥创新驱动核心作用，实现经济结构转型升级。对于资源型城市来说，产业兴衰与资源富集程度息息相关，以资源开采加工为主的单一产业结构既受到下游企业经营状况的影响，又造成严重的环境污染和生态破坏。实现产业结构多元化、高端化是改善资源型城市发展模式的关键。资源型城市转型是管理制度、产业组织、产业结构、产业链的根本性变革，改变资源要素驱动的传统发展模式，转而依托自主创新培育经济增长新动能，吸引人才、技术、资本等资源聚集，实现城市可持续发展。促使创新要素资源向资源型城市流转，解决经济结构性问题，提高供给质量和效率，加速实现供给侧结构性改革的预期效益。另一方面，产业革命与创新驱动打破原系统"稳态"，改变子系统与影响因子相互作用关系，实现资源型城市转型发展，推动经济增长动力转换。[①] 供给侧结构性改革所针对的结构性矛盾在资源型城市内更加突出，产业结构、产业效益及创新水平制约城市转型发展。产业革命与创新驱动协同助力资源型城市转型发展，资源型城市走上结构优化、市场开放、要素富集的良性发展之路，推动产业结构优化升级，进而提升经济效率，改善产品供给，遏制环境污染和生态破坏，达到供给侧结构性改革部分预期目标。

四、供给侧结构性改革驱动资源型城市转型的效应分析

资源型城市转型发展的首要任务是保证经济增长的稳定可持续，其次实现制度环境良好、经济结构合理、产业发展有力、要素供给高效的预期目标。在供给侧结构性改革这一宏观驱动力的影响下，制度变革、结构优化、产业转型、要素升级等改革措施稳步推进，分别作用于相应的子系统并对资源型城市

---

① 徐君：《资源型城市系统演化的涨落因子及协同分析》，《资源开发与市场》2011 年第 2 期。

转型产生正向或负向影响。经过一段时间后，资源型城市的产业基础或要素结构发生变化，进而影响资源型产业发展方向。资源型城市会对这种变化做出响应性反应，各要素及产业基础的响应会反馈至供给侧结构性改革，促使施政者调整政策布局，出台新一轮应对措施，缩小负面影响。供给侧结构性改革对资源型城市转型的驱动效应如图 2—2 所示。

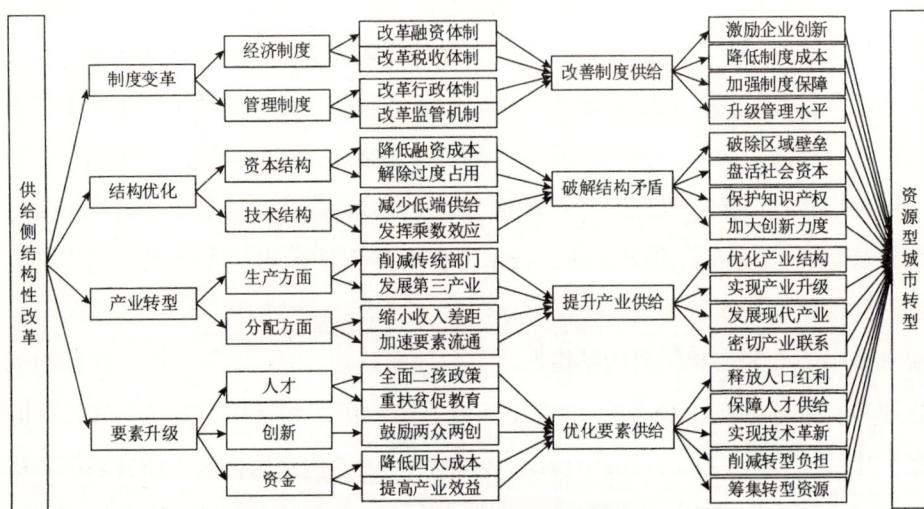

图 2—2　供给侧结构性改革对资源型城市转型的驱动效应

从制度层面看，制度变革主要是指革新行政制度、经济制度、管理制度及文化制度。经济制度与管理制度作为资源型城市转型的内外两个方面，受供给侧结构性改革的影响更大。供给侧结构性改革从国家政策、法律法规等宏观层面推进制度变革，为资源型城市转型实施顶层设计。资源型城市依靠资源开采与加工兴起，经济发展严重依赖资源型产业。我国经济发展进入新常态，资源密集型、劳动密集型产业对经济发展的支撑作用减弱，创新驱动型经济增长模式成为转型发展目标。对于资源型城市来说，摆脱传统产业模式、延长产业链条、发展现代产业成为转型发展的有效途径，这一过程中宏观政策的引领作用不可或缺。发挥供给侧结构性改革的驱动作用，要在顶层设计的基础上规范行政管理体制，健全相关法律法规，严格投资准入制度，杜绝政府给予部分企业财税优惠造成的不合理竞争，建立能进能出的市场竞争机制，及时剔除不符合环保标准和政策规定的企业，提高资源型城市的产业竞争力。

从结构层面看，产业结构优化、区域结构优化、资本结构优化、技术结构优化等隶属于结构优化的范畴，前两者偏向宏观范畴，后两者属于微观视角。从宏观层面看，产业结构是资源型城市转型发展的基础，区域结构则体现了区域壁垒下资源型城市的竞争与优势互补。产业结构主要是一二三产业的占比，资源型城市普遍存在第二产业占据绝对优势的刚性产业结构，这种产业结构依赖资源开采的持续性。优化区域结构的本质是在提升新型城镇化、新型工业化水平的基础上，保证区域内外资源型城市转型的优势互补。大多数资源型城市在其转型规划中明确提出，发展服务业、旅游业及现代工业，转型路径存在同质性。因此，不同资源型城市要加强沟通协调，保证转型战略符合当地发展实际，减少过度竞争。资本结构和技术结构反映了资金、技术获取的难易程度。资金、人才、技术等要素的投入数量和配比结构显著影响产业效率和产出质量，生产要素长时间聚集在低效率经济部门，要素间的协同效应无法显现，产业结构性矛盾突出。供给侧结构性改革的最终目的是协调好经济子系统、社会子系统、生态子系统之间的关系，降低融资成本，解除过度占用，聚集创新要素，提升产业竞争力，加速资源型城市转型发展。

从产业层面看，资源型城市转型发展受到刚性产业结构、产业发展水平、产业发展环境等诸多因素影响，关键影响因素主要集中在生产和分配两个方面。一方面，传统工业部门比重大、第三产业基础薄弱是资源型城市转型的突出问题，供给侧结构性改革以自主创新为主线，充分发挥人才、资本等要素优势，对企业生产技术和生产设备进行升级改造，提升创新能力，削弱传统工业部门，发展现代工业，壮大第三产业。另一方面，收入分配机制不健全，要素流通效率低下。资源型城市内的企业多数是国有企业或由国有企业转型而来，按要素分配的收入分配机制并未完全建立，企业缺乏活力。资源开采破坏了当地的生态环境，居民生活环境较差，不容易吸引人才聚居，城市内部要素流动性差，自主创新缺少要素基础。因此，供给侧结构性改革是优化产业结构、推进城市转型的良好契机，产业层面要素及其作用关系既是供给侧结构性改革的动因，也是资源型城市转型的承载基础。

　　从要素层面看，创新、人才、资本等要素缺乏是资源型城市亟待解决的问题。供给侧结构性改革疏通要素流动渠道，推动要素升级，实现要素优化配置。首先，供给侧结构性改革的核心目的就是将粗放型经济发展模式升级为以创新驱动为核心的集约型发展模式，这也是资源型城市转型的核心驱动力和应有之义。供给侧结构性改革通过将顺政府、市场、要素三者之间的关系，为自主创新提供土壤。其次，人才是创新的主体，人才培养应该以市场需求为导向、以政府支持为基础，培养一大批适应未来经济发展要求的创新型人才是供给侧结构性改革达成最终目标的基石。资源型城市转型发展离不开创新驱动，更离不开人才支撑。最后，资本的关键作用在于帮助创新型人才将想法转变为现实，资本的辅助作用既体现在对人才的培育上，又体现在对创新活动的资金支持上。供给侧结构性改革通过优化金融市场环境，打击非法集资，引导社会资本流向发展潜力更大的创新性活动上，为资源型城市转型发展提供资金和技术支持。

第三章　供给侧结构性改革驱动资源型城市转型的现状、机遇及挑战

第一节　资源型城市概述及现状分析

一、资源型城市概述

2013 年 11 月，国务院印发了《全国资源型城市可持续发展规划（2013—2020 年）》，明确指出推进我国 262 个资源型城市可持续发展是我国现代化建设进程中的重大战略问题。资源型城市作为我国重要的能源后备基地，其建设质量关系到我国能源安全和经济社会稳定发展。资源型城市发展问题已经成为关系国家战略安全的紧要问题。据统计，我国资源型城市占地约 391 万平方公里，涉及人口约 4.99 亿人，分别相当于我国国土总面积及总人口的 40.71% 和 36.8%。由此可见，资源型城市的发展状况与全国整体经济质量息息相关，是全面建成小康社会的重要着力点。

不同类型的资源开发活动形成了特点不同的资源型城市。从宏观角度看，资源型城市具有一定的共同特征，但发展历程、现状、特点等各具差异。不同类型、不同发展阶段资源型城市的经济社会发展水平存在显著差异。现阶段，有关资源型城市的分类多种多样，但分类的目的是助力城市产业结构调整，最终解决"何时转""往哪转""怎么转"三个关键问题。本书紧紧围绕这三个问题，分别从资源种类、发展阶段、形成基础三个方面划分资源型城市种类，如

表 3-1 所示。

表 3-1 资源型城市类型划分

分类标准	类型	发展特征
资源种类	黄金城市	依托的资源种类存在显著差异，城市发展面临的问题明显不同，整体转型战略相似，但实施方案不同
	有色金属城市	
	化工城市	
	森工城市	
	冶金城市	
	煤炭城市	
	石油城市	
	非金属及建材城市	
	综合性（多种矿产）城市	
发展阶段	成长期城市	转型压力、主导产业依赖度、社会危机程度、转型模式不同
	成熟期城市	
	衰退期城市	
形成基础	先城后矿	城市兴起模式、产业结构转换时机、调整方式不同
	先矿后城	

资源型城市为我国国民经济发展做出了突出贡献，研究资源型城市转型不能忽略时空变化的影响，必须遵循发生学原则和动态原则。发生学原则是指城市产生、繁荣与资源开发关系密切，分为"先城后矿"和"先矿后城"两种模式。"先城后矿"是指资源开采前城市已经存在，资源的开采加速了城市发展，如大同、邯郸等。"先矿后城"是指资源开采导致人口聚集，形成城市，如大庆、克拉玛依、攀枝花等。无论哪种城市发展模式，资源开发对城市发展的助力作用显而易见。动态原则要求研究资源型城市转型必须关注其兴起过程及原因，考虑特定历史条件下的特殊背景。我国部分城市虽然因资源开采而兴起，但后来因资源枯竭而成功转型，主导产业已经不再是资源开采与加工。根据《全国资源型城市可持续发展规划（2013—2020 年）》，我国共有资源型城市 262 个，其中地级行政区（包括地级市、地区、自治州、盟等）126 个，县

级市62个，县（包括自治县、林区等）58个，市辖区（开发区、管理区）16
个，如表3-2所示。

表3-2　全国资源型城市名单及分类

省份	成长期城市	成熟期城市	衰退期城市	再生期城市
河北（14）		张家口市、承德市、邢台市、邯郸市、鹿泉市、任丘市、青龙满族自治县、易县、涞源县、曲阳县	井陉矿区、下花园区、鹰手营子矿区	唐山市
山西（13）	朔州市	大同市、阳泉市、长治市、晋城市、忻州市、晋中市、临汾市、运城市、吕梁市、古交市	霍州市	孝义市
内蒙古（9）	呼伦贝尔市、鄂尔多斯市、霍林郭勒市、锡林浩特市	赤峰市	乌海市、阿尔山市、石拐区	包头市
辽宁（15）		本溪市、调兵山市、凤城市、宽甸满族自治县、义县	阜新市、抚顺市、北票市、弓长岭区、南票区、杨家杖子开发区	鞍山市、盘锦市、葫芦岛市、大石桥市
吉林（11）	松原市	吉林市、延边朝鲜族自治州	辽源市、白山市、九台市、舒兰市、敦化市、汪清县、二道江区	通化市
黑龙江（11）		黑河市、大庆市、鸡西市、牡丹江市、尚志市	伊春市、鹤岗市、双鸭山市、七台河市、大兴安岭地区、五大连池市	
江苏（3）			贾汪区	徐州市、宿迁市
浙江（3）		湖州市、武义县、青田县		
安徽（11）	颍上县	宿州市、亳州市、淮南市、滁州市、池州市、宣城市、巢湖市	淮北市、铜陵市	马鞍山市
福建（6）	东山县	南平市、三明市、龙岩市、龙海市、平潭县		

续表

省份	成长期城市	成熟期城市	衰退期城市	再生期城市
江西（11）		赣州市、宜春市、瑞昌市、贵溪市、德兴市、星子县、万年县	景德镇市、新余市、萍乡市、大余县	
山东（14）	昌乐县	东营市、济宁市、泰安市、莱芜市、招远市、平度市	枣庄市、新泰市、淄川区	淄博市、临沂市、龙口市、莱州市
河南（15）	永城市、禹州市	三门峡市、鹤壁市、平顶山市、登封市、新密市、巩义市、荥阳市	焦作市、濮阳市、灵宝市	洛阳市、南阳市、安阳县
湖北（10）		鄂州市、应城市、宜都市、保康县、神农架林区	黄石市、钟祥市、大冶市、松滋市、潜江市	
湖南（14）		衡阳市、郴州市、邵阳市、娄底市、浏阳市、临湘市、宁乡县、桃江县、花垣县	常宁市、耒阳市、资兴市、冷水江市、涟源市	
广东（4）		云浮市、高要市、连平县	韶关市	
广西（10）	贺州市	百色市、河池市、岑溪市、隆安县、龙胜各族自治县、藤县、象州县	合山市、平桂管理区	
海南（5）		东方市、琼中黎族苗族自治县、陵水黎族自治县、乐东黎族自治县	昌江黎族自治县	
重庆（9）		铜梁县、荣昌县、垫江县、城口县、奉节县、秀山土家族苗族自治县	南川区、万盛经济开发区	云阳县
四川（13）	南充市	广元市、广安市、自贡市、攀枝花市、达州市、雅安市、凉山彝族自治州、兴文县	泸州市、绵竹市、华蓥市	阿坝藏族羌族自治州
贵州（11）	六盘水市、毕节市、黔南布依族苗族自治州、黔西南布依族苗族自治州	安顺市、清镇市、开阳县、修文县、遵义市、松桃苗族自治县	万山区	
云南（17）	昭通市、楚雄彝族自治州	曲靖市、保山市、普洱市、临沧市、安宁市、开远市、晋宁县、新平彝族傣族自治县、兰坪白族普米族自治县、马关县	个旧市、易门县、东川区	丽江市、香格里拉县
西藏（1）		曲松县		

续表

省份	成长期城市	成熟期城市	衰退期城市	再生期城市
陕西 （9）	延安市、咸阳市、榆林市、	渭南市、宝鸡市、略阳县、洛南县	铜川市、潼关县	
甘肃 （10）	武威市、庆阳市、陇南市	金昌市、平凉市、玛曲县	白银市、玉门市、红古区	张掖市
青海 （2）	海西蒙古族藏族自治州	大通回族土族自治县		
宁夏 （3）	灵武市	中宁县	石嘴山市	
新疆 （8）	阿勒泰地区、哈密市、阜康市、鄯善县	克拉玛依市、巴音郭楞蒙古自治州、和田市、拜城县		

二、资源型城市发展现状分析

2011 年，为了加大对资源型城市转型的支持力度，国务院批准确立了第三批 25 个资源枯竭型城市。我国先后三批共确立了 69 座资源枯竭型城市，通过财政转移支付的方式为资源枯竭型城市转型发展提供支持。截止到 2011 年，中央财政累计下达财力性转移支付资金 303 亿元。"十二五"期间，我国经济发展取得一系列成就，基础设施日益完善，经济结构转型逐步加快。然而，我们需要清醒地认识到，我国区域经济非均衡发展的基本格局没有发生根本性变化，区域发展依然存在壁垒。因此，促进资源型城市转型发展，必须在客观梳理我国资源型城市发展现状的基础上，着力推进区域经济一体化进程，解决区域经济发展不平衡、不充分的问题。

（一）资源与生态问题的特殊性

资源与生态环境的矛盾在资源型城市转型发展的过程中尤为突出。在资源环境约束日益趋紧的环境下，如何在实现自身可持续发展的前提下，保证国家能源供应安全，已经成为资源型城市转型发展的首要难题。要想实现这个双重目标，大规模的资源开采短时间内难以摒弃。然而，资源开采就会造成资源枯竭、环境污染、生态破坏等一系列问题。此外，资源开采既要考虑代内公平又要考虑代际公平，要提前制定接替产业发展战略，保证资源跨期配置的合理性。人类活动对生态环境的影响可以从生产侧和消费侧两个角度理解，对于不同区域而言，这两个层面对生态环境的影响差异明显。相较于资源消费区域，资源生产区域供给侧对生态环境的负面影响十分显著。例如，煤炭开采区域普遍存在地表塌陷、植被枯死、水资源减少等问题。

生态环境问题是资源型城市最突出的民生问题。我国资源型城市的生态环境普遍十分脆弱，环境承载力较低。生态环境问题相较于教育、医疗、住房等民生问题，具有缓慢累积和不可逆的特征，大多数在资源开采初期不会大规模显现。随着资源型城市发展进入成熟期，生态环境问题集中爆发，加上资源枯竭导致资源型企业经济效益下滑，环境治理与结构转型迫在眉睫，资源型城市突破发展困境的任务十分艰巨。山西省共有资源型城市 13 个，处于成熟期的 10 个，资源型城市转型处于关键时期。山西省在享受资源开采带来的巨大红利的同时，也付出了沉重的发展代价。山西省开采 1 吨煤炭需耗水 2.48 吨，全省约有 10% 的土地受到地表塌陷、水资源减少等次生灾害的威胁。山西省每年因挖煤、炼焦、发电造成的环境破坏约合人民币 113.42 亿元，其中还不包括对居民生活、身心健康等产生的无法估算的负面影响。此外，资源红利并未惠及广大民众。资源开发既要注重环境保护，又要重视经济成果分配的公平性。资源开采带来了区域经济总量的提升，但对人均居民所得的提升作用十分有限。大规模的资源开采拉动人均 GDP 快速增长，但对人均实际收入和消费水平的提升作用很弱，说明人均收入呈现虚高。

（二）经济增长质量显著改善

国家发改委相关资料显示，2007—2010 年，前两批确定的资源枯竭型城市 GDP 年均增长 13.2%，高于全国平均值 3.5 个百分点；人均地区生产总值年均增长 12.6%，高于全国平均值 3.7 个百分点。这充分说明中央财政加大财力性转移支付力度，有力推动了资源型城市转型发展。从单个城市的发展轨迹看，国家政策对资源型城市转型发展的影响十分明显，资源型城市经济增长势头持续向好。本节选取河南省先后进入资源枯竭型城市名单的焦作、灵宝、濮阳为研究对象，分析国家政策对这三个资源枯竭型城市转型发展的影响。2006—2016 年焦作、濮阳、灵宝经济增长速度和第三产业增长速度分别如图

3—1、3—2 所示。

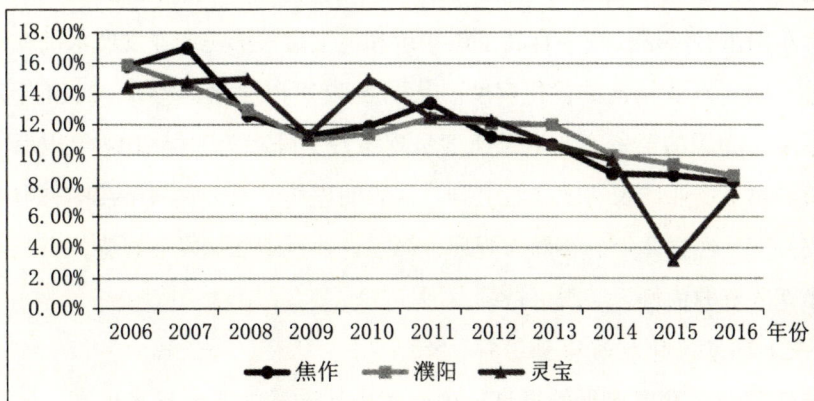

図 3-1 2006—2016 年焦作、濮阳、灵宝经济增长速度

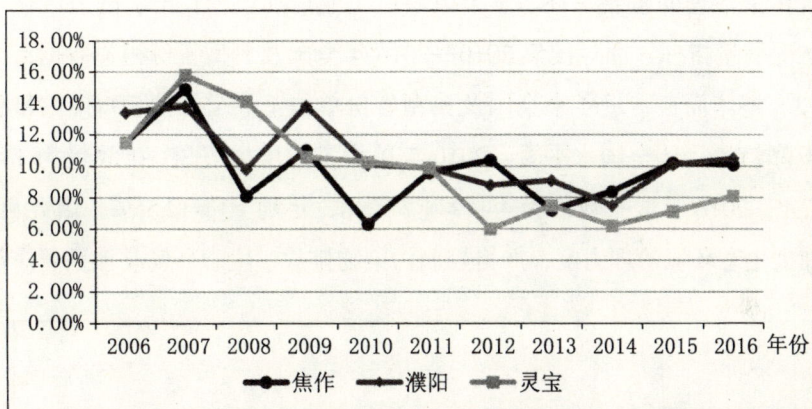

図 3-2 2006—2016 年焦作、濮阳、灵宝第三产业增长速度

从图 3—1 可以看出，焦作、灵宝、濮阳经济增长速度总体呈现下降趋势，但在国家政策实施的不同节点，经济增长速度的变化十分明显。焦作市在 2008 年被确定为全国首批资源枯竭型城市，获得了中央财政资金支持，大力开展产业转型，积极开发以云台山、神农山、青龙峡等为核心的旅游资源，着力打造旅游城市。2008 年之后，焦作市经济增长率一直维持在 8% 以上，高于全国平均水平。2009 年，灵宝市获得中央财政支持，大力发展果、烟、菌、牧、菜、药等十大特色产业，2010 年经济增长率达到 15%。虽然近年来灵宝

市经济增长率不断下滑，但发展特色产业的脚步正在加快。2011年，濮阳市被确定为第三批资源枯竭型城市，其后几年经济发展速度明显加快。2012年以后，濮阳市经济增长率一直高于焦作市和灵宝市。第三产业发展水平在一定程度上反映了产业结构的优化程度。从图3-2可以看出，2007—2014年，焦作、灵宝、濮阳的第三产业增长速度呈现缓慢下降趋势，但2014年以后，三个城市的第三产业增长速度开始上升。这表明焦作、灵宝、濮阳在中央财政的大力支持下，经过几年的布局与规划，第三产业呈现加速发展态势，有利于三个城市摆脱资源依赖，实现可持续发展。

（三）环境恶化状况得到缓解

伴随着经济发展水平的提高，民众对生活质量的要求越来越高，环境污染成为社会治理的关键。资源型城市为高耗能产业提供原料和燃料，理应成为环境污染治理的重要一环。本节以单位工业增加值SO_2排放量为区域环境恶化状况衡量指标，通过搜集2010—2016年全国及典型省份相关数据，绘制图3-3。整体而言，近年来全国及典型省份单位工业增加值SO_2排放量整体呈现下降趋势。从全国水平看，2010年单位工业增加值SO_2排放量为132.32吨/亿元，2016年这一数值为44.49吨/亿元，年均下降12.55%。由此可见，全国加大生态环境治理力度，严格控制污染物排放，生态环境改善显著。从典

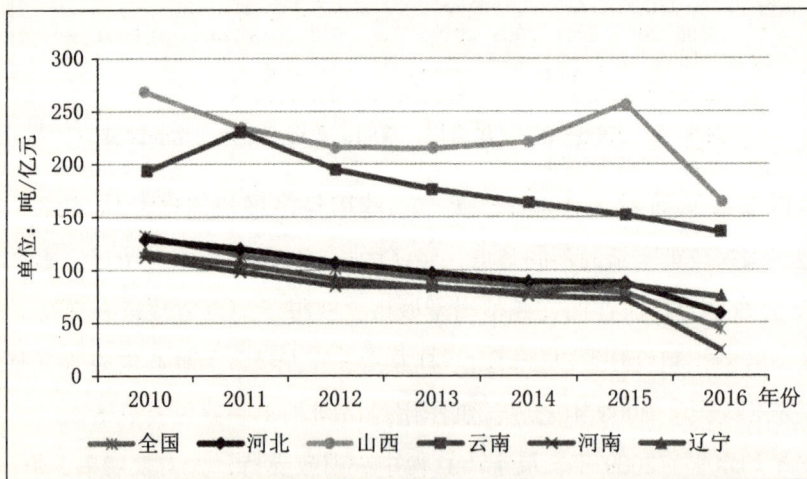

图3-3　2010—2016年全国及典型省份单位工业增加值SO_2排放量

型省份看，山西和云南的单位工业增加值 SO_2 排放量远超全国及其他省份。山西省 2015 年的单位工业增加值 SO_2 排放量急剧上升，达到 257.05 吨 / 亿元，2016 年又急剧下降到 165.45 吨 / 亿元，而云南自 2011 年以来一直处于稳步下降态势。河南、河北、辽宁单位工业增加值 SO_2 排放量的变化趋势与全国基本一致，且水平相当。

（四）人民群众生活不断改善

落实以人民为中心的发展战略，关键在于通过资源型城市转型，着重解决社会保障、就业、医疗保障等问题，加大民生投入，改善人民群众生活，提升经济发展质量。首先，就业规模持续扩大。就业是保障和提升人民生活水平的关键，对于资源型城市来说更是如此。资源型城市依托资源型产业实现经济快速增长，居民经济收入依赖资源型产业及相关产品。资源型城市步入衰退期后，每年新增就业岗位逐渐减少。面对不断增长的就业人口，失业问题成为资源型城市的症结所在。河南省焦作市属于衰退期资源型城市，近两年开始大力发展旅游业，逐渐摆脱了资源依赖型经济结构。2016 年底，焦作市第二产业就业人数达到 99.26 万人，比 2015 年增加了 1.67 万人，占就业总人口的 39.68%。其次，城乡居民收入稳定增长。江苏省徐州市属于再生期资源型城市，在转型发展过程中积极引进高层次人才，着力打造区域性产业科技创新中心，推动生态修复，发展旅游业。2016 年，徐州市居民人均可支配收入为 24535 元，比上年增长 9.8%；城镇、农村居民人均可支配收入分别为 30987 元、16697 元，分别较上年增长 9.0%、9.3%。最后，社会保障制度不断完善。徐州市作为一个在转型发展中重生的城市，坚持创新驱动第一方略，在优化经济结构的同时不断完善社会保障制度。2016 年底，徐州市城乡基本养老保险覆盖率达 97.1%，比 2015 年提高 0.5 个百分点，其中职工养老保险和城乡居民养老保险比上年分别增长 9.4% 和 0.2%。在医疗保险方面，徐州市城镇基本医疗保险覆盖率达 98.0%，2016 年支出医疗救助金 2.64 亿元，有 19.69 万人次受益。

（五）转型发展方向基本明确

限于地理位置、资源种类、工业基础、开发现状等因素，我国资源型城市的产业结构、发展特点等存在显著差异，转型发展的策略不一而足。资源型城市只能根据自身发展特点和战略规划制定转型发展方案，其他城市的转型方案可以借鉴，但不能生搬硬套。在国家转型发展战略的指引下，很多资源型城市已经开始转型发展，接替产业逐渐壮大，可持续发展能力不断提高。从东部地区看，浙江省湖州市属于成熟期资源型城市，主要矿产资源有煤、铁、石灰石等。近年来，湖州市大力聚集各类创新资源，建设特色小镇，发展生物医药、节能环保、现代物流装备制造三大主导产业，打造市域经济增长极。从中部地区看，河南省鹤壁市主要分布有煤炭、水泥灰岩、白云岩、石英砂岩等矿产资源，该市近年来以发展红色旅游作为转型引领，创新发展现代工业，提速发展新型物流业、休闲旅游业、网络经济等现代服务业，促进城市可持续发展。洛阳市主要分布有钼、铝、金、银、钨等矿产资源，钼矿储量居世界首位，但作为老工业基地，洛阳经济结构偏"重"。作为再生期城市，洛阳市加快发展先进制造业和现代服务业，加强工业文化遗产保护，推动洛阳市一拖、洛玻等企业老厂区、老厂房、老设施改造，积极开发东方红工业游，建设洛阳苏援文化体验中心、璀璨文化丝绸之路文化创意中心等项目。从西部地区看，陕西省铜川市是一座以煤炭采掘为主的典型资源型城市，处于资源型城市发展的衰退期。近年来，铜川市一方面延长煤、陶瓷、铝、电、水泥等传统产业链条，推动传统产业改造提升、循环发展，另一方面培育壮大装备制造、文化旅游、食品加工、中医药养生等接替产业，实现了产业多元协调发展。

第二节　供给侧结构性改革驱动资源型城市转型的机遇

一、制度层面机遇

长期以来，政府对经济的过度干预抑制了经济的快速发展和资源的合理配置。因此，在供给侧结构性改革的推动之下，资源型城市转型在制度层面的机遇在于政府转变管理职能，明确政府与市场之间的关系，通过减少对经济的过度干预来换取市场的发展活力，逐步释放制度红利。资源型城市在转型过程中遇到的困境之一就是制度的弱化，合理的制度创新能够促进经济快速稳定增长，对政府的宏观调控措施也能起到优化的作用，释放产业活力，实现未来产业的可持续发展。

产业发展的宏观环境由产业政策以及其他条件共同构成。产业政策的制定能够促进生产要素的投入，对相关产业的产生和升级转型起到推动作用。合理可行的产业政策可以填补市场上存在的缺陷，扶持相关产业的发展。因此，在资源型城市转型的过程中，政府要根据当地发展的实际情况，借鉴国际产业升级转型的先进经验，明确城市转型新的发展目标，加快对资源型城市的改造升级。同时，政府还要加大对新兴产业的投资力度，运用金融优势、区位优势等综合措施促进新兴产业的快速发展，逐步引导生产要素向效益好的产业流动，使得企业等市场主体在宏观环境下具有一定的自主选择权。

在资源型城市转型的初期阶段，产业的转型发展具有极大的风险性，尤其是资源主导型产业，其转型的资金、人才以及技术支持都相对薄弱，资源型城市转型困难。因此，对于政府来说，制定的产业政策要适度地向资源型城市倾斜，完善产业转型的基础，使资源型城市能够拥有资金、人才以及技术方面的支持，促进其稳定转型。在产业转型初期，政府要制定一些倾斜性优惠政策，如资源开发补偿、衰退产业援助和替代产业扶持等多种政策机制，使资源型产业能够稳定转型。在资源型产业转型的中后期，政府要建立普惠性的产业政策体系，营造公平的市场竞争环境，促进生产要素的合理流动，具体如图 3—4 所示。

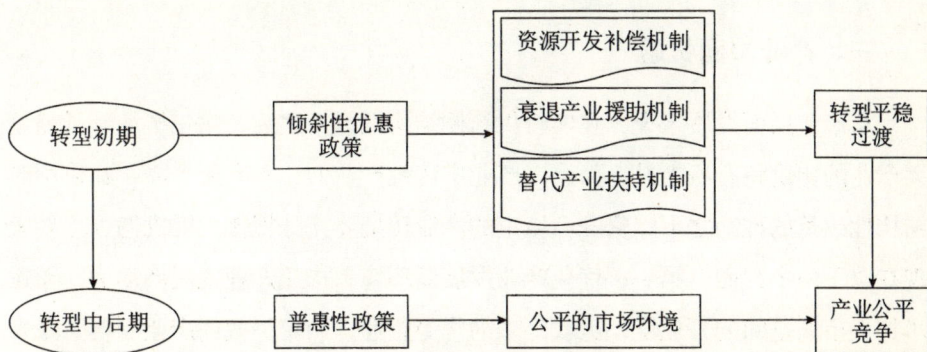

图 3—4　产业政策动力机制

二、结构层面机遇

由于受计划经济体制的影响，城市体制转换较慢、机制不灵活，不能充分发挥市场对结构调整的导向作用，这是资源型城市难以转型的主要根源。因此，为了使资源型城市能够顺利转型，必须对市场经济体制进行改革，培育出具有独立作用的市场主体、建立相当完善的市场体系和宏观调控体系，要充分发挥市场对资源配置的基础性作用。以产业结构调整、优化和升级作为发展方向，将国内外的需求及其变动趋势作为出发点，对产业结构、产品结构、技术结构、企业组织结构和所有制结构进行调整。在供给侧结构性改革的驱动之下，资源型城市的产业结构逐步由资源、劳动、资本密集型向智力、知识、技术密集型转变，从原先的技术含量低、附加值较少、成本高的能源原材料粗产品向技术含量高、附加值高、成本低的深加工精细产品方向发展。积极培养具有创新精神的专业人才，转变经济发展方式，积极推动"两创"。不断升级技术结构，加大对科研经费的投资力度，形成自己的核心竞争力。促进新兴产业的发展，大力扶持支柱型产业、特色产业、核心企业和优质产品，要充分利用产业发展的优惠政策，促进资源型产业的调整和升级转型。党的十九大报告指出："深化国有企业改革，发展混合所有制经济，培育具有全球竞争力的世界一流企业。"与此同时，还要加大对民营企业的扶持力度，培育具有发展活力的市场主体，发挥资金支持对供给侧结构优化的关键性作用。这些都为资源型城市的转型发展提供了良好的机遇。

三、产业层面机遇

从产业层面发展来说，在实行供给侧结构性改革之后，第三产业和战略新兴产业的比重将有所上升，而第二产业中传统产业的比重有所下降。在供给侧结构性改革的推动之下，资源型城市的产业转型要充分把握发展机遇，主要表现在以下两个方面。第一，优化产业发展新环境，构建产业发展新动力。要逐步扩大市场空间的开放度，吸收外来的优势企业，制定高效的产业制度，激发企业等市场主体的创新潜力，促进资源型城市的顺利转型。第二，充分发挥市场主体作用，提高全要素生产率。鉴于市场机制能够极大提高资源配置的效率，因此产业的转型发展要充分发挥市场的决定作用，要深化劳动力、资本、资金、人才等要素的市场改革，使得生产要素向效益好的产业流动，促进资源型城市产业的升级转型。产业层面资源型城市转型动力机制如图 3-5 所示。

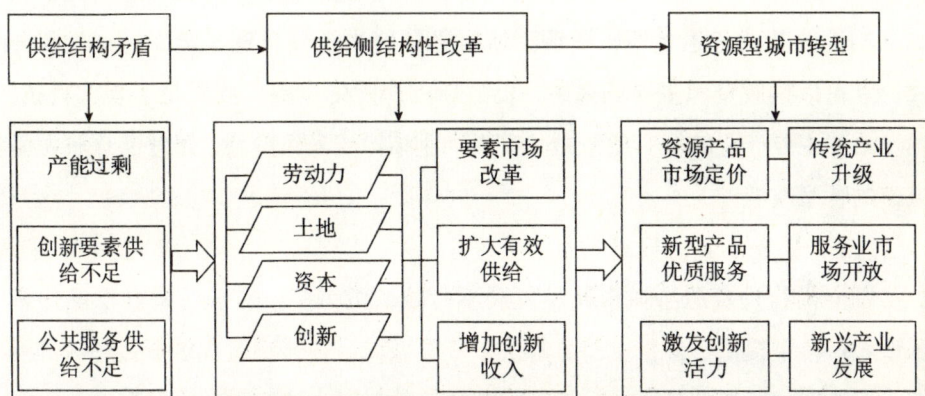

图 3-5　产业层面资源型城市转型动力机制

四、要素层面机遇

在供给侧结构性改革的驱动之下，民生性、公共消费型基础设施投资将成为中国经济增长新引擎，这也将有助于资源型城市从资源型产业集聚的传统模式向人才、技术、资金、市场等要素集聚的现代模式转变。

（一）人才方面的机遇

人才是人力资源的精华，是企业的支柱，同样也是集群发展的主线，更是科学进步、城市发展的重要资源。在供给侧结构性改革的驱动之下，资源型城市的发展越来越注重对人才的培养、激励和引进，主要体现在以下三个方面。一是不断提高普通工人的知识素质，改变传统的生产观念，改进传统的劳动技能，更好地服务于资源型城市的基础性产业。二是重视对高层次专业人才的培养，尤其是注重对金融、财务等一些高端产业人才和研发人员的创新能力的培养，为资源型城市的转型提供后劲保障。三是引进高级管理人才，对资源型城市转型给予统一的规划和指导。高级管理者具有先进的管理经验、丰富的管理理论，能够科学地指导资源型城市的转型发展。

（二）技术方面的机遇

供给侧结构性改革支持大众创业、万众创新，不断提升资源型城市的创新驱动能力。企业能够持续发展的核心就是着力提升创新技术存活率和创新产品转化率，这能够从根本上提升经济发展质量，促进资源型城市的转型。在供给侧结构性改革的背景之下，资源型城市必须努力抓住机遇、转变经济发展方式，才可以摆脱资源主导的束缚，促进新兴产业的发展。要立足于现代科技，逐步培养主导产业的核心竞争力，实现产业结构的升级转型，最终实现资源型城市的转型发展。

（三）资金方面的机遇

资金供给是资源型城市转型发展不可缺少的因素。首先，资金供给为资源型城市转型提供了经济支持，解决了资源型城市在转型过程中资金短缺的问题。成熟期、衰退期是资源型城市转型的最佳时期，这一时期资源型产业已经发展壮大，资源型城市转型需要背负较大的财政负担。再加上新兴产业发展基础薄弱，政府给予的支持力度较少，取代资源型产业尚需时日。其次，中央政府给予财政支持能够刺激第三产业发展，在一定程度上调整三大产业所占比重，促进新兴产业的投资，带动社会资金向接替产业流动，进而推动经济结构转变，顺利实现资源型城市转型发展。自供给侧结构性改革提出以来，财政部以及地方政府对资源型城市的转型发展提供了资金支持，如财政部加大对铜川市转型工作支持力度，给予财政转移支付政策支持，累计下达资金 11.9134 亿元。

第三节　供给侧结构性改革驱动资源型城市转型的挑战

一、制度层面挑战

（一）法律法规不健全，政策引导不力

法律法规不健全导致我国资源型城市转型存在制度障碍。从法律体系上看，一方面，我国尚未形成专门针对资源型城市转型的法律体系。资源型城市转型涉及经济、社会、生态等诸多方面，且是一个长期动态的过程，需要制定专门的环境保护法律，严格限制资源型企业的不法行为。另一方面，资源型企业职工的福利需要得到法律保障。资源型城市为我国经济发展做出了突出贡献，资源型企业的职工同样功不可没。企业效益下滑致使从业人员陷入生存困境，地方立法机构要制定社会福利保障法律体系，维护资源型企业职工的合法权益。从政策体系上看，一方面，标准的、系统的、有针对性的转型政策体系尚未制定，资源型城市因地制宜选择转型道路，促进经济发展。但是，政府政策的调节作用远大于法律条文，地方政府必须担负起为人民服务的职责，完善社会保障、医疗、住房等政策体系，重视困难群众的合法利益。另一方面，转型政策的可比性较强，但不能生搬硬套。目前，大多数资源型城市的转型政策和法律法规都是参考东北振兴与西部大开发政策制定的，政策条款相似度较高，并未完全体现区域发展的特殊情况。因此，地方政府必须以转型发展为第一要务，在保证人民利益的同时依据地方特色合理规划转型发展蓝图。

资源型城市的发展是一种线性经济生产模式，由于这种生产模式是在国家指令性计划实行情况下形成的，因而不可避免地造成资源的浪费和能源利用率的低下，并且对生态环境也造成了一定影响。除了上述问题之外，国家管理机制的不完善，如资源价格、财税政策、法律法规等，使得资源型城市的产品价格不合理，从而造成了资源型城市发展缓慢甚至出现衰退。因此，国家管理机制的不完善是阻碍资源型城市转型的一个原因。从资源型城市目前的发展路径来看，税收、资金投入、财政以及价格等都是制约资源型城市转型发展的主要因素。

（二）经济效益不高，地方财政乏力

资源型城市的主导产业是资金密集型产业，其转型发展需要大量的资金。然而由于地理位置不同以及经济水平发展差异等原因，不同资源型城市对于主导产业发展的资金投入差异比较大。但从全国大部分资源型城市的实际情况来看，普遍存在着经济实力发展较弱、效益差、发展潜力不足等问题。大部分的资源型城市经济增长较为缓慢，产业转型受阻。从2016年七台河市经济总量来看，在产业结构上，第一、第二产业增加值分别为 31.82 亿元、79.12 亿元，分别比 2015 年下降 3.8 和 1.2 个百分点。在第二产业增加值中，工业增加值为 76.4 亿元，同比下降 1.3 个百分点。第三产业增加值接近第一、第二产业增加值之和，达到 105.69 亿元，较 2015 年增长 3.5%。全年规模以上工业实现增加值 52.0 亿元，比上年下降 4.0%，其中，煤炭、电力、炼焦等产业增加值分别下降 0.7%、7.6%、39.8%。从工业产品产量上看，全市规模以上工业精煤产量 759.66 万吨，比上年下降 0.9%；焦炭产量 278.84 万吨，比上年增长 5.3%；发电量 81.71 亿度，比上年下降 7.3%。2016 年七台河市规模以上工业主要行业发展情况如表 3—3 所示。伊春市 2016 年规模以上工业增加值 219297 万元，与 2015 年相比下降 6.1%。分门类看，采矿业同比下降 25%，制造业同比下降 17.3%，电力、热力、燃气及水生产和供应业同比增长 74.8%。分企业规模看，大中型企业下降 5.5%，小型企业下降 6.7%。这些数据都充分说明了资源型城市经济效益增长缓慢，确定了产业转型的必要性。2012—2016 年伊春市规模以上工业增加值及增长速度如图 3—6 所示。

表 3—3　2016 年七台河市规模以上工业主要行业发展情况

行业名称	累计（亿元）	累计同比增长（%）	各行业占规模以上工业的比重（%）
规模以上工业增加值	52.0	−4.0	100
煤炭开采和洗选业	30.1	−0.7	57.9
电力、热力生产和供应业	14.4	−7.6	27.7
石油加工、炼焦和核燃料加工业	2.0	−39.8	3.8
家具制造业	1.1	−6.4	2.1
化学原料和化学制品制造业	1.1	−17.2	2.1
专用设备制造业	0.9	20.0	1.7
农副产品加工业	0.9	30.0	1.7
非金属矿物制品业	0.6	18.4	1.7

与此同时，在供给侧结构性改革的推动之下，资源型城市必须以制度改革、经济转型、要素升级为发展契机，谋划转型发展蓝图。然而，资源型城市转型发展需要大量资金支持，产业结构调整、工人的就业安置、环境治理、城

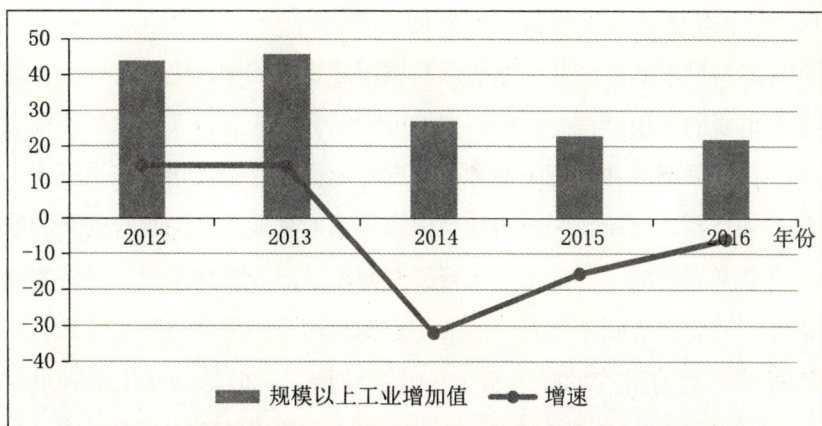

图 3—6　2012—2016 年伊春市规模以上工业增加值及增长速度

市基础设施建设等方面都需要大量的资金投入，在资源型企业效益不佳的背景下，地方政府财政压力可想而知。2015 年大庆市公共财政预算收入 127.2 亿元，同比下降 9.8%，公共财政预算支出 196.6 亿元，同比增长 9.9%。2016 年公共财政预算收入 130.2 亿元，同比增长 2.4%，公共财政预算支出 263.5 亿元，同比下降 1.5%。由表 3—4 可知，2010—2016 年鹤岗市公共财政预算支出总体呈现出递增的趋势。地方政府公共财政预算支出逐年增加，而经济效益不高且资源型城市转型又需要大量的财政支持，这造成了地方政府财政紧张。虽然政府也制定了一些产业发展政策，采取了相应的措施来摆脱这种经济困境，但是缺乏资金支持使得很多计划不能立刻实施，造成资源型城市转型效果不明显。

表 3—4　2010—2016 年鹤岗市公共财政预算

年份	公共财政收入（亿元）	增加比重（%）	公共财政支出（亿元）	增加比重（%）
2010	15.5	31.8	55.3	29.1
2011	22.2	43.3	61.8	20.5
2012	27.1	22.4	79.7	29
2013	20.5	−24.5	74.8	−6.2
2014	16.8	−22	74.7	0.1
2015	15.6	−7.3	89.8	20.3
2016	18.9	21.1	106.3	18

（三）社会保障水平有限，贫困问题突出

在资源型城市的经济社会发展以及城市建设进程中，完善的社会保障体系起着至关重要的作用。首先，资源型城市中的劳动人员主要以从事采掘业和制造业为主，而采掘业和制造业通常都具有专业性强、劳动难度和强度大、危险系数较高等特点。因此，完善的社会保障体系对从业人员的自身安全和家庭生活来说是非常必要的。其次，由于资源型城市的产业结构单一、经济发展水平较低以及一些管理机制不完善，造成了资源型城市的保障机制不健全，用于完善社会保障和教育医疗的投入资金虽然逐年增加，但是仍然很难满足从业人员的社会保障要求。乌海市 2016 年全市企业职工基本养老保险参保 18.03 万人，比上年增长 2.0%；居民基本医疗保险参保 25.0 万人，比上年增长 0.1%；城镇职工基本医疗保险参保 22.16 万人，比上年增长 1.7%；失业保险参保 9.0 万人，比上年下降 2.6%；工伤保险参保 12.36 万人，比上年增长 2.7%。焦作市 2016 年全年共发放城镇居民最低生活保障金 8706 万元，发放农村低保金 15454 万元，比上年增长 6.7%；医疗救助金发放 899 万元，同比增长 38.9%；参保资金资助额为 924 万元；住院医疗救助资金发放 2739 万元，同比增长 13%；门诊救助资金发放 236 万元。2016 年全年共救助农村五保对象 4.76 万人，救助金额达 1950 万元，全年临时救助困难群众 7522 户，发放临时救助金 1057 万元。

除此之外，由于长期对资源频繁地开采以及开采方式的不规范，许多资源型城市的资源出现枯竭，地表的土地资源也被严重破坏，占用了居民的住房用地，居民没有固定的生活住所，贫困问题和棚户区问题较为突出。据统计资料显示，全国需要改造的棚户区还有将近 7000 万平方米，需要治理的沉陷区还有约 14 万公顷①，任务难度和工作量都是巨大的。由于资源型城市的资源开采强度较大、资源枯竭加速，失业人数较多，贫困问题突出。在全国 262 个资源型城市中，矿工失业人数超过 60 万，低保人数达 180 多万。目前，资源枯竭型城市的低保人口比例是全国平均水平的 2 倍，部分矿区和棚户区甚至高达

---

① 14 万公顷 =1400 平方千米。

50%左右。环境、资源和经济问题制约着资源型城市的转型发展。

（四）产业定位不合理，资源型产业自身存在缺陷

由于没有充分考虑资源开采的枯竭性以及城市未来产业发展的方向，绝大部分资源型城市都存在着相似的问题，如产业定位不合理、不准确甚至模糊等。随着对资源无节制地开采，资源的储量越来越少，开采的成本也越来越高，但一些资源型城市仍然把资源的深加工作为主要方式，这造成了更大的沉淀成本。除此之外，部分资源型城市虽然也开始发展接替产业，但由于陈旧的观念，这些产业几乎都围绕资源型工业而发展，没有完全摆脱对资源的依赖，仅有个别的城市将发展重点向物流、商贸、咨询、金融等现代服务业转移。2014年全国统计数据显示，我国的采掘业占第二产业的比重超过了20%，现代制造业以及高新技术产业的发展还处在初级阶段。虽然部分资源型城市意识到了所处困境，提出了新的转型理念，但没有根据自身的实际情况进行资源的合理配置，盲目地追求时髦理念，把所有精力都放在发展新能源、循环经济以及生态经济上，导致很多资源型城市产业选择相同。据统计，在东北的16个资源枯竭型城市中，有不少于8个城市提出要大力发展生态旅游业，有11个城市提出要把重心放在发展特色农业以及农产品加工等优势产业上。在省内的资源型城市之间，由于地理位置邻近，盲目跟风现象较为严重，其产业选择相似度更高。同时，由于资源型城市大都是在主导资源的开发利用基础上发展起来的，资源的分布情况决定了资源型城市的分布情况，有的资源型城市深处内陆地区，有的甚至在边远的荒漠地带，与经济发达地区相距较远，导致了区位发展也面临困境。

二、结构层面挑战

（一）经济结构不合理，产业比例失调

我国资源型城市大都以主导资源而建立，如以煤建城、以油建城、以矿建城等，这样的特点决定了资源型城市未来的经济发展方向。主要表现在以下两个方面。

（1）第一、第二、第三产业比例严重不合理。由于资源型城市以资源型产

业作为该城市发展的主导产业，而忽略了其他产业的产生与发展，造成了三次产业结构比例失调。在相当一部分的资源型城市中，第二产业的从业人员以及产业产值都大于其他两个产业。以资源型城市集中的典型山东省为例（如表3-5所示），在山东省产业结构中，第二产业占比基本在50%左右，虽然近两年有所下降，但仍处于一个相当高的水平，产业结构不平衡状况加剧。从就业结构上看，山东省第二产业就业人数逐年增加。由于资源型城市资源的禀赋特征，采掘业以及相关工业成为资源型城市的主导产业，所占比重较大，具体表现为大重工业、小轻工业，大第二产业、小第三产业。

表3-5　山东省2004—2016年产业结构及就业结构

年份	第一产业		第二产业		第三产业	
	产业比重（%）	就业比重（%）	产业比重（%）	就业比重（%）	产业比重（%）	就业比重（%）
2004	11.8	44.4	56.4	27.6	31.7	28.0
2005	10.4	40.2	57.4	30.5	32.2	29.3
2006	9.7	39.1	57.8	31.4	32.6	29.5
2007	9.7	37.3	57.0	32.7	33.4	30.0
2008	9.7	37.4	57.0	31.6	33.4	31.0
2009	9.5	36.5	55.8	32.0	34.7	31.5
2010	9.2	35.5	54.3	32.6	36.6	31.9
2011	8.8	34.1	52.9	33.7	38.3	32.2
2012	8.6	33.1	51.4	34.2	40.0	32.7
2013	8.3	31.7	49.7	34.5	42.0	33.8
2014	8.1	30.7	48.4	34.7	46.8	34.6
2015	7.9	29.6	46.8	35.2	45.3	35.2
2016	7.3	29.1	45.4	35.4	47.3	35.5

（2）第二产业内部结构不合理。第二产业内部主要以资源型产业作为支柱型产业，资源型城市的经济发展主要依靠主导产业的发展，这造成了资源型

产业一家独大的局面，使得产业的可持续发展能力较弱。据不完全统计，全国多数城市的资源型产业占工业总产值的比重在30%以上，有的城市甚至超过了50%。2016年枣庄市排名前10的企业累计实现主营业务收入860.84亿元，占比61.57%，其中煤炭企业2家、化工企业3家、炼焦企业1家、农副食品加工企业1家、专用设备制造企业1家、电力企业1家、造纸企业1家。在这10家企业中，枣矿集团实现主营业务收入642.48亿元，占比45.95%。2010年大同市煤炭、装备制造业、冶金、电力、建材五大产业全年分别完成工业增加值191.2亿元、25.6亿元、17.1亿元、16.3亿元和14.3亿元，其贡献率分别为64.0%、14.9%、9.3%、5.0%和9.8%，煤炭、装备制造、电力、冶金、建材、医药行业工业总量占全市工业经济的比重分别为67.3%、9.0%、5.7%、6.0%、5.0%、4.0%。从上述的数值可以看出，主营业务收入排行前列的煤炭、化工、冶金等企业基本上都是资源型产业，其依靠资源的开采、深加工，产业链较短，可持续发展能力较弱。在这种情况下，一旦资源开采出现枯竭或者市场出现波动，资源型城市的发展将面临巨大冲击甚至会出现城市发展衰退的现象。

（二）所有制结构单一，公有制比重过大

我国大多数资源型城市在发展初期都是以国家资本实施运作，对城市资源进行开采和经营，这就造成了国有经济占主导地位的局面，限制了资源型城市的创新发展。因而，在城市国民经济的发展过程中，公有制经济所占比重较大，而富有活力的集体经济所占比重微乎其微，表现为大国有经济、小民营经济，而其他经济类型十分薄弱，"三资"企业所占比例甚微。以典型的资源型城市攀枝花市为例，在2017年全市营业收入排名前10的企业中，国有企业有8个，占比80%，如攀钢集团攀枝花钢钒有限公司、攀枝花钢城集团有限公司、中国十九冶集团有限公司等，民营企业只有2个，占比20%。在营业收入排名前20的企业中，国有企业有12个，占比60%，民营企业有8个，占比40%。

后期的以市场经济为主的国家经济体制由前期的计划经济体制转变而来，但由于资本结构、从业人员比重、政府干预、市场环境等因素限制，资源型产业中的国有资本一时难以退出。再加上资源型城市地理位置较偏，很难吸引到社会资本和外来资本。除此之外，现有资本也存在着一系列的问题，如运营效率低下、运营效果差等，这些都使得资源型城市的所有制结构单一、公有制所占比重过大。有的资源型城市虽然国有企业数量不多，但在城市的主营收入中国有企业的收入仍占主要比重。如表3-6所示，2014年平顶山市共有12055个第二产业和第三产业企业法人单位。其中，内资企业占总数的99.7%，外商投资企业占比0.2%，港、澳、台投资企业占比0.1%。而在12018个内资企业中，国有企业占内资企业总数的2.4%，私营企业占比48.0%。

表3-6　2014年平顶山市企业数量

	企业数量（个）
合计	12055
内资企业	12018
国有企业	289
集体企业	221
股份合作企业	77
联营企业	53
有限责任公司	3406
股份有限公司	285
私营企业	5790

（三）二元经济结构问题突出

我国大多数资源型城市都是依靠丰富的资源吸引国家投资而兴建起来的，并且在城市发展壮大过程中将资源型产业作为主导产业促进城市的经济发展。因此，从城乡各产业的发展水平以及合作程度来看，城乡发展差距较大，二元经济结构问题突出，主要表现在以下四个方面。第一，产业结构不合理、产业比例失衡，如前所述。第二，大重工业小轻工业。在资源型城市发展过程中，工业内部各种比例关系不合理、不平衡的现象时有发生，这导致城市资源优势很难发展成区域经济优势。曾经我国对于重工业发展的主要目标是追求高速增长的经济，这种发展目标使得产业结构逐渐向着资本密集型产业发展，而忽略了资金短缺和劳动力剩余的客观情况对产业结构的影响。由此造成了大量的农村劳动力剩余，非农业部门的就业情况不容乐观，使得资源型城市二元经济结构问题突出。第三，大工业小农业。资源型城市强调对所有的资源进行开发与经营，忽略了城市所在区域内部农村经济的发展，导致城乡经济发展差距较大。受生态环境的影响，农村经济的发展已经很难跟上城市区域经济发展的步伐。除此之外，资源型城市的基础设施规划不合理对农村交通情况以及日常的经济活动产生了很大的影响，更不用说农村绿色农业、绿色物流等转型产业的健康发展了。第四，产业链涣散、关联不紧密。一方是装备精良、技术密集、拥有先进水平的大型产业群，另一方是装备落后、技术水平低下、管理涣散的地方小企业。两者都在城市发展，自成体系，这导致了产业结构上的断层，关联性较差。再加上政企不分离导致的管理体制上的制约，企业之间关联不紧密，缺乏有效的合作，产业结构松散，很难形成整体优势。

（四）就业结构单一，居民失业率高

由于资源型城市大都依靠丰富的资源吸引国家投资而兴建起来，并且在城市发展壮大过程中将资源型产业作为主导产业，因此其产业结构单一，社会就业结构也呈现单一化的特点。劳动人员从事的产业趋同，形成了就业人员与产业相互依存的局面。在资源型城市发展初期，自然资源赋存充裕，大量的外地居民、农村劳动力涌入资源型城市中，这为资源型产业的快速发展提供了充足的人力资源保障。由于此时的资源型产业发展刚刚兴起，对劳动力的要求不高，劳动技能单一，工作也很简单，简单的体力劳动即可完成工作。随着资源型城市的发展进步，对资源的开采力度也越来越大，这使得作为主导产业的资源型产业的规模经济逐渐凸显出来。从资源的开发中获取大量利润之后，资源型产业逐步发展成为城市的主导产业，并形成了以资源型产业为主导的上下游产业链。资源型城市的就业结构进一步单一化，就业人员与产业发展彼此相关，荣损与共。

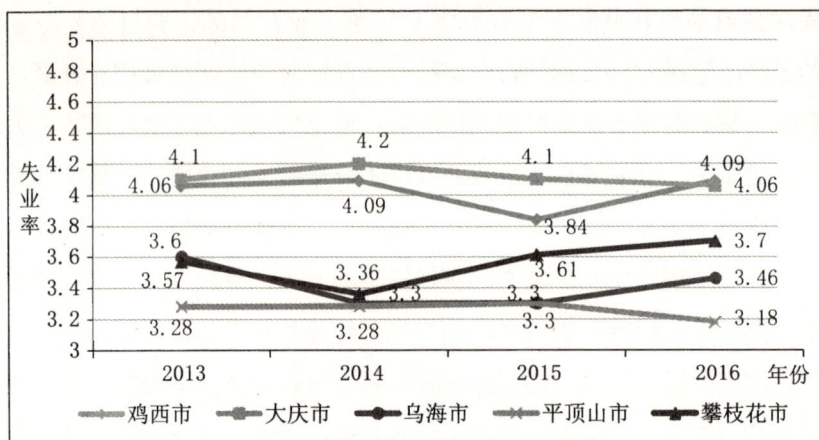

图 3-7　典型资源型城市失业率

居民失业率高主要体现在以下两个方面。一是自然资源对人力资源的"挤出效应"。资源型城市的工人承袭"接班制"的就业传统，不注重对文化知识的获取以及非主导企业生产技能的提高。这导致劳动者的文化知识缺乏、劳动技能单一，仍停留在初期阶段，生产效率低下，对一些社会问题不能进行有效分析，居民失业率增高。二是许多资源型城市都以资源型产业作为自己的支柱型产业，对接续性产业以及新兴产业的发展投资不高，具有严重的靠山吃山思想，缺乏冒险、创新精神。以煤炭作为主导产业的鸡西市，近年来居民失业率呈上升趋势，失业人数所占比重较大。大庆市 2013 年失业下岗人数为 3.9 万人，2014 年和 2015 年失业人数为 4 万人，2016 年增加到了 41073 人，失业人数在不断增加。图 3-7 分析了典型资源型城市近年来的居民失业率，由折线图可以看出，五大城市失业率总体呈上升趋势。这些以资源型产业作为主导产业的城市，一旦产业出现波动或资源衰竭则产生严重的社会问题，会导致大量工人失业，城市陷入经济危机。

三、产业层面挑战

（一）产业技术结构水平不高、生产效率低

产业技术结构水平不高、生产效率低主要表现在以下几个方面。

（1）设备陈旧老化。一方面是没有抓住改革开放初期体制改革带来的机遇

和改革中后期产业的扩张与转移带来的种种好处，这造成了资本积累没有充分完成，而且设备更新费用较高，一些资源型城市在转型过程中经济压力较大，难以支付设备更新费用。另一方面，多元化的技术改造和投融资机制还没有完全形成，一些设备的生产运营仍停留在初期，技术老化问题一直没得到解决。例如在许多以矿为主要产业的资源型城市中，矿井工作所需配套设备的更换间隔太长，在井下也没有对应的中转站，而且矿井的设备都是一些陈旧老化的设备。在这种比较恶劣的条件下进行工作，工人的积极性也不会很高，矿业开采的数量以及质量都会大打折扣。更让人担心的是，那些陈旧老化的设备隐藏着很大的安全隐患，会大大增加工人的工作风险。尤其是一些只追求利益的私人矿井，常常忽略工人的生命财产安全，对工人工作环境的安全性没有提供丝毫保障。

（2）制造工艺落后。资源型企业的制造工艺大多源于计划经济时代，由于产业的特性，以资源为主导的企业对工人的知识水平要求较低，而且工人的技术能力有限，这使得具有较高知识层次和技术的劳动力大量外流，剩下的工人只是按部就班地生产产品，缺乏创新精神。随着科技的发展，企业的制造工艺没有更新，使得工艺水平趋于老化，生产效率也逐渐降低。

（3）产品老化。由于设备和制造工艺的老化，单位时间内生产的产品越来越少，生产的新产品也越来越少，使得主导产业的核心竞争力不断降低。在资源型城市的产业发展中，产品的老化主要是指产品种类少、低耗产品少、高附加值产品少等。2014年榆林市生产的18种工业产品中的14种与煤有关，主要有原煤、兰炭、电石、金属镁、水泥、氮肥、火电等。这些产品大多数都属于原材料产品或者是上游生产的产品，从名称就可以看出产品较为简单、技术含量和附加值较低，呈现出产品初级化特征。

（4）产业组织老化。在资源型城市中，大部分的资源型产业还未形成一定的规模经济，尤其是那些适合大批量生产的行业。与此同时，企业与企业之间缺乏一定的合作机制，专业化协作水平较为低下。以乌海市为例，乌海市是以煤炭资源为主导的资源型城市，近年来乌海市产业转型取得了一定的效果，但是其替代产业以及新兴产业的发展还处在逐渐成长的阶段，发展规模较小，难以形成一定的规模经济。乌海市的经济发展仍以粗放型经济为主，企业与企业之间缺乏一定的合作机制，专业化协作水平较为低下，盲目在数量上进行扩张，忽略了质量保障，使得产业很难形成规模经济，产业发展活力不足。

（二）企业负担沉重，亟待改革重组

供给侧结构性改革强调去产能、去杠杆，与非资源型城市相比，资源型城市是承受去产能压力较重的地区。现如今，国内外经济的发展结构由产业链末端向前端传导，尤其是相关产业已经出现了产能过剩的情况，这使得资源型城市所面临的经济压力更大。例如以煤炭作为主导产业的淮南市和鸡西市，由于全国煤炭产业出现了产能过剩的情况，淮南市和鸡西市的生产总值增速大大下滑。2015年一、二季度，鸡西市的煤炭产业总产值比2014年下滑了15.7%，对全市产值的贡献率下降了10.9%。2015年一、二季度，淮南市和鸡西市的地区生产总值增长率不仅低于全国平均水平，也比所在省的平均水平低。这对地方政府的财政收入造成了很大的影响，淮南市的财政收入增长率甚至出现了负值的情况。产能过剩使得资源型城市的地方政府没有足够的资金来支持城市的产业升级与创新发展。与此同时，煤炭企业的发展也十分艰难，营业收入大幅度下降。如淮南市的国投新集能源股份有限公司2015年的营业收入比2014年减少了27.2%，2014年亏损了19.7亿元，2015年亏损了25.6亿元，这使得企业的创新发展能力下降。同时，资源型城市为了解决去产能的难题，需要安顿大量转岗就业人员。这些都使资源型城市的政府、企业、职工承受较大的发展压力。

（三）环境污染现象严重，城市环境亟待改善

一方面，资源型城市对矿区资源进行的大规模开采、加工，以及对资源的不合理运输，严重影响了资源型城市的生态环境，导致了水污染、废气污染、水土流失等生态问题。以资源型城市较为集中的山西省为例，造成山西省水污染的一个重要原因就是工业废水的排放。图3-8是2004—2014年山西省工业废水排放量，可以看出，2004—2014年11年间山西省工业废水排放量总体呈上升趋势。2004、2005年工业废水排放量维持在30000万吨上下，2004年排放量最低，为31393万吨。2006年工业废水排放量增长到44091万吨之后，

从 2007 年开始排放量均维持在 40000 万吨以上，这段时间正是煤炭经济发展的高峰时期。11 年间，山西省工业废水排放量年平均增长率为 5.88%，2006年增长率最高，为 37.36%。综上可知，11 年间山西省工业废水排放量总体呈上升趋势。

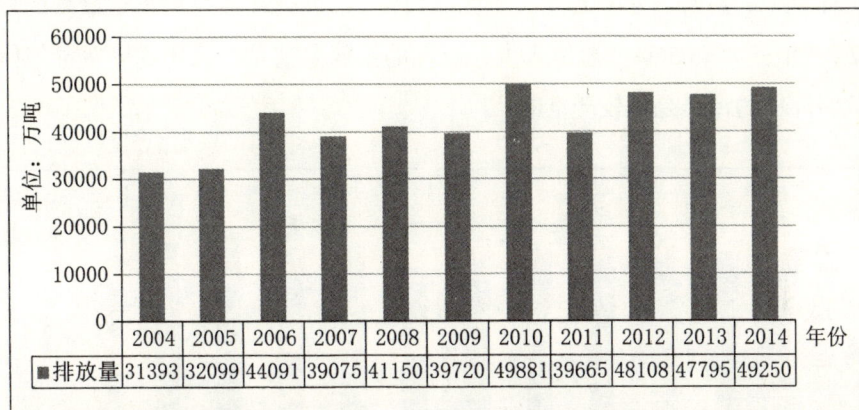

年份	2004	2005	2006	2007	2008	2009	2010	2011	2012	2013	2014
■排放量	31393	32099	44091	39075	41150	39720	49881	39665	48108	47795	49250

图 3-8　2004—2014 年山西省工业废水排放量

山西省拥有众多能源开采和煤炭重化工企业，废气污染也是造成环境污染的一个重要原因。尤其是一些规模较小的资源型企业，由于污染物处理成本较高，经常偷偷排放污染物，造成在冬春季节雾霾、酸雨等空气污染问题频发。图 3-9 是 2004—2014 年山西省工业废气排放量。如图所示，2004—2014 年

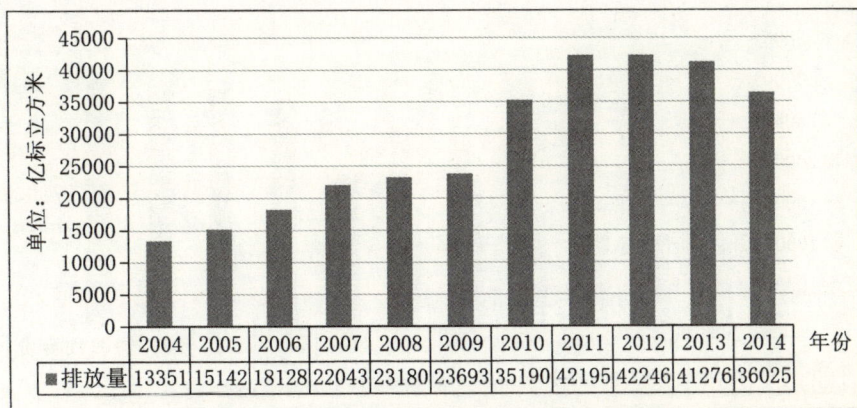

年份	2004	2005	2006	2007	2008	2009	2010	2011	2012	2013	2014
■排放量	13351	15142	18128	22043	23180	23693	35190	42195	42246	41276	36025

图 3-9　2004—2014 年山西省工业废气排放量

11 年间山西省工业废气排放量大幅增加，从 2004 年的 13351 亿标立方米增长到 2014 年的 36025 亿标立方米，年平均增长率为 11.56%，2010 年增长率最高，为 48.52%。总体来说，山西省工业废气排放量呈逐年增加态势。在废气污染中，二氧化硫是导致废气污染的重要因素。由图 3-10 可知，山西省二氧化硫排放量总体呈上升趋势，年平均增长率为 0.17%。二氧化硫排放增长率最高的一年是 2010 年，为 13.56%。总体来说，废气的排放尤其是二氧化硫等有毒气体的排放对环境的污染是比较严重的。

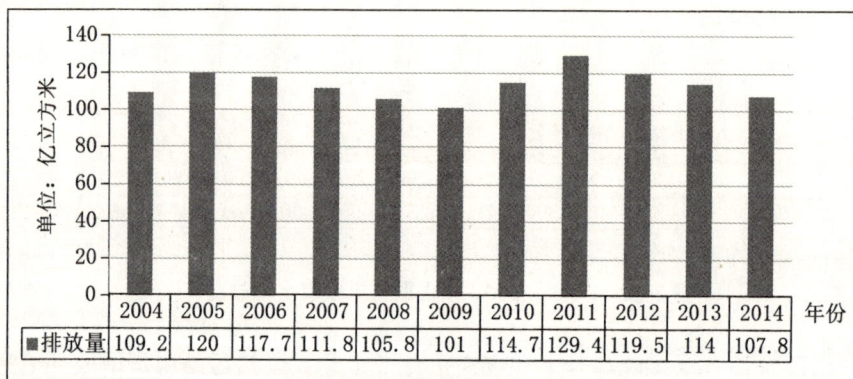

年份	2004	2005	2006	2007	2008	2009	2010	2011	2012	2013	2014
排放量	109.2	120	117.7	111.8	105.8	101	114.7	129.4	119.5	114	107.8

图 3-10　2004—2014 年山西省二氧化硫排放量

除此之外，工业废弃物产生量的增加也造成了环境质量的下降。由图 3-11 可知，山西省工业固体废物产生量总体呈现小幅度上升趋势。2013 年工业

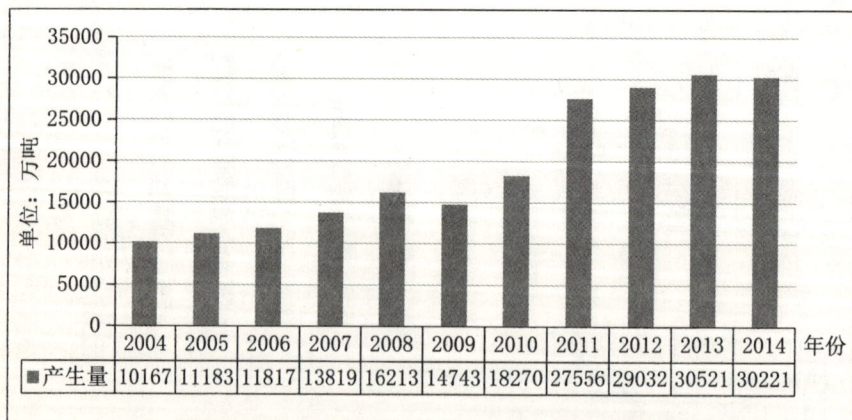

年份	2004	2005	2006	2007	2008	2009	2010	2011	2012	2013	2014
产生量	10167	11183	11817	13819	16213	14743	18270	27556	29032	30521	30221

图 3-11　2004—2014 年山西省工业固体废物产生量

固体废物产生量达到最高值 30521 万吨，年平均增长率为 12.51%，增长率最高的年份为 2011 年，达到 50.82%。总体来说，山西省工业固体废物产生量继 2011 年大幅上升之后，持续稳定在高位，呈现上升态势。

另一方面，由于我国早期资源型城市一直遵循"先污染后治理"的发展理念，资源型城市承受着巨大的生态环境压力，导致后期一直治理环境污染但效果不佳。除此之外，从国外发达国家对环境治理的经验来看，我国对资源型城市环境治理的投入严重不足。而且由于全球出现产能过剩的情况，资源价格下降，资源的开采量下滑，以资源作为主导产业的资源型城市的经济发展出现衰退，对环境治理的投资也就十分有限。总体来看，我国资源型城市的环境承受能力较低，生态环境逐渐恶化，城市发展不容乐观。

（四）节能减排形势严峻，可持续发展压力大

我国资源型城市的主导产业具有能耗高、污染大、排放量高等特点。同时在城市的发展进程中，一些替代产业和新兴产业的发展仍处于成长阶段，发展较为缓慢。在一些主要产业内部，如煤炭、钢铁、电力等，落后的技术以及老化的设备仍然在使用，工业废水、废气、固体废物排放和产生量依然很高，影响资源型城市生态环境的主要因素依然是城市经济增长方式和产业结构的转变。

随着中国经济发展进入新常态，由高速增长转为中高速增长，国内对于原材料的需求较之前有所降低，再加上前期的产能得不到释放，造成体制性产能过剩。虽然经济发展从要素驱动、投资驱动转向创新驱动，但是资源型城市技术创新能力缺乏，造成结构性产能过剩。国际市场对于资源的需求量也逐渐减少，造成了周期性产能过剩。三种产能过剩的叠加导致我国传统高能耗行业和新兴绿色产业普遍存在产能过剩问题，相应行业的利润率大幅下滑。据统计，2015 年钢铁行业产能近 12 亿吨，而国内钢材市场需求量仅为 7 亿吨，产能利用率不足 67%，水泥行业的产能利用率下降为 62.9%，煤炭行业的亏损面高达 80%，太阳能电池产能过剩达 95%，风电设备产能利用率不足 60%。

如表 3—7 所示，2017 年鸡西市前三季度全市规模以上工业企业加工转换

投入合计为697.8万吨标准煤，产出554.2吨标准煤，转换效率为79.4%，同比下降0.3%。其中，火力发电效率下降1%，供热提高1%，炼焦下降4.2%，原煤入洗提高0.4%，总体而言，能源转换效率不高。这些数据说明了我国资源型城市面临着严峻的节能减排任务，能源利用率不高，环境污染严重，资源型城市可持续发展压力较大。

表3-7　鸡西市能源加工转换效率

指标	转换效率		
	2016年（万吨）	2017年（万吨）	增减（%）
火力发电	39.3	38.3	-1.0
供热	81.2	82.2	1.0
热电联产	49.7	48.8	-0.9
原煤入洗	88.2	88.6	0.4
炼焦与制气	83.6	79.4	-4.2
合计	79.7	79.4	-0.3

四、要素层面挑战

（一）人才外流现象严重，人才储备不足

资源型城市大多分布在资源比较丰富的地区，是在资源开采加工的基础上发展起来的。一方面，由于这些城市地处偏远、交通不发达以及信息流通不畅，再加上没有良好的人才引进政策，很难吸引到高科技人才，这对资源型城市人才引进造成了一定的影响，导致人才引进的困难。另一方面，由于资源型城市在建设初期缺乏发展经验，按照"先矿区后城镇"的发展策略，盲目追求经济的快速发展，忽略了对城市基础设施的建设，造成城市基础设施建设不完善，城市发展落后。此外，资源型城市在盲目发展过程中所产生的环境污染问题也是人才引进困难的一个原因。

一直以来，资源型城市对于丰富的资源只进行开采和简单的粗加工。这种粗放型的生产方式对工人的技术水平要求较高，基本上不考虑工人的知识水

平，使得资源型城市不注重培养人才。即使部分企业拥有少数的科技人才，在资源型城市逐渐衰退的经济中以及严峻的生态环境下，这些人才在充分考虑自身未来发展以及家庭的生活水平后，都更倾向于往大城市发展，导致了资源型城市人才外流。另外，在外地上学的高校毕业生，由于大城市的发展潜力以及薪资丰厚的诱惑而留下发展，使得本地的优秀人才外流。

人才储备不足也是造成资源型城市转型困难的重要原因。在资源型城市转型发展过程中，由于工人从事的是劳动密集型产业而非知识密集型产业，城市的总体文化水平要低于一般城市，城市职工中的知识文化水平也相对较低。而对于一些迫切需要转型发展的资源枯竭型城市，其特殊背景使得教育经费的投入十分有限，这就很难培养出大批高层次人才。而资源型城市的转型发展又需要大量人才的规划指导，在人才极度缺乏的情况下很难实现可持续发展。

（二）基础设施落后，投资环境差

我国资源型城市的主要功能是为经济发展提供能源资源，便于能源资源运输与生产成为城市规划建设的首要目标。随着城市人口聚集与经济发展，城市功能逐渐被重视，城市历史规划与现代城市的发展理念相悖，阻碍了城市进一步健康发展。当前，资源型城市由于规划不合理而存在很多问题，如基础设施发展落后、城市功能区分布不合理、城市建筑老旧等。不仅如此，大多数资源型城市中存在着"企业办社会"的发展模式，这种发展模式存在一系列问题。例如，资源型产业周围的许多医院、学校以及一些基础设施的建设与发展都依靠企业的投资与支撑，这导致城市基础设施成本高、基础设施条件差以及水平相对较低，资源型城市转型困难。

资源型城市投资环境差主要表现在以下三个方面。第一，环境污染严重。长期以来，许多资源开采企业由于盲目追求经济效益，采用粗放式开采方式无节制地开采自然资源，从而加速了资源的枯竭，对生态环境造成了很多负面影响。资源型城市粗放的经济增长方式以及"重生产、轻建设、轻生活"的发展理念，给城市的生态环境带来了一系列严峻挑战，如资源枯竭、土地退化、水污染、大地污染、植被破坏等。严重的环境问题使得资源型城市很难吸引到外资，城市转型发展的资金问题难以解决。第二，经济增长速度慢。第二产业是资源型城市的主导产业，第二产业繁荣与否直接关系城市经济增速。第二产业内的资源型产业严重依赖资源开采、加工，资源富集状况及资源型产品价格波动影响资源型产业收益。处于垄断地位的资源产业挤压接替产业和新兴产业的发展空间，阻碍产业链条延长，第三产业及高新技术产业发展动力不足，可持续发展能力弱，城市经济发展速度较慢。第三，高级生产要素不富集。一直以来，资源型城市对于丰富的资源只是进行开采和简单的粗加工，这种粗放型的生产方式对工人的技术水平要求较高，而基本不考虑工人的知识水平，导致资源型城市人才匮乏。而我国资源型城市的发展过度依赖一般的生产要素投入，如劳动力、土地、资源等，而对人才、技术、知识等高级生产要素不重视，这就造成了产业链发展不平衡、产业发展落后等问题。这些因素都制约着资源型城市的转型发展。

（三）创新要素缺乏，新兴产业成长缓慢

在资源型城市发展初期，盲目追求资源开采规模化以实现利益最大化、开采成本最小化，这几乎成为所有资源型城市的初期发展法则。资源规模化开发所产生的短期效应导致资源型城市缺乏创新动力，不利于营造良好的创新环境和构建健全的创新体系。

首先，从客观上来讲，资源型产业的快速发展阻碍了非资源型产业的技术进步、管理创新以及人力资源开发，阻碍了接替产业和新兴产业创新文化与创新环境的形成和高科技人才的培养，进而导致了资源型城市创新能力和活力的缺乏。其次，资源型产业大多是粗放型的，产品中技术性要素较少，对技术的需求较弱，使得资源型城市技术创新缓慢。

除此之外，对接替产业以及新兴产业的扶持政策体系不完善，对转型产业的支持力度不足，导致接替产业发展缓慢。新规划项目建设水平低，高污染、高耗能、高排放的项目仍然很多。由于资源枯竭，城市经济发展缓慢，经济积累能力较弱，再加上落后的基础设施建设，造成新兴产业发育不良。以资源型城市集中的内蒙古为例，图3—12显示2006—2015年内蒙古战略新兴产业增加值呈现出递增态势。信息传输、软件和信息技术服务业从2006年最低的69.27亿元攀升到2015年的206.75亿元，10年间产业年均增长率为13.37%。

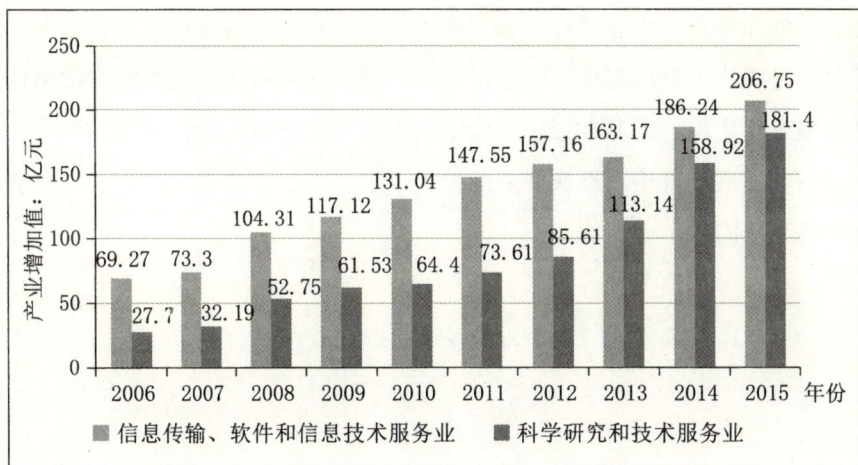

图 3-12　2006—2015 年内蒙古战略性新兴产业增加值

从图中可以看出，增长率最高的是在 2008 年，为 42.31%，之后年均增长率维持在 10% 左右，增长率最低的是在 2013 年，为 3.83%。科学研究和技术服务业从 2006 年的 27.7 亿元攀升到 2015 年的 181.40 亿元，10 年间产业年均增长率为 24.30%，从图中可以看出，增长率最高的也是在 2008 年，为 63.87%，2010 年增长率最低，为 4.66%。总体来说，虽然战略新兴产业增加值呈现出递增趋势，但成长速度比较缓慢，是制约资源型城市转型的一个重要因素。图 3-13 是 2006—2015 年内蒙古战略性新兴产业构成。从图中可以看出，信息

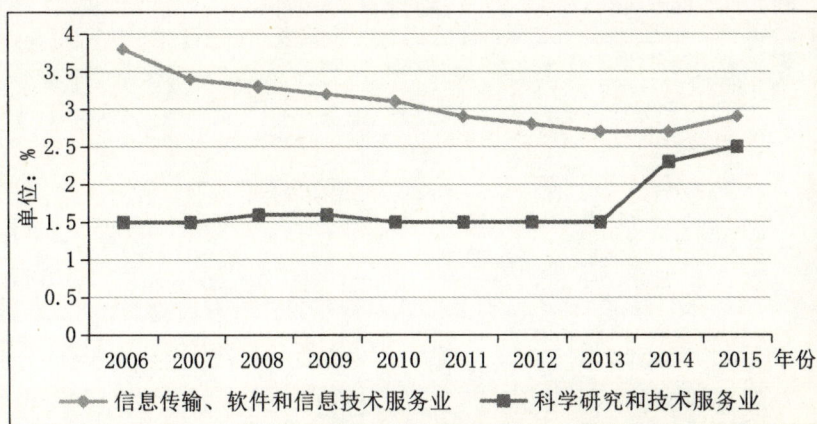

图 3-13　2006—2015 年内蒙古战略性新兴产业构成

传输、软件和信息技术服务业总体呈现出下降的趋势，科学研究和技术服务业虽然总体呈现出上升的态势，但是增速不明显。这说明了虽然内蒙古战略性产业增加值逐年增加，但其在经济结构中所占比重却没有上升，反而下降了。资源型城市在发展过程中对新兴产业的投入不足、不够重视其发展也是导致资源型城市转型受阻的一个原因。

第四章 供给侧结构性改革驱动资源型城市转型的演化特征分析

第一节 路径依赖特征

路径依赖的概念来源于人们对具有正反馈机制的开放系统的认识，分析框架最初来源于自然科学关于动态非线性随机模型的理论，其在社会科学中的一个重要应用体现在新制度主义的制度变迁理论中。[①] 路径依赖类似于物理学中的惯性，事物可能沿着既定路径进入恶性循环，越陷越深，甚至进入无效的被锁定的状态。一旦被锁定，想要从泥潭里解脱出来几乎不可能，除非政府伸出援助之手，或依靠外界的强大推动力。

新制度经济学认为路径依赖的形成建立在三个条件的基础上。第一个条件是报酬递增。资源型城市的建立和发展过程伴随着制度完善，新的制度建立在以往的选择上。新制度建立的过程存在着边际报酬递增，边际报酬递增会进一步催生新的制度，这个过程会将原来的均衡引发为多态均衡，致使历史偶然事件成为资源型城市进行制度设计的重要影响因素。第二个条件是不完全竞争市场。在报酬递增的情况下，如果市场是交易费用接近于零的完全竞争市场，收益递增的自我强化机制并非一定会将资源型城市带入锁定状态。但在不完全竞争市场条件下，由于交易成本的存在，报酬递增的自我强化机制会使一些制度

失效，甚至长期处于无效率的状态，如果再遇到组织失灵，现有的体制和机制将使组织倾向于维系现有的组织结构和制度，最终影响组织变迁的政治进程。第三个条件是转移成本。系统一旦进入锁定状态，前期支付的成本将会变成沉没成本，系统要从目前被锁定的状态转移到另一个状态需要付出很大的转移成本。因此说沉没成本是路径依赖形成最主要的原因。

一、供给侧结构性改革驱动资源型城市转型路径依赖的初始条件

依靠丰富的资源，资源型城市在建立之初受生产力发展水平的影响，在社会需求、工业技术等因素的驱动下，建立了产业结构单一的粗放式发展模式。资源产业普遍具有建设周期长、占用资金多、形成规模大等特征，其灵活性、适应性及创新性较差，受偶然性影响，即使有更优的方案和先进的技术，次优的方案和技术也可能被采用。一旦次优的方案和技术被采用，在规模效应、协作效应等驱使下，资源型城市转型就难以摆脱锁定状态，陷入路径依赖难以自拔。

对资源的高度依赖是资源型城市出现路径依赖的主要原因，导致产业结构单一、产业结构被锁定，城市转型产生了路径依赖，难以进行有效的调整和优化。实现产业结构调整是供给侧结构性改革驱动资源型城市转型的前提和出路，而路径依赖严重阻碍了产业结构调整，导致资源型城市转型困难，经济出现滑坡。供给侧结构性改革驱动资源型城市转型的路径依赖是资源型城市发展的初始条件和转型过程中自我增强机制共同作用的结果。

资源型城市发展的初始条件是在资源型城市建立之初和发展过程中所必须依赖的各种科学技术、自然资源等的总和，是资源型城市建立和发展的前提和基础。初始条件对资源型城市发展模式和产业结构的选择具有重要的制约作用，根本原因在于，资源型城市的发展具有极强的资源依赖性和强烈的经济制度循环性，资源的禀赋条件和比较优势对资源型城市产业结构的建立具有强烈的影响力和限制作用，并会弱化资源型城市产业发展的自然驱动力。

保尔·大卫认为，资源禀赋、社会需求、工业技术和政府政策等会影响资源型城市产业模式的选择和经济社会发展，并使资源型城市沿着一条相对稳定

的路径发展下去，这些要素也组成了供给侧结构性改革驱动资源型城市转型路径依赖的初始条件。

（一）资源禀赋

资源禀赋是资源型城市形成和发展的基本条件。从我国 262 个资源型城市的发展历程来看，资源型城市以自然资源的开发和利用产业为支柱产业，与非自然资源的开发产业共同构成了资源型城市的产业体系。资源禀赋是一把双刃剑，会支撑资源型城市发展，也会成为资源型城市产业转型的绊脚石。在煤炭、石油等资源丰富的资源型城市，采掘业和能源行业在产业结构中占比较高。在森林资源丰富的资源型城市，林业经济在城市经济中占主导地位。正因为资源型城市在发展初期资源开发和利用产业具有比较优势，资源型城市以此为基础优先发展相关产业，并最终将资源产业培育为主导和支柱产业。河南焦作、鹤壁、平顶山等城市以煤炭资源为基础，大兴安岭、伊春以森林为基础，克拉玛依以石油为基础。资源型城市发展的历程主要围绕资源开发进行产业布局，丰富的资源储备优势对资源型城市的产业发展不断进行内在强化，使资源型城市的产业结构对资源的开发和利用产生过度依赖，形成了供给侧结构性改革驱动资源型城市转型的路径依赖。

（二）社会需求

我国资源型城市建立和发展有浓烈的政治背景，目的是保证国家快速建立完善的工业体系，满足人们日益增长的物质文化需求。政治需求和社会需求就像"牛鼻子"，决定和引导着资源型城市生产的结构。一个地区的自然资源无论多么丰富，如果没有市场需求，难以促进产业的形成，我国也不可能建立262 个资源型城市。因此社会消费需求的形成及变化是资源型城市发展及转型的推动力量，社会需求结构的变化会引导资源型城市转型的规模和方向。从新中国成立到 21 世纪初期，无论是改革开放前的赶超型发展模式，还是之后的粗放式发展模式，都是以资源的大量投入和消耗为前提。这个阶段的发展对资源的消耗量是空前的，形成了我国资源型城市发展和转型路径依赖的社会需求条件。河南省焦作市曾经是全国著名的"煤城"，资源储备丰富，加上煤质优，所生产的煤炭资源受工业企业追捧。受社会需求的引导，煤炭产业一度在全市国民经济中占据统治地位。资源型企业增加值占工业增加值的比重曾经达到90%以上。① 到了20世纪90年代，由于资源枯竭，焦作市的资源优势荡然无存，开启了艰难的转型之路。焦作市决策者开始将目光从地下转向地上，瞄准了太行山丰富的旅游资源和历史文化资源。20世纪90年代，我国的物质产品已经非常丰富，人们开始追求精神产品，我国也开始进行产业结构调整，努力降低第二产业的比重，提高第三产业的比重。在精神需求的驱动下，旅游产业迎来了新的机遇。社会需求的变化也引导焦作市快速实现了转型，从"黑色城市"转型为"绿色城市"，并成为资源型城市转型的典范，引起了业界和学术界的广泛关注。国家产业结构的调整和产业发展模式的变化形成了焦作市转型发展路径依赖的需求条件。党的十九大对新时代我国社会的基本矛盾做出了新的判断，解决不平衡不充分的问题成为我国经济社会发展的重要努力方向，解决人们对美好生活的向往问题是供给侧结构性改革驱动资源型城市转型的需求条件。

（三）工业技术

产业经济学理论认为，工业技术条件是一个地区经济社会发展和产业体系建立的必要条件。资源型城市建立初期主要开展资源开发活动，此时的工业技术仅仅用于资源开发，并围绕资源开发开展技术研发和创新。随着社会的发展，资源开发活动难以完全满足社会发展需求，这要求资源型城市在进行资源开发的基础上，开展资源加工活动，进而推动了资源加工技术的产生和发展。在资源开发和加工技术的共同作用下，随着社会需求多样化，资源型城市会在原来主导产业的基础上逐渐细化出更多的新兴产业。社会需求越细化，产业越多样化，技术越进步，产业链越长，促进资源型城市产业体系不断完备。由于资源型城市的发展和转型主要依赖于资源产业，而资源产业具有典型的资本密集型产业的特点，因此，资源型城市的发展和转型受制于资金和技术投入，面临两个严峻的问题。一是采掘业及其初级加工业在资源型城市产业结构中占比

---

① 《资源型城市成功实现产业转型的样本与启示——以焦作市为例》，http://yjs.jc.gansu.gov.cn/art/2015/9/11/art 20350 211982.html.

较高。[①] 2017 年，安徽省淮南市煤炭行业实现增加值 173.7 亿元，占全年规模以上工业增加值的 47.64%。二是在第二产业中，粗加工业占比较高，精加工业需要不断提高。2016 年，河南省平顶山市煤炭开采及洗选业等粗加工业的工业总产值占第二产业的 16.46%，而石油加工、炼焦和核燃料加工业等精加工业的工业总产值占第二产业的 12.34%。国家产业政策和社会需求的影响与低水平的资金、技术投入叠加在一起，粗放式的发展模式是资源型城市的必然选择，在内在增强机制的作用下，强化了供给侧结构性改革驱动资源型城市转型路径依赖的工业技术条件。

（四）政府政策

新中国成立以来，我国采取了优先发展重工业的战略，并制定了各种指导性政策。这些政策就像指挥棒一样，以外在的强制力量引导着资源型城市的粗放式发展模式向纵深演进。山西省拥有丰富的煤炭资源，是国家重要的能源粮仓。在各种政策措施的驱动和引导下，山西省的经济结构表现出"一煤独大"的现象，单一的产业结构不断被强化。转向高质量发展以后，山西的经济发展面临巨大困难，过去各种指导性政策成为供给侧结构性改革驱动资源型城市转型的制度约束。

二、供给侧结构性改革驱动资源型城市转型路径依赖的自我增强机制

新制度经济学认为，规模效应、学习效应、协作效应和适应性预期共同构成了供给侧结构性改革驱动资源型城市转型路径依赖的自我增强机制。

（一）规模效应

规模效应是指在一定的规模范围内，随着产量的提高，单位产品的成本和追加成本会不断下降。资源型城市由于在资源方面具有比较优势，政策决策部门就会优先发展资源产业，因此，资源产业就表现出强大的吸附力，将经济要

---

① 张岚清：《环境规制与资源型城市经济增长：理论机制与经验验证》，博士学位论文，西北大学，2018 年。

素吸附到资源产业相关的部门，促使资源部门内要素资源配置趋于合理。边际产量不断提高，表现为边际产量曲线从 MP_1 上升到 MP_2，而边际成本不断下降，表现为边际成本曲线从 MC_1 移动到 MC_2，变化过程如图 4—1 所示。

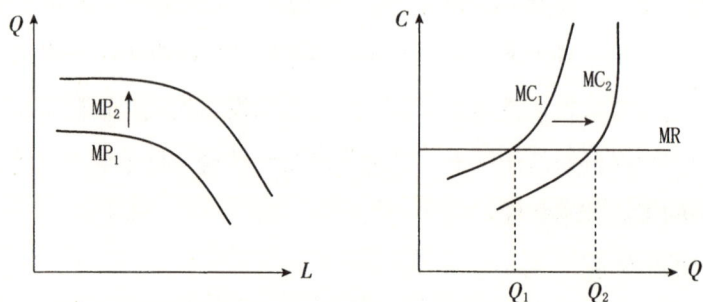

图 4—1　资源型城市资源部门 MP 和 MC 移动趋势

经济要素不断向资源部门流动导致非资源部门经济要素缺乏、所处的发展环境趋于恶化。产品的边际产量不断下降，表现为边际产量曲线从 MP_1 下降到 MP_2，而边际成本不断上升，表现为边际成本曲线从 MC_1 移动到 MC_2，变化过程如图 4—2 所示。在这种情况下，非资源部门的企业为了获取最大超额利润，将会进一步减少产量，对经济要素的需求也将进一步减少，导致边际成本曲线进一步上升。

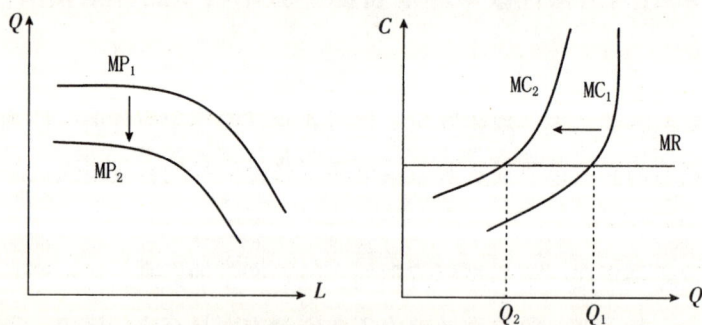

图 4—2　资源型城市非资源部门 MP 和 MC 移动趋势

根据空间结构理论，随着经济要素不断地向资源部门流入，资源部门的规模效应逐步凸显，并最终成为资源型城市的增长极。在一定时期内，资源型城市的增长极保持不变，资源型城市新的投入也将主要集中在增长极的相关产业。增长极的出现和稳定使得规模效应成为供给侧结构性改革驱动资源型城市转型路径依赖最直接的体现。

（二）学习效应

学习效应是指一个组织在生产的过程中，随着工作人员经验的积累，相互之间的配合协调更为融洽，产品的产量将逐渐提高，质量也不断提升，产品的边际成本会不断下降。在资源型城市中，为了深挖生产潜力，资源产业的相关企业会对工作人员提供入职前培训、岗位培训和专项培训等，并成立相应的研发机构，专门进行技术研发。企业所提供的学习机会、培训内容，研发的新技术和新工艺都与现有的资源产业结构、企业的生产活动紧密相连，目的是为生产经营活动提供丰富的人力资源、智力资源和技术资源。工作人员和组织会利用所学的知识和技能反哺组织，增强资源产业的生命力。学习效应会强化供给侧结构性改革驱动资源型城市转型的路径依赖。

（三）协作效应

人类社会发展的事实证明，社会分工越来越细化，越来越专业化，单个组织对社会经济的影响越来越弱化。为了实现组织的使命，每个组织都必须与其他组织进行技术、人力资源等的交流，在与其他组织进行协作的过程中实现自身价值。这种相互协作的方式促使众多组织建立了产业链条，每个组织在与产业链上的其他组织竞争与合作的活动中不断发展壮大，促使产业链的结构得到巩固。资源型城市大多处在地理环境相对闭塞的区域，为了保障生产经营活动持续开展，资源企业会建立一个完整的、大而全的生产和生活服务保障系统，系统内部门间相互协作，形成一个完整而有序的有机体。资源型城市政府对资源产业高度依赖，制定的所有政策都将资源产业列为重点。政府和资源企业之间会形成某种默契，使得供给侧结构性改革驱动资源型城市改革变得较为困难。

（四）适应性预期

适应性预期是指政策法律法规一旦确立和居于支配地位，人们会将其延伸到生活工作和学习中，并增强对此的未来预期，政策法律法规会诱导人们按照这一规则行事，对规则产生强化作用。我国262座资源型城市都有比较长的发展历程，政策法律法规已比较完善，人们对这些规则也较为熟悉。由于资源产业对从业人员的受教育水平要求不高，因此在资源型城市发展过程中人们普遍忽视学历的提高，导致资源型城市从业人员整体学历水平低、思想落后。同时，资源产业为当地居民带来了丰厚的经济回报，他们在思想上已经对资源产业产生了依赖，这种依赖思想根深蒂固，转变非常困难，且需要漫长的时间。这种适应性预期也构成了供给侧结构性改革驱动资源型城市转型的路径依赖。

第二节 结构脆弱特征

脆弱性这一概念起源于自然灾害的研究，在地学领域，蒂默曼（Timmerman P.）在 1981 年首先提出了脆弱性的概念。目前脆弱性这一概念已被应用到很多研究领域，成为全球变化及可持续性科学领域关注的热点问题和重要的分析工具。[①] 城市脆弱性作为研究城市人地系统和谐发展的新视角和资源型城市健康持续发展的重要途径，对保障城市安全发展具有重要的指导意义。在供给侧结构性改革过程中，探讨和研究资源型城市转型的脆弱性，对于促进其可持续发展有着非同寻常的意义。

资源型城市大都是由资源开发基地发展壮大而来，从事资源开发的企业在此类城市中拥有至关重要的地位。资源型城市中其他大多数产业都服务于资源开发产业，与资源开发产业有着盘根错节的关系。与非资源型城市相比，资源型城市的三次产业结构普遍表现出第二产业比重偏高的特点。焦作市曾经是著名的煤炭资源型城市，虽然经历了十几年的转型发展，但 2017 年第二产业的比重依然比较高，达到了 59.5%。平顶山市 2017 年第二产业比重依然高于 50%，达到了 50.8%。从三次产业产值所占比例来衡量，资源型城市第二产业

---

① 邱丽：《基于环境脆弱性评价和情景分析的洞穴旅游容量测算》，硕士学位论文，西南大学，2017 年。

占比普遍较高，而且产业结构趋向高级化的进程落后于全国城市的平均水平。2017 年全国第二产业在三次产业中的占比为 40.5%，而资源型城市第二产业占比全部高于全国平均水平。单一的产业结构使得脆弱性成为供给侧结构性改革驱动资源型城市转型发展不可回避的一个问题，它使资源型城市转型的弹性和恢复力下降。资源型城市作为特殊类型的城市，供给侧结构性改革驱动资源型城市转型的脆弱性涉及资源、生态环境、经济和社会等多个方面。①

一、供给侧结构性改革驱动资源型城市转型结构脆弱的特征

（一）复杂性

资源型城市是一个复杂的巨系统，包括众多子系统，每个子系统又包含多个影响因素。影响因素之间、影响因素与子系统之间、子系统与资源型城市复杂的巨系统之间存在着千丝万缕的联系和关系，任何一个因素的变动都有可能引起多米诺效应，导致资源型城市复杂的巨系统的变动。此外，资源型城市还是一个开放的系统，会受到国家宏观政策、经济运行规律、不可抗拒的自然力量等方面的扰动，所引起的涨落与资源型城市开放系统之间存在多重随机反馈关系。正因为以上两个方面，在供给侧结构性改革驱动资源型城市转型的演化过程中，脆弱性的变化方向显得扑朔迷离。

（二）动态性

资源型城市系统所处环境、系统内的子系统、子系统内的因素都不是静态的，时刻都会发生变化。在供给侧结构性改革驱动转型发展的过程中，资源型城市会对这些变化做出相应的响应，处于不断演化的过程，因此，其脆弱性是动态变化的，强度会随着扰动因素影响强度大小的变化而变化。所以，研究供给侧结构性改革驱动资源型城市转型的脆弱性特征要从动态的角度进行分析。

（三）阶段性

我国有 262 个资源型城市，分为四种类型，分布在全国 28 个省（区、

---

① 张梅、罗怀良、陈林：《资源型城市脆弱性评价——以攀枝花市为例》，《长江流域资源与环境》2018 年第 5 期。

市）。不同类型的资源型城市对供给侧结构性改革驱动转型的反应程度不同。相对于其他类型的资源型城市，衰退期资源型城市由于生态破坏、资源枯竭等问题的长期积累，其经济、社会、生态等方面表现出的脆弱性对扰动因素的影响更为敏感，在供给侧结构性改革驱动衰退期资源型城市转型的过程中，脆弱性爆发的可能性越大。在成长期资源型城市发展过程中，其资源储备较为丰富，但生态环境也会受到严重破坏，其经济运行、社会发展等方面的脆弱程度较低，经济、社会、生态等方面表现出的脆弱性对扰动因素影响的敏感程度低，在供给侧结构性改革驱动成长期资源型城市转型的过程中，脆弱性爆发的可能性小。

（四）可调控性

资源型城市并不是一个封闭的系统，一直与外部进行物质、能量和信息的交换，内部结构也处于动态变化之中。供给侧结构性改革会对资源型城市产生新的影响，通过研究资源型城市脆弱性与扰动因素的关系，梳理清楚主要扰动因素及其作用机理，及时调整内部结构和完善部分功能，提升资源型城市的应对能力。虽然供给侧结构性改革驱动资源型城市转型会受到来自全球范围的扰动或自然灾害的影响，导致对脆弱性调控的效果微乎其微，但是如果调控带来的收益大于成本，调控就是值得的。在供给侧结构性改革驱动资源型城市转型过程中，脆弱性无法从根本上消除，我们要在确保驱动转型效果的前提下，努力将其脆弱性降到最低。

二、供给侧结构性改革驱动资源型城市转型结构脆弱的表现形式

（一）资源脆弱性

能源生产和供应体系日趋完善，不同能源品种的增长势头分化明显，对外依存度高。我国已经形成了包括化石能源和非化石能源等能源品类在内的能源生产和供应体系，能源生产的技术日趋成熟，能源品类的比例结构日趋合理。2008—2017 年全国一次能源生产情况发生了明显的变化，结构日趋合理，如图 4-3 所示。2017 年，全国一次能源生产总量比 2016 年增长了 3.6 个百分点，达到 35.9 亿吨标准煤。其中原煤生产总量为 24.6 亿吨标准煤，比 2016 年

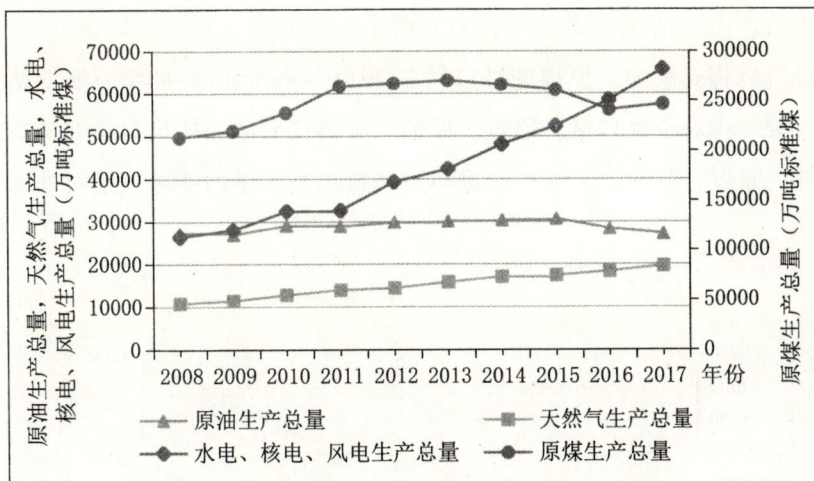

图4-3 2008—2017年全国一次能源生产情况

产量略有升高，占全国一次能源生产总量的68.6%；原油生产总量为2.7亿吨标准煤，比2016年略有下降，占7.6%；天然气生产总量为1.96亿吨标准煤，占5.5%；水电、核电、风电生产总量为6.6亿吨标准煤，占18.3%。能源供应结构清洁化进程加速，2008—2017年原煤、原油、天然气、水电、核电、风电生产总量的占比变化如图4-4所示。非化石能源生产总量所占比例由2008年的9.5%提高到2017年的18.33%。2008—2017年全国原煤、原油、天然气、

图4-4 2008—2017年全国能源生产结构

电力进口、出口情况如图4—5、4—6所示。原油和天然气进口量持续增加，电力进口量相对稳定。原煤的进口量在2014年和2015年两年有所回落，之后又上涨。相对于进口量，原煤、原油、天然气和电力的出口量非常少。除电力外，原煤、原油、天然气净进口量持续走高，国内能源供给对外依存度较高。

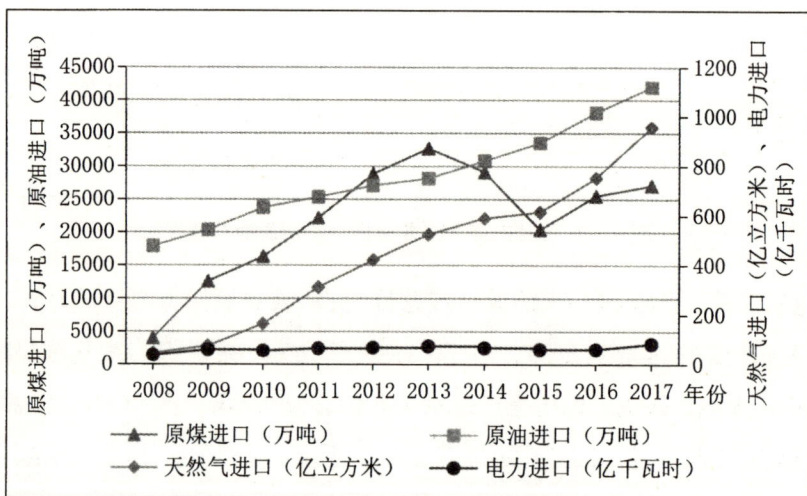

图 4—5　2008—2017 年我国能源进口情况

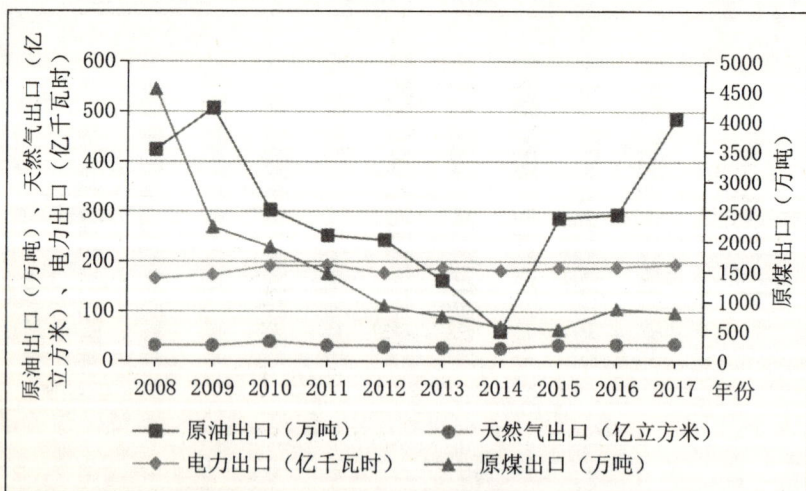

图 4—6　2008—2017 年我国能源出口情况

自主科技创新能力弱，资源综合利用率低。供给侧结构性改革要由五大发展理念来引领，创新在五大发展理念中摆在首位。在供给侧结构性改革驱动资源型城市转型过程中，必须把创新摆在驱动转型的核心位置，着力推进全方位创新，加快转型动力转换，推动高质量转型发展。但由于历史和现实的原因，资源型城市面临自主科技创新能力弱、资源综合利用率低的现状，资源型城市科技创新总指数的平均值为 0.2073，远低于非资源型城市的 0.2449。主要表现在以下四个方面。第一，与发达国家资源型城市相比，自主科技创新能力和资源型城市综合利用率差距甚大。新能源、页岩气等新兴技术仍以引进消化吸收为主，新能源的部分关键部件长期依靠进口。第二，科技创新的体制机制需要进一步完善，创新激励措施不足。科研机构的设置、科研课题的发布等缺乏科学性、协调性和共享性，未形成高效统一协调的管理机制，效率低下。科研机构的作用、科研成果的效果尚未得到充分发挥。产学研缺乏有效衔接机制，产教融合、协同创新缺乏有效组织合作，科技创新与产业发展的结合度不够紧，资源型城市长远的创新能力不足。第三，科技创新投入不足。资源型城市 R&D 经费支出水平普遍较低，转型较早的煤炭资源型城市焦作市 2017 年 R&D 经费支出占 GDP 的比重不足 1%，远低于同期全国 2.13% 的水平，用于氢能、燃料电池、碳排放等前沿技术上的投入更为稀少。第四，能源消费结构趋于合理，但仍以化石能源为主。2017 年，煤炭消费总量较 2016 年下降 1.6个百分点，石油消费比重持续上升，达到 18.8%，煤炭和石油两种能源消费占能源消费总量的 79.2%，天然气、水电、核电、风电等清洁能源消费量占能源消费总量的 20.8%[①]，远低于世界平均水平。

（二）生态脆弱性

生态环境作为一定区域内地形、地貌、土壤、气候、水文、动植物及人类活动等的综合，既受人类活动的影响，又是人类赖以生存的基础，是矿业城市人地系统的重要组成部分，也是可持续发展研究的核心内容之一。生态脆弱性在 1989 年作为美国学者克莱门茨（Clements）最早提出的群落交错带（Eco-

---

① 中电传媒能源情报研究中心：《中国能源大数据报告（2018）》，中国电力传媒集团有限公司，2018 年。

tone）的生态学术语被引入地理学和环境学领域。并在第七届 SCOPE（环境问题科学委员会）大会上明确了生态交错区、过渡区的概念之后，对生态脆弱性在全球范围内展开了广泛的研究与探讨。

污染现象严重。矿区是资源型城市生产经营性活动的主要场所，生产活动多为"三高"产业，对生态环境影响较大。焦作市 2017 年废水、废气和固体废物产量分别为 2386.55 万吨、9.94 万吨和 1010.78 万吨，废水、废气排放量比 2016 年分别下降 22.67% 和 47.68%，但固体废物产量比 2016 年有所增加。生产活动带来的气候变暖和雾霾问题给生产生活和人们的身体健康带来了极大的影响。2017 年，焦作市环境空气质量优良天数仅有 211 天，严重影响了人们的生活质量。

生态环境破坏严重。资源产业的一系列活动都会给环境带来影响，不但会引起污染问题，还会破坏生态，其影响往往比较深远。比如，煤炭资源从地下被开采出来后，在原来储存煤炭的地方形成悬空区域，会造成地表塌陷。随着煤炭开采活动不断推进，采煤塌陷区的面积逐渐扩大，塌陷会从煤炭开采期间延伸到开采后比较长的时间，甚至在开采活动完全停止后的几十年仍有影响。地表塌陷会对农田、房屋和道路桥梁产生破坏，严重影响相关人群的生产生活。农田被毁、房屋被破坏的农民不得不搬迁，搬迁后再就业困难，社会福利水平大打折扣。生态的改变带来的影响是不可预估的，这也是供给侧结构性改革驱动资源型城市转型所面临的问题。据统计，我国平均每采出万吨原煤其土地塌陷面积为 0.2 公顷，按 2014 年煤炭产量 38.7 亿吨计算，到 2020 年，全国采煤塌陷区总面积约合 150 万公顷。[1] 淮南市采煤塌陷区主要分布在五区一县，涉及 30 个乡镇、623 个村庄，截至目前，淮南市采煤塌陷区面积为 278.6 平方千米，占全市国土面积的 4.4%，涉及人口 33.1 万人，占全市总人口的 8.7%。[2]

可持续发展压力大。资源型城市不仅生态环境不容乐观、经济发展压力

---

[1] 梁海林：《采煤塌陷区综合治理的有效措施》，《煤炭工程》2015 年第 12 期。

[2] 《淮南市采煤沉陷区综合治理办公室过去五年工作总结》，http://www.huainan.gov.cn/4971396/91641512.html.

大，而且新业态、新产业发展较为缓慢，经济发展方式和产业结构问题是影响供给侧结构性改革驱动资源型城市转型生态脆弱性的主要因素。当前，我国城镇化进程不断加快，人们普遍享受到工业化给生活带来的便利，却忽视了生态环境受到的破坏。高楼大厦建造的过程会破坏地表森林资源，加上第二产业的比重居高不下，污染物的排放量大，机动车保有量逐年递增，尾气排放物增加，资源型城市雾霾问题频现。2018 年，在重点监控的 169 个重点城市中，空气质量排名后 10 名的城市有 6 个为资源型城市。在供给侧结构性改革驱动资源型城市转型过程中，降低生态脆弱性的压力较大。

（三）经济脆弱性

产业结构不合理。资源型城市产业结构调整的进程整体慢于全国产业结构调整的进度，2017 年全国第二产业增加值占 GDP 的 40.5%，而资源型城市第二产业的比重普遍高于这个数值，一些城市甚至超过 50%。资源型城市攀枝花市 2017 年第二产业比重为 65.2%，居全国所有地级市之首，鹤壁市 2017 年第二产业比重为 64.5%，虽然两个城市第二产业比重都比 2016 年有所下降，但仍处于比较高的水平。第二产业"一业独大"是造成供给侧结构性改革驱动资源型城市转型经济脆弱的主要原因，这种局面的形成有其深刻的历史原因。资源型产业对地区经济的支撑作用明显，特别是处于成熟期的资源型城市更是如此。资源产业"一枝独秀"会产生马太效应，其他产业受到冷落以后，会对资源产业的发展表现出不合作甚至敌对的态度，加深了企业间、行业间的矛盾。资源开始枯竭后，资源产业已无法支撑资源型城市的发展，资源产业多年发展所积累的问题日益凸显，资源型城市发展亟须新的经济增长点。资源型城市和资源产业由于多年的发展形成了非常大的惯性，培育新的经济增长点，实现经济复苏需要相对漫长的过程。

历史遗留问题突出。资源型城市因资源而建，因资源而兴，城市的规划建设主要围绕资源产业生产经营场所展开。这些区域的基础设施建设占用了当地政府财政支出相当大的比重，城市景观的集中度和美誉度相对较差。由于资源型城市具有生产、财务和人员"三集中"的特点，且对资源产业的依赖程度较高，资源产业从业人员数量在全部从业人员中占比较高。虽然资源产业非常注重生产安全，但还是存在一定程度的作业风险，一旦发生安全事故，必然会给当地居民的人身和财产造成巨大损失，甚至引起严重的社会心理问题。

资源型城市转型金融支持体系建设滞后。在惯性的作用下，资源型城市经济结构和产业结构在短时间内难以实现根本性的改变，由于资源产业信贷存量资金占用较大，银行等金融机构的信贷存量结构难以调整。目前，供给侧结构性改革驱动资源型城市转型重点和难点是煤炭、冶炼和化工等行业。这些行业与资源型城市转型发展的要求有一定的差距，部门企业甚至面临倒闭的风险。银行等金融机构陷入了是否继续给这些行业发放贷款的两难境地，很大程度上制约了资源型城市建立和完善转型金融支持体系。转型金融支持体系的标准多为综合性和原则性的，对供给侧结构性改革驱动资源型城市转型涉及的技术、循环利用能力等标准缺乏明确规定，缺乏具体的环评标准。金融机构缺乏供给侧结构性改革驱动资源型城市转型的信贷专门机构、人员和制度，在一定程度上制约了驱动转型信贷的深入推进。虽然部分金融机构进行了一些创新，推出了"医保贷""速贷通"等信贷产品，但与供给侧结构性改革的要求还有一定的距离，总体来讲，创新的信贷产品还较少。

（四）社会脆弱性

社会发展敏感性高，失业与再就业形势严峻。全国262个资源型城市的国土面积之和占全国陆地总面积的近四成，经济总量占全国的三分之一。由于资源型城市对资源产业的依赖，资源产业是解决资源型城市新增就业人口就业的主要渠道，资源产业从业率高，这样的就业结构决定了资源型城市在供给侧结构性改革驱动转型过程中表现出较高的脆弱性。我国的资源型城市大都是由劳动密集型城市发展起来的，尤其是煤炭资源型城市，只要能招聘到劳动力，就可以把储藏的煤炭挖出来。招聘来的劳动力主要是青壮年，对学历没有高要求，导致资源产业的从业人员总体专业素质低。一旦煤炭被开采完，这些劳动力将面临失业，由于学历低，他们再就业的困难比较大，对资源产业兴衰变化表现出极大的敏感性。

社会保障水平有限，发展应对能力弱。我国经济发展进入新常态后，资源型城市转型升级形势更为严峻，GDP 增速放缓，且由于历史的原因，资源型城市用于民生保障和提高教育医疗水平的支出压力逐年增加。由于政府和民众对新常态的适应能力较弱，对于供给侧结构性改革驱动资源型城市转型无从下手，难以从"不断输血"转变为"不断造血"。供给侧结构性改革驱动资源型城市转型的问题表面上看，是解决资源枯竭或新常态对资源产品需求衰减带来的转型发展疲软的问题，本质上看是如何从经济活动和产业结构上实现与资源产业的脱钩，提高资源型城市经济发展水平，增强社会发展的应对能力，降低脆弱程度。

第三节　路径创造特征

一、路径创造理论

路径创造（Path Creation）的概念早在熊彼特的"创造性破坏"（Creative Destruction）思想中就已经有所体现。加鲁德（Garud）等认为，对于已形成的路径锁定，组织可以通过有意识的行动特别是"有意识偏移"（Mindful Deviation）现有的路径进行解锁（Lock-out），从而创造出新的路径。[①] 尽管"有意识偏移"会打破行为主体已经形成的状态（这种打破甚至有可能是无效率的），但由于可以突破行为主体因路径依赖而形成的过度锁定发展瓶颈，探索出新的发展路径，行为主体会不断努力发挥主观能动性进行"有意识偏移"。路径创造是对路径依赖的破解，动力主要来自政府的干预等外部突发事件，也可能来自内生性渐进式发展。供给侧结构性改革驱动资源型城市转型的关键在于借供给侧结构性改革的东风进行"有意识偏移"，创造出转型发展的新路径。路径创造的分析框架如图 4-7 所示。

---

① Garud R. & Karnøe P., "Path Creation as a Process of Mindful Deviation". in: Garud R, Karnøe P. *Path Dependence and Creation*, Mahwah: Lawrence Erlbaum Associates（2001）, pp.1–38.

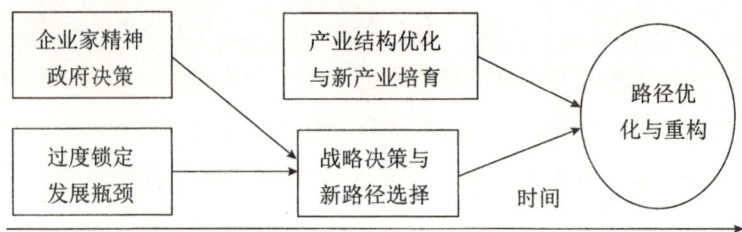

图 4-7 路径创造的分析框架

二、供给侧结构性改革驱动资源型城市转型路径创造机制

供给侧结构性改革驱动资源型城市转型会打破资源型城市现有格局，突破传统路径，实现路径创造。从一定程度上来说，供给侧结构性改革驱动资源型城市转型路径创造反映了资源型城市不断突破现有体制、制度、技术等所形成的约束。供给侧结构性改革驱动资源型城市转型路径创造可以理解为，以实现资源型城市高质量发展为出发点和落脚点，用改革的办法推进劳动力、土地、制度和创新等要素配置矫正，通过提高全要素生产率打破资源型城市路径依赖，进行新路径创造，促进资源型城市持续健康发展的过程。资源型城市转型新路径的生成需要借助供给侧结构性改革，推动既有社会模式、制度体系和文化认知发生变革，迎来发展新的春天。

（一）突破认知思维定式，培育鼓励创新的社会文化和企业家精神

资源型城市转型的认知思维定式是指政府、企业和社会大众对资源型城市转型发展的前景预测表现出较高的趋同性。在资源型城市的从业人员中，有相当比例的人员从事与资源产业相关的工作，资源产业自身的特点决定了这些从业人员整体的文化水平不高、思想观念保守，在供给侧结构性改革驱动资源型城市转型的过程中这些人员往往会产生认知僵化。长期从事资源开采和开发相关工作所积累的经验、技巧等，经过代际传承逐渐形成专业化操作的隐性知识，会深深植根于从业人员的头脑中，表现为持久的行为模式。供给侧结构性改革引起资源型城市方方面面的根本性和深远性变革。面对这场变革，资源产业的从业人员会倾向于维持习得的认知模式。认知思维定式的自我强化会使资源产业广大从业人员陷入传统的发展轨道不能自拔。面对这种情况，在借助

供给侧结构性改革进行转型的过程中，资源型城市要充分发挥人力和资本的作用，大量引进创新人才，重点扶植创新企业和创意产品，不断营造鼓励创新的社会文化氛围，追求创新的企业家精神，推动创新知识和技术扩散。鼓励创新的社会文化和企业家精神将会逐渐演变为供给侧结构性改革驱动资源型城市转型的正反馈机制，最终推动资源型城市可持续发展。

（二）突破产业结构单一的局面，形成多元产业结构

产业结构单一是资源型城市无法规避的一个问题，城市也面临产业结构锁定的境地。在供给侧结构性改革驱动资源型城市转型过程中，路径创造的关键点是建立反锁定的产业结构可行集。20 世纪 90 年代初，由于资源枯竭，焦作市产业结构锁定的系统性风险暴露出来，很多从事煤炭开采的企业纷纷面临停产、倒闭的风险。"千年瓷都"景德镇是一个非典型的资源型城市，其所依赖的资源与其他资源型城市不大相同，是高岭土。2009 年，优质高岭土几近枯竭，景德镇成为国务院批准的第二批资源枯竭城市之一。此时，对陶瓷产业过度依赖的系统性风险爆发，很多瓷土矿企业和制瓷企业纷纷倒闭、破产。在供给侧结构性改革中，资源型城市要根据自身资源禀赋条件，在推动资源产业升级的同时，建立新的产业结构可行集。面对高岭土枯竭，景德镇主动作为，继续牢牢把握陈设艺术瓷产业，确保在全国保持领先地位，同时充分发挥人力、资本、制度和创新要素的作用，不断进行技术创新，大力发展陶瓷文化艺术产业，使景德镇的陶瓷产业焕发出新的生命力。

（三）突破政治性锁定，构建有利于驱动转型的制度环境

政治性锁定是指在供给侧结构性改革过程中，资源型城市政府、各种社会组织与企业在促进资源型城市转型的情形下，也可能因资源产业被赋予了某种特殊的定位，阻碍资源型城市的顺利转型。比如，景德镇辉煌了将近千年，但那里的陶瓷行业却从未形成市场经济下企业经营的基本概念。[①] 原因在于景德镇陶瓷业从诞生开始就被打上了官方的烙印，具有鲜明的贡品色彩，因此相关的产业政策和配套措施都纷纷向大型国有陶瓷企业倾斜，而民营陶瓷企业由于

① 柳剑能：《景德镇兴衰》，《南方周末》2004 年 8 月 5 日，http://www.southcn.com/weekend/economic/200408050010.htm.

缺乏阳光雨露，处境艰难。这样制度安排的局面是低效率的，严重阻碍了景德镇陶瓷产业的发展。在驱动转型突破政治性锁定的过程中，资源型城市的政府要重新认识自身在技术进步和经济发展过程中的角色，将工作重心和产业政策集中在高新技术产业和新兴产业领域，通过出台一系列措施来改善技术和创新制度环境。这些新技术和创新制度的实施将有力推进资源型城市传统资源产业的转型升级，并将最终演化为科技含量高、创新能力强、结构更为合理的新型产业集群。

第四节　空间演化特征

资源型城市的发展是一个量变和质变的过程，随着量变的积累，会从一个小村镇发展为中小城市，甚至一跃成为大城市，城市的产业结构也将多样化，并由工矿型城市演变为地区综合城市。这个过程可能需要持续 20 年、30 年甚至更长的时间。城市规模和性质的变化都会对城市的空间结构提出新的更高的要求。早期的资源型城市建设实践经验告诉我们，由于缺乏对城市未来发展方向的准确研判，城市的空间布局过分关注短期利益和局部效益，导致木已成舟的空间格局难以适应新时代对资源型城市发展的要求，成为转型发展的包袱。供给侧结构性改革不仅会对资源型城市的产业结构产生影响，而且会对空间结构提出新的要求。资源型城市要对更远时间的地域空间未雨绸缪，对城市功能空间做好结构性安排。

一、资源型城市职能演化

城市空间结构作为经济、社会、文化活动在历史发展过程中的物化形态，是城市功能组织方式在城市地域空间上的投影，其发展演化从根本上取决于城市功能职能的发展变化。[①] 在资源型城市建立和发展演化过程中，其职能的发

---

① 张庭伟：《1990 年代中国城市空间结构的变化及其动力机制》，《城市规划》2001 年第 7 期。

展变化起着非常重要的作用。

众多城市的发展历程表明，城市的产业类型会随着时间发展不断丰富，专业化部门的数量会不断增多，而城市的职能强度则不断弱化。资源型城市因资源而建，因资源而兴，且主要依靠某一种资源，成立之初主要进行单一的资源开采，承担为地区乃至国家提供某种资源供给的职能。随着生产的稳定和兴盛，资源开采的规模会不断扩大，相关配套产业也会逐渐兴起，产业的内容不断丰富，资源型城市的规模也被扩大，城市的职能范围边界发生变化。我国有262座资源型城市，尽管它们建立和发展基于的条件不尽相同，所承担的职能也不完全一样，但整体的职能演化过程是类似的。职能演化过程如图4-8所示。

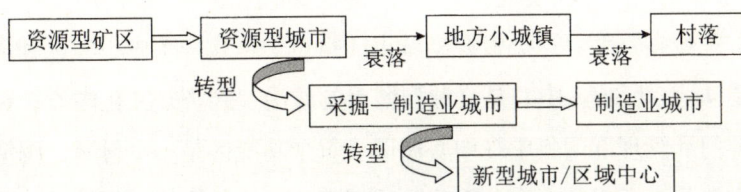

图4-8 资源型城市职能演化过程

二、资源型城市空间结构类型及演化规律

资源型城市的空间结构演化与职能类型有着紧密的关系，要想梳理资源型城市空间结构演化规律，除了需要弄清楚职能类型，还需要总结提炼出空间结构类型。

（一）资源型城市空间结构类型

（1）集中分布型。这类资源型城市的特点是资源储量大且分布比较集中，这样的资源禀赋条件导致所有的产业、企业都密密麻麻地布局在资源集中区，导致城市的经济中心、政治中心、生活中心重叠，只有一个单一的中心，如图4-9所示。抚顺市是比较典型的集中分布型资源型城市，其大规模煤炭开采始于20世纪初，煤炭开采顺序由东往西，围绕煤炭开采建立了数个矿工居住点。随着煤炭开采业的发展，逐步建立了电厂、钢厂、铝厂等加工企业，这些企业都紧密分布在煤炭开采区域，因而呈现出集中分布型的资源型城市形态。

人口规模较小的资源型城市主要是县级城市，由于城市的体量小，产业的规模也小，城市的发展往往与资源产业捆绑在一起，难以开发距离城区较远的资源，城市的空间结构也会呈现为集中分布型。

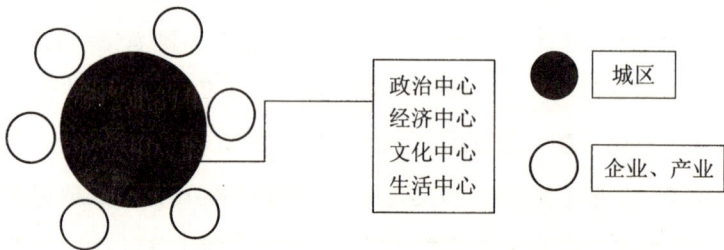

图4—9　集中分布型资源型城市空间结构

（2）一城多镇型。这类资源型城市的特点是包含一个中心城区和多个功能区，如图4—10所示。中心是资源型城市的政治、经济、文化中心，资源产业的主管部门和管理部门集中在中心城区。每个功能区是一个村镇，围绕资源产业链条上的某一个或几个企业而建，承担某项专门的职能，规模相对较小，基础设施和服务比较简单。中心城区与每个功能区都有一定的距离，主要依靠单位内部通勤车和公共交通相连。我国的资源型城市绝大多数都是这种类型。

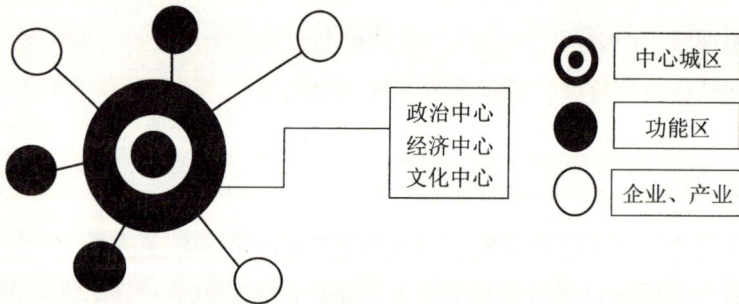

图4—10　一城多镇型资源型城市空间结构

（3）多中心组团型。这种类型的资源型城市的资源分布在几个区域，每个区域的资源储量都比较大，其特点是由多个规模相当、职能相似的中心组成，如图4—11所示。多数是由一城多镇型资源型城市经过几十年的量变和质变逐步演化而来。每个中心都是一个相对独立的矿区，距离中心城区较远，由于当地产业迅速发展，商业服务业也得到了相应发展，随着人口的聚集，逐渐演化为拥有相对完善的基础设施和基本公共服务体系的城区。这些中心呈连片或带状分布，共同组成资源型城市的城区。

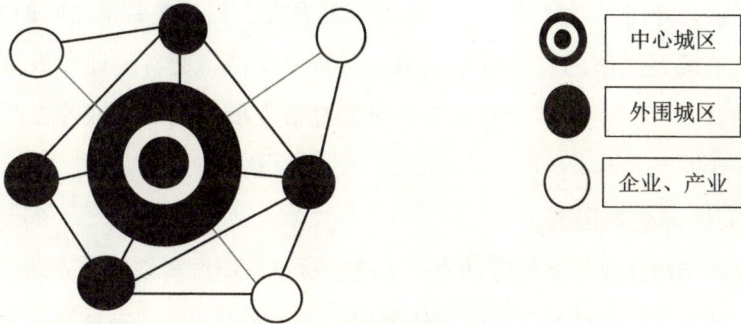

图4-11　多中心组团型资源型城市空间结构

（二）资源型城市空间结构演化规律

上面所列的三种不同类型的资源型城市空间结构，从一定程度上说是由资源型城市所处的不同职能阶段决定的。随着资源型城市职能的演化，空间结构将从低层次向高层次、大范围演化，演化的规律如图4-12所示。

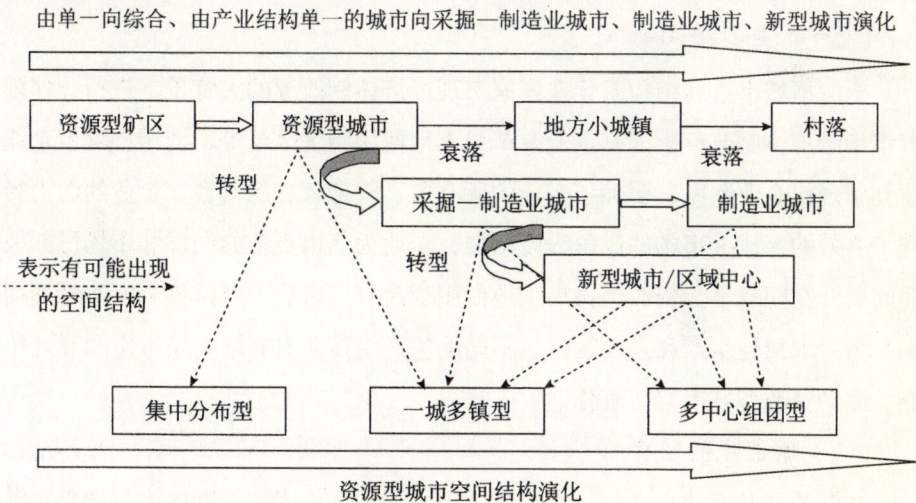

图4-12　资源型城市空间结构演化规律

三、供给侧结构性改革驱动资源型城市空间结构发展的趋势

从某种意义上说，资源型城市的空间结构是一个包含资源、人口、社会和环境等要素，并使要素之间产生相互影响的容器。当这些要素之间的"配比"不当时，资源型城市的发展就会受阻。对资源型城市而言，处在供给侧结构性改革的背景下，空间结构的演化会受到经济发展、制度环境等方面的影响和驱动。

（一）经济发展因素

供给侧结构性改革涉及劳动力、土地、资本、制度和创新等方面，这些因素的变化都会对资源型城市空间结构演化产生一定的影响。虽然资源型城市空间结构的演化是一个系统工程，但实现经济发展是资源型城市空间结构演化的原驱动力。随着人均可支配收入增加，人们对高质量生活的追求越来越强烈，从而带动了商业、房地产、医疗卫生、旅游等产业的发展，由此引发资源型城市空间结构的改变。随着政府"放、管、服"力度的加大，资源型城市的市场变得更为活跃和灵活，市场经营主体类型日益多元化和丰富化，激发了民间资本和外来资本的活力，助推了资源型城市空间结构的演化。

（二）制度环境因素

资源型城市空间结构演化在国家宏观经济体制改革的大背景下进行，伴随着市场经济体制改革、国有企业改革、土地使用制度改革等，资源型城市企业建立了现代企业制度，明确了企业的所有者、管理者和经营者，企业的活力得到了有效的释放，市场的竞争程度增强，企业为获得更多的利润和市场份额彼此间展开空间竞争。资源型城市土地使用变为有偿之后，各路逐利资本蜂拥而来。为寻求最佳生产和发展区位，不同的生产主体会对有限的城市空间展开争夺，驱动资源型城市空间演化。

（三）城镇化的影响

在资源型城市建立之初，人口的增加主要依靠外力，短期内大量的外来劳动力会涌入生产矿区。当生产矿区所在地方升级为城镇时，这些在生产矿区工作的人口就"被城镇化"了，而本地的农业农村人口未能赶上这趟列车。随着

经济不断发展，资源型城市的经济发展取得了斐然的成绩，人口规模剧增，原有的城市空间已无法满足居民在交通、住房、文化、医疗等方面的需求，要求资源型城市对城市空间进行重构。随着城镇化进程加快，为给发展提供更多的土地供应和发展空间，资源型城市进行了以旧城综合整治为主要内容的改造，不断优化和调整空间布局。

（四）生态环境的影响

绿水青山就是金山银山，资源型城市转型的一个重要使命是进行生态环境保护和修复，这也是供给侧结构性改革的应有之义。在驱动转型的过程中，生态环境保护对资源型城市空间结构演化有重大影响。在资源型城市的产业结构中，本身就存在一些排放大量污染物的生产企业。随着城市规模的扩大，原本布局合理的生产企业将会与城市的发展格格不入，需要将对生态环境有影响的企业外迁。

综上所述，在供给侧结构性改革中，影响资源型城市空间结构演化的因素多且变化快。虽然演化存在很多未知，但演化的主要目的是解决发展不充分、不均衡的问题，是更好地满足人们对高质量生活的追求，更好地保护自然生态环境，合理布局城市的空间。多中心适度分散聚集和生态环境可持续，应该是供给侧结构性改革驱动资源型城市转型发展空间结构演化的趋势和方向。

第五节 资源禀赋特征

262个资源型城市分布在全国28个省、自治区、直辖市，有分布区域广、依赖的资源种类丰富、资源开发处于不同阶段等特点，在供给侧结构性改革驱动转型的过程中，不同类型资源型城市转型的方向和重点任务应各有侧重，不能千篇一律。

一、资源型城市分布区域广

全国262个资源型城市包含地厅级和县处级两种级别的行政建制，其中地级市、县和县级市、市辖区的数量分别为 126、120、16，如图 4—13 所示。资源型城市地级市的数量占全国地级市的 43.67%。262 个资源型城市的总人口为 4.4 亿，占全国人口总数的 31.65%，土地总面积为 380 万平方千米，占全国土地总面积的 39.58%。

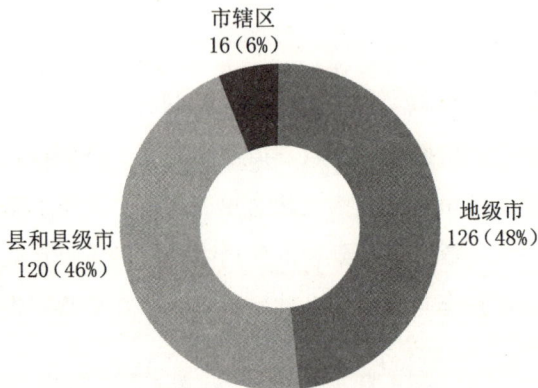

图 4—13　全国 262 个资源型城市构成

在 126 个地级资源型城市中，48 个分布在西部，是最为密集的地区，占地级资源型城市总数的 48.10%；37 个分布在中部，占 29.37%；21 个分布在东北地区，占 16.66%；20 个在东部地区，占 15.87%。县级资源型城市也是分布在西部地区的最多，共 47 个，占 39.17%，中部地区 37 个、东部地区 24 个、东北地区 12 个，分别占 30.83%、20%、10%。16 个市辖区资源型城市主要分布在东部地区和西部地区。中国资源型城市的行政级别及分布情况如表 4—1 所示。

表 4—1　中国资源型城市的行政级别及分布情况

	东部地区		西部地区		中部地区		东北地区	
	数量	占比（%）	数量	占比（%）	数量	占比（%）	数量	占比（%）
地级市	20	15.87	48	48.10	37	29.37	21	16.66
县和县级市	24	20.00	47	39.17	37	30.83	12	10.00

二、资源型城市种类繁多

全国 262 个资源型城市是我国经济社会发展基础能源和重要原材料的供应地，输送的主要能源和原材料有煤炭、石油、铁、盐、铜、镍、稀土、木材等。根据所依赖资源的类型，资源型城市可以划分为煤炭城市、森工城市、石油城市、有色冶金城市、黑色冶金城市等。正因为资源型城市种类众多，供给侧结构性改革驱动资源型城市转型所设定的模式、制定的政策、采用的路径都要因地制宜，分类进行指导。在众多类型的资源型城市中，煤炭城市的数量是最多的，这与我国"富煤、贫油、少气"的资源禀赋有关。此类城市因煤炭资源的开采而建立和发展，全国有 60 余座煤炭资源型城市。根据我国的资源禀赋情况和国家的相关规划，煤炭在未来相当长的时间内仍将是我们的基础能源。按照党的十九大所勾画的发展路线图，推动经济实现绿色转型是总基调。煤炭资源型城市如何通过空间结构演化促进煤炭资源的开发、使用与绿色转型更为协调，是在供给侧结构性改革驱动资源型城市转型过程中需要认真谋划的课题。

第五章 供给侧结构性改革驱动资源型城市转型的机制分析

本章以供给侧结构性改革理论、区域发展生命周期理论、系统论、脆弱性理论和空间经济学等理论为指导,从宏观、中观、微观3个角度以及从制度改革、结构优化、产业升级、要素创新等4个方面界定了供给侧结构性改革驱动资源型城市转型的驱动因子的内涵,依据因子分析揭示驱动因子之间的传导机制、动力机制、共享机制和动态调控机制。

第一节 供给侧结构性改革驱动资源型城市转型的因子

本节重点对制度改革、结构优化、产业升级和要素创新等4个方面的主要驱动因子的内涵进行说明。其中,制度改革是从政府宏观调控对城市转型发展产生影响方面选取驱动因子,主要包括行政制度、经济制度、社会保障制度、文化制度和对外开放。结构优化方面主要是基于全国资源型城市存在先天性地理因素和区域结构差异,如地形、气候、自然资源、港口、生态环境等的差异选取驱动因子,主要包括空间异质性、区域壁垒、基础设施和外部性等。产业升级是从资源型城市转型过程中产业有机组成的变化方面选取驱动因子,主要包括产业结构、接替产业选择和产业集聚。要素创新则是从支撑资源型城市转型发展的各类生产要素方面选取驱动因子,主要包括劳动力素质、科技创新、土地和自然资源供给和资金供给等方面。具体分析如下。

一、制度改革

（一）行政制度

行政制度在资源型城市转型过程中起到强有力的支撑作用。仅依靠市场的作用来实现资源优势向产业优势的转变会比较漫长，且比较困难，而政府的行政管理体制可以在很大程度上加速资源型城市的资源优势向产业优势转变，进而加快资源型城市供给侧结构性改革进度。首先，完善的行政制度为企业发展和企业联系创造了良好的外部条件，会降低企业的交易成本，加快企业转型和产业发展。其次，资源型城市的发展离不开政府宏观调控的指导，政府通过制定经济发展规划、实施政府政策的调控等手段进行指导，弥补我国资源型城市微观经济发展基础存在的缺陷。第三，就近年我国经济发展情况而言，已经出现由人力追逐资本向资本追逐人力的方向转变。行政制度的完善可以引导人才、技术和资金等生产要素的流向，带动资源型城市经济发展，促进地区集聚产业园的形成和发展，促进城市转型。最后，政府通过行政命令促进户籍制度、土地制度、税收制度和金融制度等机制的改革，能够在很大程度上完善社会制度的建设和改革，推动资源型城市转型。[①] 可见，行政制度在资源型城市转型过程中发挥着至关重要的作用。

另外，供给侧改革在很大程度上主要是指宏观方面的改革，是对全国经济结构的调整和改善，重点关注供给侧方面的创新，同时兼顾需求方面的带动。而行政制度是政府引导城市发展的重要手段，在供给侧结构性改革的推动下，为了实现资源型城市的转型，首先要致力于创新型政府的创建。资源型城市行政制度的改革要根据不同类型城市的不同发展阶段特征合理科学地制定动态适宜的行政制度，以满足和适应地区经济的发展，发挥行政制度的优势和作用。

---

① 徐君、李巧辉、王育红：《供给侧改革驱动资源型城市转型的机制分析》，《中国人口·资源与环境》2016 年第 10 期。

（二）经济制度

经济体系是指国家统治阶级为了建立、维持和发展有利于国家政治发展的经济秩序而承认或创造的各种规则和措施的总称，反映社会生产关系的不同要求。经济制度是组织社会经济活动的根本原则，经济制度供给是制度供给层面的核心驱动。但需要进一步意识到，经济制度改革背后隐藏的真正目标是实现资源的优化配置。资源型城市经济制度的改革主要包括以下三个方面。

（1）改革财政税收制度。税收是政府的主要收入来源。增值税和资源税是中央政府和地方政府的主要税种。由于大多数资源型企业是由国家直接控股的，因此资源型企业大部分的税收会直接流入中央政府，这导致地方政府获得的税收收入很少，难以支持其经济社会发展的各种需求。另外，对资源型城市来说，改革资源税收管理制度是促进城市转型的必经过程，主要体现在以下几个方面。首先，改革资源税的功能定位。结合目前资源税存在的问题，重新修订《矿产资源法》和《资源税管理暂行条例》等，明确资源税的性质，充分发挥税收制度在促进节能减排、调节资源级差收入等多方面的功能。其次，扩大征税范围。矿产品和盐是我国目前主要的资源税收对象，但是对水、森林、野生动物等自然资源，我国暂时还没有明确征收资源税的规定。不能覆盖不同种类自然资源的税收制度在一定程度上不利于资源的保护和持续使用。最后，建立资源开采补偿机制。资源开采补偿机制的建立至关重要，资源的无节制开采会对地区经济发展造成不同的影响，产生不同程度的外部性，建立资源开采补偿机制不仅是加强自然资源管理的必要条件，也是促进地区经济社会可持续发展的必然选择。

（2）建立明晰的现代企业制度。现代企业制度的建立是国企改革的重要内容之一。由于我国的资源型企业大多是国有企业，在企业的生产运营过程中，存在生产动力缺乏、创新能力不足、企业发展缓慢等缺陷，因此我国致力于对国企进行改革以缓解目前资源型企业面临的困境。此外，资源型企业还面临着政企不分的情况。地方政府为了加快地区经济社会的快速发展，会对资源型企业的发展格外重视，但长此以往，会形成资源型企业"一业独大"的格局，不利于地区的可持续发展。因此，从资源型企业的长远发展来看，建立明晰的现代企业制度势在必行。优化企业资源的重新配置，并通过引入第三方监管机构来促进资源型企业加快供给侧结构性改革是必要的。

（3）改革金融投资环境。随着我国经济的快速发展，经济结构的多元化特征日益显著。特别是随着互联网、大数据、云计算、物联网与现代制造业的不断发展，人们对方便快捷的金融服务的要求越来越高，但是资源型城市的金融市场发展却相对缓慢和保守，不足以满足地区发展的需求。另外，我国资源型城市的对外开放程度一般较低，与外界的商业合作一般会受到区域和行政的限制，导致外资投入不足、本地市场开放程度受限，严重制约地区经济发展。因此，资源型城市转型要致力于改革金融投资环境，为资源型城市转型提供稳定的资金支撑。

（三）社会制度

社会制度主要包括保障制度和基础设施建设制度两个方面。健全社会保障制度有助于缓解居民失业压力，保障居民基本生活，保持社会稳定，减轻城市转型负担。社会保障制度主要包括社会保险制度、社会福利制度、社会救济制度和社会优抚制度。而城市内部基础设施建设对资源型城市转型发展的速度有着至关重要的影响。

（1）完善相关保险制度。由于资源型城市的矿业就业率远高于其他城市，并且矿工的作业环境相比其他行业要更加危险和困难，因此资源型城市要完善相关保险制度，保障每一位矿工拥有基本的医疗、失业、工伤、基本养老和生育制度保险等。此外，为了维持社会的稳定，资源型城市要致力于为矿工及其家庭提供相对完善的社会制度保障，同时尽可能地实现社会保险全面覆盖，鼓励各类社会团体和个人参加社会保险，保障社会发展的安全性和稳定性，为城市供给侧结构性改革提供支撑。

（2）完善社会保障体系。资源型产业发展的过程离不开自然资源的支撑。城市经济社会的发展过程总是伴随着对自然资源的无节制开采，这导致很多矿区地下空虚、地表土地资源被破坏，居民住房用地被占用又不能给居民很好的补贴和生活保障，使供给侧结构性改革驱动资源型城市转型面临着严峻的民生问题。其中，最突出的问题是贫困居民和棚户区居民的安置问题。据相关数据显示，截止到 2013 年底，我国资源型城市尚有近 7000 万平方米棚户区需要改造，约 14 万公顷沉陷区需要治理，可见我国资源型城市转型任重道远。因此，为了加快资源型城市转型，政府要致力于完善社会福利制度、救济制度和优抚制度，制定完善的政策法律体系，吸引新要素流入，开辟独具特色的转型发展之路。

（3）改善资源型城市基础设施建设。城市基础设施建设是资源型城市转型发展的物质基础，完善的城市基础设施为产业继续发展提供有力支持。基础设施条件差将削弱资源型城市对外资的吸引力，放慢人才、技术、资金等要素的流动步伐。然而，我国资源型城市"依矿建城"的特征导致城市基础设施建设存在较大的重复性和较高的破碎程度。城市基础设施建设在一定程度上关系到一个城市转型发展的快慢和影响城镇化水平的提升，完善的基础设施为城镇经济发展提供要素供给，提升资源型城市转型效率。①

（四）文化制度

城市文化是促进城市发展的软实力，优秀的城市文化能够增加城市的竞争力，提升城市居民的凝聚力，彰显城市的魅力，促进城市的良性发展，提升城市居民的道德品质和综合素质。文化制度主要包括教育事业、科技事业、文学艺术事业、广播电影电视事业等。文化制度供给是资源型城市转型发展的内在驱动力。在资源型城市发展的过程中，"资源文化"在地区发展过程中会呈现一种先增强后衰退的过程。"资源文化"的发展以资源型产业的发展为前提，当资源型产业是支撑地区经济发展的主要动力时，"资源文化"自然在资源型城市占据主导地位。但是自然资源是不可持续、不可再生的，应该倡导以生态文明、节能减排、低碳文化、可持续发展等文化理念为主的文化制度，鼓励"大众创业、万众创新"，避免资源型城市步入衰退期再着手转型。应该客观地看待"资源文化"，对其不可持续性给予足够的重视。

我们要一分为二地看待"资源文化"。"资源文化"为资源型城市发展提供原始的资源支撑，也为城市居民带来了巨大的利益享受，是城市发展的起源。

---

① 李青魁：《论城市建设对资源型城市经济转型的引导作用》，《中国人口·资源与环境》2014年第 S3 期。

就我国目前 262 个资源型城市的发展来看，处于衰退期的资源型城市要摆脱传统"资源文化"的影响，树立"大众创业、万众创新"的"转型文化"。但是对于那些处于成长期的资源型城市而言，首先，"资源文化"还是地区经济发展的主导文化，这一文化的消除，不是由人们的主观意识决定的，而是由资源的多寡决定的，所以对这些城市，我们要合理引导，使资源优势转变为产业优势，使"资源文化"能够发挥其适当的作用，引导城市良性发展。其次，文化产业的发展归根到底需要人才的带动。相关专家表示，一个城市素质的提升需要一代代人的不断努力和更换。城市的高度文明是居民文明水平持续提升的表现，发展当地文化和教育事业是至关重要的，但是发展具有吸引力的企业，吸引人才回流才是改革文化制度的当务之急，不然这些措施也只能是纸上谈兵。最后，文化制度改革需要平台。文化制度的改革是一个漫长的过程，居民素质的提升、城市文明水平的提高并不是一朝一夕能达到的。要利用知识传播媒介大力宣传供给侧结构性改革、生态文明建设、城市转型等文化，激发居民对绿色和谐美好生活的向往，加快城市转型。

（五）对外开放

对外开放是资源型城市转型的外部推力。资源型城市是一个开放的复杂巨系统，它时刻与外界发生着信息和能量的交换。就目前资源型城市的发展而言，似乎资源型城市在一定程度上成为贫困落后的代言人。这种印象的形成一方面与资源型城市内部缺乏创新能力有关，另一方面也与外部环境的快速发展有关。在日新月异的发展过程中，资源型城市的发展也面临着不进则退的局面。所以，资源型城市发展要和外部环境紧密结合，外部环境对城市内部的转变起着至关重要的作用。把握外部机遇、致力于转型发展、实现城市的充分开放对资源型城市来说是推进城市供给侧改革的重要动力。

就目前的发展来看，我国外部大环境对资源型城市的发展能够起到促进作用，能够为其转型提供机遇，如共享经济的发展能够从需求侧、市场响应两个方面提供条件。资源型城市实行对外开放制度要保持一种"共进互利，开放共赢"的心态，要和其他区域保持平等的合作关系，而不是单纯地依靠政府提供的优待制度发展地区经济。对外开放更重要的是心态，以一种开放的态度打破区域之间的行政壁垒，与周边省份或者邻国达成互利共好的合作关系，共同促进城市的转型发展。

二、结构优化

（一）空间结构

1. 空间异质性

空间异质性的概念在生态学领域应用比较广泛，一般是指生态学过程和格局在空间分布上的不均匀性及复杂性，是空间梯度和缀块性的总和。空间异质性包括空间局域异质性和空间分层异质性，是一个集时间和空间于一体的总和概念。① 引入空间异质性的概念主要是因为全国不同区域资源型城市的发展时期和自然资源存在较大差异的事实会在很大程度上影响资源型城市转型发展。空间异质性是影响制度改革的关键因素，也是指导政府行为的重要方面，会导致政府行为的差异性，而政府行为的差异性又会直接影响产业结构的调整和升级。可见，空间异质性是资源型城市转型过程中不可忽视的驱动因子，要综合考虑全国一盘棋的现状，统筹兼顾。

对国家建设和国民经济发展而言，我国的 262 个资源型城市是一个存在差异的有机整体，供给侧结构性改革驱动资源型城市转型的问题不是为某一个或某一类资源型城市提供可能的转型路径，而是要统筹兼顾，以全国资源型城市转型和可持续发展为最终目标，通过一系列科学论证和实地调研，为转型提供可操作的方案，这是一项艰巨的工程。就资源型城市的空间异质性而言，主要包括以下几个方面。

（1）资源异质性。这里的资源是指自然资源，由于地理因素的影响，自然资源的异质性是由先天性的地理因素（First Nature）决定的，既得天独厚，又因地而异，对城市转型的影响至关重要。具体而言，资源异质性主要包括以下三个方面。第一，资源类型的异质性。这一性质决定了不同资源型城市具有不同的主导产业，决定了资源型城市产业结构的发展方向。第二，资源储量的异

---

① 骆永民、樊丽明：《中国农村基础设施增收效应的空间特征——基于空间相关性和空间异质性的实证研究》，《管理世界》2012 年第 5 期。

质性。资源储量的异质性决定了资源型城市发展的周期长短和转型任务的艰巨程度。第三，资源质量的异质性。这种异质性一方面会表现在地区煤炭资源的类型中，另一方面会体现在工业生产和居民生活中。为了节约自然资源并提高其利用效率，针对不同的用途，对资源质量和种类的要求存在比较严格和清晰的界定。这就导致即便是同一类的煤炭资源型城市，其发展路径也存在很大差异。如果忽视这种差异谈转型，无疑是纸上谈兵。

（2）发展阶段差异性。由区域发展生命周期理论可知，任何一个区域都会面临从成长期到成熟期、衰退期和再生期的发展过程，这是一个区域发展的自然规律，就像人有生老病死一般。其实，对于资源型城市而言，即便没有新中国成立初期计划经济的作用，依然面临着由繁荣到衰落再到繁荣的自然发展规律，只不过制度的作用会在一定程度上影响城市发展的速度。所以在用供给侧改革理论指引资源型城市转型的过程中，要充分考虑处于不同发展时期的不同资源型城市的路径差异，要对资源型城市分区域分类型分时期地进行适当的指引。供给侧改革是一场革命，这场革命不是针对单个城市某一发展时期的，而是要釜底抽薪，彻底转变资源型城市必然面临的矿竭城衰命运，促进其由衰退再次走向繁荣，艰巨性可想而知。

（3）微观主体异质性。这里的微观主体异质性主要是指不同资源型城市的劳动力、生产技术具有较大的异质性，特别是劳动力管理能力（企业家能力）的差异、对生产技能掌握程度的差异会直接影响企业的生产率。企业间的异质性会影响资源配置和企业间技术扩散，对资源型城市转型的快慢有至关重要的作用。

2. 区域壁垒

消除区域壁垒是实现供给侧结构性改革驱动资源型城市转型的重要方面。我国资源型城市众多、分布广泛，虽然供给侧结构性改革明确指出"去产能、去库存、去杠杆、降成本、补短板"五大任务，但是并不能一概而论，要结合地区经济社会发展时期斟酌考虑。① 供给侧结构性改革在不同资源型城市的推

———————————

① 张志赟、刘辉、杨义炜：《资源枯竭型城市空间扩展进程研究——以淮北市为例》，《地理研究》2018 年第 1 期。

进过程中还出现一些与政策指引不相符的行为，如新疆出现了"弃风弃光"的现象，新能源产业并没有得到长足的发展。举例来说，作为世界领先的绿色智慧能源服务商特变电工新疆新能源股份有限公司（以下简称特变电工），一直致力于让智慧、高效、绿色能源驱动人类社会可持续发展，公司主要经营四大产业。第一，输变电产业。特变电工有我国西部最大的高端输变电装备制造业、研发及出口基地，已形成了集 1000 千伏特高压交流、正负 1100 千伏特高压直流、特高压大截面架空导线、中压交联电缆及国际成套项目总承包为一体的较为完整的输变电产业链。第二，新能源产业。特变电工是中国领先的绿色新能源服务商，已形成集光、风、火项目投融资，核心部件研发生产，EPC（设计、建设、试调、运营维护）项目总承包、运行、调试和维护为一体的系统集成服务体系，光伏系统集成工程量居全国第一。第三，新材料产业。特变电工有我国大型电子铝箔新材料基地。公司具有铝深加工自主知识产权核心技术，依托新疆煤电资源优势，已形成煤—电—高纯铝—电子铝箔—电极箔的煤电化电子铝箔新材料循环经济产业，是全球最重要的高纯铝、电子铝箔研发和生产企业之一，产品工艺技术和质量均达到世界先进水平。第四，能源产业。特变电工大井矿区南露天煤矿被列入国家西部大开发新开工 23 项重点工程，是新疆准东地区第一个被列入国家核准的千万吨级大型露天矿项目。但是，目前特变电工的弃风、弃光率高达 30%—35%，主要的原因有两个。第一，受到省际壁垒的影响，省与省之间调整用电非常困难，要经过国家调控的统一规划，且省际调配的电量又不能储存，这样就导致电输送不出去，只能靠内部消耗来增加用电量。第二，火电企业的发展会给政府产生大量的税收，且就新疆目前的发电能力来看，火电的能力要远比新能源稳定很多，政府为了增加地区财政收入，不会轻易改革。可见，区域之间要降低行政壁垒，促进生产要素跨区域流动，实现产业之间的跨区域融合①，但是具体工作的开展却十分艰难，区域壁垒仍然是全国资源型城市转型发展的主要障碍。

---

① 王伟、孙雷：《区域创新系统与产业转型耦合协调度分析——以铜陵市为例》，《地理科学》2016 年第 2 期。

3. 跨区基础设施

资源型城市基础设施的建设和完善是促进城市转型的重要媒介和必要条件，直接关系到城市能达到的开放程度。例如，据新疆维吾尔自治区能源局的资料显示，目前疆电外送的主要途径有哈密—郑州，预计是 800 万千瓦时，但是实际的能力只有 500 万千瓦时；新疆准东能源基地—安徽皖南的输电设施 2019 年下半年投入使用，计划疆电外送 1180 万千瓦；而第三条通道无具体落实，初步设想是哈密北—河南信阳，而在建设的过程中还要考虑与其他发达省区进行接洽。可见，就资源型城市转型而言，除了要对资源型企业进行整改，还要拓宽产品输送渠道。如就我国的"电力援疆"政策而言，如果没有完善的输电渠道，输出的电力是很有限的，不能解决根本问题。而供给侧改革不能只是一味地对产品生产侧进行改革，还要优化其他配套设施，在综合考虑全国资源型城市面临的问题的同时，改善高耗能产业面临的不公平问题。因此，无论是从区域协同或一体化发展的角度，还是从集中解决资源型城市面临的经济、社会、生态、资源等问题的角度，完善全国资源型城市的基础设施建设都必须有规划地开展。

4. 外部性

随着自然科学和社会科学的不断发展，传统的外部性理论得到了扩展，相关学者从不同的角度将外部性分为以下 7 类。按照外部性的影响效果分为外部经济与外部不经济。按照外部性的产生领域分为生产的外部性与消费的外部性。按照外部性产生的时空分为代内外部性与代际外部性。按照产生外部性的前提条件分为竞争条件下的外部性与垄断条件下的外部性。按照外部性的稳定性分为稳定的外部性与不稳定的外部性。按照外部性的方向分为单向外部性与交互的外部性。按照外部性的根源分为制度外部性和科技外部性。外部性是从时空的角度出发，分析资源型城市各类生产活动对资源环境造成的外部不经济现象。[1]

---

① 刘焰：《中国高污染工业行业环境负外部性计量及其影响因素分析》，《武汉大学学报（哲学社会科学版）》2018 年第 1 期。

　　基于资源禀赋，资源型城市是高污染行业（煤炭行业、钢铁行业、有色金属行业、水泥行业等）比较集中的区域，这些行业的生产活动一方面为城市经济社会发展提供了巨大的支撑，另一方面也对城市自然资源、生态环境造成了极大的破坏，产生了巨大的外部不经济性。生态环境一旦遭到破坏，就需要付出巨大的代价去修复和重建。近年来恶劣的雾霾天气严重影响了居民的身心健康和生活质量，使得社会各界更加重视对生态环境的保护。而供给侧结构性改革则致力于从供给方面促进要素创新，提升产品质量，淘汰僵尸企业，削减高污染行业的过剩产能，以保护自然资源和重建生态环境。这与我国的绿色发展理念是一致的，并且生态红线①的提出对资源型城市转型赋予了约束，即必须在不超过资源利用上限、不触及生态环境下限的基础上进行城市转型。这说明我国资源型城市的转型不是盲目的，会受到自然资源和生态环境的约束，甚至应该以"绿水青山就是金山银山"为转型原则，保证城市的转型绿色健康，而不以牺牲自然资源和环境为代价。

　　（二）能源消费结构

　　世界工业发展的历程表明，工业发展初期的能源消费主要以煤炭为主，之后由于石油和天然气的发现，其生产与消费不断上升，使得煤炭的消费量逐渐下降，煤炭的主导地位被取代。随着经济的发展和科学技术的不断进步，一些新能源也逐渐被开发和利用，如核能、风能、火力等，最终形成了传统能源与新能源并存和发展的能源消费格局。这对以资源的开采和粗加工为主导产业的资源型城市来说无疑是一个比较大的挑战。因此，应不断优化资源型城市的能源消费结构，促进城市的转型发展。

　　在现阶段，提高绿色能源使用效率成为实现可持续发展的必由之路。随着资源开发利用技术的提升，太阳能、风能等新型能源的开发利用技术逐渐成熟。处于成长期和成熟期的资源型城市应着眼于新资源的探索，确立新资源的发展战略，同时，要加大对新资源技术研发费用的投资力度，重视新资源、新能源产业的发展。新资源的开发和利用能够带动新兴产业发展，缓解城市环境

---

　　① 陈海嵩：《生态红线制度体系建设的路线图》，《中国人口·资源与环境》2015 年第 9 期。

污染和生态破坏，降低第二产业比重，推动资源型城市可持续发展。同时，要加大对科研技术的经费投资，不断提高能源的转化率，使得能源能够得到充分利用。要减少工业废水、废气、固体废弃物的排放量，本着可持续发展的理念，促进资源型城市的转型。

（三）资本结构

传统观点认为，影响资源型城市转型效果的主要因素是资本形成能力不足。资源采掘业和粗加工产业作为资源型城市的主导产业，输出产品的附加值较低，加之我国政府为了维持市场价格体系的稳定和保证下游产业不因价格的变动受到影响，长期以来控制资源型产品的价格，使得资源型产品的销售价格很难反映出资源的供需情况。同时大多数资源型城市都以资源作为主导产业，城市的发展进步都依靠主导产业的支持。但是随着无节制地开采资源，许多资源型城市面临着资源枯竭的挑战，使得城市的主导产业难以正常发展，而且接替产业和新兴产业发展缓慢。在这种情况下，资源型城市没有足够的资金发展，城市转型面临着困难。

资源的开采一般都会带来严重的生态环境问题。资源型城市无节制地开采资源和采用粗加工的生产方式，重生产、轻建设，造成一系列的环境污染问题，如资源枯竭、土地退化、水污染、大气污染、植被破坏等。这些问题严重阻碍了资源型城市的转型发展。逐步恶化的生态环境导致大量人才外流，很难吸引到投资方的投资。因此，资本积累缓慢，资源型城市很难发展地方一般工业，也没有足够的资金进行基础设施的建设和改进，这严重影响了城市的转型。

（四）技术结构

按类型分类，技术结构可以分为劳动密集型技术、资金密集型技术、知识密集型技术、能源密集型和非能源密集型技术以及污染密集型与非污染密集型技术等。资源型城市的转型发展在于技术结构的转变，由原来的劳动密集型技术向知识密集型技术创新结构转变。技术结构的转变从根本上来说要依靠科技进步。资源型城市的转型发展要重视对高素质人才的培养，培养具有创新精神的人才，提升资源型城市的转型动力，同时加大对高级管理人才的引进力度，对资源型城市的转型升级进行规划和指导。在环境保护方面，资源型城市的转型发展要保证资源供应、存储符合环保的要求，资源的运输要合理化。除此之外，资源型城市必须大力推广低碳环保节能技术。现阶段，传统化石能源使用量不断提升，城市环境污染问题突出，资源型城市必须采用长远战略眼光看问题，提升新能源汽车、电动车的使用比例。据资料统计，2002—2012年间，资源型城市能源消耗总量由0.533亿吨标准煤上升到1.6572亿吨标准煤，年平均增长率高达20.96%。因此，在供给侧结构性改革的驱动下，资源型城市要努力抓住发展机遇，转变经济发展方式，促进技术结构的转变，加大对创新产业以及人才的投资扶持。要立足于现代的科技发展，培育接替产业以及新兴产业，促进产业结构的升级转型，实现资源型城市的发展。

（五）要素投入结构

长期以来，资源型城市的经济发展对一般生产要素的投入较高，如劳动力、土地、资源等，而对人才、知识、技术、信息等高级要素的投入较低。在资源型城市中，资源的开采和粗加工业是城市的基础产业。这种粗放型的资源型产业对从业人员的专业技术更加注重，对其知识水平的要求不高。资源型城市缺乏知识理论型人才，忽视了对人才理论知识的培养，即使有些大型企业中拥有少数顶级科技人才，但由于资源日渐枯竭、城市的经济发展衰落，科技人才考虑到自身的未来发展以及家庭的生活，会更倾向去相对较发达的城市发展，这就导致了人才的大量外流。由于工人知识水平的限制以及创新性人才的缺乏，资源型企业设施陈旧、技术水平低下、产品质量差，造成中低端产业偏多、产业发展缓慢、资源消耗过多等一系列问题。

为此，资源型城市要不断提高劳动力素质，转变生产观念，提高劳动生产率和产品的质量，加大对人才、知识、信息等高级要素的投资力度；重视对高素质人才的培养，培养具有创新精神的人才，提升资源型城市的转型动力；加大对高级管理人才的引进力度，规划和指导资源型城市的转型发展。同时，资源型城市要努力抓住发展机遇，转变经济发展方式，促进技术结构的转变，加大对创新产业以及人才的投资扶持，大力发展旅游业及特色产业，重视基础教育和职业教育，提升劳动力素质，优化人才供给结构。要立足于现代的科技发展，培育接替产业以及新兴产业，给予新兴产业政策优惠，降低企业经营成本，加大研发资助力度，提升城市创新能力，促进产业结构的升级转型，为资源型城市的转型发展扫除障碍。

三、产业升级

（一）产业结构

对于资源型城市的转型而言，刚性的产业结构已经成为社会各界和专家学者重点讨论的问题。产业结构能否实现合理调整已经成为资源型城市实现成功转型的关键。资源型产业似乎已经成为"高污染、高耗能、低效率"产业的代表，当提到它们时，似乎就要加上亟待改革、调整、优化的修饰，但是资源型产业为地区经济做出的贡献不容忽视，城市的条条大路、林立的高楼大厦甚至人民大会堂的建筑都包含着它们的贡献。资源型产业曾经的辉煌也不会一去不复返，需正视面临的产业转型困难的问题，切实从调整资源型产业的角度出发（正是供给侧结构性改革的出发点），为之献计献策。

资源型城市形成之初，主要依靠开采和出售原煤、石油、天然气、木材、冶金等矿产资源。这一时期的资源型城市拥有足够的自然资源，城市的发展非但没有考虑到会面临资源枯竭的困境，还会为了加快城市经济社会的发展无节制地开采自然资源。同时，这一时期的资源型产业并没有强有力的技术支撑，更多的是依靠引进技术进行生产，导致资源利用效率极低，有些城市甚至直接依靠外销矿产资源来促进地区经济的短暂发展，其主要原因有以下两个方面。一方面，资源型产业中的企业大多是具有垄断地位的国有企业，国有企业在很大程度上没有破产的威胁，因而没有经营的动力。另一方面，资源型产业为政府财政收入做出的贡献比较大，政府即便意识到存在相关的问题，也不会采取相应的措施进行调整，甚至会对中央的政策产生抵触情绪。因此，从供给侧结构性改革的角度来看，不是没有自然资源供给，而是缺乏有效的供给；不是没有需求，而是没有满足需求的产品。所以，从供给侧结构性改革的角度出发，资源型城市应该从成长期，也就是从城市建立的初期就要树立提高自主研发能力和延伸资源型企业产业链的意识，致力于将资源优势转变为产业优势，不能到矿竭城衰的时候再转型。

随着经济社会的不断发展，资源型产业逐渐步入成熟期，这一时期是资源型产业逐渐成为支撑地区经济发展的主导产业的阶段，但也是自然资源被大量开采，生态问题不断堆积的阶段。即这一时期资源型城市依靠得天独厚的自然资源发展资源型产业是正确的，利用资源禀赋促进地区经济发展也是必然选择，但是资源型产业的发展并没有形成良性的循环。一方面资源型产业在"一业独大"的刚性产业结构的形成过程中并没有考虑到技术创新能力的提升，产学研错配问题严重，技术跟不上，导致大量自然资源浪费的同时企业也越发展越窘迫。另一方面，在资源型产业发展的过程中，政府并没有考虑到生产性服务业和生活性服务业的匹配关系，使得资源型城市产业链条无法得到优化和延伸，特别是生产性服务业发展缓慢的现状在很大程度上制约了资源型产业的转型发展。从供给侧结构性改革的角度出发，这一时期虽然资源型城市发展迅速，地区经济态势良好，但自然资源被大量开采，人们被经济增长的表象迷惑，忽视了城市发展隐藏的危机。这一时期同时也是僵尸企业形成的阶段，是产业结构刚性形成的时期，如果能在这一时期将资源优势转变为产业优势，就会在很大程度上避免矿竭城衰的衰退期到来。

一般认为，资源枯竭、供不应求是资源型城市步入衰退期的标志，但是在供给侧结构性改革的指引下，当一个城市主导产业提供的产品不被市场认可时，或许城市就步入衰退期了。当资源枯竭时，资源型城市再致力于城市转型在很大程度上是被动的，城市的发展会经历一个或长或短的阵痛期，甚至会一蹶不振。这就启发我们，资源型城市不可能长期依靠自然资源谋求发展，要致力于转型，要尽早提升产业的自主创新能力，发展资源深加工产业，延长产业链，依靠前期的自然资源优势吸引相关的高端产业作为城市的接替产业。从演化经济地理理论出发，一个地区如果没有规划地引进与城市目前的产业毫不相关的产业，那么这些引进的产业经营周期一般不会很长，也无法形成支撑城市未来经济发展的主导产业。而以城市已经形成的优势产业为孵化器，引进相关的上下游产业则有助于壮大产业，形成可持续发展。所以，资源型城市不是不放弃资源型产业，而是不能放弃，资源型产业是资源型城市转型的基础和前提，在一定程度上更是一种支撑。

通过新兴产业植入、产业链扩展、主导产业扶植等模式，资源型城市在内部和外部环境的共同影响下，会逐渐步入再生期。这一时期的资源型城市要严格贯彻供给侧结构性改革的政策指导，致力于发展多样化的产业结构，增强城市的适应性和调节能力，并结合、利用地区其他特色资源发展第三产业和高新技术产业，使地区经济发展逐渐摆脱自然资源的束缚，地区产业发展由资源密集型向资本密集型转变，并以向知识密集型转变为目标。

（二）接替产业选择

接替产业的选择对资源型城市转型至关重要，这些产业肩负着支撑城市可持续发展的重要责任。在资源型城市转型的初级阶段，城市接替产业大多以延伸资源型产业的产业链为主要特征，主要表现为主导产业逐渐从采掘业向深加工产业转变。但是随着资源型产业不断发展、城市各项功能不断完善，伴随着新兴产业不断发展，资源型城市逐渐演变为综合性城市。这一时期的资源型城市会致力于采用复合型连续产业发展模式来加快城市的转型发展。

从供给侧结构性改革出发，为了适应市场需求变化和增强自主创新能力，资源型城市在选择接替产业的过程中，要充分发挥原有产业的比较优势，积极壮大传统产业，并致力于发展战略性新兴产业，努力培育新的支柱产业，使城市的产业结构趋于多元化，促进城市转型发展。如做大做强矿山、冶金等大型成套装备和工程机械等传统优势产业，培育发展化工装备、环保产业，综合利用装备制造产业，加快模具、关键零部件等配套产业发展。与此同时，大力发展纳米、高性能稀土等新材料产业，鼓励发展可再生能源和清洁能源，在有条件的城市发展风电、光伏发电、生物质能等新能源产业，并支持生物产业和节能环保产业的发展。[1]

此外，结合资源型城市相关产业的发展基础和城市发展时期的特征，有以下三个建议。第一，对处于成长期的资源型城市而言，要依托资源优势建设一批以原油、木材、煤炭、铁矿石等为主的资源产品，并建立区域性物流中心，

---

[1]　兰国辉、荀守奎：《供给侧改革下我国资源型城市发展转型研究》，《江淮论坛》2017年第6期。

保证资源产品的生产和销售不会脱节。在延伸产业链条的同时，兼顾产品的销售市场的通达性。第二，对处于成熟期的资源型城市，要有意识地将地区特色资源优势与城市现代服务业的发展相结合，开发创意产品，使"资源文化"在城市发展的过程中与"绿色发展文化"有机融合在一起，在满足资源型产业发展需求的同时尽可能在这一时期就致力于避免城市刚性结构的形成，促进城市的多元化发展。第三，对于处于衰退期的资源型城市，要严格限制其对自然资源的开采，把城市转型重心放在发展其他优势资源上，要重点保护自然资源不再受到无节制开采。如对于生态环境优良的森工城市可以大力发展休闲度假旅游产业，对于自然山水资源丰富的城市可以发展自然风光旅游产业，对于工业历史悠久的城市可以考虑发展特色工业旅游产业等。总之，这一时期的城市转型就要根据资源型城市本身的特征因地制宜地开展，不能再依托自然资源的支撑。

（三）产业集聚

《全国资源型城市可持续发展规划（2013—2020）》指出，到 2020 年就我国资源型城市的转型而言，要创建 10 个接替产业示范城市，培育 50 个接替产业集群，改造建设 100 个接替产业园区和集聚区。可见，产业集群的形成和发展对资源型城市转型有关键意义，主要是因为发展集聚经济、形成规模效应，可以使企业降低生产成本、获得规模收益。但是资源型城市产业集聚目前还面临着很大的挑战，主要是因为我国资源型城市数量众多、分布广泛，且自然资源要素的流动与其他要素还不同，其成本较高，集聚经济的形成需要一个过程更需要一个稳定的大环境作为支撑。相关研究表明，资源型城市传统的自然资源禀赋优势不会立刻衰减，衰减是一个循序渐进的过程。从空间经济学的角度出发可以发现，资源型产业在空间格局演变的过程中会受到向心力和离心力的作用。一方面，由于资源型产业的发展离不开自然资源的支撑，而自然资源一般属于大宗产品，运输存在较大困难，所以资源型产业大多集中在距离自然资源开采较近的地区。这种资源型产业的空间集聚受到路径依赖和锁定效应的影响，即向心力的影响。另一方面，资源型产业在集聚的过程中又会受到不同地区不同交通条件和环境规制的影响，导致资源型产业的空间集聚面临着阻碍，即离心力的影响。① 因此，要加强资源型产业的空间集聚，就需要为集聚提供条件，如不同资源型城市间要加强交通、电力输送等与资源型产业发展配套的基础设施建设。在资源型城市内部的发展过程中，可以在依托原有产业的基础上，致力于改造和建设一批特色鲜明的专业化产业园区和集聚区。与此同时，完善产业链条，提升产业配套能力，促进关联产业协同发展，打造各具特色的产业集群。

四、要素创新

（一）劳动力素质

供给侧结构性改革驱动资源型城市转型在很大程度上是促进资源型城市由能源密集型产业转向资本密集型产业，最终转向知识密集型产业，这是资源型城市产业转型的关键。② 对任何区域的发展而言，劳动力作为不可或缺的可变投入要素，都是促进经济增长的重要方面。对资源型城市而言，人力资源是知识资源的载体，是促进城市转型的智慧核心。资源型城市缺乏的不是劳动力，而是具有自主创新能力和企业家才能的专业性人力资源。劳动市场的供需错配问题是制约资源型城市转型发展的主要障碍。

目前资源型城市面临的劳动力问题主要有以下两个方面。第一，人才流失严重，人口老龄化明显。一方面，资源型产业长期"一业独大"的主导地位对地区经济多元化的发展造成了重大阻碍，其他产业或企业的发展受到了严重排挤，各行各业的人才在资源型城市无用武之地，找不到自身存在的价值，导致人才流失。另一方面，资源型城市自身培养的人才也存在外流的情况，我国很多资源型城市存在人口流出情况严重的问题。虽然说这是区域经济发展的一个阶段问题（随着区域经济的发展，本地的人才会先出现外流的情况，然后将先进的技术和资金带回流出地，促进流出地经济社会的发展，增加城市的吸引力，进而引起人才回流），但是资源型城市人才流回情况还是很弱，流失和培

---

① 贺灿飞、朱彦刚、朱晟君：《产业特性、区域特征与中国制造业省区集聚》，《地理学报》2010年第10期。

② 龚刚：《论新常态下的供给侧改革》，《南开学报（哲学社会科学版）》2016年第2期。

养的人才并没有得到合理的利用，这与区域发展阶段、城市转型程度有很大关系。此外，人口老龄化问题对资源型城市转型的影响不容忽视。劳动力有效供给不足会导致资源型城市"未衰先老"，严重制约地区经济和社会的发展。第二，劳动力素质偏低，缺乏吸引高素质人才的平台。据统计，我国劳动力平均受教育年限为 9.28 年，远低于发达国家平均水平。劳动力受教育水平较低、专业技能培训力度不足制约了我国的产业升级。资源型城市一方面需要有稳定的制度保障，大力引进高素质人才，另一方面需要有良好的平台，能够确保人尽其用，留住人才。可见劳动力素质的提升不是一朝一夕可以完成的，甚至需要一代人的更替变换才能实现。要增加人才的自主创新能力，激发企业家的才能，不断提升城市的综合竞争力。

（二）科技创新

供给侧结构性改革的方向是"释放新需求、创造新供给、形成新动力"[1]。这里的"新需求、新供给、新动力"与"质量和效率的提升"无一能离开科学技术的创新。促进我国由传统的技术引进为主转变为以自主创新为主，把握主要技术的主动权是供给侧结构性改革的核心，是实现制造业大国向制造业强国转变的核心驱动。[2]

科技创新对资源型城市的发展至关重要。第一，传统产业的结构升级离不开科学技术的创新。处于成长和成熟期的资源型城市目前还拥有大量煤炭、石油和稀有资源，但是其对自然资源的勘查、开采、利用和回收较多地依赖引进国外先进技术，没有形成支撑城市转型发展的核心技术力量。为了高效利用各类自然资源并提高工业废弃物的回收利用效率，资源型城市仍要致力于提升自主创新能力，注重技术扩散和普及，创造属于产业的核心技术。第二，接替产业的培育和发展离不开技术创新。由于自然资源已经不足以支撑地区的长足发展，需要大力发展接替产业，而诸如可能替代传统产业的微电子、生物制药、技术装备等技术型产业都离不开技术创新，只有掌握了真正的核心技术，才能实现城市实质性地转型；第三，现代服务业的发展离不开技术创新。供给侧结

---

① 牛克洪、詹敏：《煤炭供给侧改革策略分析》，《煤炭经济研究》2016 年第 4 期。
② 贾康、苏京春：《论供给侧改革》，《管理世界》2016 年第 3 期。

构改革驱动下的资源型城市转型以发展知识密集型产业为目标。加快实现现代服务业的便捷化、电子化、智能化水平是资源型城市转型的目标，而这些都离不开技术创新的支撑。①

（三）土地和自然资源供给

土地作为重要的生产要素，在城市的经济活动中是不可缺少的，没有高质量的土地要素支撑，城市的经济发展很难持续。但是随着资源型城市人类活动干扰不断增强和经济社会快速发展，土地资源同其他自然资源一样，也受到了较大程度的破坏。因此要重视土地生态质量的改善，通过增加城市的土地生态投入（如为解决塌陷区重建、地表植被破坏、煤矸石堆放以及城市绿化等方面的投资），增强城市单位面积土地经济产出，提高土地经济效益来提升城市的土地资源供给质量。

就自然资源供给而言，由于目前我国资源型城市大部分已经步入城市发展的中、老年时期，资源供不应求的问题越来越明显，转型形势越来越严峻，大多数资源型城市致力于寻找新的自然资源增长点来促进和维持城市经济发展。就不同发展时期的资源型城市而言，寻求自然资源的途径是不同的。第一，对于成长期和成熟期的资源型城市，为了满足城市发展的需求，在对资源富集区进行勘测开采的同时，要积极寻找接替矿产资源并开展开采区的勘查工作。一方面保证当前经济发展对自然资源的需求，另一方面要构建重要资源开采后备基地，制定重要资源开采接续区战略。第二，对于衰退期的资源型城市，要致力于合理开采自然资源，延长老矿区的服务年限。第三，对于再生期的资源型城市，虽然其已经摆脱了自然资源对地区经济发展的束缚，但在发展过程中仍要汲取发展经验，保护当地的旅游和文化资源并致力于创新，延长地区资源的服务年限。

（四）资金供给

供给侧结构性改革驱动资源型城市转型的过程离不开资金的支撑，而我国现有的资本市场结构不能满足现代经济发展要求，资本市场进行供给侧结构性

① 谢远涛、李虹、邹庆：《我国资源型城市创新指数研究——以116个地级城市为例》，《北京大学学报：哲学社会科学版》2017年第5期。

改革已势在必行。[①] 资源型城市在转型过程中的社会保障、基础设施建设、产业升级、科技创新、人才引进等都离不开资金的支撑，但是资源型产业长期"一业独大"的刚性结构导致城市金融行业的发展比较缓慢，需要进一步完善。所以，在资源型城市转型的过程中，一是要以市场为主导激发金融行业的发展活力，降低企业融资成本，提高融资效率，促进资金在不同行业的优化配置，引导市场资源的流向。二是融入区域经济一体化进程，并提高外资利用水平。资源型城市的经济建设不可能脱离区域经济发展大环境，在区域经济一体化建设进程不断加快的今天，资源型城市要本着求开放、促发展和共赢的态度积极融入区域经济发展的大环境中，这是生产要素和重要资源要素的合理分配和流动。[②] 三是增加政府财政支出。资源型城市的财政收入主要来源于土地利用和资源型产业的生产。在资源型城市转型过程中，要适当地调整政府在不同行业的支出比例，重点扶持那些能够带来持续稳定收益、促进地区经济社会发展的接替产业。另外，政府的财政支出要引导市场资源的流向，促进产业集聚园区的构建，加快地区的经济发展。

（五）生态环境状况

在资源型城市的发展过程中，资源的大规模开采以及粗加工都会带来一些生态环境问题。资源型城市对资源进行无节制的开采和采用粗加工的生产方式，以及重生产、轻建设，造成一系列的环境污染问题，如资源枯竭、土地退化、水污染、大气污染、植被破坏等。这些问题严重阻碍了资源型城市的转型发展。逐步恶化的生态环境导致大量人才外流，很难吸引到投资方进行投资。因此，资源型城市的资本积累缓慢，很难发展地方一般工业，也没有足够的资金进行基础设施的建设和改进，这严重影响了资源型城市的转型。

因此，资源型城市在转型过程中要充分抓住国家支持转型发展这一机遇，从点和面出发来进行生态环境的治理。在点上，摒弃过去遵循的"先发展，后治理"的理念，通过改进资源开采技术、合理布局产业结构，实现资源的低碳环保、循环利用，对生态环境已破坏的地区进行修复，尽最大努力将环境污染

① 楚明钦：《产业发展、要素投入与我国供给侧改革》，《求实》2016 年第 6 期。
② 曹孜：《煤炭城市转型与可持续发展研究》，博士学位论文，中南大学，2013 年。

控制在最低限度。在面上，根据城市独特的地理位置和气候条件，建设宜居宜业的生态型资源型城市。如资源型城市攀枝花在进行城市转型的同时，利用其阳光和花卉两大自然要素优势，加大资金投入来建设阳光花城，环境得到了极大改善，使城市发展为综合性城市。生态环境问题的解决使人才、技术、信息等高级要素充分富集，成为资源型城市发展的有力保障。

五、驱动机制

供给侧结构性改革驱动资源型城市转型的空间结构、制度改革、产业升级和要素创新等方面的驱动因子是相互联系、相互作用、相辅相成的有机统一整体。总体来说，空间结构供给是前提，制度改革供给是保障，产业升级供给是核心，要素创新供给是手段。其中，空间结构供给和制度改革供给是从宏观方面对供给侧结构性改革驱动资源型城市转型的因子进行分析而产业升级供给和要素创新供给则分别从中观、微观方面对因子进行分析。以下从传导机制、动力机制、共享机制和动态调控机制等方面对这四类驱动因子的机制进行分析。

第二节　供给侧结构性改革驱动资源型
城市转型的传导机制

一、空间结构与制度改革

供给侧结构性改革驱动资源型城市转型的空间结构驱动因子主要包括空间异质性、行政壁垒、基础设施、外部性等，而制度改革驱动因子主要包括行政制度、经济制度、社会保障制度、文化制度和对外开放等。这两类驱动因子都是宏观方面的供给因子，既相互促进又相互影响。

（一）空间异质性与制度改革

前文提到空间异质性主要包括自然资源的异质性、城市发展阶段的异质性、政策规划的异质性和微观主体的异质性。其中，自然资源的异质性属于天然的地理因素的影响。我国 262 个资源型城市的自然资源在类型、质量和储量上都存在差别，资源类型的不同导致资源型城市类型的不同。以优势自然资源种类进行归类的资源型城市正是体现了自然资源类型的差异性。自然资源质量的差异决定了资源型城市制度改革的差异。由于在工业生产中，不同类型的资源会分配到不同的产业生产活动中，其用途也不尽相同，这就在很大程度上决定了不同资源型城市的资源型产业是不同的。但是，资源质量差异虽然导致资源产业类型的不同，但并不代表一定能够对产业的发展起到指引作用，更多的还是要依靠政府政策和市场的作用对其进行引导。相关研究表明，资源型城市主导产业的形成具有依靠自然资源禀赋、市场需求、产业升级和政府培育等特征，并指出政府培育在资源型城市主导产业形成过程中起到关键作用。① 由此可知，自然资源质量的差异会导致不同资源型城市的行政制度、经济制度、社会保障制度、文化制度以及对外开放存在较大的差异，如就煤炭城市和森工城市而言，煤炭资源是不可再生的，而森工资源是一个可以循环保持的资源。不同城市的行政、经济和社会保障制度主要是围绕城市资源的利用而展开。煤炭城市更加注重合理制定矿山绿色服务年限，积极勘测新的矿源，改革税收制度，加快塌陷区和棚户区的改造等，而森工城市则更注重森林生态保护，有效防御火灾，加快城市经济社会的发展等，它们在税收和经济管理制度上也存在较大的差异。但是，就资源型城市转型而言，不同城市可以利用不同的资源进行转型发展，如长白山作为典型的森工城市，在转型过程中，结合地区其他优势，构建不同的具有地方特色的小镇来促进资源型城市的转型发展。可见，自然资源质量的不同不仅会导致不同资源型城市制度改革的差异，也为城市转型提供了资源支撑。自然资源储量的差异在一定程度上决定了资源型城市发展周期的长短和城市制度建立和改革的方向。资源储量的多少决定了城市发展阶段。成长期的资源型城市拥有十分丰富的自然资源，但是产业发展相对缓慢。进入成熟期后，资源型产业会得到长足的发展，同时这一时期也是自然资源被大量消耗的阶段。当自然资源的可开采量不足以支撑产业发

---

① 石敏俊、魏志平、卢学朕等：《新疆资源型城市主导产业形成机制研究》，《新疆财经大学学报》2016 年第 1 期。

展时，资源型城市开始进入衰退期，面临城市转型的危机。而在城市的不同发展阶段，制度为其提供了较大的保障。成长期资源型城市的制度主要以引导和支撑资源型产业发展为主。成熟期的城市制度则为产业发展营造良好的发展环境，也比较注重协调城市经济社会和生态的和谐发展。而进入衰退期之后，资源型城市开始重点关注资源衰竭、生态环境建设、社会发展落后等问题，并出台相应的制度以促进城市的转型发展。所以，从很大程度上来看，资源型城市的制度改革是随着资源储量的变化而调整的。

（二）区域壁垒与制度改革

目前，我国共有262个资源型城市，涉及28个省（区、市）、126个地级行政区、62个县级市、58个县、16个市辖区（开发区、管理区），不均匀地分布在我国的东部、东北部、中部和西部地区，覆盖国土面积391万平方千米，占国土总面积的40.71%。东部、东北部、中部和西部地区的资源型城市制度改革存在很大的差异。东部地区是我国经济发展领先的地区，其资源型城市转型发展得相对较快，并且资源型产业逐渐出现向中西部地区转移的趋势。东北老工业基地的振兴问题是目前政府、公众和学术界面临的较大难题，相关学者结合地区发展特征为城市发展献计献策，希望东北老工业基地能够实现顺利转型。近年来，中部崛起政策开始提上日程，中部资源型城市众多，且受地理位置的限制对外开放程度一般较小。西部地区是我国自然资源的富集区，但也是发展比较缓慢地区的集中地，如何将西部地区资源型城市的资源优势转化为产业优势，仍然是西部大开发的重点。不论处于我国不同板块的资源型城市、省际资源型城市，还是处于同一个省分内的不同资源型城市，都存在一定程度的区域壁垒。而区域壁垒的形成在很大程度上是出于地方保护主义，很大程度上会受到税收、地方政府发展等制度的影响。这种壁垒在很大程度上限制了资源型城市的协同发展，不能实现"1+1＞2"的效应。与此同时，中央下发的关于资源型城市发展的政策文件也无法达到预期的效果，并且中央和地方、地方与地方之间本身就存在较大的利益冲突，导致我国资源型城市的转型无法得到其他城市的支援，转型过程变得非常缓慢。因此，要打破区域间的行政壁垒，促进区域或地区融合发展，进而促进供给侧结构性改革下资源型城市的转型发展。

（三）跨区基础设施与制度改革

跨区基础设施建设对资源型城市转型至关重要，交通、邮电、水利等是资源型城市转型的基础，这里的基础设施主要是指连接不同资源型城市的基础设施。我国自然资源类型众多、分布广泛，导致资源型城市也位于不同的地区，具有不同的特征，经济和社会发展水平参差不齐。在供给侧结构性改革的驱动下，我国资源型城市要想顺利转型，必然面临着区域合作的问题，其中打破行政壁垒、促进资源的进一步优化配置是很重要的方面。基础设施建设是关键媒介，如果没有以相对完善的基础设施建设为基础，就算区域壁垒被打破，也无法很好地促进区域之间的沟通与协作。就不同资源型城市之间的基础设施而言，最为重要的有两个方面。一是交通设施，交通设施的完备性直接关系到资源型城市之间的要素流动和协同发展。二是邮电设施，由于自然资源大多是大宗商品，即便存在完善的交通设施，将自然资源由一个城市运送至另一个城市也是不现实的。空间经济学所说的非均质空间分析了运输费用对企业选址的影响，也就是说自然资源的运输费用较高，在城市转型过程中要合理计划，避免得不偿失。但是就电力输送而言，可以通过区域合作构建完善的输电设备，促进不同区域之间电量的传输。也就是说，在综合对比自然资源成本、生产成本、运输成本的基础上促进区域间的合作，特别要帮助新疆等地将较便宜的电输送出来，促进区域发展。这些问题都是宏观层面的，需要政府按照地区具体发展情况为区域之间的合作提供相应的制度支撑，所以也是制度改革的一部分。

（四）外部性与制度改革

外部性是资源型城市转型过程中必须考虑的，比如自然资源的过度开采导致的塌陷区、棚户区问题，资源型产业发展导致的生态环境问题，这些都会制约城市转型。特别是在"绿水青山就是金山银山"的绿色发展理念的指导下，资源型城市转型要综合考虑这些外部不经济的问题。供给侧结构性改革就是要改善原来不经济的行为，从可持续发展的角度对城市转型提出条件或增加约束，使城市的发展更加绿色和经济，促进城市的可持续发展。这些都需要政府制定一系列完善的资源、社会保障和环境保护政策，对目前的制度进行创新，针对城市转型中遇到的具体问题，建立严格的限制和监督机制，以有效治理城市外部不经济的现状，促使城市顺利转型。

二、空间结构与产业升级

空间结构对产业升级起着至关重要的作用，资源型城市能否顺利实现中观层面的产业升级在很大程度上要依靠宏观空间结构的优化。

（一）空间异质性决定了资源型城市主导产业的发展水平

由前文可知，资源型城市空间异质性会影响城市制度改革的方向，但其对制度改革的影响在很大程度上也是基于产业结构的变化，所以空间异质性对城市产业升级产生最直接的影响。首先，自然资源类型、质量和储量的异质性会直接决定资源型城市主导产业的发展水平。资源的类型直接决定了资源型产业的类型，资源的质量直接决定了资源型产业的产品用途，资源的储量直接决定了资源型产业生产活动的周期。其次，自然资源的异质性还会影响资源型城市接替产业的选择。资源型城市选择接替产业的目的是缓解资源型产业"一业独大"的刚性经济结构对经济社会的影响，发展接替产业是要更好地促进地区经济社会的可持续发展，但是接替产业的选择是以原来的资源型产业为基础的，在很大程度上不会越过地区优势产业。最后，自然资源的异质性也在一定程度上影响着资源型城市产业集聚情况。形成集聚的产业是为了获得规模收益、降低企业成本，如果是资源富集区，必然会促使资源型产业发生集聚，而随着自然资源减少，一些集聚的企业必然会分道扬镳。

（二）区域壁垒对产业升级的影响

资源型城市是一个开放的巨系统，时刻与外界发生着能量、物质和信息的交换，城市的发展离不开内外部环境的共同发展。区域壁垒的存在在很大程度上限制了不同资源型城市产业之间的合作，是不利于资源型城市实现协同发展的。产业是城市之间协同发展的载体，不同区域产业之间的关联程度直接决定着区域的发展水平差异。虽然城市内部环境是加快产业升级的主要因素，但是良好的外部环境会为资源型城市产业升级提供机遇，是促进升级不可或缺的主要方面。

（三）基础设施建设对产业升级的影响

完善的基础设施是加快产业升级的重要纽带。一方面，基础设施是城市和产业之间沟通的重要桥梁，为资源型产业加强与其他产业的联系提供了便利条件。另一方面，完善的基础设施会吸引更多的外企进行投资，为地区经济发展注入新鲜活力，激发地区产业发展潜力，加快资源型城市产业的多元化发展。最后，城市基础设施建设也为资源型城市产业集聚提供了有利条件，促进产业上中下游企业的紧密联系，便于集聚经济的发展，为地区经济发展提供重要支撑。

（四）外部性促使资源型城市产业升级

"依矿建城"是资源型城市经济社会发展的主要特征，传统的资源型产业由于生产技术条件受限、资源利用效率较低，排放物对环境的污染较为严重。随着自然资源枯竭、地质灾害频发、全球气候变暖、雾霾、土地沙化等生态环境不断恶化的现象频频出现，资源型产业长期不可持续发展带来的遗留问题越来越受到社会各界的关注。而空间外部性主要是指资源型产业生产活动对其他产业或城市造成的外部环境不经济的影响。就空间视角而言，外部不经济是没有界限的，就像环境污染存在空间扩散效应一样。所以，为了解决目前面临的问题，资源型产业升级势在必行。自主研发新技术、提高资源利用效率、防治生态破坏是资源型产业升级的基本要求。可见，外部性对资源型城市产业升级具有约束作用。

三、空间结构与要素创新

空间结构会在一定程度上影响要素创新，空间结构强调的是宏观方面的具备或不具备的条件，而要素创新强调的是微观生产要素的发展，二者相互联系、相互影响。

（一）空间异质性决定了不同资源型城市生产要素之间的差异

自然资源的类型、质量和储量的差异性决定了资源型城市主导产业的差异，产业之间的差异必然要求生产过程的差异性，不同的生产过程会对生产要素，即劳动力素质、生产技术、资金供给等产生不同的要求，以适应产业的发展。随着主导产业的形成和壮大，资源型城市会选择引进有利于主导产业发展的人才、技术，并将资金重点应用于主导国有企业的生产扩张中。但国企经营效率较低，这样一方面对其他行业的要素形成排挤，使城市的劳动力技能单一化并普遍偏低；另一方面，城市产业结构也没能形成良好的竞争氛围，导致城市要素创新水平较差。所以，在供给侧结构性改革的指导下，资源型城市转型要注重要素创新，提高劳动力专业素质并培养多方面的生产和创业技能，不让劳动力随着企业的关停成为社会潜在的不稳定因素。另外，要加强自主创新能力，技术创新是资源型城市转型的关键，而资金是重要保障，没有持续的资金支撑，技术研发很难有效地转化为生产力。

（二）区域壁垒和基础设施影响生产要素的市场配置

在市场经济中，生产要素的流动主要受到市场的引导作用。对资源型城市而言，要素的流动是有前提的，特别是土地和自然资源要素的流动，更多受到政府的作用而无法随市场配置。另外，基础设施是生产要素流动的媒介，在一定程度上会影响生产要素流动的方向。区域之间基础设施的完善是要素自由流动的基础条件。在供给侧结构性改革的基础上，要打破区域壁垒并完善基础设施，促进由市场主导的生产要素的自由流动。

四、制度改革与产业升级

制度改革是产业升级的保障，产业升级有助于促进制度改革。制度改革可以为资源型产业转型提供良好的外部发展环境。

（一）行政制度与产业升级

政府推行对产业利好的政策规划，通过简政放权和发挥市场的主导作用来引导市场资源的流向，降低企业之间的交易成本，促进产业上下游之间的联系，延伸产业链，促进资源深加工产业的发展，并积极引进和激励接替产业的发展，促进资源型城市多元化产业结构的形成和发展。反之，产业结构的多元化也会对行政制度产生一定的影响，使政府进一步调整宏观政策，使地区发展拥有一个良性的循环。

（二）经济制度与产业升级

经济制度主要包括税收制度、现代企业制度和融资制度。资源型城市税收制度的症结在于资源税的管理，资源税无法真正反映自然资源的真实价值，导致自然资源存在极大浪费，限制产业升级。而现代企业制度则是针对国企改革而言的，国有企业的经营效益较低，其改革也一直在进行中。但是国企改革是一个艰难的过程，要分阶段进行，对于目前的资源型城市转型而言，淘汰僵尸企业，提高企业经营管理创新能力，建立现代企业制度仍然是重中之重。该制度致力于为产业升级营造良好的产业环境，引导产业良性发展。而融资制度重点是指激发金融市场活力，降低企业融资成本。这一原则对资源型产业转型很重要，因为资金供给在产业升级过程中是不可或缺的要素。与此同时，也要为中小企业和创新型企业的融资提供便利条件，促进多元化经济的发展，促进城市经济结构多元化发展。反之，产业转型升级的不同阶段也会对经济制度提出不同的要求，产业发展得越快，相关经济制度的变革也要越快，以适应产业的发展。

（三）社会保障制度与产业升级

社会保障制度的完善主要是为了提高居民生活水平并为产业转型提供稳定的社会环境，这是产业升级的重要前提也是根本目的。产业的升级是为了实现地区的可持续发展，提高城市居民的收入和生活水平，由此可见，二者是相辅相成的。随着产业的升级转换，为地区居民提供的就业机会也会越来越多，会吸引更多人才加盟，使地区经济社会得到长足发展。

（四）文化制度与产业升级

自然资源是有限、不可持续的，自然资源无法支撑资源型城市永久发展。在资源型城市转型过程中要逐渐削弱"资源文化"的依赖性，要让社会公众慢慢意识到"资源文化"是不可持续的。与此同时，积极倡导"地区特色文化""低碳文化"和"绿色发展文化"，促使居民主动放弃对"资源文化"的依赖。同时，利用地区传统文化或山水旅游资源优势积极发展其他产业，促使文化制度的多元化发展，带动地区经济的发展。

（五）对外开放与产业升级

对外开放是产业升级的前提，产业转型升级离不开区域间的产业合作，加强资源型城市的开放程度是促进产业升级的重要途径，也是资源型城市吸引外商企业的重要渠道。产业转型越成功、多元化程度越高，越需要与相邻或不相邻的区域进行物质、信息和能量的交换，以实现城市产业的不断蜕变，增强产业的创新能力，促进资源型城市转型发展。

五、制度改革与要素创新

制度改革是重要保障，要素创新则是关键手段。制度改革是要素创新的重要保障，要素创新又会对制度改革提出新的要求。

政府可以通过宏观调控引导劳动力、技术、土地、自然资源和资金等生产要素的流向，促进资源的优化配置，同时对影响生产要素流动的户籍、土地、税收等政策进行改革，引导人才、技术、资源和资金等生产要素的再配置。

人才是资源型城市转型的基础。其实从某种程度上来说，资源型城市大多是二、三线城市，这类城市的一个统一特征是地区人口流出大于流入，这样就导致城市内部资源型产业发展不足，并且城市居民消费带动不够。因为当一个城市的人口流入为负时，说明这个城市正在走向衰退。所以，资源型城市要改革经济制度，以多元化的产业吸引多元化的人才回流；完善社会保障制度，为高素质人才提供丰厚的入职条件；增强对外开放制度，为不同领域的人才提供平等的就业机会，大力引进高素质人才，因为人才是知识的载体，人才是推动技术创新、产业升级和城市转型的原动力。同时，对城市原有劳动力进行再培训，增强其专业技能和适应能力，并鼓励其创业，为其提供一定的资金和技术支撑。

制度改革要为技术创新提供良好的环境和必要的资金支撑。重视教育事业的发展，促进企业产学研一体化建设，成立企业自己的研发中心，增加研发投入，保证资金供应，让高素质人才发挥才能。增强产业核心技术的资助研发和创新能力，并提供相应的条件，促进技术尽快转化为生产力，为城市转型发展提供有力支撑。同时，要时刻关注外部环境的变化，积极适应或调整城市的发展政策，保障要素创新有一个稳定的环境。

六、产业升级与要素创新

产业升级是核心目标，要素创新则是关键手段。资源型城市转型的根本目标是实现产业升级，产业是城市经济发展的载体，产业的升级转型意味着城市的转型发展，而产业升级的过程离不开要素创新的支撑。

（一）产业结构与要素创新

资源型城市要想改变目前"一业独大"的现状，就要致力于产业结构的多元化转变，而三次产业的协调发展离不开专业人才、核心技术、相关资源和必备资金的支持。所以产业多样化发展就是要在综合考虑地区发展现状的基础上，对本地生产要素进行整合创新再配置，并积极引进相关高素质管理和技术人才，促进资源型产业的转型，并加快城市战略性新兴产业、生产性服务业和生活性服务业的发展，促进县域经济的发展，增强城市经济发展后劲，提高城市的适应能力。同时，具有创新性的生产要素又从供给侧推进产业结构的变化，改变城市的发展现状和经济增长方式，为城市可持续发展提供重要支撑。

（二）接替产业选择与要素创新

接替产业选择至关重要，因为其直接关系到城市未来经济结构。在城市转型的过程中，要进行合理的规划，结合目前的城市产业优势和外部可能提供的发展机遇与挑战，选择适当的接替产业，并有计划地为接替产业落地制造条件。比如提供必要的土地供给和资源供给，培育相应的人才，创新相关技术，给予必要的资金支持，为接替产业的发展提供肥沃的生产要素土壤。接替产业发展需要良好的要素供给，政府要结合产业发展的阶段和水平，适当改变或提升生产要素供给的质量，以促进接替产业健康、可持续地良性发展。

（三）产业集聚与要素创新

要素供给高效化要求产业集聚，产业集聚无形中促进了要素创新。一方面，产业集聚是企业在空间地理位置上集聚的现象，目的在于降低生产成本、获得规模收益。产业集聚是市场机制作用下的正常现象，可以提高生产要素利用效率，减少能源资源浪费，加快城市转型速度。另一方面，产业的集聚加速信息传递，企业经营与产品创新更具竞争力，要素创新势在必行。产业集聚将企业经营透明化，降低成本、增加收益成为企业经营的首要目标，人才、技术、资金等创新要素必须实现转型升级才能持续创造经济效益。因此，产业集聚的过程既是生产要素在空间上的集聚，也是生产要素在空间上的重新组合和再配置。这样的优化配置会提高产业的生产能力，促进产业的良性发展，增加产业的核心竞争力。同时，产业集聚又会对要素创新能力提出更高的要求。产业集聚这种空间组织形式就是要促进资源型城市由传统的资源密集型产业转向资本密集型产业，最终向知识密集型产业转变，以满足市场需求，因此对人力资源的素质、技术的自主创新能力以及资源和资金的支撑都有较高的要求。

综上，制度改革供给、结构优化供给、产业升级供给以及要素创新供给的驱动因子之间是相互联系、相互影响、相互传导、共同作用、缺一不可的有机整体，各驱动因子之间的传导机制如图5-1所示。

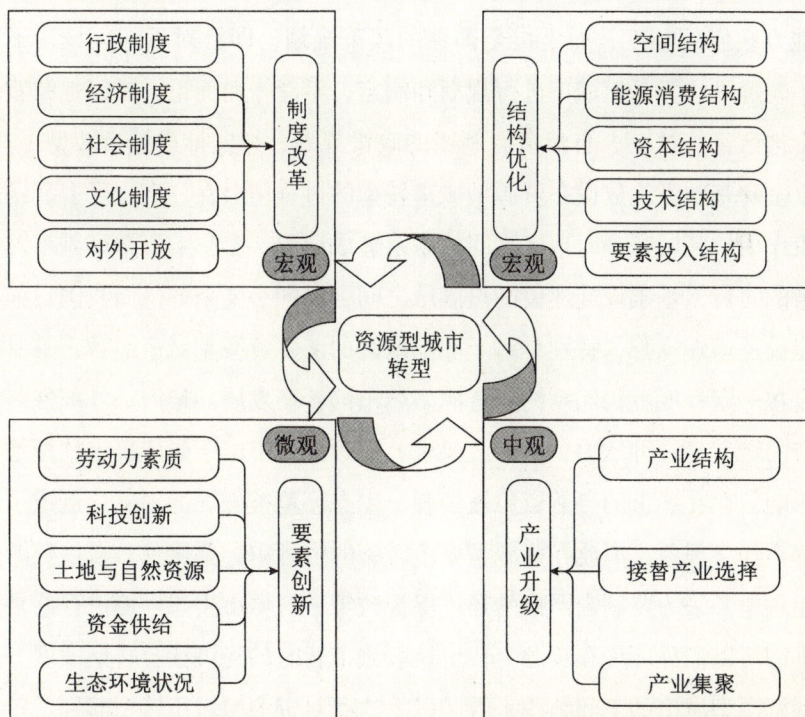

图5-1　供给侧结构性改革驱动资源型城市转型的传导机制

第三节 供给侧结构性改革驱动资源型城市转型的动力机制

一、空间结构供给的压力机制

资源型城市转型不能忽视空间结构差异的影响，供给侧结构性改革驱动资源型城市转型不能全国一盘棋，要结合不同城市的发展现状，适当地制定改革方案，做到因地制宜。可见，空间结构对资源型城市转型在很大程度上是一种压力，既迫使资源型城市转型，又对城市转型质量具有一种约束。首先，空间异质性是资源型城市转型的前提条件。资源异质性、发展阶段的异质性、微观主体的差异性在资源型城市制定相关政策计划的过程中不能忽视。资源和城市发展阶段的异质性必然要求异质性的规划政策。这里的政策规划不是指针对某一个地方政府的制度，而是指全国性的政策规划，即针对不同区域、不同类型、不同阶段的资源型城市进行规划和制定，不能一概而论，要因地制宜地制定符合地区经济社会、自然资源利用的政策规划，切实推进城市转型。其次，区域壁垒和基础设施建设在资源型城市转型的过程中会在一定程度上起到限制和约束作用。区域壁垒对地区之间的联系造成影响，会影响资源型城市对外开放政策的实行，基础设施建设则是区域之间合作的必要条件。而我国目前相关设施建设还不够完善，特别是对于西部地区的诸多资源型城市而言，其基础设施建设在一定程度上仍然制约着资源型城市的转型发展。最后，外部性对资源型城市的转型是一种压力、约束或要求。资源型城市由于受传统粗放型增长模式的影响，存在严重的自然资源被消耗、生态环境被破坏的现象，造成了极大的外部不经济现象，因此在资源型城市转型的过程中，要避免对自然资源无节制、粗放地开采，要制定严格的环境保护政策，对城市生态环境进行修复和重建，不能再以牺牲环境和资源为代价换取城市暂时的经济社会转型发展。就目前我国资源型城市的空间结构来看，以上这些对资源型城市转型起到了一定的压力作用。

二、制度改革供给的拉力机制

制度改革对资源型城市转型必不可少，政府相关政策不仅为资源型城市的转型指明方向，还为其提供保障，在很大程度上起到了拉动作用。首先，政府通过制定相应的行政制度从宏观层面为资源型城市的转型发展提供政策保障。如供给侧结构性改革提出的"去产能、去库存、去杠杆、降成本、补短板"政策要求为资源型城市改革提供了重要的政策支撑。针对资源型产业存在的供需错配、污染性高的问题，供给侧结构性改革政策致力于引导资源型城市转变经济增长方式、提高产品供给质量，在很大程度上拉动其转型发展。其次，完善的经济制度和社会保障制度是资源型城市转型的重要保障。改革税收制度、构建现代企业制度、完善融资制度对资源型城市保护自然资源、推进国企改革、形成多元化的产业结构以及保障足够的资金供给是不可或缺的。而完善的社会制度主要包括社会保险制度、社会福利制度、社会救济制度、社会优抚制度等，对资源型城市转型至关重要。一方面，矿业工作是高危险的作业，没有完善的社会保障会导致企业的不稳定。另一方面，完善的社会保障制度也是资源型城市促进城市经济社会发展、提高居民生活水平、提升居民生活幸福感的基础保障。完善的社会保障制度也是资源型城市引进高端人才的必备条件。最后，文化制度为城市发展提供信念支撑。在资源型城市内部，大部分民众信奉资源依赖论，资源开发带来的经济利益成为城市发展的主要诉求。对"低碳文化""绿色文化"所产生的负面效应，普通民众短期内无法完全接受，他们不愿意承担由此带来的制度成本和经济成本。此外，对外开放在资源型城市转型中的作用不能忽视。对外开放程度高的城市更能吸引高素质人才聚集，文化多元性提高了民众的眼界和接受度，转型发展的阵痛变得可以接受，使政府推行政策更加顺畅。

三、产业升级供给的推力机制

供给侧结构性改革从制度、结构、产业、要素 4 个层面驱动资源型城市转型升级。产业转型是资源型城市转型的关键，打破资源束缚、发展接替产业成为资源型城市转型发展的必然选择。首先，推进产业结构多元化。一方面，深入调查资源型企业发展现状，衡量资源开采年限及城市承载力，确定合理企业容量，制定转型发展政策，鼓励资源型企业整合发展，延长产业链条，重新激发资源型企业发展活力。另一方面，合理确定城市特色，挖掘城市发展潜力，引进高新技术产业和服务业，鼓励技术创新和要素升级，提升新兴产业和第三产业比重，优化城市产业结构。其次，合理确定接替产业。接替产业的选择对资源型城市转型至关重要，是未来城市经济发展的主要支撑。地方政府必须合理确定有利于经济发展、社会就业、资源利用和生态环境建设的接替产业，有序引导，杜绝一哄而上，逐步推动接替产业发展壮大。最后，推动产业集聚发展。产业集聚是为适应市场的需求产业上中下游企业在空间上的集聚。传统资源型产业的链条短，上中下游企业在空间上的集聚程度较低，导致企业生产成本高、产品的附加值较低，不存在规模效益。而产业集聚能够促进规模经济的形成，降低企业生产成本，提高产品附加值，提升资源型城市经济发展质量。

四、要素创新供给的支撑力机制

供给侧结构性改革驱动资源型城市转型发展离不开生产要素创新的支撑。产业升级发展的基础是要素创新，制度改革政策的施行也离不开要素创新的响应，空间结构的调整更要具体到要素创新上。只有生产要素创新能力得到提升，空间结构的优化才能得以实现[①]。我国的供给侧结构性改革就是要激发企业家才能、提高技术创新能力，从而在本质上改变城市经济社会发展现状。首先，劳动力素质的提升是资源型城市转型的必要条件。在资源型城市的发展过程中，随着产业的发展，城市人口会经历一个由多到少再增加的过程。资源型城市的人口红利是有限的，但人口的流失会造成城市经济发展需求不足，因此要增加人口、刺激消费。同时，要培养和引进高素质人才，发挥各行各业人才的能动性和创新性，激励创新，促进产业结构升级。其次，技术是第一生产力，是产业升级、城市转型的重要支撑。没有技术创新的城市转型在很大程度

---

① 徐君、任腾飞：《供给侧改革视域下民营企业自主创新综合驱动机制研究》，《软科学》2017年第9期。

上是不成功的，因此，要注重自主创新能力的提升，提高自然资源的利用效率，支撑多元化产业的发展需求，为城市转型提供重要支撑。最后，土地、自然资源和资金供给。土地和自然资源是城市产业发展中必不可少的要素支撑，但它们是有限的，因此在城市发展过程中要合理规划，在不超过土地和自然资源承载力的基础上，提升利用效率，改变使用方式，以支撑城市转型发展。就资金供给而言，在城市转型过程中，必要的基础设施和社会保障都离不开足够的资金支撑，要合理优化城市投融资环境，发挥市场的主导作用，引导资金的优化配置，支撑城市转型发展。

综上，在资源型城市转型过程中，空间结构供给的压力机制、制度改革供给的拉力机制、产业升级供给的推力机制以及要素创新供给的支撑力机制是缺一不可、相互作用的有机整体，共同促进资源型城市转型发展，其动力机制如图5—2所示。

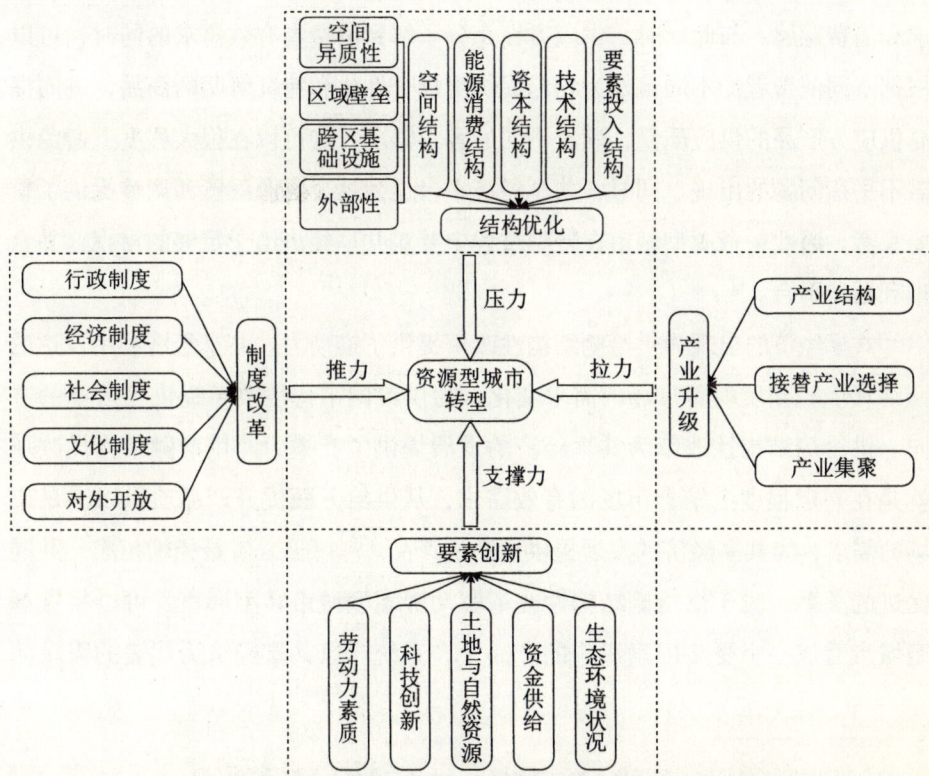

图5—2 供给侧结构性改革驱动资源型城市转型的动力机制

第四节　供给侧结构性改革驱动资源型
城市转型的共享机制

共享经济这个词最早由美国得克萨斯州立大学社会学教授马科斯·费尔逊和伊利诺伊大学社会学教授琼·斯潘思于 1978 年提出，是通过对闲置资源的使用权进行暂时转移以获得一定报酬的新型商业模式，主要包括闲置资源、使用权、流动性、信息和连接平台五个关键要素，其本质是对线下闲散物品或者服务进行整合，以实现资源的优化配置和合理利用。共享经济平台的出现使得消费者在选择自己需要产品的同时具有更大的灵活性和选择性，能够在很大程度上方便、快捷、有效地反映不同阶层、不同年龄、不同地区消费者的内在需求和消费意愿。与此同时，供应方在充分了解到消费者有效需求的同时，可以根据不同消费者的不同偏好为它们提供更加个性化和特征鲜明的商品，进而提高供应方产品的供应质量，满足不同的客户需求，这可以在很大程度上避免供需不平衡问题的出现。同时，共享经济平台也为社会资源配置和调整提供了重要参考，因此，资源型城市在转型过程中要对共享经济给予足够的重视，并合理利用该平台。①

共享经济的出现为供给侧结构性改革提供了推动力。共享经济利用发达的网络环境时刻反映着市场的需求变化，为供给侧结构性改革提供了改革的方向。供给侧结构性改革为共享经济的发展提供了支撑力。供给侧结构性改革就是在一定程度上结合市场的有效需求，从供给方面提升产品质量以满足市场的需求，为共享经济的发展提供所需的产品。② 可见二者是相辅相成、共同促进的关系。对于供给侧结构性改革驱动资源型城市转型而言，可以将资源型城市看成一个受多因素影响的产品生产系统。以共享经济为代表的需求侧

① 王亚丽：《供给侧改革视角下的共享经济》，《改革与战略》2016 年第 7 期。
② 陈桂香：《供给侧改革视角下共享经济发展策略研究》，《湖南科技学院学报》2017 年第 11 期。

的变化会对资源型城市转型发展起到引导的作用，能够在一定程度上加快城市转型速度。

一、共享机制下的空间结构调整

共享经济的发展有助于促进全国资源型城市空间结构的调整。共享经济作为一种新型的商业模式，以市场为依托，能够在很大程度上增加供给和需求的匹配程度，有效防止供需错配的问题。对我国资源型城市空间结构调整而言，虽然资源的异质性决定了资源型城市的空间地理位置，但是市场对资源产品或其他产品的需求能够促进资源型城市之间的区域合作，降低区域壁垒，完善基础设施建设，促进区域协同发展，为资源型城市转型提供机遇。另外，共享经济还能够在一定程度上缓解资源型城市空间外部不经济的现象，根据市场需求对资源进行再配置。如新疆地区是我国自然资源的富集区，目前存在电力生产过剩的情况，并且新疆的发电成本较低，可以将新疆的电力资源有选择地引入中部或东部较发达的资源型城市。一方面缓解了新疆电力需求不足的问题，另一方面也缓解了中部或东部资源型城市主导产业的生产对自然资源和生态环境的破坏现状，促进资源型城市转型发展。

二、共享机制下的制度改革

制度改革为共享经济发展提供良好的外部环境。共享经济作为一种新的经济发展形式，要想得到较大程度的推广，离不开制度改革的支撑。与此同时，共享经济也对制度改革提出一些挑战。对资源型城市而言，一方面政府要通过改革相关政策制度为共享经济的发展提供宏观指导和发展环境，以促进作为新经济发展形式的共享经济能够快速地在资源型城市内部发展起来。另一方面，政府要完善监督管理机制和相关经济社会制度，对共享经济发展过程中出现的各类问题给予充分的重视和引导，使共享经济成为促进城市转型发展的一个文化抓手，推进城市转型。

三、共享机制下的产业升级

共享经济有助于促进资源型城市产业升级。产业升级是资源型城市转型的核心目标，主要包括调整产业结构、选择接替产业和形成产业集聚园区，而共享经济的发展在一定程度上为产业升级指引了方向。首先，就产业结构调整而言，资源型城市要根据市场的需求确定产品类型以及产品质量，要做一定的市场调研，而共享经济正是从需求侧反映市场对产品的需求情况，能够较快地使企业获得市场的需求情况，进而促进产业结构的优化调整。其次，就接替产业的选择而言，在不完全脱离本地市场经济发展现状的基础上，共享经济基于市场对产品的响应情况，为资源型城市提供了接替产业选择对象。这种选择不是盲目地以市场需求为导向，而是以市场有效需求为导向，并且以能够生产出有效供给为原则。其实，共享经济的发展是对供给侧结构性改革的一个推动，资源型城市要提高产业等级，但是向哪个方向提升以及具体提升到什么水平，还需要在一定程度上结合共享经济的市场响应。也就是说，在一定程度上共享经济为供给侧结构性改革提供了一个改革的目标。最后，共享经济结合市场需求能够为资源型城市产业园区的形成和发展提供甄别能力。产业集聚不是盲目地集聚，而是要以市场需求为导向，有选择地对集聚产业进行选择，以能够生产出高质量的、供需匹配的产品为最终目标。可见，共享经济有助于促进资源型城市产业升级。

四、共享机制下的要素创新

共享经济的发展依赖于要素创新能力，要素创新能力决定了共享经济的发展水平。共享经济的发展对要素创新能力有较高的要求，特别是对劳动力素质和科技水平的要求更高。首先，对于资源型城市推行共享经济而言，共享经济的发展一方面为城市转型提供了有利的外部条件，另一方面又面临着城市内部劳动力素质较低、科技水平有限、公众接受程度低的现状。因此，有必要结合共享经济的发展情况，有目的地引进相关人才，推进共享经济的发展，提升城市信息化、智能化等的技术水平，为共享经济的发展提供良好的要素支撑。此外，需通过相关媒介进行有效宣传，提高公众对共享经济的接受程度，倡导资源共享共用，提高城市资源的配置效率，使城市在共享经济的影响下，得到长足的发展。其次，由于资源型城市转型的根本目的是实现产业的转型升级，摆脱资源路径依赖，实现可持续发展，因此，在支持共享经济发展的同时，还要充分利用共享经济的平台，为城市引进高端人才，加强技术创新，为城市转型提供支撑。

综上，供给侧结构性改革驱动资源型城市转型的共享机制会对空间结构、制度改革、产业升级和要素创新提出更大的挑战。共享经济和供给侧结构性改革分别从不同的侧重点对资源型城市转型共同产生作用，具体如图5-3所示。

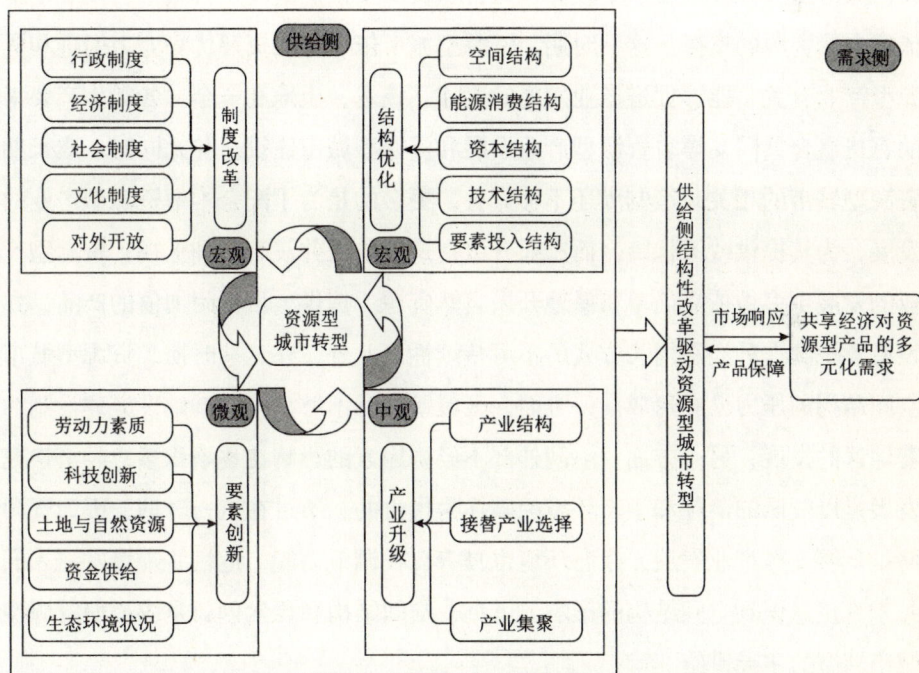

图5-3　供给侧结构性改革驱动资源型城市转型的共享机制

第五节　供给侧结构性改革驱动资源型
城市转型的动态调控机制

一、成长期调控机制

在资源型城市建城初期，空间结构和要素创新供给起着决定作用。自然资源类型、数量和储量的空间异质性决定了资源型城市的地理位置选择和主导产业发展情况。处于成长期的资源型城市由于城市各方面的发展都处于起步阶段，城市经济社会发展水平较低，但自然资源要素供给充足，城市的发展主要依靠自然资源的支撑。这一时期，资源型城市依靠地区资源优势大力引进和资源型产业有关、能够促进产业发展的人才、技术、土地和资金。各类生产要素的有机组合共同支撑着资源型产业发展和资源型城市建设。与此同时，成长期资源型城市的相关政策制度还不够完善，更多的是为了配合本地资源型产业的发展，为其提供政策保障。而产业升级在这一阶段并没有得到重视，资源型产业的发展更多地依靠简单粗暴地开采自然资源、提供大量低附加值的产品，并没有意识到这种经济增长方式的不可持续性。此外，在这一时期，资源型城市空间结构的压力已经形成。一方面，区域壁垒和不够完善的基础设施建设制约着地区的发展，另一方面，空间外部不经济因素的影响在逐渐积累，经济快速发展是以资源的消耗和生态环境的破坏为代价的。不过在这一时期，因为资源储量足够支撑产业发展，生态环境也具有自我调节功能，危机并未爆发，人们并未真正意识到空间结构的影响。可见，空间结构和要素创新是成长期资源型城市转型的主导供给。

二、成熟期调控机制

随着资源型产业的发展壮大，资源型城市开始步入成熟期，这一时期是资源型产业发展的黄金时期。因为这一时期对资源型产业的发展而言，自然资源和各类生产要素供给充足，生态环境危机尚未爆发，资源型产业在这一时期得到了长足发展，为地区经济社会发展提供了重要的物质和资金支撑。城市经济增长速度较快、社会文明程度逐渐提高、居民生活水平不断提升极大地促进了地区经济的发展。[1]但与此同时，这一时期也是资源型产业"一业独大"的形成时期。资源型产业一枝独秀的快速发展是以牺牲自然资源和生态环境为代价的，并且对其他行业的发展造成了很大的排挤，但是由资源优势带来的产业优势掩盖了城市发展中存在的制度、空间结构、要素创新能力受限等问题。因此，处于成熟期的资源型城市要想顺利转型，就要充分发挥地区资源型产业优势，积极拓展产业链，引进接替产业，适当发展战略性新兴产业、高新技术产业、生产和生活性服务业等行业，促进城市产业结构朝着多元化的方向发展。可见，产业升级是处于成熟期的资源型城市转型的主导供给。

三、衰退期调控机制

随着可开采的自然资源濒临枯竭，资源型城市开始步入衰退期。在这一时期，资源型产业开始陷入发展困境，"资源诅咒"开始产生。这是因为资源型产业"一业独大"的发展态势使得地区其他行业受到了严重排挤，而随着自然资源优势的衰退，资源型产业也不复黄金时期的发展态势，城市经济社会的发展速度变得缓慢或者停滞不前。并不是资源丰富的地区经济发展一定会受到资源的限制，而是资源型城市在发展过程中没有致力于多元化转型发展，单纯地发展资源型产业使得地区发展陷入困境。[2]处于衰退期的资源型城市不仅面临产业发展困境，还面临脆弱性爆发的危机，集中表现为自然资源枯竭，无法支撑地区经济发展；生态环境遭到较大的破坏，棚户区面积较大，亟待修复和重建；居民生活质量和收入水平降低，社会保障不完善等一系列历史遗留问题。

---

[1]　徐君、李贵芳：《资源型城市脆弱性的 AHV 模型及演化耦合作用分析》，《资源开发与市场》2017 年第 8 期。

[2]　谭俊涛：《基于演化弹性理论的东北地区资源型城市转型研究》，博士学位论文，中国科学院大学，2017 年。

因此，这一时期资源型城市的转型发展需要结合地区空间结构，综合利用制度改革、产业升级和要素创新多管齐下的方法。一般资源型城市在发展过程中都会经历这样一个衰退期（或过渡期），这是区域发展生命周期的必然规律。但是对于不同的城市这个时期有长短之分。有些城市在结合空间结构、制度改革等内外部条件后快速转型，城市经济并未受到资源枯竭带来的严重影响。而有些城市则会陷入困境，转型发展面临较大的困难，直到找到新的经济增长点才能完成转型。还有一些城市会面临就此衰落、繁荣一去不复返的状况，但是这种情况很少见。可见，空间结构、制度改革是衰退期资源型城市转型的主导供给。

四、再生期调控机制

当资源型城市寻找和培育起新的经济增长点后，城市的发展便进入了再生期。资源型城市在寻找和培育新经济增长点的过程中，受到空间结构、制度改革、产业升级和要素创新等供给的综合作用。这一时期的资源型城市在政府宏观政策的指引和市场的主导作用下，开始逐渐摆脱经济发展对自然资源路径依赖的制约，更多地依靠要素创新能力的提升促进产业结构的变化和产业集聚园区的形成，城市产业结构呈现健康的多元化发展态势。接替产业以原有的资源型产业为基础，通过发展资源深加工产业延伸产业链，增加产品的技术含量和附加值促进地区产业升级发展。此外，这一时期的空间结构开始得到更大程度的优化，地区之间的经济联系增加，不同区域的资源型城市在政策指导下由协同发展走向一体化，促进我国资源型城市的整体转型。

综上，供给侧结构性改革驱动资源型城市转型的空间结构、制度改革、产业升级和要素创新等供给在资源型城市的不同发展时期发挥的作用是不同的，但在转型过程中又缺一不可，动态调控机制如图5-4所示。

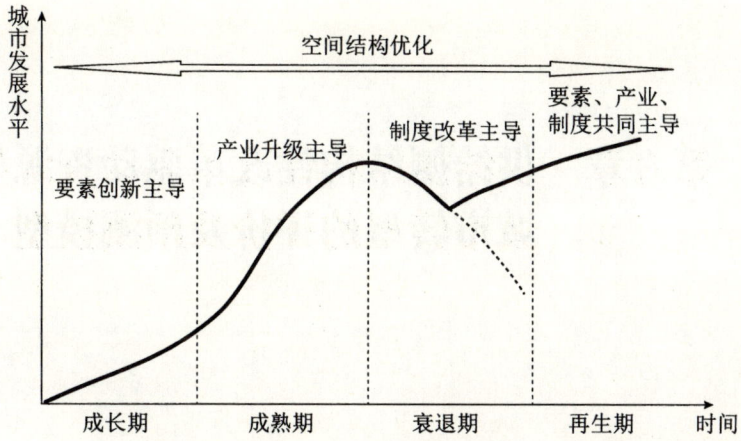

图 5—4　供给侧结构性改革驱动资源型城市转型的动态调控机制

第六章 供给侧结构性改革驱动资源型城市转型的评价及预测模型

第一节 供给侧结构性改革驱动资源型城市转型评价指标体系设计

一、评价指标构建原则

（一）科学性原则

供给侧结构性改革视角下的资源型城市转型评价指标，既要囊括制度、结构、产业、要素等层面的影响因素，也必须能全面反映资源型城市转型水平及障碍因素，帮助决策者准确判断转型趋势。指标体系结构的拟定、定量评价的修正、指标的取舍、公式的推导等都要有科学根据。只有坚持科学原则，获取的信息才具有可靠性和客观性，评价结果才具有可信度。以科学理论为指导，以客观系统内部要素及其本质联系为依据，既要考虑理论上的完整性和准确性，又要避免评价指标重叠和简单随意罗列。

（二）可行性原则

评价指标必须具备一定的可行性及可操作性。在建立供给侧结构性改革视角下资源型城市转型水平评价指标时，在保证所选指标符合评价目标基本要求的基础上，必须以各类统计年鉴为参考，尽可能选取百分比、单位产值、人均等形式的量化指标。对于定性评价指标，由于专家打分存在主观性，弱化了评价指标的客观性，应该谨慎使用。同时，要结合统计年鉴注意评价指标的可获取性，剔除统计口径不一的指标，具体的评价指标个数不宜过多，保证指标具有代表性、评价结果具有可比性。

（三）全面性原则

资源型城市转型是一个包含经济、社会、生态等不同层面的复杂系统，选取评价要保证全面性。在构建评价指标体系时，要特别注意解析评价目标，即将宏观评价目标分解为具体目标，根据具体目标设置评价指标。同时，评价指标具有递阶关系，必须考量评价指标的作用效果，保证每个指标均能反映整体系统的部分特征。因此，既要充分考虑资源型城市内部各方面的特征要素，又要考虑外部环境的动态变化，选择全面反映资源型城市的综合转型指数。

（四）普遍性与特殊性原则

资源型城市发展整体上存在普遍性，个体上存在特殊性，是普遍性与特殊性的统一。设计供给侧结构性改革视角下资源型城市转型水平评价指标，既要选择反映发展整体态势的普遍性指标，也要结合不同类型、不同发展阶段的特点设计特殊性指标。反映不同类型资源型城市的发展特性要充分考虑特殊性原则。此外，对于能反映不同资源型城市转型水平的共同指标，必须依据类别吸收使用。

二、评价指标体系设计

在借鉴相关研究成果的基础上，遵循供给侧结构性改革从制度、结构、产业、要素 4 个层面作用于资源型城市转型的论断，基于对供给侧结构性改革驱动资源型城市转型逻辑基础、影响因子的分析，并咨询相关领域的专家学者意见，从经济、制度、结构、产业、要素、生态 6 个层面设计包含 33 个具体指标的评价体系，具体如表 6—1 所示。

表6-1　供给侧结构性改革视角下资源型城市转型水平评价指标体系

目标层	准则层	指标层	单位	指标性质
供给侧结构性改革驱动资源型城市转型（A）	经济（B_1）	人均GDP（C_{11}）	元	正
		城镇失业率（C_{12}）	%	反
		财政自给率（C_{13}）	%	正
		第二产业对GDP贡献率（C_{14}）	%	反
		第三产业总产值占GDP比重（C_{15}）	%	正
		城镇居民人均可支配收入（C_{16}）	元	正
	制度（B_2）	外贸依存度（C_{21}）	%	反
		人口增长弹性系数（C_{22}）	%	正
		医疗保险参与率（C_{23}）	%	正
		城镇职工基本养老保险参与率（C_{24}）	%	正
		平均每千人拥有医生数（C_{25}）	人	正
	结构（B_3）	第二产业固定资产投资比重（C_{31}）	%	反
		第二产业从业人员比重（C_{32}）	%	反
		规模以上重工业增加值占GDP比重（C_{33}）	%	反
		外商投资企业比重（C_{34}）	%	正
		城镇化率（C_{35}）	%	反
	产业（B_4）	内资企业工业总产值比重（C_{41}）	%	正
		单位工业增加值电耗（C_{42}）	千瓦时/元	反
		规模以上工业企业成本费用利润率（C_{43}）	%	正
		单位GDP能耗（C_{44}）	吨标准煤/万元	反
		社会消费品零售总额增长率（C_{45}）	%	正
		产业研发经费投入强度（C_{46}）	%	正
	要素（B_5）	专利授权量（C_{51}）	件	正
		土地利用率（C_{52}）	%	反
		普通高等学校在校生人数（C_{53}）	万人	正
		科教支出占财政支出比重（C_{54}）	%	正
		互联网宽带接入用户数（C_{55}）	万户	正
	生态（B_6）	建成区绿化覆盖率（C_{61}）	%	正
		工业固体废物综合利用率（C_{62}）	%	正
		空气质量优良率（C_{63}）	%	正
		工业二氧化硫排放强度（C_{64}）	吨/平方千米	反
		工业废水排放密度（C_{65}）	万吨/平方千米	反
		生活垃圾无害化处理率（C_{66}）	%	正

三、评价指标定量测度

（一）经济层面指标定量测度

1. 人均 GDP（C_{11}）

人均 GDP 反映城市经济发展状况，能够为城市发展提供经济支撑，对资源型城市转型发展起正向促进作用。该指标越高，城市经济实力越强，进行转型发展的实力越雄厚。其定量测算公式如式（6—1）所示。

$$人均\ GDP = \frac{年末全市\ GDP}{年末城市常住人口} \qquad (6—1)$$

2. 城镇失业率（C_{12}）

城镇失业率反映城镇居民失业情况，反映了城市经济发展现状和要素活跃程度，对资源型城市转型起反向削弱作用。该指标越高，城镇失业人口越多，人民生活来源丧失，社会不安定因素增加，社会动荡可能性加大。其定量测算公式如式（6—2）所示。

$$城镇失业率 = \frac{年末城镇登记失业人员数}{城镇从业人员数 + 城镇登记失业人员数} \times 100\% \quad (6—2)$$

3. 财政自给率（C_{13}）

财政自给率是公共财政预算收入与公共财政预算支出的比值，反映政府财政预算收支能力，对资源型城市经济转型发展起正向促进作用。该指标越高，说明城市经济发展越健康，抵御外界经济风险的能力越强。其定量测算公式如式（6—3）所示。

$$财政自给率 = \frac{公共财政预算收入}{公共财政预算支出} \times 100\% \qquad (6—3)$$

4. 第二产业对 GDP 贡献率（C_{14}）

第二产业对 GDP 贡献率反映城市第二产业在资源型城市产业格局中的比重，对资源型城市转型发展起反向削弱作用。该指标越高，资源产业总产值越高，产业结构失衡越严重。其定量测算公式如式（6—4）所示。

$$第二产业对\ GDP\ 贡献率 = \frac{第二产业增加值}{年末全市\ GDP} \times 100\% \qquad (6—4)$$

5. 第三产业总产值占 GDP 比重（C_{15}）

第三产业总产值占 GDP 比重反映城市产业结构现代化水平，对资源型城市转型发展起正向促进作用。该指标越大，城市服务业实力越强，转型发展的基础越牢固，抵御"资源诅咒"的能力越强。其定量测算公式如式（6-5）所示。

$$第三产业总产值占 GDP 比重 = \frac{第三产业增加值}{年末全市 GDP} \times 100\% \quad （6-5）$$

6. 城镇居民人均可支配收入（C_{16}）

城镇居民人均可支配收入衡量城镇居民收入水平和生活水平，对资源型城市经济层面转型发展起正向促进作用。该指标越高，城市经济发展水平越高，人民获得感越强。其计算公式如式（6-6）所示。

$$城镇居民人均可支配收入 = （家庭总收入 - 所得税 - 各项社会保障支出 -$$
$$记账补贴）/ 家庭人口 \quad （6-6）$$

（二）制度层面指标定量测度

1. 外贸依存度（C_{21}）

外贸依存度反映资源型城市对外贸的依赖程度，对资源型城市制度转型具有反向促进作用。资源型城市对国际市场具有高度依赖性，国际市场价格波动严重影响资源型城市财政收入。其计算公式如式（6-7）所示。

$$外贸依存度 = \frac{进出口总额}{年末全市 GDP} \times 100\% \quad （6-7）$$

2. 人口增长弹性系数（C_{22}）

人口增长弹性系数反映某一地区经济增长对城市人口增长的带动效应，是社会制度的重要组成部分，对资源型城市制度转型具有正向促进作用。该指标越高，经济增长驱动人口红利释放的作用越明显。其计算公式如式（6-8）所示。

$$人口增长弹性系数 = \frac{人口自然增长率}{全市 GDP 增长率} \times 100\% \quad （6-8）$$

3. 医疗保险参与率（C_{23}）

医疗保险参与率反映城镇基本保障性医疗服务水平和医疗制度的完善程度，对资源型城市制度转型起正向促进作用。该指标越高，表明城市医疗保障及社会公共服务水平越高。其定量测算公式如式（6—9）所示。

$$医疗保险参与率 = \frac{城镇职工基本医疗保险参保人数}{年末城市常住人口数} \times 100\% \quad （6—9）$$

4. 城镇职工基本养老保险参与率（C_{24}）

城镇职工基本养老保险参与率反映城镇基本养老服务水平和养老保险制度的完善程度，对资源型城市制度转型起正向促进作用。该指标越高，表明城市社会保障及社会公共服务覆盖水平越高。其定量测算公式如式（6—10）所示。

$$城镇职工基本养老保险参与率 = \frac{城镇职工基本养老保险参保人数}{年末城镇常住人口数} \times 100\% \quad （6—10）$$

5. 平均每千人拥有医生数（C_{25}）

平均每千人拥有医生数反映城市基本医疗水平，对资源型城市制度转型起正向促进作用。该指标越高，表明城市居民接受专业医疗服务的可能性越高，社会保障越完善。其定量测算公式如式（6—11）所示。

$$平均每千人拥有医生数 = \frac{执业医师和执业助理医师数}{城市总人口数} \times 100\% \quad （6—11）$$

（三）结构层面指标定量测度

1. 第二产业固定资产投资比重（C_{31}）

第二产业固定资产投资比重反映地区投资偏向情况，对资源型城市结构转型起反向削弱作用。该指标越大，第二产业发展潜力越大，产业失衡越严重，投资结构越不合理。其定量测算公式如式（6—12）所示。

$$第二产业固定资产投资比重 = \frac{第二产业投资}{全社会固定资产投资} \times 100\% \quad （6—12）$$

2. 第二产业从业人员比重（C_{32}）

第二产业从业人员比重反映城市居民就业结构，资源产业的兴衰严重影响居民收入，对资源型城市结构转型起反向削弱作用。该指标越高，城市产业转型的负担越大。其计算公式如式（6—13）所示。

$$第二产业从业人员比重 = \frac{第二产业从业人员数量}{年末从业人员总数} \times 100\% \quad （6—13）$$

3. 规模以上重工业增加值占 GDP 比重（C_{33}）

规模以上重工业增加值占 GDP 比重反映资源型城市对其主导资源型产业的依赖程度，对资源型城市结构转型起反向削弱作用。该指标越高，资源型城市经济发展越依赖于资源型产业。其计算公式如式（6-14）所示。

$$规模以上重工业增加值占 GDP 比重 = \frac{规模以上重工业增加值}{年末全市 GDP} \times 100\% \quad （6-14）$$

4. 外商投资企业比重（C_{34}）

外商投资企业比重是指外商投资企业数量与规模以上工业企业数量的比率，代表区域经济外向程度，对资源型城市结构转型起正向促进作用。该指标越高，资源型城市经济发展效率越高，转型发展态势越明显。其计算公式如式（6-15）所示。

$$外商投资企业比重 = \frac{外商投资企业数量}{规模以上工业企业数量} \times 100\% \quad （6-15）$$

5. 城镇化率（C_{35}）

城镇化率反映地区社会组织程度和管理水平，代表城镇结构与经济结构，对资源型城市结构转型起反向削弱作用。城镇化水平越高，居民生活对社会资源的需求量越大，基础设施和社会保障等基本社会服务的压力越大。其计算公式如式（6-16）所示。

$$城镇化率 = \frac{城镇常住人口}{地区常住总人口} \times 100\% \quad （6-16）$$

（四）产业层面指标定量测度

1. 内资企业工业总产值比重（C_{41}）

内资企业工业总产值比重既反映资源型城市本土企业的实力，也间接反映资源型城市企业结构，对资源型城市产业转型起正向促进作用。该指标越大，资源型城市产业转型受国际风险的影响越小。其计算公式如式（6-17）所示。

$$内资企业工业总产值比重 = \frac{内资企业工业总产值}{全市工业总产值} \times 100\% \quad （6-17）$$

2. 单位工业增加值电耗（C_{42}）

单位工业增加值电耗反映单位资源型城市工业增加值所消耗的电能，衡量资源型城市转型发展遇到的资源消耗阻力，对资源型城市产业转型起反向削弱作用。该指标越高，表明资源型城市的资源利用率越低，资源浪费现象十分严重。其计算公式如式（6-18）所示。

$$单位工业增加值电耗 = \frac{工业年耗电总量}{工业增加值} \times 100\% \qquad （6-18）$$

3. 规模以上工业企业成本费用利润率（C_{43}）

规模以上工业企业成本费用利润率指资源型企业在一定期间内利润总额与成本、费用总额的比率，对资源型城市产业转型起正向促进作用。该指标越大，高耗能企业的效益越好。其计算公式如式（6-19）所示。

$$规模以上工业企业成本费用利润率 = \frac{年末利润总额}{年末成本费用总额} \times 100\% \qquad （6-19）$$

4. 单位 GDP 能耗（C_{44}）

单位 GDP 能耗反映资源型城市经济发展的节能程度，对资源型城市产业转型起反向削弱作用。该指标越小，资源型城市节能减排效果越好，产业结构越合理。单位 GDP 能耗的定量测算公式如式（6-20）所示。

$$单位 GDP 能耗 = \frac{全年能源消费总量}{年末全市 GDP} \times 100\% \qquad （6-20）$$

5. 社会消费品零售总额增长率（C_{45}）

社会消费品零售总额增长率是城市消费需求最直接的数据，是反映城市零售市场变动情况、经济景气程度的重要指标，对资源型城市产业转型起正向促进作用。该指标越高，资源型城市经济活力越强。其计算公式如式（6-21）所示。

$$社会消费品零售总额增长率 = \frac{社会消费品零售总额增量}{社会消费品零售总额总量} \times 100\% \qquad （6-21）$$

6. 产业研发经费投入强度（C_{46}）

产业研发经费投入强度反映资源型产业对企业创新活动的重视程度，对资源型城市产业转型起正向促进作用。该指标越高，产业技术进步指数越高。其计算公式如式（6—22）所示。

$$产业研发经费投入强度 = \frac{产业研发经费}{产业销售收入} \times 100\% \qquad （6—22）$$

（五）要素层面指标定量测度

1. 专利授权量（C_{51}）

专利授权量是衡量创新活动中知识产出水平的一个通用指标，是知识性成果的一种直接反映，对资源型城市要素升级起正向促进作用。供给侧结构性改革驱动资源型城市转型的核心驱动力就是创新，而专利授权量是创新的直观反映。该指标越高，资源型城市转型的驱动力越强。

2. 土地利用率（C_{52}）

土地利用率反映资源型城市人口增长及其社会经济活动对土地资源的消耗程度，对资源型城市要素升级起反向削弱作用。一般而言，城市建设对土地资源的破坏程度较高。该指标越高，城市土地资源被破坏得越严重。其计算公式如式（6—23）所示。

$$土地利用率 = \frac{城市建设用地面积}{城市辖区面积} \times 100\% \qquad （6—23）$$

3. 普通高等学校在校生人数（C_{53}）

普通高等学校在校生人数体现了供给侧结构性改革视域下的人才要素，对资源型城市要素升级起正向促进作用。对于资源型城市而言，普通高等学校在校生人数代表了区域高素质人群比重，在校生能够为资源型城市转型提供人才支撑。该指标越高，资源型城市转型的要素储备越充分。

4. 科教支出占财政支出比重（C_{54}）

科教支出占财政支出比重反映某一地区对人才培养的重视程度，对资源型城市要素升级起正向促进作用。该指标越高，表明资源型城市转型所需的人才储备越充足。其计算公式如式（6—24）所示。

$$科教支出占财政支出比重 = \frac{科教支出总额}{财政支出} \times 100\% \qquad （6—24）$$

5. 互联网宽带接入用户数（C_{55}）

互联网宽带接入用户数代表资源型城市信息化水平，对资源型城市要素升级起正向促进作用。该指标越高，城市信息化程度越高。

（六）生态层面指标定量测度

1. 建成区绿化覆盖率（C_{61}）

建成区绿化覆盖率反映资源型城市建成区绿化程度，对资源型城市生态转型起正向促进作用。该指标越高，城市绿化程度越好，生态环境越优良。其计算公式如式（6-25）所示。

$$建成区绿化覆盖率 = \frac{绿地面积}{城市建成区面积} \times 100\% \qquad （6-25）$$

2. 工业固体废物综合利用率（C_{62}）

工业固体废物综合利用率反映资源型城市对废弃资源的重复利用能力，对资源型城市生态转型起正向促进作用。该指标越高，生态转型水平越高，产业结构、经济质量越优化。其计算公式如式（6-26）所示。

$$工业固体废物综合利用率 = \frac{工业固体废物综合利用量}{工业固体废物产生量} \times 100\% \qquad （6-26）$$

3. 空气质量优良率（C_{63}）

空气质量优良率反映城市大气环境符合相关要求的时间比率，是资源型城市生态转型的正向统计指标。该指标越高，表明城市空气质量越好，计算公式如式（6-27）所示。

$$空气质量优良率 = \frac{年空气质量优良天数}{365} \times 100\% \qquad （6-27）$$

4. 工业二氧化硫排放强度（C_{64}）

工业二氧化硫排放强度反映工业生产对城市大气环境污染情况，对资源型城市生态转型起反向削弱作用。该指标越高，城市大气环境的破坏程度越大，计算公式如式（6-28）所示。

$$工业二氧化硫排放强度 = \frac{年末工业二氧化硫排放总量}{城市辖区面积} \times 100\% \qquad （6-28）$$

5. 工业废水排放密度（C_{65}）

工业废水排放密度反映城市治理废水的力度和决心，对资源型城市生态转型起反向削弱作用。该指标越高，工业企业绿色生产状况越好。其计算公式如式（6-29）所示。

$$工业废水排放密度 = \frac{工业废水排放总量}{城市辖区面积} \times 100\% \tag{6-29}$$

6. 生活垃圾无害化处理率（C_{66}）

生活垃圾无害化处理率反映城市对生活垃圾的处理能力，对资源型城市生态转型起正向促进作用。该指标越高，城市生态环境越好。其计算公式如式（6-30）所示。

$$生活垃圾无害化处理率 = \frac{生活垃圾无害化处理量}{生活垃圾清运量} \times 100\% \tag{6-30}$$

第二节 供给侧结构性改革驱动资源型城市转型评价及预测模型构建

一、评价及预测方法选择

资源型城市转型评价是资源型城市的研究重点之一，是衡量供给侧结构性改革视域下资源型城市转型发展现状与探索资源型城市转型路径的突破口。资源型城市转型水平的评价方法种类多、差异大，需要研究者根据不同的评价目标合理选择相应评价方法。综合国内外相关文献资料，资源型城市转型水平的评价方法主要有以下3个。

（1）综合指数法。综合指数法将各项经济效益指标转化为同度量的个体指数，将它们综合起来，以综合经济效益指数作为企业间综合经济效益评比排序的依据。目前，综合指数法多与均方差决策、熵值法、主成分分析法、层次分析方法、盲数理论等结合使用，提高指标赋权的准确性。综合指数法的主要优点是计算简单、操作便利、经济含义清晰，所得出的评价结果综合性强，便于不同评价对象间的横向比较。缺点是主观性强，必须使用同向指标，难以对不同影响因素的作用效果作深入分析。

（2）灰色综合评价方法。灰色综合评价方法是指对一个系统发展变化态势的定量描述和比较的方法，通过确定参考数列和若干个比较数列的几何形状相似程度来判断其联系是否紧密，它反映了曲线间的关联程度。灰色综合评价方法的主要优点是对数据量没有太高的要求，对研究样本量没有严格的要求，不要求服从任何分布。缺点是评价过程稳健性较差，随着维数的增加，计算量迅速增大，而且不可能将其描绘在可视的分布图形中。此外，当变量存在严重的多重相关时，可能会使重复变量的效果夸大。

（3）BP 神经网络评价法。模拟人脑智能化处理过程的人工神经网络技术，通过 BP 算法学习或训练获取知识，并存储在神经元的权值中，通过联想把相关信息复现。能够"揣摩""提炼"评价对象本身的客观规律，评价相同属性评价对象。人工智能评价方法日渐兴起，少数学者将其引入产业评价领域，但此类评价模型存在不少弊端：网络结构难以确定；需要大量数据作为训练样本；模型泛化能力不足，环境改变可能导致训练好的学习模型不能适应新环境。

本书为突出资源型城市综合转型指数年度变化情况，深入计算影响资源型城市转型指数提升的障碍因子，选择灰色关联 TOPSIS 法对供给侧结构性改革视域下的资源型城市转型水平进行评价。TOPSIS 法（Technique for Order Preference by Similarity to Ideal Solution）又称优劣解距离法，基本思路是：根据规范加权决策矩阵计算待评价对象的最优解和最劣解，通过检测待评价对象与最优解及最劣解的距离判断评价对象的优劣。最好的评价对象最靠近最优解且离最劣解最远，否则为最差。TOPSIS 法通过寻找最接近理想解且最远离负理想解的评价对象确定最优选择。TOPSIS 法的优点是应用范围广、方法灵活、对评价指标分布和样本含量均无严格要求，既可用于同一评价对象的纵向对比，也可用于不同评价对象的横向比较。但是，通常原始评价数据有限，部分数据波动较大，缺乏典型的分布规律，单纯利用 TOPSIS 法难以保证评价结果的准确性。灰色关联分析理论为信息贫瘠下的多目标决策提供了较好的解决方法，它具有所需原始数据少、操作简便、便于发现数据潜在规律的特点，有效弥补了 TOPSIS 法的不足。鉴于此，本书选取灰色关联 TOPSIS 法构建资源型城市转型评价模型，系统确切地体现待评价对象与理性方案的接近程度，使评价结果更具科学性。

预测学是一门新兴学科，是软件学的重要分支。随着经济预测、资源预测、发展预测等需求增长，预测对不同学科发展的重要性逐渐显现。预测方法种类繁多，从经典的单耗法、弹性系数法、统计分析法，到灰色预测法、模糊数学法、神经网络法、小波分析法，预测方法多达 200 多种。选择预测方法需要充分考虑不同预测方法的优缺点，依据评价对象特点合理确定。常用的预测方法主要有：回归预测法、移动平均法、指数平滑法、趋势外推法、灰色预测法等。灰色预测法通过关联分析系统内部各影响因素，能够有效预测未知、模糊的系统。以灰色系统理论为基础建立起来的预测模型被称为灰色预测模型，即 GM 模型。GM 模型的实质就是通过平滑处理具有指数规律的序列，建立一个兼有微分、差分近似指数规律的方程。本书将具有 m 阶 n 个变量的灰色模型记为 GM（m, n），使用 GM（m, n）模型的特例模型 GM（1，1）进行预测，它是灰色预测模型中最基本、最常用的模型。

二、数据处理与权重设定

资源型城市转型水平评价指标的重要性不同，需要对指标权重进行合理的分配，以确保评价过程的科学性和评价结果的准确性。现有指标赋权方法种类较多，按照其性质划分，可分为主观赋权法、客观赋权法、组合赋权法。组合赋权法是将主客观赋权法相结合的一种赋权方法，近年来应用较为广泛。本书主要采用层次分析法来确定权重，并用熵值法修正权重，兼顾了指标权重的灵活性和科学性。

（一）层次分析法确定权重

层次分析法将系统分解为不同的组合因素，并根据各个因素之间不同的隶属和相互作用关系确定指标权重，具有计算过程简便、适用范围广泛、数据结论可靠等优点，基本步骤如下。

1. 划分递阶层次结构

基于供给侧结构性改革视域下的资源型城市转型评价指标体系厘清评价指标的内在关系，并根据指标属性将评价指标划分为若干层次，上下层次间具备一定的联系。如图 6-1 所示，本书将评价指标体系划分为包括目标层、准则层、指标层的递阶层次结构。

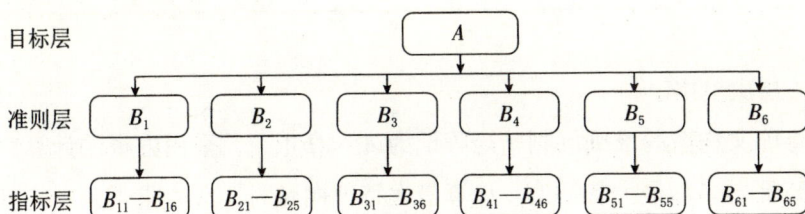

图 6-1　递阶层次结构

2. 构造判断矩阵

以递阶层次结构为研究基础，从第二层开始，逐层构造相对于上一层的两两比较判断矩阵，准则层 B 相对于目标层 A 的判断矩阵，如表 6-2 所示。

表 6-2　准则层相对于目标层的判断矩阵

A	B_1	B_2	B_3	B_4
B_1	1	b_{12}	b_{13}	b_{14}
B_2	$b_{21}（1／b_{12}）$	1	b_{23}	b_{24}
B_3	$b_{31}（1／b_{13}）$	$b_{32}（1／b_{23}）$	1	b_{34}
B_4	$b_{41}（1／b_{14}）$	$b_{42}（1／b_{24}）$	$b_{43}（1／b_{34}）$	1

两两比较时常用数字 1—9 衡量相对重要性。鉴于打分精度要求，本书选择 9/9—9/1 标度法构造判断矩阵，各标度对应的含义如表 6-3 所示。

表 6-3　9/9—9/1 各标度对应的含义

标度	含义（比较因素 i 与 j）
9/9	两者同等重要
9/7	i 比 j 稍微重要
9/5	i 比 j 明显重要

续表

标度	含义（比较因素 i 与 j）
9/3	i 比 j 强烈重要
9/1	i 比 j 绝对重要
9/8；9/6；9/4；9/2	介于两相邻判断之间
上述值的倒数	若因素 i 与 j 比较得到 s_{ij}，则 $f_{ij}=1/s_{ij}$

3. 层次单排序

将前文构造的准则层判断矩阵记为 $A'=\{b_{ij}\}_{n\times n}$，采用方根法计算判断矩阵的特征向量和最大特征值。计算最大特征向量时，首先求得判断矩阵每一行的乘积，再对乘积开 n 次方，然后进行归一化处理，最后得到特征向量 $\omega=[\omega_1,\omega_2,\cdots,\omega_n]'$，初步确定为相应指标的权重。计算公式为：

$$\omega_i = \sum_{i=1}^{n} \sqrt[n]{\prod_{j=1}^{n} b_{ij}} \Big/ n \qquad (6-31)$$

特征向量 V 对应的最大特征值 $\lambda_{\max}$ 的计算公式为：

$$\lambda_{\max} = \sum_{i=1}^{n} \frac{A'\omega_i}{n\omega_i} \qquad (6-32)$$

4. 一致性检验

一致性检验的目的在于明确判断矩阵是否被接受。若一致性比率 $CR \leqslant 0.1$，则检验通过，归一化后的特征向量 ω 即被确定为指标权重。否则，需重新构建判断矩阵，最终使得 $CR \leqslant 0.1$。

一致性比率 CR 的计算公式为：$CR = \dfrac{CI}{RI}$。其中，$CI = \dfrac{\lambda_{\max}}{n-1}$，$RI$ 是用来消除判断矩阵不一致的修正指数，可通过查表获得如表 6-4 所示。

表 6-4　随机一致性指标表

阶数 n	1	2	3	4	5	6	7	8	9	10
RI	0.00	0.00	0.52	0.90	1.12	1.24	1.32	1.41	1.45	1.49

（二）熵值法修正权重

层次分析法确定指标权重存在因标度主观性而丢失信息的问题，使用熵技术修正指标权重，能够有效提升指标权重的科学性和客观性，其具体步骤如下。

（1）对已构造的判断矩阵 $A' = \{b_{ij}\}_{n \times n}$，按照公式（6–33）进行归一化处理，得到标准矩阵 $\overline{A}' = \{\overline{b}_{ij}\}_{n \times n}$。同时，利用公式（6–34）计算 b_j 指标的输出熵 E_j，且 $E_j \in [0,1]$。

$$\overline{b}_{ij} = \frac{b_{ij}}{\sum_{k=1}^{n} b_{ij}} \qquad (6\text{--}33)$$

$$E_j = -\frac{1}{\ln n} \sum_{i=1}^{n} \overline{b}_{ij} \ln \overline{b}_{ij} \qquad (6\text{--}34)$$

（2）计算 b_j 的差异系数 D_j 和信息熵权重 μ_j：

$$D_j = 1 - E_j \qquad (6\text{--}35)$$

$$\mu_j = \frac{D_j}{\sum_{j=1}^{m} D_j} \qquad (6\text{--}36)$$

（3）利用熵权 μ_j 修正由层次分析法求得的权重 ω_j：

$$W_j = \frac{\mu_j \omega_j}{\sum_{j=1}^{m} \mu_j \omega_j} \qquad (6\text{--}37)$$

W_j 即为修正后的最终权重，经过熵值法修正的权重包含的信息量增加，有利于提高评价结果的可信度。

三、资源型城市转型的灰色关联 TOPSIS 评价模型

基于灰色关联 TOPSIS 法的资源型城市转型评价模型的基本运算原理及模型构建步骤如下。

步骤 1：原始数据标准化

本书采用极值法对原始数据进行无量纲化处理，处理公式如下：

当 x_{ij} 为正向指标时，$X_{ij} = \dfrac{x_{ij} - \min x_j}{\max x_j - \min x_j}$；

当 x_{ij} 为反向指标时，$X_{ij} = \dfrac{\max x_j - x_{ij}}{\max x_j - \min x_j}$

式中，X_{ij} 为标准化后的指标值；x_{ij} 为第 i 个样本第 j 个指标的初始数值（$i=1,2,3,\cdots,n$；$j=1,2,3,\cdots,m$）；$\max x_j$，$\min x_j$ 分别表示第 j 个资源型城市转型水平评价指标的样本最大值和最小值。

经计算，得到指标标准化决策矩阵 A。

步骤 2：构建规范加权决策矩阵 B

根据前文数据标准化处理后得到的决策矩阵 A 与每个指标权重 W_j，构建规范加权决策矩阵 B：

$$B = W \times A = \begin{bmatrix} x_{11} & x_{12} & \cdots & x_{1j} \\ x_{21} & x_{22} & \cdots & x_{2j} \\ \vdots & \vdots & \ddots & \vdots \\ x_{i1} & x_{i2} & \cdots & x_{ij} \end{bmatrix} \times \begin{bmatrix} w_1 & & & \\ & w_2 & & \\ & & \ddots & \\ & & & w_j \end{bmatrix} = \begin{bmatrix} b_{11} & b_{12} & \cdots & b_{1j} \\ b_{21} & b_{21} & \cdots & b_{2j} \\ \vdots & \vdots & \ddots & \vdots \\ b_{i1} & b_{i2} & \cdots & b_{ij} \end{bmatrix} \quad (6-38)$$

式中，W 为指标权重矩阵，A 为决策矩阵。

步骤 3：根据规范加权决策矩阵 B 计算正理想解 b_j^+ 与负理想解 b_j^-

正理想解：

$$b_j^+ = \{\max b_{ij} | i=1,2,3,\cdots,n\} = \{b_1^+, b_2^+, b_3^+, \cdots, b_n^+\}, \ j=1,2,3,\cdots,m \quad (6-39)$$

负理想解：

$$b_j^- = \{\min b_{ij} | i=1,2,3,\cdots,n\} = \{b_1^-, b_2^-, b_3^-, \cdots, b_n^-\}, \ j=1,2,3,\cdots,m \quad (6-40)$$

步骤 4：分别计算各个评价对象到正理想解 b_j^+ 与负理想解 b_j^- 的距离 d_i^+ 与 d_i^-

$$d_i^+ = \sqrt{\sum_{j=1}^{m} \left(b_{ij} - b_j^+\right)^2}, \ i=1,2,3,\cdots,n \quad (6-41)$$

$$d_i^- = \sqrt{\sum_{j=1}^{m} \left(b_{ij} - b_j^-\right)^2}, \ i=1,2,3,\cdots,n \quad (6-42)$$

步骤 5：计算各个样本与正理想解 b_j^+ 和负理想解 b_j^- 之间的灰色关联度 c_i^+

和 c_i^-

（1）以加权规范决策矩阵 $\boldsymbol{B}$ 为基础，以正理想解 b_j^+ 为参考数列，计算第 i 个样本与正理想解 b_j^+ 关于第 j 个指标的灰色关联度系数 c_{ij}^+。

$$c_{ij}^+ = \frac{\min\limits_{i}\min\limits_{j}\Delta b_{ij} + \rho\max\limits_{i}\max\limits_{j}\Delta b_{ij}}{\Delta b_{ij} + \rho\max\limits_{i}\max\limits_{j}\Delta b_{ij}}, \quad i=1,2,3,\cdots,n, \ j=1,2,3,\cdots,m \quad （6-43）$$

式中，$\min\limits_{i}\min\limits_{j}\Delta b_{ij}$ 为两级最小差，$\max\limits_{i}\max\limits_{j}\Delta b_{ij}$ 为两级最大差，且 $\Delta b_{ij} = \left| b_{ij}^+ - b_{ij} \right|$。

ρ 为分辨系数，其取值区间一般为 $(0,1)$，ρ 越小，分辨能力越好。一般情况下 $\rho \leqslant 0.5463$，当 $\rho = 0.5463$ 时，分辨能力最好。为方便计算，ρ 一般取 0.5。

可得到各个样本与正理想解 b_j^+ 间的灰色关联系数矩阵 $\boldsymbol{C}^+$：

$$\boldsymbol{C}^+ = \begin{bmatrix} c_{11}^+ & c_{12}^+ & \cdots & c_{1m}^+ \\ c_{21}^+ & c_{22}^+ & \cdots & c_{2m}^+ \\ \vdots & \vdots & \ddots & \vdots \\ c_{m1}^+ & c_{m2}^+ & \cdots & c_{mn}^+ \end{bmatrix} \quad （6-44）$$

计算第 i 个样本与正理想解 b_j^+ 间的灰色关联度 c_i^+：

$$c_i^+ = \frac{1}{m}\sum_{j=1}^{m} c_{ij}^+, \quad i=1,2,3,\cdots,n \quad （6-45）$$

（2）以负理想解 b_j^- 为参考数列，计算第 i 个样本与负理想解 b_j^- 关于第 j 个指标的灰色关联度系数 c_{ij}^-：

$$c_{ij}^- = \frac{\min\limits_{i}\min\limits_{j}\Delta b_{ij} + \rho\max\limits_{i}\max\limits_{j}\Delta b_{ij}}{\Delta b_{ij} + \rho\max\limits_{i}\max\limits_{j}\Delta b_{ij}}, \quad i=1,2,3,\cdots,n, \ j=1,2,3,\cdots,m \quad （6-46）$$

式中，$\Delta b_{ij} = \left| b_{ij}^- - b_{ij} \right|$

可得到各个样本与负理想解 b_j^- 间的灰色关联系数矩阵 $\boldsymbol{C}^-$：

$$\boldsymbol{C}^- = \begin{bmatrix} c_{11}^- & c_{12}^- & \cdots & c_{1m}^- \\ c_{21}^- & c_{22}^- & \cdots & c_{2m}^- \\ \vdots & \vdots & \ddots & \vdots \\ c_{m1}^- & c_{m2}^- & \cdots & c_{mn}^- \end{bmatrix} \quad （6-47）$$

计算第 i 个样本与负理想解 b_j^- 间的灰色关联度 c_i^-：

$$c_i^- = \frac{1}{m} \sum_{j=1}^m c_{ij}^- , \quad i=1, 2, 3, \cdots, n \qquad （6-48）$$

步骤 6：计算相对贴进度

综合正理想解距离 d_i^+、负理想解距离 d_i^-、样本与正理想解 b_j^+ 间的灰色关联度 c_i^+、样本与负理想解 b_j^- 间的灰色关联度 c_i^-，计算相对贴近度。

（1）分别对正理想解距离 d_i^+、负理想解距离 d_i^-、样本与正理想解 b_j^+ 间的灰色关联度 c_i^+、样本与负理想解 b_j^- 间的灰色关联度 c_i^- 进行无量纲化处理，处理公式为：

$$D_i^+ = \frac{d_i^+}{\max_{1 \le j \le m}(d_i^+)} , \quad i=1, 2, 3, \cdots, n \qquad （6-49）$$

$$D_i^- = \frac{d_i^-}{\max_{1 \le j \le m}(d_i^-)} , \quad i=1, 2, 3, \cdots, n \qquad （6-50）$$

$$C_i^+ = \frac{c_i^+}{\max_{1 \le j \le m}(c_i^+)} , \quad i=1, 2, 3, \cdots, n \qquad （6-51）$$

$$C_i^- = \frac{c_i^-}{\max_{1 \le j \le m}(c_i^-)} , \quad i=1, 2, 3, \cdots, n \qquad （6-52）$$

式中，d_i^+，d_i^-，c_i^+，c_i^- 分别为原始值；D_i^+，D_i^-，C_i^+，C_i^- 分别为无纲量化后的值。

（2）综合 D_i^+，D_i^-，C_i^+，C_i^- 计算总体贴近度：

$$H_i^+ = \alpha_1 D_i^- + \alpha_2 C_i^+ , \quad i=1, 2, 3, \cdots, n \qquad （6-53）$$

$$H_i^- = \alpha_1 D_i^+ + \alpha_2 C_i^- , \quad i=1, 2, 3, \cdots, n \qquad （6-54）$$

式中，α_1、α_2 为关系系数，由评价者根据个人偏好及评价目标予以赋值，且要求 $\alpha_1 + \alpha_1 = 1$，本书 α_1、α_2 均取 0.5。

需要说明的是，D_i^- 与 C_i^+ 的取值越大，评价对象越接近正理想解，评价结果越优，反映了评价对象与正理想解的接近程度。D_i^+ 与 C_i^- 的取值越大，评价对象越接近负理想解，评价结果越差，反映了评价对象与负理想解的接近程度。

（3）计算各评价对象的相对贴近度 φ_i，φ_i 即为转型指数：

$$\varphi_i = \frac{H_i^+}{H_i^+ + H_i^-}, \quad i = 1, 2, 3, \cdots, n \qquad (6-55)$$

式中，φ_i 反映了评价对象与正理想解的贴近程度，φ_i 值越大，评价对象越接近正理想解，评价结果越优，反之评价对象越劣。

步骤 7：计算资源型城市转型指数

本书按照经济、制度、结构、产业、要素、生态六大类分别计算资源型城市经济转型指数 $\varphi_{i经济转型指数}$、制度转型指数 $\varphi_{i制度转型指数}$、结构转型指数 $\varphi_{i结构转型指数}$、产业转型指数 $\varphi_{i产业转型指数}$、要素转型指数 $\varphi_{i要素转型指数}$、生态转型指数 $\varphi_{i生态转型指数}$，对实证城市转型水平进行评价。最后依据变异系数法计算出六大分类指标权重，运用综合指数法计算出资源型城市转型指数 $\varphi_{i综合转型指数}$，计算公式为：

$$\varphi_{i综合转型指数} = \beta_1 \varphi_{i经济转型指数} + \beta_2 \varphi_{i制度转型指数} + \beta_3 \varphi_{i结构转型指数} + \beta_4 \varphi_{i产业转型指数}$$
$$+ \beta_5 \varphi_{i要素转型指数} + \beta_6 \varphi_{i生态转型指数} \qquad (6-56)$$

式中，β_1，β_2，β_3，β_4，β_5，β_6 分别为经济、制度、结构、产业、要素、生态六个准则层指标的权重。

四、资源型城市转型障碍度识别和评价模型

为了深入挖掘影响资源型城市转型的关键因子，为资源型城市制定差异化的转型方案提供借鉴和参考，本书设计了资源型城市转型障碍度模型，提炼影响资源型城市转型的主要障碍因子。具体指标及计算步骤如下所示。

步骤 1：计算各评价指标的因子贡献度 δ_j

$$\delta_j = k_j w_j, \quad i = 1, 2, 3, \cdots, m \qquad (6-57)$$

式中，δ_j 为因子贡献度，反映单项指标对总体目标的影响程度；k_j 为第 j 个指标所属分类指标的权重；w_j 为第 j 个指标的权重。

步骤 2：计算指标偏离度

$$I_{ij} = 1 - X_{ij}, \quad i = 1, 2, 3, \cdots, m \qquad (6-58)$$

式中，I_{ij} 为指标偏离度，反映单项指标评估值与目标 100% 的距离；X_{ij} 为

指标标准化后的值。

步骤3：计算单项指标障碍度

$$\theta_{ij} = \frac{I_{ij}\,\delta_j}{\sum\limits_{j=1}^{m}(I_{ij}\,\delta_j)} \times 100\%\,, \quad i=1,2,3,\cdots,n,\ j=1,2,3,\cdots,m \qquad （6-59）$$

式中，θ_{ij} 为单项指标障碍度，反映第 i 年第 j 个单项指标对总体目标的影响程度。

步骤4：计算分类指标障碍度

$$\theta_{ik}^{\wedge} = \sum \theta_{ij}\,, \quad i=1,2,3,\cdots,n,\ k=1,2,3,4 \qquad （6-60）$$

式中，$\theta_{ij}^{\wedge}$ 为分类指标障碍度，反映第 i 年第 k 类分类指标对总体目标的影响程度，j 的值由分类指标所包含的具体指标序列决定。

五、资源型城市转型灰色预测模型

（一）GM(1, 1) 模型原理

设等间隔时间序列 $X^{(0)}$ 有 n 个观察值，记为 $X^{(0)} = \left\{x^{(0)}(1), x^{(0)}(2), \cdots, x^{(0)}(n)\right\}$。将上述数列作 m 次累加生成，即 $x^{(m)}(k) = \sum\limits_{i=1}^{k} x^{(m-1)}(i)$ $(k=1,2,\cdots,n)$，可得随机性被弱化 m 次后的序列 $X^{(m)} = \left\{x^{(m)}(1), x^{(m)}(2), \cdots, x^{(m)}(n)\right\}$ $(m=1,2,\cdots)$。$Z^{(m)}$ 为 $X^{(m)}$ 的紧邻均值生成序列：$Z^{(m)} = \left\{z^{(m)}(2), z^{(m)}(3), \cdots, z^{(m)}(n)\right\}$。其中，$z^{(m)}(k) = (x^{(m)}(k) + x^{(m)}(k-1))/2$，$(k=1,2,\cdots,n)$。

1. 构建微分方程

一般地，随机非负序列经过多次累加后可以采用指数曲线逼近，以 $m=1$ 为例建立白化型灰色预测模型 GM(1, 1)，白化型微分方程：

$$\frac{\mathrm{d}x^{(1)}}{\mathrm{d}t} + ax^{(1)} = b \qquad （6-61）$$

式中，a 为系统的发展灰度；b 为系统的内生控制灰度。

2. 求解参数

根据最小二乘原则，可求得参数 a、b：

$$a = \frac{\sum_{k=2}^{n} z^{(1)}(k) \sum_{k=2}^{n} x^{(0)}(k) - (n-1) \sum_{k=2}^{n} z^{(1)}(k) x^{(0)}(k)}{(n-1) \sum_{k=2}^{n} z^{(1)}(k)^2 - \left(\sum_{k=2}^{n} z^{(1)}(k) \right)^2} \qquad (6-62)$$

$$b = \frac{\sum_{k=2}^{n} x^{(0)}(k) \sum_{k=2}^{n} z^{(1)}(k)^2 - \sum_{k=2}^{n} z^{(1)}(k) \sum_{k=2}^{n} z^{(1)}(k) x^{(0)}(k)}{(n-1) \sum_{k=2}^{n} z^{(1)}(k)^2 - \left(\sum_{k=2}^{n} z^{(1)}(k) \right)^2} \qquad (6-63)$$

3.计算预测值

根据公式（6-61），得到时间响应函数为：

$$\hat{x}^{(1)}(k+1) = \left(x^{(0)}(1) - \frac{b}{a} \right) e^{-ak} + \frac{b}{a} \qquad (6-64)$$

最后，还原模型，求得转型指数预测值：

$$\begin{cases} \hat{x}^{(0)}(1) = \hat{x}^{(1)}(1) = \hat{x}^{(0)}(0) \\ \hat{x}^{(0)}(k+1) = \hat{x}^{(1)}(k+1) - \hat{x}^{(1)}(k) \end{cases} \quad (k=1, 2, \cdots, n) \qquad (6-65)$$

（二）GM(1, 1) 模型精度检验

对事物或系统进行预测时，都要计算预测结果的精确度，确定预测是否成功。一般认为，预测精度大于等于 85% 即可认为预测成功。常用的精度检验模型有三种：后验差检验、相对误差检验和绝对关联度检验。本书利用统计学方法（后验差检验）对残差分布进行检验。

1.计算残差序列

已知 $X^{(0)} = \left\{ x^{(0)}(1), x^{(0)}(2), \cdots, x^{(0)}(n) \right\}$ 为原始序列，利用模型求得转型指数预测序列 $\hat{X}^{(0)} = \left\{ \hat{x}^{(0)}(1), \hat{x}^{(0)}(2), \cdots, \hat{x}^{(0)}(n) \right\}$。由此，得到残差序列：

$$e(k) = x^{(0)}(k) - \hat{x}^{(0)}(k) \qquad (k=1, 2, \cdots, n) \qquad (6-66)$$

同时，得到转型指数预测残差向量：

$$\boldsymbol{e} = (e(1), e(2), \cdots, e(n)) \qquad (6-67)$$

2. 计算均值、方差

记原始序列的均值、方差分别为 $\bar{x}^{(0)}$、S_1^2：

$$\bar{x}^{(0)} = \frac{1}{n}\sum_{i=1}^{n} x^{(0)}(k) \quad (k=1, 2, \cdots, n) \tag{6-68}$$

$$S_1^2 = \frac{1}{n}\sum_{i=1}^{n}\left(x^{(0)}(k) - \bar{x}^{(0)}\right)^2 \quad (k=1, 2, \cdots, n) \tag{6-69}$$

记残差序列的均值、方差分别为 $\bar{e}$、S_2^2：

$$\bar{e} = \frac{1}{n}\sum_{i=1}^{n} e(k) \quad (k=1, 2, \cdots, n) \tag{6-70}$$

$$S_2^2 = \frac{1}{n}\sum_{i=1}^{n}\left(e(k) - \bar{e}\right)^2 \quad (k=1, 2, \cdots, n) \tag{6-71}$$

3. 计算后验差比值与小误差概率

定义后验差比值为 C，记为

$$C = \frac{S_2}{S_1} \tag{6-72}$$

我们将残差与残差平均值之差小于给定值 $0.6745S_1$ 的频率称为小误差概率，记为 P：

$$P = p\left\{|e(k) - \bar{e}| < 0.6745S_1\right\} \tag{6-73}$$

结合后验差比值与小误差概率的计算公式发现，S_1 越大，原始序列的离散程度 S_2 越大；S_2 越小，残差的离散程度越小，说明模拟序列与原始序列很接近，预测效果良好，因此，C 值越小越好。P 值越大，说明残差分布均匀、波动不大。鉴于此，给出精度表格，具体如表6-5所示。

表6-5 模型精度等级

精度等级	C	P
一级（好）	$C \leqslant 0.35$	$P \geqslant 0.95$
二级（良好）	$0.35 < C \leqslant 0.5$	$0.8 \leqslant P < 0.95$
三级（合格）	$0.5 < C \leqslant 0.65$	$0.7 \leqslant P < 0.8$
四级（不合格）	$C > 0.65$	$P < 0.7$

六、评价及预测结果分析

评价及预测我国不同类型、不同发展阶段的资源型城市转型水平，不仅要全面了解供给侧结构性改革实施近三年来资源型城市转型发展的供给环境变化，更重要的是识别不同类型、不同发展阶段资源型城市转型发展的障碍因子和发展趋势，进而更具针对性地制定转型辅助政策，确保供给侧结构性改革发挥最大政策效力。本书的定量分析包括评价分析和预测分析两个部分。首先采用灰色关联 TOPSIS 法计算研究样本的转型指数及障碍因子。其次构建障碍因子识别模型，选取处于成熟期和衰退期的 10 个资源型城市，分析单项指标障碍度和分类指标障碍度。最后采用灰色预测模型，评估未来五年内 40 个资源型城市转型指数的变化趋势。

（一）评价结果分析

截取 2012—2016 年 40 个资源型城市的统计数据，采用灰色关联 TOPSIS 法计算样本的转型指数和障碍因子，并分别进行不同类型、不同发展阶段资源型城市转型发展对比分析。第一，对不同类型资源型城市转型指数进行分异特征分析。第二，分类别对比分析资源型城市转型指数变化趋势，对比分析不同类型、同一发展阶段转型指数的分异特征。第三，基于空间尺度，对比分析不同类型、同一发展阶段资源型城市转型受地理环境、资源禀赋的影响程度。最后，运用障碍因子识别模型，分析 2016 年样本资源型城市转型的主要障碍因子。

（二）障碍因子识别

一方面，基于评价指标权重和标准化原始数据，计算单项指标障碍度和分类指标障碍度。另一方面，从煤炭、石油、森工、冶金、综合 5 种资源型城市中各挑选两个进行基于时间序列的障碍因子识别，分析 10 个资源型城市单项指标障碍度和分类指标障碍度的变化趋势。

（三）预测结果分析

一方面，基于前文构建的灰色预测模型，编写为 MATLAB 程序，将灰色关联 TOPSIS 法计算的 40 个资源型城市转型指数作为研究数据，输出未来 5 年 40 个资源型城市的预测转型指数。另一方面，将 40 个资源型城市按发展阶段分组，对比分析不同发展阶段资源型城市预测转型指数的变化趋势。

第七章 供给侧结构性改革驱动资源型城市转型的实证研究

第一节 实证样本选择

我国资源型城市种类丰富、数量繁多，如何兼顾发展阶段、类型、地域选择实证样本成为评价与预测的关键。依据2013年国务院印发的《全国资源型城市可持续发展规划（2013—2020年）》，本书反复对比我国262个不同类型且处于不同发展阶段的资源型城市，兼顾资源型城市的时空尺度，最终选择东营、韶关、唐山等40个城市作为研究样本。其中，煤炭城市15个，石油城市8个，森工城市6个，冶金城市8个，综合城市3个。处于成长期、成熟期、衰退期、再生期的资源型城市，煤炭城市分别有2个、7个、5个、1个；石油城市分别有2个、3个、1个、2个；冶金城市分别有1个、4个、2个、1个；森工城市分别有0个、3个、2个、1个；综合城市分别有0个、1个、1个、1个。

本书选取的实证样本既考虑了城市类型、发展阶段，也考虑了城市之间的差异性和地域相似性。城市实证样本选择如表7-1所示。

表7-1 实证样本选择

序号	城市	资源类型	发展阶段	所属省份	地域分布
1	东营	石油	成熟期	山东	东部
2	韶关	煤炭	衰退期	广东	东部

续表

序号	城市	资源类型	发展阶段	所属省份	地域分布
3	唐山	综合	再生期	河北	东部
4	邯郸	综合	成熟期	河北	东部
5	临汾	煤炭	成熟期	山西	中部
6	大同	煤炭	成熟期	山西	中部
7	晋城	煤炭	成熟期	山西	中部
8	本溪	冶金	成熟期	辽宁	东北部
9	盘锦	石油	再生期	辽宁	东北部
10	阜新	煤炭	衰退期	辽宁	东北部
11	辽源	综合	衰退期	吉林	东北部
12	松原	石油	成长期	吉林	东北部
13	吉林市	森工	成熟期	吉林	东北部
14	白山	森工	衰退期	吉林	东北部
15	鸡西	煤炭	成熟期	黑龙江	东北部
16	鹤岗	煤炭	衰退期	黑龙江	东北部
17	黑河	森工	成熟期	黑龙江	东北部
18	牡丹江	森工	成熟期	黑龙江	东北部
19	伊春	森工	衰退期	黑龙江	东北部
20	大庆	石油	成熟期	黑龙江	东北部
21	淮南	煤炭	成熟期	安徽	中部
22	铜陵	冶金	衰退期	安徽	中部
23	马鞍山	冶金	再生期	安徽	中部
24	鹤壁	煤炭	成熟期	河南	中部
25	焦作	煤炭	再生期	河南	中部
26	平顶山	煤炭	成熟期	河南	中部
27	南阳	石油	再生期	河南	中部
28	濮阳	石油	衰退期	河南	中部
29	郴州	冶金	成熟期	湖南	中部
30	贺州	冶金	成长期	广西	南部
31	攀枝花	冶金	成熟期	四川	西部
32	乌海	煤炭	衰退期	内蒙古	西部

续表

序号	城市	资源类型	发展阶段	所属省份	地域分布
33	六盘水	煤炭	成长期	贵州	西部
34	丽江	森工	再生期	云南	西部
35	榆林	煤炭	成长期	陕西	西部
36	白银	冶金	衰退期	甘肃	西部
37	庆阳	石油	成长期	甘肃	西部
38	金昌	冶金	成熟期	甘肃	西部
39	石嘴山	煤炭	衰退期	宁夏	西部
40	克拉玛依	石油	成熟期	新疆	西部

第二节　确定指标权重

一、层次分析法确定权重

根据前文给出的层次分析法及熵值法的基本步骤，邀请北京大学、中国人民大学、北京理工大学、中国矿业大学、大连理工大学、武汉大学、北京科技大学、中国地质大学、辽宁工程技术大学、江苏师范大学等单位的相关专家学者对判断矩阵赋值，初步计算各评价指标的权重。各层次关于上层的判断矩阵及一致性检验结果如表 7-2 至表 7-8 所示。

表 7-2　A—B 层判断矩阵及一致性检验结果

A	B_1	B_2	B_3	B_4	B_5	B_6	ω	一致性检验结果
B_1	1	7/9	5/9	7/9	6/9	9/6	0.1353	
B_2	9/7	1	7/9	9/9	7/9	9/6	0.1664	λ_{max}=6.0122
B_3	9/5	9/7	1	9/7	9/8	9/5	0.2188	CI=0.0024
B_4	9/7	9/9	7/9	1	7/9	9/6	0.1664	RI=1.24
B_5	9/6	9/7	8/9	9/7	1	9/5	0.2041	CR=0.0020
B_6	6/9	6/9	5/9	6/9	5/9	1	0.1089	具有满意的一致性

表 7-3　B_1—C_1 层判断矩阵及一致性检验结果

B_1	C_{11}	C_{12}	C_{13}	C_{14}	C_{15}	C_{16}	ω	一致性检验结果
C_{11}	1	7/9	9/7	7/9	6/9	6/9	0.1363	
C_{12}	9/7	1	9/6	9/9	7/9	7/9	0.1670	$\lambda_{max}=5.3327$
C_{13}	7/9	6/9	1	6/9	5/9	5/9	0.1121	CI=0.0832
C_{14}	9/7	9/9	9/6	1	7/9	7/9	0.1670	RI=1.24
C_{15}	9/6	9/7	9/5	9/7	1	9/9	0.2088	CR=0.0743
C_{16}	9/6	9/7	9/5	9/7	9/9	1	0.2088	具有满意的一致性

表 7-4　B_2—C_2 层判断矩阵及一致性检验结果

B_2	C_{21}	C_{22}	C_{23}	C_{24}	C_{25}	ω	一致性检验结果
C_{21}	1	7/9	6/9	6/9	7/9	0.1515	
C_{22}	9/7	1	7/9	7/9	9/9	0.1873	$\lambda_{max}=5.0425$
C_{23}	9/6	9/7	1	9/8	8/9	0.2246	CI=0.0106
C_{24}	9/6	9/7	9/9	1	8/9	0.2194	RI=1.12
C_{25}	9/7	9/9	9/8	9/8	1	0.2171	CR=0.0095 具有满意的一致性

表 7-5　B_3—C_3 层判断矩阵及一致性检验结果

B_3	C_{31}	C_{32}	C_{33}	C_{34}	C_{35}	ω	一致性检验结果
C_{31}	1	7/9	6/9	8/9	7/9	0.1615	
C_{32}	9/7	1	8/9	9/8	8/9	0.2037	$\lambda_{max}=5.0019$
C_{33}	9/6	9/8	1	9/7	9/8	0.2371	CI=0.0005
C_{34}	9/8	8/9	7/9	1	8/9	0.1842	RI=1.12
C_{35}	9/7	9/8	8/9	9/8	1	0.2135	CR=0.0004 具有满意的一致性

表 7-6　B_4—C_4 层判断矩阵及一致性检验结果

B_4	C_{41}	C_{42}	C_{43}	C_{44}	C_{45}	C_{46}	ω	一致性检验结果
C_{41}	1	7/9	6/9	7/9	6/9	8/9	0.1302	
C_{42}	9/7	1	8/9	9/9	7/9	9/8	0.1653	$\lambda_{max}=6.0117$
C_{43}	9/6	9/8	1	8/9	8/9	9/7	0.1808	CI=0.0023
C_{44}	9/7	9/9	9/8	1	8/9	9/8	0.1758	RI=1.24
C_{45}	9/6	9/7	9/8	9/8	1	9/8	0.1956	CR=0.0019
C_{46}	9/8	8/9	7/9	8/9	8/9	1	0.1524	具有满意的一致性

表 7-7　B_5—C_5 层判断矩阵及一致性检验结果

B_5	C_{51}	C_{52}	C_{53}	C_{54}	C_{55}	ω	一致性检验结果
C_{51}	1	9/6	8/9	7/9	9/7	0.2064	
C_{52}	6/9	1	5/9	5/9	8/9	0.1387	$\lambda_{max}=5.0023$
C_{53}	9/8	9/5	1	8/9	9/6	0.2377	CI=0.0006
C_{54}	9/7	9/5	9/8	1	9/6	0.2559	RI=1.12
C_{55}	7/9	9/8	6/9	6/9	1	0.1613	CR=0.0005 具有满意的一致性

表 7-8　B_6—C_6 层判断矩阵及一致性检验结果

B_6	C_{61}	C_{62}	C_{63}	C_{64}	C_{65}	C_{66}	ω	一致性检验结果
C_{61}	1	8/9	8/9	6/9	7/9	7/9	0.1369	
C_{62}	9/8	1	9/9	8/9	8/9	8/9	0.1593	$\lambda_{max}=6.0075$
C_{63}	9/8	9/9	1	7/9	8/9	8/9	0.1558	CI=0.0015
C_{64}	9/6	9/8	9/7	1	9/8	8/9	0.1885	RI=1.24
C_{65}	9/7	9/8	9/8	8/9	1	9/9	0.1762	CR=0.0012
C_{66}	9/7	9/8	9/8	9/8	9/9	1	0.1833	具有满意的一致性

二、熵值法修正权重

基于层次分析法确定的评价指标初步权重，利用前文给出的熵值法基本步骤，计算各评价指标的信息熵 E_j、差异系数 d_j、信息熵权重 μ_j、修正后的综合权重 W_j，以及相对于目标层的最终权重 δ_j，如表 7-9 所示。

表 7−9　熵值法修正 AHP 后的权重

指标层次	编号	E_j	d_j	μ_j	W_j	δ_j
A—B	B_1	0.8582	0.1418	0.0982	0.0769	0.0769
	B_2	0.6237	0.3763	0.2606	0.2513	0.2513
	B_3	0.7490	0.2510	0.1738	0.2204	0.2204
	B_4	0.6237	0.3763	0.2606	0.2513	0.2513
	B_5	0.8183	0.1817	0.1258	0.1488	0.1488
	B_6	0.8829	0.1171	0.0811	0.0512	0.0512
B_1—C_1	C_{11}	0.8612	0.1388	0.1240	0.1002	0.0077
	C_{12}	0.7415	0.2585	0.2310	0.2286	0.0176
	C_{13}	0.8638	0.1362	0.1217	0.0808	0.0062
	C_{14}	0.7415	0.2585	0.2310	0.2286	0.0176
	C_{15}	0.8364	0.1636	0.1462	0.1809	0.0139
	C_{16}	0.8364	0.1636	0.1462	0.1809	0.0139
B_2—C_2	C_{21}	0.6276	0.3724	0.3282	0.2584	0.0825
	C_{22}	0.8125	0.1875	0.1652	0.1609	0.0415
	C_{23}	0.8023	0.1977	0.1742	0.2034	0.0438
	C_{24}	0.7966	0.2034	0.1792	0.2044	0.0450
	C_{25}	0.8262	0.1738	0.1532	0.1729	0.0385
B_3—C_3	C_{31}	0.8199	0.1801	0.1558	0.1248	0.0275
	C_{32}	0.6349	0.3651	0.3158	0.3190	0.0703
	C_{33}	0.7935	0.2065	0.1786	0.2100	0.0463
	C_{34}	0.8069	0.1931	0.1670	0.1526	0.0336
	C_{35}	0.7887	0.2113	0.1828	0.1936	0.0427
B_4—C_4	C_{41}	0.8440	0.1560	0.1725	0.1344	0.0338
	C_{42}	0.8617	0.1383	0.1530	0.1513	0.0380
	C_{43}	0.8415	0.1585	0.1753	0.1896	0.0476
	C_{44}	0.8562	0.1438	0.1591	0.1673	0.0420
	C_{45}	0.8339	0.1661	0.1837	0.2150	0.0540
	C_{46}	0.8588	0.1412	0.1562	0.1424	0.0358

指标层次	编号	E_j	d_j	μ_j	W_j	δ_j
B_5—C_5	C_{51}	0.7773	0.2227	0.1813	0.1949	0.0290
	C_{52}	0.6383	0.3617	0.2944	0.2128	0.0317
	C_{53}	0.7846	0.2154	0.1753	0.2170	0.0323
	C_{54}	0.7952	0.2048	0.1667	0.2222	0.0331
	C_{55}	0.7762	0.2238	0.1822	0.1531	0.0228
B_6—C_6	C_{61}	0.8238	0.1762	0.1952	0.1616	0.0083
	C_{62}	0.8659	0.1341	0.1486	0.1431	0.0073
	C_{63}	0.8347	0.1653	0.1832	0.1726	0.0088
	C_{64}	0.8519	0.1481	0.1641	0.1871	0.0096
	C_{65}	0.8562	0.1438	0.1594	0.1698	0.0087
	C_{66}	0.8650	0.1350	0.1496	0.1658	0.0085

第三节　基于面板数据的我国 40 个资源型城市转型实证过程

一、原始数据的采集及处理

本书选择我国 40 个典型资源型城市对供给侧结构性改革驱动资源型城市转型的效果进行评价，原始数据主要来源于 2012—2016 年的《××市统计年鉴》《××省统计年鉴》《××市国民经济和社会发展统计公报》《中国城市统计年鉴》以及《中国环境统计年鉴》等。通过对相关数据的收集、整理、计算，得到 2012—2016 年典型资源型城市的评价指标数据，各指标的描述性统计如表 7−10 至表 7−14 所示。

表 7-10　2012 年资源型城市转型评价指标的描述性统计

评价指标	算术平均数	最大值	最小值	中位数	标准差
C_{11}	52963.8000	214172.0000	17028.0000	37035.0000	39598.3434
C_{12}	0.0344	0.0450	0.0100	0.0360	0.0074
C_{13}	0.4776	0.8159	0.1322	0.4609	0.1745
C_{14}	0.5924	0.8807	0.1710	0.6089	0.1350
C_{15}	0.2897	0.4400	0.1136	0.3085	0.0701
C_{16}	21015.9625	30953.0000	13425.0000	20671.5000	3767.2820
C_{21}	0.1218	0.8943	0.0052	0.0435	0.1970
C_{22}	0.0273	0.1457	−0.0590	0.0285	0.0454
C_{23}	0.6015	0.9733	0.2358	0.5812	0.1826
C_{24}	0.2947	0.8393	0.0568	0.2608	0.1664
C_{25}	2.1532	4.3767	0.8773	2.0634	0.6858
C_{31}	0.5475	0.8600	0.3172	0.5312	0.1161
C_{32}	0.4696	0.7608	0.0799	0.5129	0.1564
C_{33}	0.5207	0.8807	0.0836	0.5524	0.1681
C_{34}	0.0470	0.1535	0.0000	0.0442	0.0319
C_{35}	0.5555	0.9600	0.2801	0.5288	0.1638
C_{41}	0.9357	1.0000	0.7690	0.9534	0.0562
C_{42}	0.1240	0.5182	0.0049	0.0793	0.1126
C_{43}	0.0745	0.4448	−0.0194	0.0544	0.0879
C_{44}	1.3183	3.6338	0.2317	1.1089	0.7482
C_{45}	1.5155	3.4217	0.3323	1.4809	0.6400
C_{46}	0.1587	0.1820	0.1020	0.1585	0.0124
C_{51}	908.3000	3944.0000	81.0000	664.0000	847.8746
C_{52}	0.0896	0.4083	0.0019	0.0471	0.1018
C_{53}	2.8636	12.5531	0.1104	1.4995	2.9434
C_{54}	0.2054	0.3048	0.1075	0.2071	0.0397
C_{55}	32.3000	123.0000	6.0000	28.0000	23.0252
C_{61}	0.3830	0.6102	0.1502	0.3969	0.0774

续表

评价指标	算术平均数	最大值	最小值	中位数	标准差
C_{62}	0.7409	0.9990	0.1509	0.7808	0.2315
C_{63}	0.9184	1.0000	0.3800	0.9370	0.1008
C_{64}	91.0651	577.4755	0.8689	32.7557	134.6481
C_{65}	7.1789	39.7832	0.0735	2.8984	9.9423
C_{66}	0.9000	1.0000	0.4200	0.9198	0.1146

表7-11   2013年资源型城市转型评价指标的描述性统计

评价指标	算术平均数	最大值	最小值	中位数	标准差
C_{11}	56403.8900	227115.0000	19714.0000	41429.0000	41920.3355
C_{12}	0.0344	0.0450	0.0150	0.0357	0.0069
C_{13}	0.4971	1.1156	0.1491	0.4632	0.2013
C_{14}	0.5768	0.8664	0.1750	0.5935	0.1325
C_{15}	0.3046	0.4720	0.1277	0.3195	0.0709
C_{16}	23195.6250	34048.0000	15370.0000	22353.0000	4180.5849
C_{21}	0.1250	0.9277	0.0010	0.0454	0.2049
C_{22}	0.0615	0.2753	−0.0402	0.0473	0.0682
C_{23}	0.3412	0.7626	0.0904	0.3309	0.1466
C_{24}	0.3156	0.9247	0.0558	0.2935	0.1708
C_{25}	2.1068	4.4076	1.1703	1.9854	0.6840
C_{31}	0.5209	0.8515	0.2699	0.5090	0.1038
C_{32}	0.5038	0.7375	0.1227	0.5133	0.1414
C_{33}	0.4994	0.8260	0.0952	0.5427	0.1626
C_{34}	0.0454	0.1439	0.0000	0.0385	0.0305
C_{35}	0.5662	0.9650	0.2559	0.5405	0.1617
C_{41}	0.9342	1.0000	0.7839	0.9533	0.0596
C_{42}	0.1278	0.4532	0.0014	0.1015	0.1072
C_{43}	0.0737	0.4174	−0.0719	0.0566	0.0861
C_{44}	1.2524	3.5818	0.2199	1.0671	0.7338
C_{45}	1.5356	3.6912	0.3268	1.4688	0.6891

续表

评价指标	算术平均数	最大值	最小值	中位数	标准差
C_{46}	0.1355	0.1500	0.0930	0.1380	0.0127
C_{51}	946.4250	4127.0000	93.0000	559.0000	866.0551
C_{52}	0.0828	0.3265	0.0020	0.0482	0.0896
C_{53}	2.9925	11.1800	0.0934	1.5944	3.0252
C_{54}	0.1994	0.6435	0.1088	0.1865	0.0804
C_{55}	35.8250	137.0000	7.0000	32.0000	25.5322
C_{61}	0.3722	0.4974	0.0039	0.3973	0.1024
C_{62}	0.7751	1.0000	0.1624	0.8457	0.2205
C_{63}	0.8123	1.0000	0.1479	0.8822	0.1973
C_{64}	82.3674	575.1469	1.0350	35.1592	124.4954
C_{65}	6.7139	39.8671	0.0424	2.6977	10.0405
C_{66}	0.9056	1.0000	0.4819	0.9547	0.1297

表 7-12 2014 年资源型城市转型评价指标的描述性统计

评价指标	算术平均数	最大值	最小值	中位数	标准差
C_{11}	57402.0163	223341.0000	20630.0000	43278.5000	41336.3449
C_{12}	0.0335	0.0450	0.0130	0.0357	0.0075
C_{13}	0.5592	0.9379	0.1484	0.5732	0.1847
C_{14}	0.5540	0.8493	0.1620	0.5710	0.1446
C_{15}	0.3254	0.4980	0.1441	0.3360	0.0773
C_{16}	24942.0775	36940.0000	18116.0000	23871.5000	4204.1247
C_{21}	0.0994	0.6317	0.0019	0.0461	0.1344
C_{22}	0.0068	0.4459	−3.1000	0.0557	0.5082
C_{23}	0.6632	1.5895	0.3196	0.6252	0.2834
C_{24}	0.3448	0.8323	0.1063	0.2905	0.1799
C_{25}	2.3573	7.1703	1.1823	2.2285	1.0324
C_{31}	0.5147	0.7345	0.3270	0.5142	0.0972
C_{32}	0.4901	0.7311	0.1215	0.4945	0.1428
C_{33}	0.4837	0.8125	0.0887	0.5185	0.1671

续表

评价指标	算术平均数	最大值	最小值	中位数	标准差
C_{34}	0.0437	0.1302	0.0000	0.0382	0.0278
C_{35}	0.5816	0.9700	0.3155	0.5518	0.1552
C_{41}	0.9280	1.0000	0.5633	0.9439	0.0807
C_{42}	0.1369	0.4796	0.0177	0.1031	0.1178
C_{43}	0.0548	0.4065	−0.1009	0.0437	0.0849
C_{44}	1.1537	4.1390	0.1994	0.9172	0.7508
C_{45}	1.9635	17.6470	0.3100	1.4336	2.6239
C_{46}	0.1160	0.1370	0.0420	0.1225	0.0192
C_{51}	869.8000	3072.0000	80.0000	578.0000	803.1975
C_{52}	0.0824	0.3265	0.0020	0.0499	0.0893
C_{53}	2.9829	11.0600	0.1060	1.9006	2.9647
C_{54}	0.1720	0.3321	0.0735	0.1673	0.0509
C_{55}	40.1750	161.0000	8.0000	32.5000	32.5161
C_{61}	0.3868	0.5046	0.0102	0.4011	0.0796
C_{62}	0.7700	0.9911	0.1440	0.8565	0.2239
C_{63}	0.7644	1.0000	0.2410	0.8182	0.1827
C_{64}	77.2304	545.3357	0.8947	34.4132	116.9671
C_{65}	5.7947	40.1469	0.0564	2.4312	8.4281
C_{66}	0.9120	1.0000	0.0549	0.9750	0.1650

表 7-13 2015 年资源型城市转型评价指标的描述性统计

评价指标	算术平均数	最大值	最小值	中位数	标准差
C_{11}	54856.4990	166899.0000	21618.3300	43662.5000	34228.7785
C_{12}	0.0321	0.0414	0.0100	0.0346	0.0076
C_{13}	0.4435	1.0384	0.0875	0.3881	0.1971
C_{14}	0.5134	0.8020	0.1520	0.5360	0.1308
C_{15}	0.3642	0.5290	0.1830	0.3638	0.0649
C_{16}	26728.3225	38735.0000	18891.0000	25516.0000	4440.1750
C_{21}	0.1381	1.9466	0.0047	0.0450	0.3219

续表

评价指标	算术平均数	最大值	最小值	中位数	标准差
C_{22}	0.1545	2.3800	−0.1522	0.0542	0.4361
C_{23}	0.3629	0.7178	0.1503	0.3352	0.1405
C_{24}	0.3073	0.7246	0.1014	0.2845	0.1548
C_{25}	2.5170	7.3949	1.2820	2.1757	1.2978
C_{31}	0.4975	0.8100	0.3046	0.4867	0.1097
C_{32}	0.4689	0.6983	0.1250	0.4775	0.1382
C_{33}	0.4469	0.7465	0.1206	0.4527	0.1618
C_{34}	0.0390	0.1194	0.0000	0.0357	0.0247
C_{35}	0.5916	0.9760	0.3346	0.5620	0.1458
C_{41}	0.9398	1.0000	0.7681	0.9529	0.0531
C_{42}	0.1918	0.5840	0.0127	0.1612	0.1538
C_{43}	0.0332	0.1946	−0.1020	0.0295	0.0546
C_{44}	1.0195	2.9462	0.1928	0.8179	0.6089
C_{45}	1.5191	3.8222	0.2945	1.5026	0.8152
C_{46}	0.0906	0.1310	0.0260	0.0935	0.0256
C_{51}	1171.0500	4541.0000	113.0000	661.5000	1106.4218
C_{52}	0.0861	0.3426	0.0019	0.0398	0.0976
C_{53}	3.0430	11.1400	0.1030	1.7627	3.0144
C_{54}	0.1445	0.2614	0.0229	0.1423	0.0577
C_{55}	43.6750	166.0000	9.0000	32.0000	34.0510
C_{61}	0.3945	0.4854	0.2068	0.4043	0.0603
C_{62}	0.7771	1.0000	0.1309	0.8631	0.2251
C_{63}	0.7509	1.0000	0.3670	0.7850	0.1750
C_{64}	65.5809	520.1189	0.9067	34.1991	100.8907
C_{65}	5.4713	39.6713	0.0540	2.0985	8.3315
C_{66}	0.9186	1.0000	0.2699	0.9663	0.1419

表 7-14　2016 年资源型城市转型评价指标的描述性统计

评价指标	算术平均数	最大值	最小值	中位数	标准差
C_{11}	55404.5250	216300.0000	21043.0000	45866.5000	37686.6533
C_{12}	0.0621	0.8160	0.0100	0.0343	0.1374
C_{13}	0.3912	0.8274	0.0018	0.3674	0.1752
C_{14}	0.4806	0.7083	0.1490	0.4861	0.1289
C_{15}	0.4026	0.7460	0.2610	0.3978	0.0846
C_{16}	28160.0250	41580.0000	20085.0000	26890.5000	4792.7621
C_{21}	0.0730	0.3698	0.0035	0.0359	0.0885
C_{22}	0.1340	0.8649	−0.4540	0.0874	0.2138
C_{23}	0.4165	0.7088	0.1693	0.4276	0.1407
C_{24}	0.3196	0.7373	0.0974	0.2990	0.1622
C_{25}	2.0651	6.6700	0.4041	2.0783	1.1009
C_{31}	0.4362	0.7287	0.1170	0.4410	0.1288
C_{32}	0.4225	0.6628	0.1297	0.4419	0.1334
C_{33}	0.4005	0.7571	0.0735	0.4038	0.1655
C_{34}	0.0411	0.1180	0.0000	0.0383	0.0256
C_{35}	0.5943	0.9862	0.3500	0.5638	0.1455
C_{41}	0.9387	1.0000	0.7746	0.9488	0.0561
C_{42}	0.1750	0.6144	0.0066	0.1108	0.1654
C_{43}	0.0336	0.1567	−0.0902	0.0421	0.0487
C_{44}	0.8945	2.8210	0.1539	0.7066	0.6204
C_{45}	1.4286	3.8322	0.1087	1.3100	0.8467
C_{46}	0.0934	0.1330	0.0270	0.0950	0.0243
C_{51}	1059.4500	3835.0000	93.0000	633.5000	1003.9214
C_{52}	0.0669	0.3217	0.0014	0.0388	0.0704
C_{53}	2.9993	11.5900	0.1611	2.1177	2.8457
C_{54}	0.1695	0.2275	0.0010	0.1794	0.0445
C_{55}	90.1590	702.2700	12.0000	46.0000	129.7567
C_{61}	0.3911	0.4869	0.1788	0.4059	0.0645
C_{62}	0.7591	1.0000	0.0520	0.8352	0.2356

续表

评价指标	算术平均数	最大值	最小值	中位数	标准差
C_{63}	0.7726	1.0000	0.3233	0.8096	0.1699
C_{64}	31.7173	464.4895	0.6381	10.4973	75.2296
C_{65}	3.6494	42.0559	0.0527	1.4106	7.1229
C_{66}	0.9184	1.0000	0.3659	0.9685	0.1236

二、灰色关联 TOPSIS 评价过程

在计算 2012—2016 年 40 个资源型城市的分类转型指数及综合转型指数的过程中，不同年份的计算过程完全一致，且城市数量大、数据较多。因此，为避免行文冗余，本书详述 2012 年 40 个资源型城市的转型指数计算过程，其他年份仅提供计算结果，其计算步骤如下。

步骤 1：求出 2012 年各评价指标的正、负理想解

经济层面 $C_{11}-C_{16}$：

$b_j^+ = \{0.1002, 0.2286, 0.0808, 0.2286, 0.1809, 0.1809\}$

$b_j^- = \{0.0000, 0.0000, 0.0000, 0.0000, 0.0000, 0.0000\}$

制度层面 $C_{21}-C_{25}$：

$b_j^+ = \{0.2584, 0.1609, 0.2034, 0.2044, 0.1729\}$

$b_j^- = \{0.0000, 0.0000, 0.0000, 0.0000, 0.0000\}$

结构层面 $C_{31}-C_{35}$：

$b_j^+ = \{0.1248, 0.3190, 0.2100, 0.1526, 0.1936\}$

$b_j^- = \{0.0000, 0.0000, 0.0000, 0.0000, 0.0000\}$

产业层面 $C_{41}-C_{46}$：

$b_j^+ = \{0.1344, 0.1513, 0.1896, 0.1673, 0.2150, 0.1424\}$

$b_j^- = \{0.0000, 0.0000, 0.0000, 0.0000, 0.0000, 0.0000\}$

要素层面 $C_{51}-C_{55}$：

$b_j^+ = \{0.1949, 0.2128, 0.2170, 0.2222, 0.1531\}$

$b_j^- = \{0.0000, 0.0000, 0.0000, 0.0000, 0.0000\}$

生态层面 $C_{61}-C_{66}$:

$b_j^+= \{0.1616, 0.1431, 0.1726, 0.1871, 0.1698, 0.1658\}$

$b_j^-= \{0.0000, 0.0000, 0.0000, 0.0000, 0.0000, 0.0000\}$

步骤 2:分别计算 2012 年第 i 个样本到正、负理想解的距离

经济层面:

$d_i^+= \{0.2112, 0.2304, 0.2675, 0.2730, 0.2698, 0.2184, 0.2156, 0.2707,$
$0.2445, 0.2872, 0.2661, 0.2625, 0.2363, 0.2624, 0.2849, 0.3131, 0.2744, 0.2560,$
$0.3172, 0.3355, 0.302, 0.2887, 0.2323, 0.2880, 0.3129, 0.2663, 0.2840, 0.3451,$
$0.2858, 0.2608, 0.3086, 0.3066, 0.3017, 0.2456, 0.2935, 0.2565, 0.3168, 0.2998,$
$0.2827, 0.3030\}$

$d_i^-= \{0.2858, 0.2406, 0.1982, 0.1947, 0.1780, 0.2575, 0.2484, 0.1966,$
$0.2218, 0.1879, 0.1820, 0.2094, 0.2335, 0.1824, 0.2007, 0.1532, 0.2653, 0.2223,$
$0.2058, 0.1628, 0.1584, 0.1711, 0.2501, 0.1773, 0.1314, 0.1741, 0.1712, 0.1124,$
$0.1727, 0.1983, 0.1408, 0.1705, 0.1676, 0.2381, 0.1614, 0.1944, 0.1260, 0.1521,$
$0.1603, 0.2801\}$

制度层面:

$d_i^+= \{0.2112, 0.2304, 0.2675, 0.2730, 0.2698, 0.2184, 0.2156, 0.2707,$
$0.2445, 0.2872, 0.2661, 0.2625, 0.2363, 0.2624, 0.2849, 0.3131, 0.2744, 0.2560,$
$0.3172, 0.3355, 0.3023, 0.2887, 0.2323, 0.2880, 0.3129, 0.2663, 0.2840, 0.3451,$
$0.2858, 0.2608, 0.3086, 0.3066, 0.3017, 0.2456, 0.2935, 0.2565, 0.3168, 0.2998,$
$0.2827, 0.3030\}$

$d_i^-= \{0.2858, 0.2406, 0.1982, 0.1947, 0.1780, 0.2575, 0.2484, 0.1966,$
$0.2218, 0.1879, 0.1820, 0.2094, 0.2335, 0.1824, 0.2007, 0.1532, 0.2653, 0.2223,$
$0.2058, 0.1628, 0.1584, 0.1711, 0.2501, 0.1773, 0.1314, 0.1741, 0.1712, 0.1124,$
$0.1727, 0.1983, 0.1408, 0.1705, 0.1676, 0.2381, 0.1614, 0.1944, 0.1260, 0.1521,$
$0.1603, 0.2801\}$

结构层面:

$d_i^+= \{0.2112, 0.2304, 0.2675, 0.2730, 0.2698, 0.2184, 0.2156, 0.2707,$

$0.2445, 0.2872, 0.2661, 0.2625, 0.2363, 0.2624, 0.2849, 0.3131, 0.2744, 0.2560,$
$0.3172, 0.3355, 0.3023, 0.2887, 0.2323, 0.2880, 0.3129, 0.2663, 0.2840, 0.3451,$
$0.2858, 0.2608, 0.3086, 0.3066, 0.3017, 0.2456, 0.2935, 0.2565, 0.3168, 0.2998,$
$0.2827, 0.3030\}$

$d_i^- = \{0.2858, 0.2406, 0.1982, 0.1947, 0.1780, 0.2575, 0.2484, 0.1966,$
$0.2218, 0.1879, 0.1820, 0.2094, 0.2335, 0.1824, 0.2007, 0.1532, 0.2653, 0.2223,$
$0.2058, 0.1628, 0.1584, 0.1711, 0.2501, 0.1773, 0.1314, 0.1741, 0.1712, 0.1124,$
$0.1727, 0.1983, 0.1408, 0.1705, 0.1676, 0.2381, 0.1614, 0.1944, 0.1260, 0.1521,$
$0.1603, 0.2801\}$

产业层面：

$d_i^+ = \{0.2112, 0.2304, 0.2675, 0.2730, 0.2698, 0.2184, 0.2156, 0.2707,$
$0.2445, 0.2872, 0.2661, 0.2625, 0.2363, 0.2624, 0.2849, 0.3131, 0.2744, 0.2560,$
$0.3172, 0.3355, 0.3023, 0.2887, 0.2323, 0.2880, 0.3129, 0.2663, 0.2840, 0.3451,$
$0.2858, 0.2608, 0.3086, 0.3066, 0.3017, 0.2456, 0.2935, 0.2565, 0.3168, 0.2998,$
$0.2827, 0.3030\}$

$d_i^- = \{0.2858, 0.2406, 0.1982, 0.1947, 0.1780, 0.2575, 0.2484, 0.1966,$
$0.2218, 0.1879, 0.1820, 0.2094, 0.2335, 0.1824, 0.2007, 0.1532, 0.2653, 0.2223,$
$0.2058, 0.1628, 0.1584, 0.1711, 0.2501, 0.1773, 0.1314, 0.1741, 0.1712, 0.1124,$
$0.1727, 0.1983, 0.1408, 0.1705, 0.1676, 0.2381, 0.1614, 0.1944, 0.1260, 0.1521,$
$0.1603, 0.2801\}$

要素层面：

$d_i^+ = \{0.2112, 0.2304, 0.2675, 0.2730, 0.2698, 0.2184, 0.2156, 0.2707,$
$0.2445, 0.2872, 0.2661, 0.2625, 0.2363, 0.2624, 0.2849, 0.3131, 0.2744, 0.2560,$
$0.3172, 0.3355, 0.3023, 0.2887, 0.2323, 0.2880, 0.3129, 0.2663, 0.2840, 0.3451,$
$0.2858, 0.2608, 0.3086, 0.3066, 0.3017, 0.2456, 0.2935, 0.2565, 0.3168, 0.2998,$
$0.2827, 0.3030\}$

$d_i^- = \{0.2858, 0.2406, 0.1982, 0.1947, 0.1780, 0.2575, 0.2484, 0.1966,$
$0.2218, 0.1879, 0.1820, 0.2094, 0.2335, 0.1824, 0.2007, 0.1532, 0.2653, 0.2223,$

0.2058, 0.1628, 0.1584, 0.1711, 0.2501, 0.1773, 0.1314, 0.1741, 0.1712, 0.1124, 0.1727, 0.1983, 0.1408, 0.1705, 0.1676, 0.2381, 0.1614, 0.1944, 0.1260, 0.1521, 0.1603, 0.2801}

生态层面：

d_i^+= {0.2112, 0.2304, 0.2675, 0.2730, 0.2698, 0.2184, 0.2156, 0.2707, 0.2445, 0.2872, 0.2661, 0.2625, 0.2363, 0.2624, 0.2849, 0.3131, 0.2744, 0.2560, 0.3172, 0.3355, 0.3023, 0.2887, 0.2323, 0.2880, 0.3129, 0.2663, 0.2840, 0.3451, 0.2858, 0.2608, 0.3086, 0.3066, 0.3017, 0.2456, 0.2935, 0.2565, 0.3168, 0.2998, 0.2827, 0.3030}

d_i^-= {0.2858, 0.2406, 0.1982, 0.1947, 0.1780, 0.2575, 0.2484, 0.1966, 0.2218, 0.1879, 0.1820, 0.2094, 0.2335, 0.1824, 0.2007, 0.1532, 0.2653, 0.2223, 0.2058, 0.1628, 0.1584, 0.1711, 0.2501, 0.1773, 0.1314, 0.1741, 0.1712, 0.1124, 0.1727, 0.1983, 0.1408, 0.1705, 0.1676, 0.2381, 0.1614, 0.1944, 0.1260, 0.1521, 0.1603, 0.2801}

步骤 3：计算 2012 年第 i 个样本与正、负理想解的灰色关联度

经济层面：

c_i^+= {0.7185, 0.6011, 0.5876, 0.5622, 0.5459, 0.6323, 0.6194, 0.5928, 0.6271, 0.5442, 0.5432, 0.5733, 0.6048, 0.5440, 0.5674, 0.5079, 0.6015, 0.5756, 0.5258, 0.5861, 0.5492, 0.5724, 0.6544, 0.5281, 0.5211, 0.5461, 0.5235, 0.4881, 0.5440, 0.5384, 0.5318, 0.5687, 0.5439, 0.5910, 0.5600, 0.5364, 0.4970, 0.5249, 0.5345, 0.7168}

c_i^-= {0.5485, 0.6345, 0.6326, 0.6673, 0.6707, 0.6157, 0.6000, 0.6340, 0.5981, 0.6978, 0.6687, 0.6530, 0.6209, 0.6644, 0.6836, 0.7448, 0.7149, 0.6626, 0.7898, 0.7000, 0.6901, 0.6503, 0.5945, 0.7065, 0.7093, 0.6619, 0.7072, 0.7883, 0.6830, 0.6921, 0.6960, 0.6727, 0.7015, 0.6590, 0.6612, 0.6862, 0.7455, 0.7028, 0.6763, 0.6650}

制度层面：

c_i^+= {0.5733, 0.5529, 0.6429, 0.6460, 0.6114, 0.6424, 0.5921, 0.6709,

$0.6931, 0.6659, 0.6553, 0.6600, 0.6561, 0.6449, 0.5825, 0.6026, 0.5938, 0.4813,$
$0.5799, 0.7151, 0.6257, 0.5412, 0.5384, 0.6243, 0.5786, 0.6709, 0.6011, 0.6116,$
$0.5458, 0.6080, 0.7596, 0.6359, 0.5550, 0.5613, 0.6480, 0.5454, 0.5876, 0.5186,$
$0.7090, 0.7315\}$

$c_i^- = \{0.5891, 0.6447, 0.5273, 0.6195, 0.5978, 0.5654, 0.6030, 0.5970,$
$0.5289, 0.5572, 0.5887, 0.5787, 0.5643, 0.5769, 0.6422, 0.6267, 0.6094, 0.7120,$
$0.6199, 0.5335, 0.5933, 0.6039, 0.6638, 0.6024, 0.6130, 0.5728, 0.6535, 0.6144,$
$0.7070, 0.6728, 0.4940, 0.5779, 0.6989, 0.7154, 0.6128, 0.7430, 0.6858, 0.7155,$
$0.5007, 0.4852\}$

结构层面：

$c_i^+ = \{0.5568, 0.7143, 0.6173, 0.6126, 0.5990, 0.6364, 0.5782, 0.6205,$
$0.6371, 0.6013, 0.5842, 0.5795, 0.5651, 0.5983, 0.6440, 0.6550, 0.7620, 0.7057,$
$0.7862, 0.5702, 0.6098, 0.6417, 0.6246, 0.5651, 0.5414, 0.5525, 0.5649, 0.5408,$
$0.5983, 0.7066, 0.5777, 0.6258, 0.5931, 0.6716, 0.5895, 0.5667, 0.6348, 0.5102,$
$0.6121, 0.6043\}$

$c_i^- = \{0.7279, 0.5937, 0.6503, 0.6498, 0.6767, 0.6320, 0.6909, 0.6400,$
$0.6312, 0.6603, 0.6817, 0.7143, 0.7026, 0.6634, 0.6324, 0.6266, 0.6063, 0.5854,$
$0.5224, 0.7150, 0.6780, 0.6536, 0.6333, 0.7356, 0.7406, 0.7348, 0.7195, 0.7611,$
$0.6647, 0.6082, 0.7218, 0.7087, 0.7316, 0.6715, 0.7120, 0.7070, 0.7509, 0.8698,$
$0.6493, 0.7656\}$

产业层面：

$c_i^+ = \{0.6481, 0.6193, 0.5805, 0.6204, 0.6579, 0.6581, 0.6647, 0.5476,$
$0.6624, 0.6591, 0.6922, 0.7714, 0.7072, 0.6894, 0.6307, 0.6729, 0.7269, 0.7039,$
$0.6523, 0.7482, 0.6745, 0.6045, 0.6175, 0.6559, 0.6383, 0.6646, 0.7280, 0.6789,$
$0.7058, 0.6508, 0.6283, 0.6337, 0.6710, 0.8199, 0.7902, 0.6450, 0.8998, 0.6381,$
$0.5441, 0.6049\}$

$c_i^- = \{0.5964, 0.5891, 0.5947, 0.5776, 0.5764, 0.5469, 0.5411, 0.6543,$
$0.5351, 0.5369, 0.5357, 0.4882, 0.5279, 0.5411, 0.5692, 0.5430, 0.5100, 0.5183,$

0.5744, 0.4586, 0.5240, 0.6144, 0.5548, 0.5510, 0.5444, 0.5300, 0.5006, 0.5227, 0.5200, 0.5527, 0.5654, 0.5950, 0.5460, 0.4537, 0.4572, 0.5740, 0.4198, 0.6167, 0.7119, 0.6696}

要素层面：

c_i^+= {0.6050, 0.5630, 0.7251, 0.5645, 0.5553, 0.5476, 0.4641, 0.4805, 0.4106, 0.4145, 0.4637, 0.5068, 0.6042, 0.5082, 0.6082, 0.5210, 0.5145, 0.5541, 0.5198, 0.6062, 0.5497, 0.4694, 0.5987, 0.4820, 0.5149, 0.5184, 0.5889, 0.4431, 0.5326, 0.5558, 0.5398, 0.4683, 0.4742, 0.5065, 0.5710, 0.5229, 0.4969, 0.5011, 0.4980, 0.5554}

c_i^-= {0.5270, 0.5641, 0.4487, 0.5343, 0.5683, 0.6017, 0.6874, 0.7072, 0.7714, 0.7419, 0.7528, 0.7282, 0.5226, 0.7588, 0.6523, 0.7052, 0.7330, 0.5604, 0.7370, 0.4973, 0.5572, 0.6411, 0.5428, 0.6947, 0.5557, 0.5582, 0.5023, 0.7644, 0.6128, 0.7074, 0.6177, 0.8558, 0.7283, 0.7433, 0.6479, 0.7192, 0.6736, 0.7731, 0.7482, 0.7166}

生态层面：

c_i^+= {0.7757, 0.7353, 0.6534, 0.6625, 0.6690, 0.7706, 0.6461, 0.7853, 0.7127, 0.7357, 0.7908, 0.8489, 0.7794, 0.7553, 0.8053, 0.8259, 0.8908, 0.8716, 0.8537, 0.8747, 0.7598, 0.8360, 0.7978, 0.7478, 0.6051, 0.6795, 0.6824, 0.7139, 0.8024, 0.8263, 0.7431, 0.7036, 0.6771, 0.7958, 0.8131, 0.6877, 0.8114, 0.6529, 0.7654, 0.9131}

c_i^-= {0.4995, 0.4261, 0.4563, 0.5039, 0.5266, 0.4136, 0.6173, 0.4830, 0.5082, 0.4256, 0.4131, 0.3969, 0.4273, 0.4579, 0.4058, 0.4041, 0.4114, 0.3940, 0.4250, 0.3891, 0.4184, 0.4023, 0.4050, 0.4207, 0.4941, 0.4484, 0.4816, 0.5236, 0.4340, 0.4140, 0.4814, 0.4434, 0.5163, 0.4182, 0.4133, 0.4800, 0.4399, 0.5445, 0.4243, 0.3832}

步骤 4：计算 2012 年第 i 个样本与正、负理想解的贴近度

分别对正、负理想解距离及灰色关联度进行无量纲化处理，然后综合利用正、负理想解距离及灰色关联度，计算 2012 年第 i 个样本与正、负理想解的

贴近度。

经济层面：

$H_i^+ = \{$ 1.0000, 0.8393, 0.7558, 0.7319, 0.6914, 0.8907, 0.8657, 0.7565, 0.8246, 0.7076, 0.6965, 0.7654, 0.8294, 0.6978, 0.7461, 0.6214, 0.8827, 0.7896, 0.7260, 0.6927, 0.6593, 0.6978, 0.8929, 0.6778, 0.5926, 0.6847, 0.6639, 0.5364, 0.6807, 0.7217, 0.6165, 0.6941, 0.6717, 0.8280, 0.6721, 0.7133, 0.5664, 0.6314, 0.6525, 0.9889 $\}$

$H_i^- = \{$ 0.6533, 0.7356, 0.7881, 0.8180, 0.8155, 0.7063, 0.6922, 0.7936, 0.7329, 0.8579, 0.8088, 0.7937, 0.7354, 0.8008, 0.8456, 0.9251, 0.8501, 0.7904, 0.9596, 0.9293, 0.8748, 0.8300, 0.7130, 0.8645, 0.9024, 0.8048, 0.8591, 0.9991, 0.8465, 0.8161, 0.8877, 0.8702, 0.8813, 0.7730, 0.8438, 0.8061, 0.9309, 0.8793, 0.8378, 0.8600 $\}$

制度层面：

$H_i^+ = \{$ 0.8774, 0.7849, 0.7700, 0.7658, 0.7140, 0.8735, 0.8243, 0.7856, 0.8444, 0.7672, 0.7498, 0.8008, 0.8403, 0.7437, 0.7347, 0.6647, 0.8550, 0.7058, 0.7418, 0.7555, 0.6890, 0.6557, 0.7919, 0.7212, 0.6108, 0.7463, 0.6953, 0.5993, 0.6614, 0.7472, 0.7464, 0.7169, 0.6585, 0.7862, 0.7089, 0.6990, 0.6073, 0.6075, 0.7472, 0.9716 $\}$

$H_i^- = \{$ 0.7025, 0.7678, 0.7424, 0.8125, 0.7932, 0.6969, 0.7182, 0.7940, 0.7102, 0.7911, 0.7816, 0.7697, 0.7221, 0.7684, 0.8450, 0.8753, 0.8077, 0.8500, 0.8768, 0.8452, 0.8372, 0.8247, 0.7833, 0.8226, 0.8659, 0.7713, 0.8512, 0.9135, 0.8898, 0.8307, 0.7796, 0.8332, 0.9075, 0.8372, 0.8376, 0.8717, 0.9205, 0.9159, 0.7466, 0.7656 $\}$

结构层面：

$H_i^+ = \{$ 0.8541, 0.8753, 0.7394, 0.7302, 0.6925, 0.8553, 0.8023, 0.7386, 0.7933, 0.7113, 0.6900, 0.7350, 0.7679, 0.6997, 0.7608, 0.6846, 0.9487, 0.8378, 0.8601, 0.6475, 0.6649, 0.7076, 0.8348, 0.6697, 0.5742, 0.6561, 0.6589, 0.5407, 0.6827, 0.7964, 0.6138, 0.6963, 0.6704, 0.8438, 0.6573, 0.7005, 0.6242, 0.5906,

$0.6698, 0.8745\}$

$H_i^- = \{0.7245, 0.6751, 0.7614, 0.7691, 0.7798, 0.6798, 0.7095, 0.7601,$
$0.7171, 0.7957, 0.7773, 0.7908, 0.7461, 0.7615, 0.7763, 0.8137, 0.7460, 0.7074,$
$0.7599, 0.8971, 0.8277, 0.7940, 0.7006, 0.8400, 0.8791, 0.8081, 0.8250, 0.9375,$
$0.7961, 0.7275, 0.8620, 0.8516, 0.8577, 0.7418, 0.8345, 0.7781, 0.8906, 0.9344,$
$0.7828, 0.8791\}$

产业层面：

$H_i^+ = \{0.8601, 0.7651, 0.6694, 0.6854, 0.6771, 0.8163, 0.8040, 0.6483,$
$0.7562, 0.6951, 0.7031, 0.7951, 0.8015, 0.7023, 0.7017, 0.6419, 0.8680, 0.7801,$
$0.7225, 0.7006, 0.6519, 0.6354, 0.7806, 0.6747, 0.5846, 0.6740, 0.7041, 0.5739,$
$0.6943, 0.7086, 0.5956, 0.6505, 0.6661, 0.8723, 0.7215, 0.6985, 0.7205, 0.6207,$
$0.5829, 0.8262\}$

$H_i^- = \{0.7249, 0.7476, 0.8052, 0.8013, 0.7957, 0.7006, 0.6924, 0.8518,$
$0.7300, 0.7932, 0.7617, 0.7231, 0.7131, 0.7602, 0.8126, 0.8349, 0.7557, 0.7349,$
$0.8631, 0.8082, 0.8060, 0.8498, 0.7262, 0.8042, 0.8357, 0.7580, 0.7630, 0.8671,$
$0.7792, 0.7661, 0.8441, 0.8622, 0.8206, 0.6744, 0.7463, 0.7748, 0.7538, 0.8675,$
$0.9096, 0.9093\}$

要素层面：

$H_i^+ = \{0.9172, 0.8092, 0.8469, 0.7299, 0.6944, 0.8282, 0.7546, 0.6753,$
$0.6713, 0.6147, 0.6382, 0.7159, 0.8251, 0.6697, 0.7706, 0.6272, 0.8189, 0.7711,$
$0.7185, 0.7028, 0.6561, 0.6231, 0.8504, 0.6427, 0.5850, 0.6621, 0.7057, 0.5022,$
$0.6694, 0.7302, 0.6186, 0.6212, 0.6201, 0.7659, 0.6761, 0.7006, 0.5631, 0.6117,$
$0.6240, 0.8731\}$

$H_i^- = \{0.6140, 0.6634, 0.6497, 0.7077, 0.7229, 0.6680, 0.7140, 0.8054,$
$0.8049, 0.8496, 0.8252, 0.8057, 0.6476, 0.8235, 0.7939, 0.8656, 0.8258, 0.6982,$
$0.8902, 0.7766, 0.7635, 0.7928, 0.6537, 0.8231, 0.7780, 0.7119, 0.7048, 0.9466,$
$0.7721, 0.7912, 0.8080, 0.9443, 0.8627, 0.7901, 0.8037, 0.7918, 0.8525, 0.8860,$
$0.8468, 0.8577\}$

生态层面：

H_i^+ = {0.9248, 0.8236, 0.7047, 0.7034, 0.6779, 0.8726, 0.7884, 0.7740, 0.7785, 0.7317, 0.7515, 0.8313, 0.8353, 0.7328, 0.7923, 0.7203, 0.9519, 0.8663, 0.8276, 0.7638, 0.6932, 0.7573, 0.8744, 0.7198, 0.5613, 0.6768, 0.6733, 0.5877, 0.7416, 0.7995, 0.6533, 0.6836, 0.6640, 0.8525, 0.7277, 0.7167, 0.6648, 0.6237, 0.6997, 0.9901}

H_i^- = {0.7106, 0.6790, 0.7572, 0.8038, 0.8175, 0.6515, 0.8124, 0.7835, 0.7659, 0.7609, 0.7201, 0.7017, 0.6884, 0.7511, 0.7415, 0.7809, 0.7308, 0.6900, 0.8038, 0.8013, 0.7769, 0.7442, 0.6646, 0.7580, 0.8536, 0.7490, 0.8015, 0.9241, 0.7656, 0.7132, 0.8370, 0.8034, 0.8554, 0.6945, 0.7600, 0.7605, 0.8153, 0.8755, 0.7533, 0.7494}

步骤5：综合第 i 个样本与正、负理想解的贴近度，计算 2012 年 40 个资源型城市的分类转型指数

$\varphi_{i经济转型指数}$ = {0.6049, 0.5329, 0.4895, 0.4722, 0.4588, 0.5577, 0.5557, 0.4880, 0.5294, 0.4520, 0.4627, 0.4909, 0.5300, 0.4656, 0.4688, 0.4018, 0.5094, 0.4998, 0.4307, 0.4271, 0.4298, 0.4568, 0.5560, 0.4395, 0.3964, 0.4597, 0.4359, 0.3493, 0.4457, 0.4693, 0.4099, 0.4437, 0.4325, 0.5172, 0.4434, 0.4695, 0.3783, 0.4179, 0.4378, 0.5349}

$\varphi_{i制度转型指数}$ = {0.5553, 0.5055, 0.5091, 0.4852, 0.4737, 0.5562, 0.5344, 0.4973, 0.5432, 0.4923, 0.4896, 0.5099, 0.5378, 0.4918, 0.4651, 0.4316, 0.5142, 0.4537, 0.4583, 0.4720, 0.4514, 0.4429, 0.5027, 0.4671, 0.4136, 0.4918, 0.4496, 0.3962, 0.4264, 0.4736, 0.4891, 0.4625, 0.4205, 0.4843, 0.4584, 0.4450, 0.3975, 0.3988, 0.5002, 0.5593}

$\varphi_{i结构转型指数}$ = {0.5411, 0.5645, 0.4927, 0.4870, 0.4703, 0.5572, 0.5307, 0.4928, 0.5252, 0.4720, 0.4703, 0.4817, 0.5072, 0.4789, 0.4950, 0.4569, 0.5598, 0.5422, 0.5309, 0.4192, 0.4455, 0.4712, 0.5437, 0.4436, 0.3951, 0.4481, 0.4440, 0.3658, 0.4616, 0.5226, 0.4159, 0.4498, 0.4387, 0.5322, 0.4406, 0.4738, 0.4121, 0.3873, 0.4611, 0.4987}

$\varphi_{i\text{产业转型指数}} = \{0.5427, 0.5058, 0.4539, 0.4610, 0.4597, 0.5382, 0.5373,$
$0.4322, 0.5088, 0.4670, 0.4800, 0.5237, 0.5292, 0.4802, 0.4634, 0.4346, 0.5346,$
$0.5149, 0.4557, 0.4643, 0.4472, 0.4278, 0.5181, 0.4562, 0.4116, 0.4707, 0.4799,$
$0.3983, 0.4712, 0.4805, 0.4137, 0.4300, 0.4480, 0.5639, 0.4915, 0.4741, 0.4887,$
$0.4171, 0.3905, 0.4761\}$

$\varphi_{i\text{要素转型指数}} = \{0.5990, 0.5495, 0.5659, 0.5077, 0.4899, 0.5535, 0.5138,$
$0.4561, 0.4547, 0.4198, 0.4361, 0.4705, 0.5603, 0.4485, 0.4926, 0.4202, 0.4979,$
$0.5248, 0.4466, 0.4750, 0.4622, 0.4401, 0.5654, 0.4385, 0.4292, 0.4819, 0.5003,$
$0.3467, 0.4644, 0.4800, 0.4336, 0.3968, 0.4182, 0.4922, 0.4569, 0.4694, 0.3978,$
$0.4084, 0.4243, 0.5044\}$

$\varphi_{i\text{生态转型指数}} = \{0.5655, 0.5481, 0.4820, 0.4667, 0.4533, 0.5725, 0.4925,$
$0.4969, 0.5041, 0.4902, 0.5107, 0.5423, 0.5482, 0.4938, 0.5165, 0.4798, 0.5657,$
$0.5567, 0.5073, 0.4880, 0.4715, 0.5044, 0.5682, 0.4871, 0.3967, 0.4747, 0.4565,$
$0.3887, 0.4920, 0.5285, 0.4384, 0.4597, 0.4370, 0.5510, 0.4891, 0.4852, 0.4492,$
$0.4160, 0.4816, 0.5692\}$

步骤6：根据2012年分类承载力指数，计算40个资源型城市的综合转型指数

$\varphi_{i\text{综合转型指数}} = \{0.5598, 0.5294, 0.4971, 0.4809, 0.4696, 0.5524, 0.5307,$
$0.4730, 0.5143, 0.4674, 0.4739, 0.5014, 0.5321, 0.4776, 0.4782, 0.4364, 0.5292,$
$0.5079, 0.4723, 0.4562, 0.4500, 0.4491, 0.5323, 0.4538, 0.4091, 0.4720, 0.4628,$
$0.3786, 0.4559, 0.4895, 0.4370, 0.4401, 0.4328, 0.5219, 0.4630, 0.4662, 0.4248,$
$0.4046, 0.4469, 0.5154\}$

依据2012年40个资源型城市分类转型指数及综合转型指数的计算步骤，可分别求得2013—2016年40个资源型城市的分类转型指数及综合转型指数。2013—2016年分类转型指数如表7-15、7-16所示，综合转型指数如表7-17所示。

表 7-15　2013 年、2014 年 40 个资源型城市分类转型指数

城市	2013 年						2014 年					
	经济转型指数	制度转型指数	结构转型指数	产业转型指数	要素转型指数	生态转型指数	经济转型指数	制度转型指数	结构转型指数	产业转型指数	要素转型指数	生态转型指数
东营	0.6038	0.5576	0.5357	0.5554	0.5760	0.6009	0.6035	0.5961	0.5189	0.5822	0.6012	0.5973
韶关	0.5447	0.5068	0.5632	0.5392	0.5333	0.5666	0.5376	0.5556	0.5558	0.5273	0.5504	0.5779
唐山	0.4843	0.4984	0.4932	0.4670	0.5637	0.4913	0.4783	0.4926	0.4817	0.4819	0.5603	0.4988
邯郸	0.4694	0.4897	0.4764	0.4721	0.4892	0.4679	0.4667	0.4718	0.4613	0.4882	0.4845	0.4716
临汾	0.4636	0.4630	0.4693	0.4772	0.4740	0.4500	0.4645	0.4846	0.4679	0.4787	0.4833	0.4857
大同	0.5560	0.5587	0.5654	0.5500	0.5263	0.5627	0.5538	0.5625	0.5556	0.5462	0.5289	0.5865
晋城	0.5599	0.5411	0.5296	0.5442	0.4790	0.4812	0.5619	0.5502	0.5248	0.5489	0.4804	0.4841
本溪	0.4839	0.5265	0.4907	0.4507	0.4441	0.5159	0.4803	0.5086	0.4930	0.4648	0.4432	0.4998
盘锦	0.5250	0.5465	0.5202	0.5211	0.4294	0.5158	0.5289	0.5667	0.5201	0.5202	0.4328	0.5289
阜新	0.4490	0.4716	0.4754	0.4807	0.4018	0.5050	0.4458	0.4952	0.4716	0.4852	0.3974	0.4952
辽源	0.4650	0.4770	0.4565	0.5022	0.4165	0.5300	0.4537	0.4949	0.4323	0.5009	0.4133	0.5232
松原	0.4989	0.4927	0.4762	0.5347	0.4514	0.5555	0.4942	0.5118	0.4625	0.5173	0.4514	0.5396
吉林市	0.5302	0.5333	0.5144	0.5428	0.5447	0.5458	0.5207	0.5445	0.4940	0.5418	0.5510	0.5435
白山	0.4627	0.4997	0.4848	0.4996	0.4339	0.5149	0.4334	0.5095	0.4798	0.5005	0.4328	0.4714
鸡西	0.4610	0.4546	0.4936	0.4800	0.4468	0.5287	0.4602	0.4781	0.5097	0.4663	0.4415	0.5345
鹤岗	0.3989	0.4260	0.4634	0.4043	0.3996	0.4931	0.3987	0.4284	0.4480	0.4255	0.3989	0.5008
黑河	0.5118	0.4884	0.5668	0.5609	0.4920	0.5794	0.5060	0.5219	0.5719	0.5454	0.4924	0.5781
牡丹江	0.4982	0.4548	0.5314	0.5327	0.5070	0.5713	0.4963	0.4584	0.5231	0.5263	0.4973	0.5404
伊春	0.4337	0.4403	0.5264	0.4741	0.4382	0.5251	0.4314	0.4739	0.5182	0.4674	0.4164	0.4961
大庆	0.4202	0.4634	0.4164	0.4686	0.4525	0.5012	0.4222	0.4867	0.4099	0.4612	0.4545	0.4939
淮南	0.4269	0.4431	0.4379	0.4567	0.4491	0.4798	0.4222	0.4178	0.4348	0.4472	0.4671	0.4901
铜陵	0.4583	0.4489	0.4652	0.4289	0.4247	0.4991	0.4431	0.4677	0.4574	0.4580	0.4376	0.4932
马鞍山	0.5674	0.5162	0.5399	0.5350	0.5512	0.5621	0.5419	0.5372	0.5287	0.5389	0.5573	0.5629
鹤壁	0.4206	0.4534	0.4300	0.4703	0.4234	0.5015	0.4308	0.4639	0.4135	0.4889	0.4328	0.4910
焦作	0.3914	0.4146	0.3919	0.4215	0.4068	0.4199	0.3851	0.4249	0.3759	0.4439	0.4396	0.4161

续表

城市	2013 年						2014 年					
	经济转型指数	制度转型指数	结构转型指数	产业转型指数	要素转型指数	生态转型指数	经济转型指数	制度转型指数	结构转型指数	产业转型指数	要素转型指数	生态转型指数
平顶山	0.4605	0.4909	0.4490	0.4898	0.4571	0.4776	0.4578	0.4761	0.4381	0.4948	0.4697	0.4768
南阳	0.4263	0.4378	0.4458	0.4876	0.4868	0.4699	0.4242	0.4437	0.4317	0.4906	0.4952	0.4719
濮阳	0.3487	0.3887	0.3565	0.4158	0.3447	0.4164	0.3689	0.3908	0.3421	0.4286	0.3546	0.4079
郴州	0.4416	0.4324	0.4627	0.4805	0.4881	0.5048	0.4340	0.4533	0.4545	0.4955	0.4596	0.4985
贺州	0.4681	0.4644	0.5232	0.4659	0.4588	0.5514	0.4742	0.4767	0.5077	0.4913	0.4679	0.5464
攀枝花	0.4070	0.4711	0.4092	0.4296	0.4102	0.4533	0.3939	0.4910	0.3999	0.3960	0.4264	0.4566
乌海	0.4634	0.4731	0.4478	0.4300	0.4001	0.4778	0.4631	0.4851	0.4347	0.3948	0.4003	0.4696
六盘水	0.4343	0.4148	0.4358	0.4650	0.4042	0.4401	0.4308	0.4880	0.4257	0.4718	0.4202	0.4430
丽江	0.5109	0.4973	0.5397	0.5685	0.4869	0.5811	0.5069	0.5086	0.5387	0.5611	0.5069	0.5845
榆林	0.4442	0.4417	0.4272	0.4822	0.4329	0.4989	0.4390	0.4535	0.4177	0.4782	0.4733	0.5074
白银	0.4725	0.4480	0.4747	0.4862	0.4524	0.5183	0.4742	0.4706	0.4777	0.4823	0.4572	0.5277
庆阳	0.3928	0.3928	0.3824	0.4950	0.3803	0.4555	0.3865	0.4089	0.3641	0.4850	0.3985	0.4676
金昌	0.4188	0.3835	0.3868	0.4261	0.3995	0.4304	0.4131	0.4115	0.3972	0.4315	0.3969	0.4545
石嘴山	0.4416	0.4579	0.4597	0.3862	0.4076	0.4722	0.4170	0.4729	0.4511	0.4018	0.4142	0.4950
克拉玛依	0.5192	0.5439	0.4886	0.4984	0.4866	0.5618	0.5178	0.5511	0.4730	0.4769	0.4969	0.5733

表 7—16 2015 年、2016 年 40 个资源型城市分类转型指数

城市	2015 年						2016 年					
	经济转型指数	制度转型指数	结构转型指数	产业转型指数	要素转型指数	生态转型指数	经济转型指数	制度转型指数	结构转型指数	产业转型指数	要素转型指数	生态转型指数
东营	0.6032	0.5583	0.5252	0.5422	0.5797	0.5818	0.6054	0.5456	0.5251	0.5488	0.5901	0.6006
韶关	0.5319	0.4932	0.5553	0.5269	0.5672	0.5830	0.5418	0.5129	0.5409	0.5417	0.5536	0.5891
唐山	0.4729	0.5188	0.4813	0.4723	0.5701	0.4899	0.5045	0.5086	0.4712	0.4850	0.5495	0.5021
邯郸	0.4569	0.4532	0.4601	0.4794	0.4875	0.4826	0.4834	0.4522	0.4529	0.4907	0.4812	0.5130

续表

城市	2015 年						2016 年					
	经济转型指数	制度转型指数	结构转型指数	产业转型指数	要素转型指数	生态转型指数	经济转型指数	制度转型指数	结构转型指数	产业转型指数	要素转型指数	生态转型指数
临汾	0.4569	0.4985	0.4823	0.4286	0.4498	0.4704	0.4757	0.4638	0.4704	0.4764	0.4628	0.4934
大同	0.5435	0.5417	0.5479	0.5303	0.5326	0.5629	0.5598	0.5688	0.5373	0.5467	0.5325	0.5873
晋城	0.5458	0.5358	0.5162	0.4926	0.4640	0.4829	0.5493	0.5295	0.5174	0.5244	0.4697	0.4805
本溪	0.4680	0.5284	0.4817	0.4562	0.4513	0.4941	0.5028	0.5211	0.4906	0.4440	0.4516	0.5362
盘锦	0.5229	0.5486	0.5247	0.4952	0.4305	0.5194	0.5397	0.5263	0.5170	0.4836	0.4686	0.5649
阜新	0.4429	0.4863	0.4879	0.4585	0.4083	0.4974	0.4810	0.4827	0.4918	0.4483	0.4345	0.5205
辽源	0.4528	0.4826	0.4207	0.4902	0.4260	0.5098	0.4674	0.4857	0.4521	0.4995	0.4228	0.5203
松原	0.4903	0.4753	0.4705	0.5269	0.4637	0.5407	0.5011	0.5447	0.4681	0.5282	0.4524	0.5534
吉林市	0.5088	0.5198	0.4996	0.5291	0.5616	0.5111	0.5296	0.5346	0.5049	0.5436	0.5432	0.5289
白山	0.4310	0.4830	0.4671	0.4816	0.4452	0.4350	0.4611	0.4908	0.4688	0.4939	0.4309	0.5107
鸡西	0.4423	0.4491	0.5092	0.4484	0.4519	0.5048	0.4574	0.4796	0.4880	0.4776	0.4361	0.5285
鹤岗	0.3934	0.4105	0.4521	0.4264	0.4069	0.4916	0.3840	0.4263	0.4581	0.4168	0.3911	0.4606
黑河	0.5084	0.5127	0.5685	0.5355	0.4933	0.5813	0.5261	0.4938	0.5598	0.5519	0.4664	0.5493
牡丹江	0.5030	0.5029	0.5090	0.5245	0.5091	0.5236	0.5161	0.4905	0.4994	0.5495	0.4847	0.5389
伊春	0.4364	0.4543	0.5203	0.4340	0.4267	0.5101	0.4693	0.4502	0.5280	0.4617	0.4157	0.5146
大庆	0.4225	0.4535	0.3998	0.4194	0.4576	0.4874	0.4534	0.4145	0.4072	0.4382	0.4344	0.5006
淮南	0.4214	0.4376	0.4381	0.4469	0.4795	0.4763	0.4509	0.4276	0.4328	0.4735	0.4651	0.4881
铜陵	0.4470	0.4283	0.4471	0.4205	0.4486	0.4874	0.4620	0.4043	0.4366	0.4442	0.4569	0.5265
马鞍山	0.5491	0.5451	0.5232	0.5236	0.5795	0.5580	0.5582	0.5272	0.5134	0.5349	0.5596	0.5774
鹤壁	0.4422	0.4355	0.4058	0.4853	0.4357	0.4812	0.4469	0.4617	0.4231	0.4882	0.4304	0.4793
焦作	0.3871	0.4048	0.3713	0.4336	0.4542	0.3940	0.4232	0.4429	0.3809	0.4276	0.4287	0.4303
平顶山	0.4488	0.4768	0.4417	0.4693	0.4868	0.4460	0.4774	0.4959	0.4616	0.4962	0.4891	0.5087
南阳	0.4439	0.4354	0.4353	0.4874	0.5201	0.4516	0.4637	0.4367	0.4398	0.4904	0.5503	0.4840
濮阳	0.3712	0.3720	0.3427	0.4267	0.3602	0.3738	0.4252	0.3748	0.3609	0.4342	0.3712	0.4091
郴州	0.4387	0.4300	0.4564	0.4950	0.4737	0.4949	0.4686	0.4059	0.4474	0.5097	0.4546	0.5154

城市	2015 年						2016 年					
	经济转型指数	制度转型指数	结构转型指数	产业转型指数	要素转型指数	生态转型指数	经济转型指数	制度转型指数	结构转型指数	产业转型指数	要素转型指数	生态转型指数
贺州	0.4743	0.4410	0.5212	0.4902	0.4807	0.5464	0.4861	0.4401	0.5121	0.4975	0.4722	0.5298
攀枝花	0.3828	0.4536	0.4016	0.4373	0.4627	0.4519	0.4232	0.4560	0.3936	0.4307	0.4304	0.4708
乌海	0.4662	0.4484	0.4397	0.4113	0.4164	0.4648	0.4837	0.4604	0.4409	0.4099	0.4062	0.4938
六盘水	0.4216	0.4717	0.4315	0.4728	0.4261	0.4420	0.4541	0.4311	0.4293	0.4922	0.4080	0.4738
丽江	0.4811	0.5007	0.5427	0.5719	0.5067	0.5586	0.5224	0.4972	0.5382	0.5614	0.4916	0.5808
榆林	0.4342	0.4198	0.4184	0.4809	0.4299	0.4823	0.4555	0.4145	0.4061	0.4892	0.4484	0.5014
白银	0.4726	0.4453	0.4795	0.4675	0.4792	0.5117	0.4894	0.4406	0.4808	0.4930	0.4702	0.5342
庆阳	0.3951	0.3756	0.3720	0.4788	0.4137	0.4316	0.4093	0.3703	0.3854	0.4751	0.4104	0.4541
金昌	0.4235	0.3801	0.4033	0.3900	0.4155	0.4412	0.4530	0.3762	0.4010	0.4126	0.4042	0.4660
石嘴山	0.4109	0.4478	0.4471	0.3971	0.4302	0.4772	0.4394	0.4493	0.4383	0.4230	0.4190	0.4852
克拉玛依	0.5582	0.5648	0.4801	0.4990	0.5194	0.5620	0.5412	0.5650	0.4704	0.5032	0.5062	0.5719

表 7-17 2012—2016 年 40 个资源型城市综合转型指数

城市	2012 年	2013 年	2014 年	2015 年	2016 年
东营	0.5598	0.5607	0.5769	0.5547	0.5559
韶关	0.5294	0.5372	0.5474	0.5339	0.5384
唐山	0.4971	0.4976	0.4967	0.5014	0.4998
邯郸	0.4809	0.4796	0.4750	0.4681	0.4718
临汾	0.4696	0.4689	0.4777	0.4654	0.4707
大同	0.5524	0.5531	0.5524	0.5400	0.5511
晋城	0.5307	0.5284	0.5314	0.5079	0.5156
本溪	0.4730	0.4834	0.4817	0.4821	0.4840
盘锦	0.5143	0.5136	0.5199	0.5088	0.5079
阜新	0.4674	0.4643	0.4691	0.4652	0.4707
辽源	0.4739	0.4715	0.4687	0.4615	0.4727
松原	0.5014	0.4971	0.4933	0.4899	0.5070

续表

城市	2012 年	2013 年	2014 年	2015 年	2016 年
吉林市	0.5321	0.5335	0.5317	0.5226	0.5309
白山	0.4776	0.4845	0.4814	0.4670	0.4765
鸡西	0.4782	0.4727	0.4781	0.4649	0.4752
鹤岗	0.4364	0.4262	0.4290	0.4259	0.4242
黑河	0.5292	0.5309	0.5360	0.5310	0.5241
牡丹江	0.5079	0.5083	0.5026	0.5116	0.5108
伊春	0.4723	0.4712	0.4713	0.4611	0.4698
大庆	0.4562	0.4513	0.4539	0.4330	0.4292
淮南	0.4500	0.4469	0.4403	0.4470	0.4507
铜陵	0.4491	0.4471	0.4579	0.4379	0.4399
马鞍山	0.5323	0.5376	0.5404	0.5409	0.5358
鹤壁	0.4538	0.4479	0.4533	0.4443	0.4549
焦作	0.4091	0.4086	0.4175	0.4101	0.4211
平顶山	0.4720	0.4733	0.4701	0.4649	0.4866
南阳	0.4628	0.4601	0.4604	0.4625	0.4722
濮阳	0.3786	0.3802	0.3833	0.3775	0.3917
郴州	0.4559	0.4638	0.4659	0.4626	0.4588
贺州	0.4895	0.4816	0.4892	0.4849	0.4832
攀枝花	0.4370	0.4321	0.4282	0.4338	0.4303
乌海	0.4401	0.4453	0.4362	0.4346	0.4388
六盘水	0.4328	0.4332	0.4533	0.4509	0.4465
丽江	0.5219	0.5283	0.5319	0.5301	0.5277
榆林	0.4630	0.4505	0.4564	0.4406	0.4440
白银	0.4662	0.4696	0.4763	0.4689	0.4756
庆阳	0.4248	0.4175	0.4178	0.4108	0.4132
金昌	0.4046	0.4024	0.4135	0.3994	0.4055
石嘴山	0.4469	0.4322	0.4383	0.4309	0.4368
克拉玛依	0.5154	0.5107	0.5057	0.5221	0.5183

三、评价结果分析

（一）煤炭资源型城市转型指数分异特征

1. 成长期煤炭城市转型指数分异特征

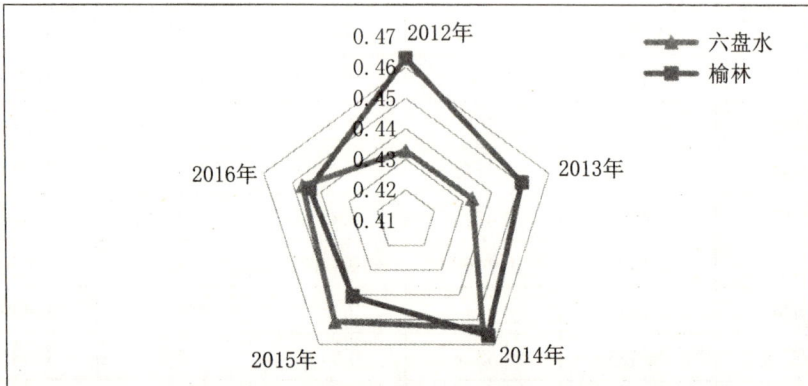

图 7—1　成长期煤炭城市综合转型指数分异特征

六盘水和榆林都是我国西部地区成长期煤炭资源型城市。六盘水市所在的贵州省是我国煤炭资源十分丰富的省份，截至 2018 年 3 月底，贵州全省共有生产矿井煤矿总计 443 处，六盘水市有 120 处，核定生产能力 5883 万吨／年，约占全省全年生产能力的 1/3。如图 7—1 所示，从其转型指数变化来看，六盘水市 2012 年综合转型指数为 0.4328，2016 年为 0.4465，总体呈现上升趋势。2014、2015 年六盘水市综合转型指数提高到 0.45 以上，说明伴随着生态文明程度的提高，六盘水市煤炭开采效率不断提升，对环境的负面影响持续下降，经济发展的稳定性更强。2015 年底供给侧结构性改革被提出，2016 年 2 月国家实施煤炭去产能政策，化解过剩产能成为六盘水市经济发展的首要任务，六盘水市煤炭经济效益逐渐回升，转型发展动力被削弱，转型指数略有下滑。

陕西榆林能源矿产资源富集，世界七大煤田之一的神府煤田坐落于此，2017 年累计生产原煤 40015.82 万吨，增长 10.1%。2012—2016 年，榆林市综合转型指数呈下滑状态，由 2012 年的 0.463 下降到 2016 年的 0.444。主要原因在于，榆林市作为陕西省重要的煤炭生产基地，处于产业发展的上升期，煤炭开采、加工等相关产业的外溢效应不断强化，煤炭产业在经济结构中的重要性不断凸显（产业转型指数由 2012 年的 0.4915 下滑至 2016 年的 0.4782）。值得注意的是，虽然榆林市经济转型指数受到煤炭产能过剩的影响，呈现下滑趋势（由 2012 年的 0.4434 下降至 2016 年的 0.439），但是受到供给侧结构性改革的有利影响，榆林市人才、技术、创新等要素环境不断优化，要素转型指数和生态转型指数提升明显，分别由 2013 年的 0.4329、0.4989 提升至 2016 年的 0.4484 和 0.5014。

2. 成熟期煤炭城市转型指数分异特征

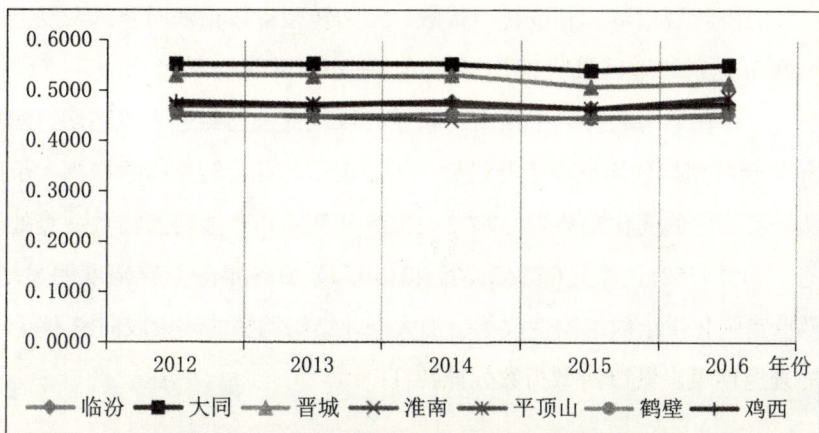

图 7-2　成熟期煤炭城市综合转型指数分异特征

成熟期煤炭资源型城市主要集中在我国中部，其综合转型指数分异特征如图 7-2 所示。整体而言，除淮南市的综合转型指数一直处于上升状态，临汾、大同、晋城、平顶山、鹤壁的综合转型指数均处于波动上升状态（2012—2015 年综合转型指数不断上升，2015 年下降明显，2016 年又恢复上升状态）。原因在于，2015 年我国经济发展进入新常态，经济增长的结构性矛盾和产能过剩问题突出。这影响了大部分资源型城市的经济增长速度，再加上环境问题集中显现，影响了生态转型指数的正向提升，最终导致综合转型指数下降明显。临汾、大同、晋城作为山西省重要的能源输出基地，煤炭资源储量丰富且煤层稳定，煤发热量高，为我国经济建设供应了大量的优质能源。从分类转型指数的变化趋势看，临汾、大同、晋城的经济转型指数、制度转型指数、结构转型指数与综合转型指数的变化趋势相同，大同市要素转型指数持续上升，由 2013

年的 0.5263 上升至 2016 年的 0.5325。

淮南市拥有著名的淮南煤田，矿产资源丰富，煤炭探明储量 153 亿吨，占全国煤炭储量的 19%。2012—2016 年淮南市综合转型指数持续优化，受经济结构性矛盾的负面影响较小，由 2012 年的 0.45 提升至 2016 年的 0.4507。从分类转型指数看，2012—2014 年淮南市经济转型指数、制度转型指数、结构转型指数均下降趋势明显，经济转型指数由 0.4298 下降至 0.4214。自 2015 年供给侧结构性改革被提出以来，淮南市认真贯彻落实相关改革意见，积极化解过剩产能，其经济转型指数、制度转型指数、结构转型指数止跌回升，恢复上升趋势。鸡西市是东北地区最大的煤城，2012—2016 年综合转型指数一直维持在 0.47 左右，存在下滑趋势。平顶山、鹤壁的煤炭开采已经进入成熟期，2012—2016 年综合转型指数均呈现上升趋势。平顶山市的综合转型指数增幅大于鹤壁市。从分类指数的变化趋势看，2012—2015 年鹤壁市产业转型指数一直处于上升状态，由 0.4562 上升至 0.4962，且 2016 年较 2015 年的上升幅度明显增大，这与鹤壁市强化供给侧结构性改革、加大产业结构调整的政策取向密不可分。

3. 衰退期煤炭城市转型指数分异特征

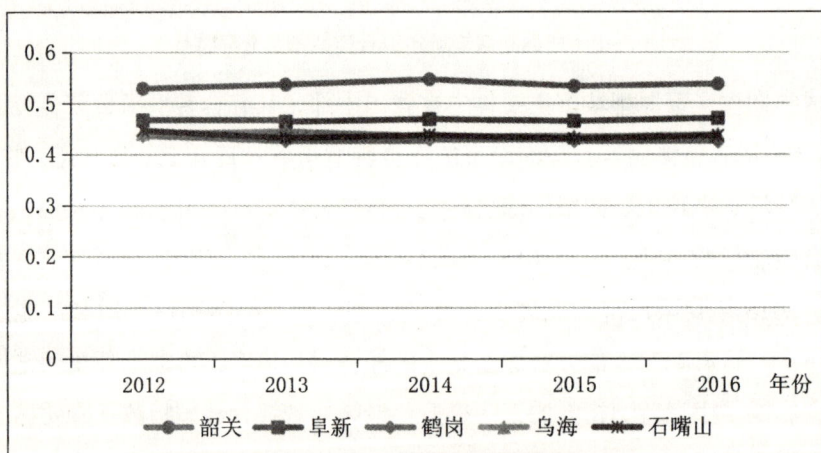

图 7—3　衰退期煤炭城市综合转型指数分异特征

从图 7—3 可以看出，在处于衰退期的煤炭资源型城市中，韶关市的综合转型指数明显高于阜新市、鹤岗市、乌海市和石嘴山市。2012—2016 年韶关市综合转型指数一直维持在 0.53 左右，2012—2014 年综合转型指数处于上升期，2015 年是综合转型指数变化的转折点，2016 年综合转型指数恢复上扬趋势。原因在于，韶关市的煤炭资源不断减少，优化产业结构成为提升经济的有效手段。2011 年韶关市制定了《韶关市资源枯竭城市转型发展规划》，明确要加快结构调整，发展新兴高端产业，建立生态型工业体系。2012—2015 年阜新市综合转型指数的上升幅度较小，由 0.4674 上升到 0.4707。从分类转型指数看，阜新市要素转型指数一直处于上升状态，由 2012 年的 0.4083 上升至 2016 年的 0.4345，尤其是 2016 年较 2015 年上升了 6.42%。原因在于，阜新市深化供给侧改革力度，推动产业链由低端向高端演进，加快一二三产业融合联动，吸引人才、技术、资金等要素聚集。

鹤岗市、乌海市、石嘴山市综合转型指数的变化趋势及综合转型水平十分相近。2012—2016 年鹤岗市、乌海市、石嘴山市的综合转型指数均维持在 0.43 左右。2012—2016 年鹤岗市经济转型指数呈现下滑趋势，由 0.3989 下降到 0.3840，这说明受东北地区整体经济环境的不利影响，鹤岗市经济发展受到行政制度、产业结构、要素供给等因素的制约。2013—2015 年乌海市生态转型指数由 0.4778 下滑至 0.4648，2016 年该指数上升至 0.4938。原因在于乌海市深入采用供给侧管理思路，打造"经济转型、动能转换"的双轮驱动型经济发展模式，积极推进城市转型，大力发展旅游业。

4.再生期煤炭城市转型指数分异特征

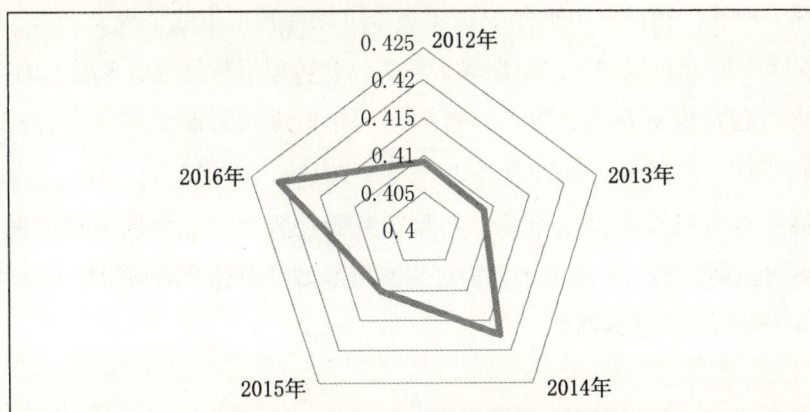

图 7-4　焦作市综合转型指数分异特征

从图7—4可以看出，焦作市综合转型指数由2012年的0.4091上升至2016年的0.4211，上升了3个百分点。从分类转型指数的变化趋势看，2012—2014年焦作市经济转型指数呈现下滑趋势，由0.3964下滑至0.3871，2016年该指数止跌回涨，大幅度上升至0.4232，增长了9个百分点。焦作市制度转型指数的变化趋势可以2015年为分界点分成两个部分，2012—2014年该指数由0.4136上升至0.4249，2015—2016年该指数由0.4048上升至0.4429。焦作市结构转型指数与生态转型指数的变化趋势相同。2013—2015年，这两项指数均呈现下降趋势，分别由0.3919下降至0.3713、0.4199下降至0.3940，2016年结构转型指数与生态转型指数较2015年均出现较大幅度的增长。原因在于，焦作市经济结构持续优化，并以云台山为依托大力发展旅游业，郑焦城际铁路的开通缩短了两地通勤时间，使焦作市旅游收入不断增长。从2010年开始，焦作市响应国家重点流域水污染防治专项计划，大力开展城市水环境治理，市污水集中处理率由2010年的77.1%上升到2015年的95.6%。在产业结构方面，焦作市致力于降低传统工业比重，第二产业比重由2012年的68.2%下降至2016年的59.28%，第三产业贡献率由2012年的24%提升至2016年的34.33%。此外，2015年底党中央正式提出供给侧结构性改革，焦作市将宏观改革措施转化为具体行动方案，在调结构、化库存的同时，吸引人才、技术、资金等定向聚集，从而实现综合转型指数和分类转型指数由降转升。

综上所述，2012—2016年我国煤炭城市综合转型指数呈现先上升、后下降、又上升的分布规律，再生期煤炭城市综合转型指数呈现后来居上的特征，具体而言包括以下几点。第一，考虑不同年份煤炭资源型城市综合转型指数变化规律，2014年＞2012年＞2016年＞2013年＞2015年。第二，考虑不同发展阶段煤炭资源型城市综合转型指数变化规律，成熟期＞衰退期＞成长期＞再生期。第三，考虑不同地区煤炭资源型城市综合转型指数变化规律，东部＞中部＞东北部＞西部。

（二）石油资源型城市转型指数分异特征

1. 成长期石油城市转型指数分异特征

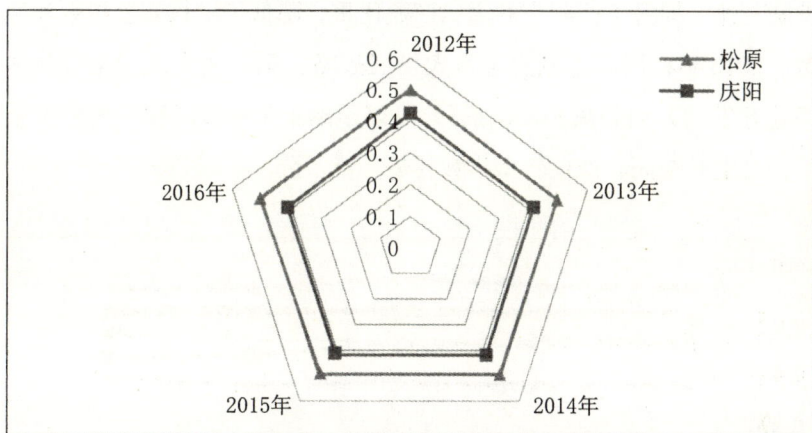

图 7-5　成长期石油城市综合转型指数分异特征

成长期石油城市综合转型指数分异特征如图 7-5 所示。

松原市石油总储量达 26 亿吨，已探明储量 10.8 亿吨，有"中国陆上第六大油田"之称的吉林油田坐落于此。2012—2016 年，松原市综合转型指数一直处于 0.5 左右，且明显高于庆阳市。分类转型指数中，2012—2016 年松原市要素转型指数呈现下降趋势，由 0.4705 下降至 0.4524，结构转型指数由 2013 年的 0.4762 下降至 2016 年的 0.4681，其他分类转型指数波动上升。松原市是处于成长期的石油资源型城市，以石油开采业为主的产业发展处于上升期，表现为结构转型指数持续下降。这既为区域经济发展带来红利，也导致环境污染、生态破坏等一系列问题。综合转型指数处于内部子系统此消彼长的耦合变化中，变化趋势平稳。要素转型指数的变化趋势与东北地区经济发展环境有关，东北地区人才外流近年来有加剧趋势，直接或间接影响技术、资金等要素的聚集。

庆阳市境内探明石油储量为 12 亿吨，年生产原油超过 700 万吨。近年来，庆阳大力提升原油处理能力，预计会成为中国未来最有潜力的石油城市。2012—2016 年，庆阳市综合转型指数一直维持在 0.41 左右，大幅落后于同处于成长期的松原市。分类转型指数中，2013—2016 年庆阳市产业转型指数由 0.4950 下降至 0.4751，要素转型指数由 2012 年的 0.3978 上升至 2015 年的 0.4137。原因在于，庆阳市作为全国范围内的新兴油田，石油开采及加工相关产业发展迅速，提升了庆阳市的第二产业比重，降低了结构转型指数和产业转型指数。2016 年，庆阳市制定了六大发展战略，第二大发展战略就是"坚持能源产业开发的方向和决心不动摇"，可以预期未来一段时期内庆阳市第二产业比重仍有上升空间，产业转型指数将进一步下降。

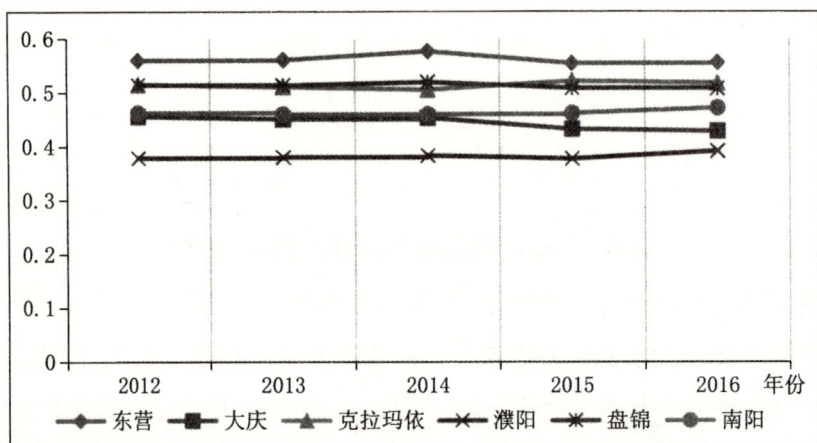

图 7-6 成熟期、衰退期、再生期石油城市综合转型指数分异特征

2. 成熟期石油城市转型指数分异特征

成熟期石油资源型城市有东营、大庆、克拉玛依。大庆油田作为我国最大的油田，连续 27 年稳产 5000 万吨，是成熟期石油资源型城市的典型代表。2012—2016 年大庆市综合转型指数呈现下降趋势，由 0.4562 下滑至 0.4292。从分类转型指数的变化趋势看，2012—2015 年大庆市结构转型指数一直处于下降趋势，由 0.4192 下降至 0.3998，2016 年逆势上扬，上升至 0.4072。大庆市经济转型指数由 2013 年的 0.4202 上升至 2016 年的 0.4534，生态转型指数在 2013—2015 年下降，2016 年上升。近年来，大庆市石油产量有所降低，但石油开采及加工产业在国民经济中的地位十分重要，多元化的产业模式逐步被建立，产业效益逐渐提升，最终表现为经济转型指数不断上升、结构转型指数和生态转型指数不断下降。2016 年正式实施的供给侧结构性改革扭转了大庆市生态转型指数和结构转型指数下降的趋势。

以东营为中心的胜利油田 2016 年生产原油 2390.19 万吨，2017 年油田生产原油 2340 万吨，具备成熟期石油资源型城市的典型特征。对比成熟期、衰退期、再生期的石油资源型城市，2012—2016 年东营市综合转型指数均超过其他城市。2012—2016 年东营市综合转型指数维持在 0.55 左右，2012—2014 年综合转型指数由 0.5598 上升至 0.5769，2015 年下降至 0.5547，2016 年上升至 0.5559。2014 年下半年，产能过剩导致国际油价大幅下跌，东营市经济发展受到较大影响。产业转型成为东营市转型的关键。东营市积极构建现代产业体系，促进石油化工及盐化工、橡胶轮胎及汽车配件、有色金属、石油装备四大产业集群建立，打造科技创新研发平台和创新孵化平台，形成高新技术产业的新动能。

3. 衰退期石油城市转型指数分异特征

濮阳和盘锦是衰退期石油资源型城市。近年来，濮阳市石油天然气产量持续下滑，已经成为进入衰退期的石油资源型城市。2012—2016 年濮阳市综合转型指数呈现波动上升趋势，由 0.3786 上升至 0.3917。从分类转型指数的变化趋势看，2013—2016 年濮阳市经济转型指数由 0.3487 上升至 0.4252；产业转型指数由 2012 年的 0.3983 提升至 2016 年的 0.4342；2013—2016 年要素转型指数由 0.3447 上升至 0.3712；生态转型指数在 2013—2015 年处于下降状态，2016 年开始逆势上扬。资源枯竭迫使濮阳市推动产业结构优化升级，发展高新技术产业。濮阳市经济发展水平、产业发展状况、要素供给等均有较大改善，生态环境状况也开始好转，这与兼顾需求侧与供给侧的管理思路转变密不可分。

2012—2016 年盘锦市综合转型指数明显高于濮阳市，且呈现下降趋势。2012 年盘锦市综合转型指数为 0.5143，2016 年下降为 0.5079。从分类转型指数的变化趋势看，2012—2016 年盘锦市结构转型指数由 0.5252 下降至 0.517，产业转型指数由 2013 年的 0.5211 下降至 2016 年的 0.4836。与濮阳市一样，辽宁盘锦依托丰富的自然资源，持续深入地调整产业结构，形成了以油气开采为龙头，以石油化工、合成树脂和装备制造等为主的工业体系。2017 年一二三次产业增加值占地区生产总值的比重分别为 11.1%、46.1% 和 42.8%，第二产业仍占据主导地位。再加上盘锦市经济增长速度持续下滑，2016 年 GDP 增速为 -4.2%，导致综合转型指数及分类转型指数略有下滑。

4. 再生期石油城市转型指数分异特征

南阳市是具有代表性的再生期石油资源型城市。整体而言，南阳市综合转型指数与大庆市相当，2015—2016 年上升幅度较大，接近 2016 年盘锦市综合转型指数。2012—2016 年南阳市综合转型指数由 0.4628 上升至 0.4722，2016 年该指数比 2015 年上升了 2 个百分点。从分类转型指数的变化趋势看，2012—2016 年南阳市经济转型指数由 0.4359 上升至 0.4637，产业转型指数由 2012 年的 0.4799 上升至 2016 年的 0.4904，要素转型指数由 2013 年的 0.4868 上升至 2016 年的 0.5503。2017 年，南阳市深入推进供给侧结构性改革，加快发展先进制造业和现代服务业，着力发展生态文化旅游业。近年来，南阳市经济发展维持 9% 左右的高速增长。同时引进创新人才和技术设备，并加强与郑州大学、西北农林科技大学等高校务实合作，提升了南阳市要素供给质量。

成熟期、衰退期、再生期石油城市综合转型指数分异特征如图 7—6 所示。

综上所述，2012—2016 年我国石油资源型城市综合转型指数分异特征归纳为以下几点。第一，考虑不同年份石油资源型城市综合转型指数变化规律，2012 年＞2014 年＞2016 年＞2013 年＞2015 年。第二，考虑不同发展阶段石油资源型城市综合转型指数变化规律，成熟期＞再生期＞成长期＞衰退期。第三，考虑不同地区石油资源型城市综合转型指数变化规律，东北部＞西部＞中部。

（三）冶金资源型城市转型指数分异特征

1. 成长期冶金城市转型指数分异特征

贺州是我国南部的一座处于成长期的冶金资源型城市。整体而言，贺州市综合转型指数与本溪市相当，呈现相对稳定的变化态势。2012—2016 年贺州市综合转型指数均维持在 0.48 左右，上下变动幅度不大，且有下降的趋势。从分类转型指数的变化趋势看，2012—2016 年贺州市经济转型指数由 0.4693

上升至 0.4861，结构转型指数由 0.5226 下降至 0.5121，生态转型指数由 2013 年的 0.5514 下降至 2016 年的 0.5298。处于上升期的冶金资源型城市，第二产业总产值在国民经济总产值中的比重持续上升，结构转型指数不断下滑。资源开采引起生态环境破坏，但由于经济发展是当前城市发展的主要任务，环境问题被放在第二位，生态转型指数不断下滑。2012 年贺州市国民生产总值是 393.86 亿元，增速为 9%；2016 年贺州市国民生产总值 518.22 亿元，增速为 8.1%，高于全国平均水平，经济转型指数不断上升。

2. 成熟期冶金城市转型指数分异特征

本溪、郴州、攀枝花、金昌是我国成熟期冶金资源型城市，分布于我国的东北部、中部、西部。整体而言，在成熟期的冶金资源型城市中，本溪市综合转型指数最高。2012—2016 年本溪市综合转型指数呈现波动上升趋势，由 0.4730 上升为 0.484。从分类转型指数的变化趋势看，本溪市经济转型指数由 2012 年的 0.488 下滑至 2014 年的 0.4803，经济状况的改善使经济转型指数在 2015—2016 年实现小幅增长；2013—2016 年要素转型指数由 0.4441 上升至 0.4516；2013—2015 年生态转型指数由 0.5159 下滑至 0.4941。2012—2014 年，郴州市综合转型指数呈现上升趋势，2015—2016 年下降趋势明显，综合转型指数维持在 0.46 左右。从分类转型指数的变化趋势看，2012—2016 年郴州市结构转型指数由 0.4616 下降至 0.4474，产业转型指数由 0.4172 上升至 0.5094，

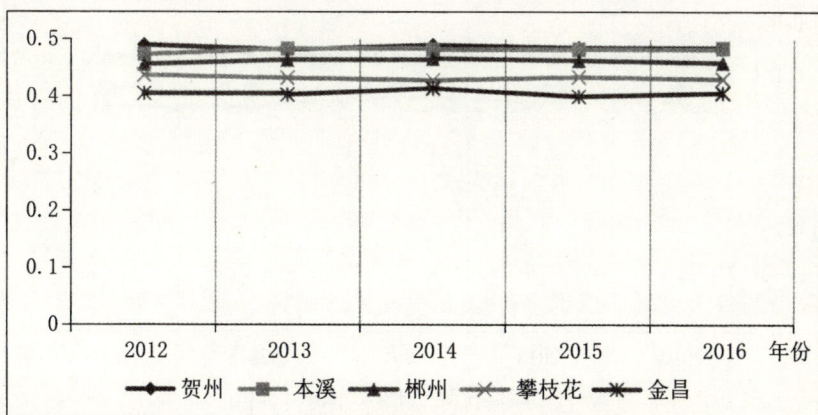

图 7-7　成长期、成熟期冶金城市综合转型指数分异特征

生态转型指数呈现两阶段特征：2013—2014 年呈现上升趋势，2015—2016 年呈现下降趋势。2012—2016 年攀枝花综合转型指数维持在 0.43 左右，金昌市综合转型指数低于攀枝花市，基本维持在 0.4 左右。

成长期、成熟期冶金城市综合转型指数分异特征如图 7—7 所示。

3. 衰退期冶金城市转型指数分异特征

铜陵市、白银市是地处我国中部和西部的冶金资源型城市。整体而言，铜陵市综合转型指数低于白银市，二者均呈现波动上升的态势。2012—2016 年白银市综合转型指数由 0.4662 上升至 0.4756。铜陵市综合转型指数在 2012—2014 年由 0.4491 上升到 0.4579，2015 年大幅度下降至 0.4379，2016 年有所上升，达到 0.4399。从分类转型指数的变化趋势看，2012—2016 年白银市经济转型指数由 0.4695 上升至 0.4894，结构转型指数由 0.4738 上升至 0.4808，产业转型指数由 0.4741 上升至 0.4930，生态转型指数由 0.4852 上升至 0.5342。其中，生态转型指数的变化幅度最大，说明白银市在过去几年内更加重视城市生态环境建设和污染治理。2012—2016 年铜陵市结构转型指数由 0.4712 下降至 0.4366，生态转型指数由 0.5044 上升至 0.5265，要素转型指数在 2013—2015 年由 0.4247 上升至 0.4486。

4. 再生期冶金城市转型指数分异特征

马鞍山作为再生期的冶金资源型城市，综合转型指数高于处于衰退期的铜

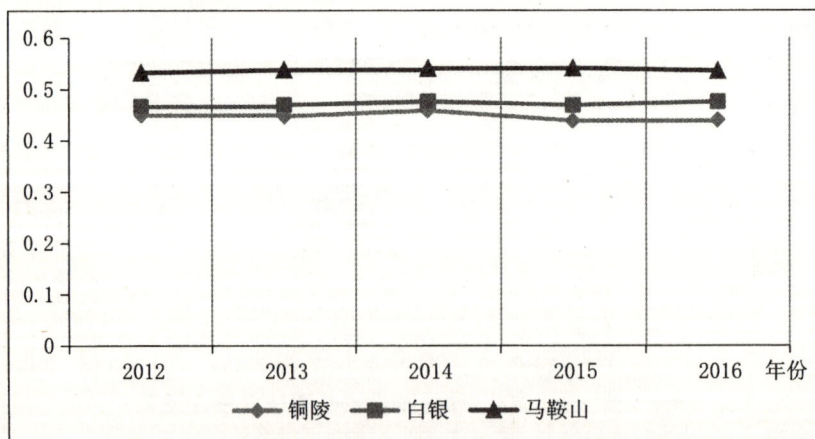

图 7—8　衰退期、再生期冶金城市综合转型指数分异特征

陵和白银。近年来，马鞍山市逐渐转变"钢城"的刻板印象，新能源、电子信息、生物医药等战略新兴性产业快速成长，服务业增加值年均增长 9.2%，2012—2016 年地区生产总值年均增长 9.6%。2012—2015 年，马鞍山市综合转型指数由 0.5323 提升至 0.5409，2016 年有所下滑，下降到 0.5358。从分类转型指数的变化趋势看，2012—2016 年马鞍山结构转型指数由 0.5437 下降至 0.5134，生态转型指数由 0.5682 上升至 0.5774。2014—2016 年经济转型指数小幅上扬，由 0.5419 上升至 0.5582。此外，2012—2015 年制度转型指数由 0.5027 下降至 0.5451，要素转型指数由 0.5512 上升至 0.5596。

衰退期、再生期冶金城市综合转型指数分异特征如图 7—8 所示。

综上所述，2012—2016 年我国冶金资源型城市综合转型指数分异特征归纳为以下几点。第一，考虑不同年份冶金资源型城市综合转型指数变化规律，2014 年＞2013 年＞2016 年＞2015 年＞2012 年。第二，考虑不同发展阶段冶金资源型城市综合转型指数变化规律，再生期＞成长期＞衰退期＞成熟期。第三，考虑不同地区冶金资源型城市综合转型指数变化规律，南部＞中部＞东北部＞西部。

（四）森工资源型城市转型指数分异特征

1. 成熟期森工城市转型指数分异特征

我国东北地区林业资源丰富，大部分森工资源型城市均分布于此。2013 年，成熟期森工城市有吉林市、黑河市、牡丹江市。整体而言，吉林市、黑河市、牡丹江市综合转型指数呈现波动下降趋势。2012—2016 年吉林市综合转型指数波动趋势明显，基本维持在 0.53 左右。从分类转型指数的变化趋势看，吉林市经济转型指数由 2012 年的 0.53 下降至 2015 年的 0.5088，要素转型指数由 2013 年的 0.5447 上升至 2015 年的 0.5616，生态转型指数由 2012 年的 0.5482 下降至 2015 年的 0.5111，制度转型指数呈现两阶段特征：2012—2014 年由 0.5378 上升至 0.5445，2015—2016 年由 0.5198 上升至 0.5346。2016 年吉林市综合转型指数反超黑河市，原因在于吉林市受供给侧结构性改革的影响，大力发展战略性新兴产业，提升供给能力，增强企业盈利能力。

2012—2014 年黑河市综合转型指数由 0.5292 下降至 0.5360，2015—2016 年由 0.5310 下降至 0.5241。2012—2016 年牡丹江市综合转型指数基本维持在 0.505 左右。从分类转型指数的变化趋势看，2012—2016 年，牡丹江市经济转型指数和产业转型指数分别从 0.4998、0.5149 上升至 0.5161、0.5495，结构转型指数和要素转型指数分别从 0.5422、0.5248 下降至 0.4994、0.4847，制度转型指数由 2012 年的 0.4537 提升至 2015 年的 0.5029。近年来，牡丹江市深化供给侧结构性改革，加快推进工业结构调整，加快发展特色高效精品农业和现代服务业，深度融入"中蒙俄经济走廊"建设，逐步降低森工产业比重，经济发展水平不断提高，产业效益不断提升，结构转型指数和要素转型指数驱动综合转型指数不断优化。成熟期森工城市综合转型指数分异特征如图 7—9 所示。

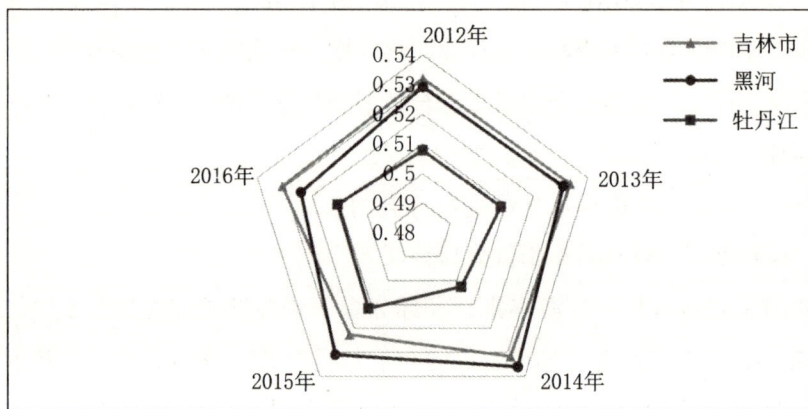

图 7—9　成熟期森工城市综合转型指数分异特征

2. 衰退期森工城市转型指数分异特征

白山市、伊春市是处于衰退期的森工城市，2012—2016 年，伊春市的综合转型指数分别是 0.4723、0.4712、0.4713、0.4611 和 0.4698，白山市的综合转型指数分别是 0.4776、0.4845、0.4814、0.4670 和 0.4765。五年间，白山市、伊春市综合转型指数的变化趋势相同，均呈现先上升、后下降、又上升的趋势，但白山市转型发展水平高于伊春市。2015 年是衰退期森工城市的转折点，宏观经济形势的好转以及供给侧结构性改革的提出，促使它们加快制定城市转型规划，建立现代工业体系，促进要素聚集。白山市位于我国东北部，经济发展长期存在"围煤经济、一业独大"的问题，过度采伐和煤炭开采导致的环境问题突出，发展接替产业成为当务之急。从分类转型指数的变化趋势看，2013—2015 年白山市经济转型指数和生态转型指数分别从 0.4627、0.5149 下降至 0.4310、0.4350，其中生态转型指数下降幅度较大，表明生态问题阻碍了城市转型发展。2013—2016 年，白山市结构转型指数由 0.4848 下降至 0.4688，表明产业结构、经济结构等并未得到实质优化。

伊春市作为我国重要国有林区，经过六七十年的开采，付出了可采资源消耗 98%、木材蓄积量减少 55% 的代价。近年来，伊春市积极调整产业结构，重点培育和发展木材深精加工、特色种养与加工、绿色能源、森林生态旅游、冶金建材及矿业开发五大接替产业。2015 年以后，伊春市综合转型指数逆势上扬，呈现出良好的发展状态。从分类转型指数的变化趋势看，2012—2016 年伊春市经济转型指数和生态转型指数分别由 0.4307、0.5073 上升至 0.4693、0.5146，说明经济发展势头良好、生态环境得到改善。2012—2016 年伊春市要素转型指数由 0.4466 下降至 0.4157，说明人才、技术、资金等要素存在向外扩散的情况。2013—2016 年伊春市产业转型指数由 0.4741 下降至 0.4340，2016 年上升为 0.4617，说明产业经济效益出现好转迹象。

3. 再生期森工城市转型指数分异特征

丽江市是我国西部再生期森工城市。近年来，丽江市大力发展旅游业，丽江旅游的知名度明显提升，成为支柱产业和民生产业。2017 年，丽江以旅游业为主的第三产业增加值为 152.7 亿元，增长 8.1%，占全市 GDP 的 45%。2012—2016 年丽江市综合转型指数呈现持续上升趋势，平均指数为 0.5280，远远超过处于衰退期的白山市和伊春市。从分类转型指数的变化趋势看，2012—2016 年，丽江市结构转型指数和生态转型指数分别由 0.5322、0.5510 提升至 0.5382、0.5808，这说明产业结构和经济结构持续优化、生态环境逐步改善、环境污染问题逐步被解决。2012—2014 年丽江市制度转型指数由 0.4843 提升至 0.5086，随后 2016 年又下滑至 0.4972，说明丽江市需要加大力度完善医疗保险制度、养老保障制度等社会保障制度。2014—2016 年丽江市要素转型指数由 0.5069 下降至 0.4916，说明以旅游业为主的产业结构无法有效吸引人才、技术、资金等要素聚集。

衰退期、再生期森工城市综合转型指数分异特征如图 7—10 所示。

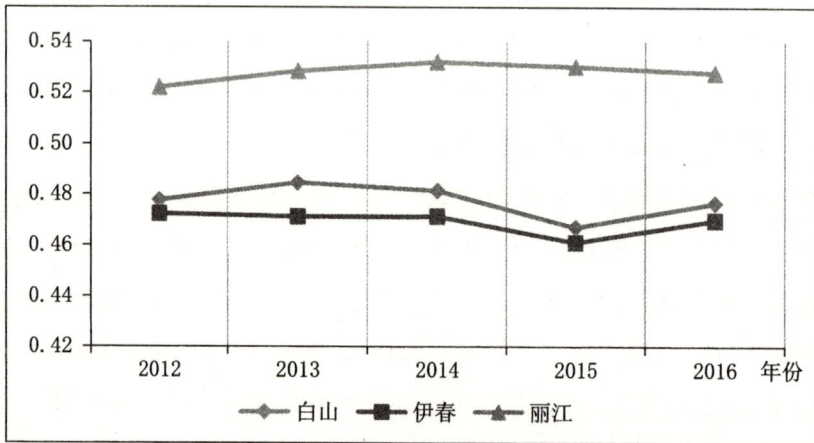

图 7—10　衰退期、再生期森工城市综合转型指数分异特征

综上所述，2012—2016 年我国森工资源型城市综合转型指数分异特征归纳为以下几点。第一，考虑不同年份森工资源型城市综合转型指数变化规律，2013 年＞2014 年＞2012 年＞2016 年＞2015 年。第二，考虑不同发展阶段森工资源型城市综合转型指数变化规律，再生期＞成熟期＞衰退期。第三，考虑不同地区森工资源型城市综合转型指数变化规律，西部＞东北部。

（五）综合资源型城市转型指数分异特征

从所选的综合资源型城市来看，邯郸市与辽源市的综合转型指数变化趋势相同、数值接近，唐山市综合转型指数总体呈现上升趋势，且远大于邯郸市和辽源市。作为再生期资源型城市，"十二五"以来，唐山市积极淘汰水泥、钢铁、焦炭、造纸等行业过剩产能，促进产业精深发展。2017 年唐山市旅游业年增长率超过 9%。2012—2015 年，唐山市综合转型指数由 0.4971 上升至0.5014，2016 年略有下降，但仍维持在 0.5 左右。邯郸市和辽源市分别为成熟期、衰退期资源型城市。2012—2015 年，邯郸市和辽源市综合转型指数分别由 0.4809、0.4739 下降至 0.4681、0.4615。2015 年底实施的供给侧结构性改革有力推动了成熟期、衰退期资源型城市转型发展，2016年邯郸市和辽源市综合转型指数分别上升至0.4718和0.4727。以上数据说明供给侧结构性改革对成熟期和衰退期综合资源型城市转型发展的影响更为显著。综合资源型城市综合转型指数分异特征如图7—11所示。

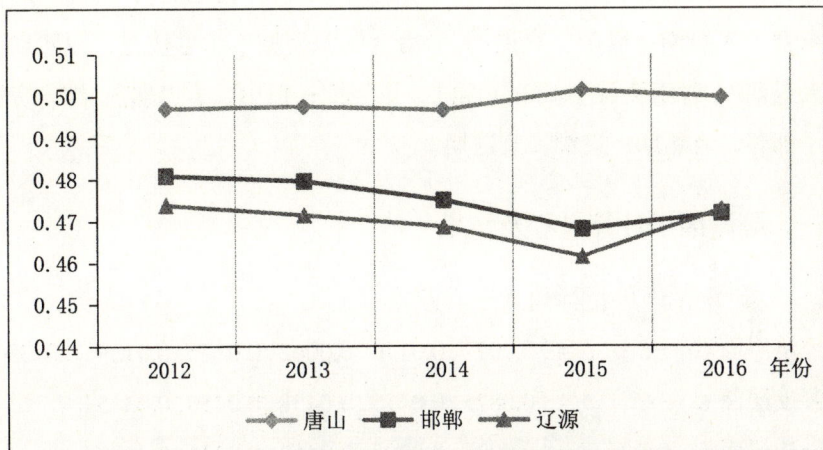

图7—11　综合资源型城市综合转型指数分异特征

综上所述，2012—2016年我国综合资源型城市综合转型指数分异特征归纳为以下几点。第一，考虑不同年份综合资源型城市综合转型指数变化规律，2012年＞2013年＞2016年＞2014年＞2015年。第二，考虑不同发展阶段综合资源型城市综合转型指数变化规律，再生期＞成熟期＞衰退期。第三，考虑不同地区综合资源型城市综合转型指数变化规律，东部＞东北部。

第四节　供给侧结构性改革驱动资源型城市转型障碍因子的实证研究

为了深入了解供给侧结构性改革驱动资源型城市转型的影响因子的相互作用关系，系统分析评价指标对评价对象的作用差异，本书采用障碍因子识别模型挖掘关键影响因子。前文选取了40个资源型城市测算其分类转型指数及综合转型指数，后续开展障碍因子识别的工作量较大，因此拟从煤炭、石油、冶金、森工和综合 5 种资源型城市中各挑选 2 个进行基于时间序列的障碍因子识别。由于成熟期和衰退期的资源型城市更具备转型发展的必要性和迫切性，本部分选择的 10 个资源型城市除了丽江市外均处于成熟期或衰退期，按照研究顺序分别为煤炭资源型城市（临汾，成熟期；阜新，衰退期）、石油资源型城市（东营，成熟期；濮阳，衰退期）、冶金资源型城市（攀枝花，成熟期；铜陵，衰退期）、森工资源型城市（丽江，再生期；白山，衰退期）、综合资源型城市（邯郸，成熟期；辽源，衰退期）。

一、障碍因子计算过程及结果

（一）计算各评价指标的因子贡献度

经济层面 $C_{11}-C_{16}$： $\delta_j = \{0.0077, 0.0176, 0.0062, 0.0176, 0.0139, 0.0139\}$

制度层面 $C_{21}-C_{25}$： $\delta_j = \{0.0825, 0.0415, 0.0438, 0.0450, 0.0385\}$

结构层面 $C_{31}-C_{35}$： $\delta_j = \{0.0275, 0.0703, 0.0463, 0.0336, 0.0427\}$

产业层面 $C_{41}-C_{46}$： $\delta_j = \{0.0338, 0.0380, 0.0476, 0.0420, 0.0540, 0.03587\}$

要素层面 $C_{51}-C_{55}$： $\delta_j = \{0.0290, 0.0317, 0.0323, 0.0331, 0.0228\}$

生态层面 $C_{61}-C_{66}$： $\delta_j = \{0.0083, 0.0073, 0.0088, 0.0096, 0.0087, 0.0085\}$

（二）计算单项指标障碍度

以 2012—2016 年的时间序列数据为研究依据，计算得到临汾市、阜新市、东营市、濮阳市、攀枝花市、铜陵市、丽江市、白山市、邯郸市、辽源市的单项指标障碍度。临汾市、阜新市单项指标障碍度计算结果如表 7−18 所示，东营市、濮阳市单项指标障碍度计算结果如表 7−19 所示，攀枝花市、铜陵市单项指标障碍度计算结果如表 7−20 所示，丽江市、白山市单项指标障碍度计算结果如表 7−21 所示，邯郸市、辽源市单项指标障碍度计算结果如表 7−22 所示。

表7—18　临汾市、阜新市单项指标障碍度计算结果

	θ_{ij}	C_{11}	C_{12}	C_{13}	C_{14}	C_{15}	C_{16}	C_{21}	C_{22}	C_{23}	C_{24}	C_{25}	C_{31}	C_{32}	C_{33}	C_{34}	C_{35}	C_{41}
临汾	2012	0.0000	0.0250	0.0000	0.0250	0.0198	0.0198	0.1174	0.0591	0.0000	0.0640	0.0548	0.0391	0.1000	0.0659	0.0000	0.0608	0.0481
	2013	0.0005	0.0170	0.0024	0.0251	0.0203	0.0133	0.1102	0.0671	0.0730	0.0000	0.0642	0.0417	0.0727	0.0723	0.0320	0.0525	0.0291
	2014	0.0045	0.0000	0.0016	0.0202	0.0170	0.0122	0.0575	0.0871	0.0053	0.0034	0.0595	0.0336	0.0356	0.0826	0.0603	0.0178	0.0491
	2015	0.0165	0.0316	0.0115	0.0049	0.0039	0.0053	0.0323	0.0000	0.0555	0.0437	0.0264	0.0000	0.0388	0.0085	0.0584	0.0226	0.0428
	2016	0.0144	0.0196	0.0226	0.0000	0.0000	0.0000	0.0000	0.1396	0.0962	0.0753	0.0000	0.0069	0.0000	0.0000	0.1223	0.0000	0.0000
阜新	2012	0.0092	0.0134	0.0014	0.0292	0.0000	0.0240	0.0000	0.0706	0.0017	0.0776	0.0000	0.0474	0.1162	0.0761	0.0319	0.0736	0.0000
	2013	0.0128	0.0096	0.0029	0.0292	0.0227	0.0166	0.0213	0.0689	0.0727	0.0538	0.0639	0.0258	0.1166	0.0768	0.0347	0.0358	0.0149
	2014	0.0136	0.0076	0.0000	0.0295	0.0198	0.0102	0.0845	0.0465	0.0000	0.0091	0.0693	0.0197	0.0943	0.0761	0.0610	0.0046	0.0265
	2015	0.0092	0.0000	0.0098	0.0201	0.0146	0.0048	0.1488	0.0000	0.0738	0.0169	0.0385	0.0095	0.0740	0.0318	0.0222	0.0000	0.0610
	2016	0.0000	0.0471	0.0166	0.0000	0.0000	0.0000	0.1510	0.0928	0.1137	0.0000	0.0807	0.0000	0.0000	0.0000	0.0000	0.0696	0.0578

	θ_{ij}	C_{42}	C_{43}	C_{44}	C_{45}	C_{46}	C_{51}	C_{52}	C_{53}	C_{54}	C_{55}	C_{61}	C_{62}	C_{63}	C_{64}	C_{65}	C_{66}
临汾	2012	0.0000	0.0000	0.0598	0.0761	0.0000	0.0288	0.0000	0.0460	0.0000	0.0324	0.0116	0.0085	0.0000	0.0137	0.0124	0.0121
	2013	0.0001	0.0096	0.0518	0.0900	0.0124	0.0134	0.0000	0.0371	0.0130	0.0225	0.0059	0.0000	0.0147	0.0151	0.0088	0.0123
	2014	0.0003	0.0560	0.0622	0.0802	0.0344	0.0000	0.0470	0.0388	0.0253	0.0307	0.0189	0.0166	0.0117	0.0180	0.0076	0.0049
	2015	0.0815	0.1021	0.0507	0.0114	0.0768	0.0622	0.0443	0.0322	0.0710	0.0272	0.0097	0.0123	0.0130	0.0000	0.0000	0.0034
	2016	0.0086	0.0870	0.0000	0.0000	0.1115	0.0986	0.1154	0.0000	0.0303	0.0000	0.0000	0.0170	0.0179	0.0168	0.0000	0.0000
阜新	2012	0.0038	0.0298	0.0724	0.0861	0.0000	0.0500	0.0547	0.0200	0.0122	0.0393	0.0143	0.0006	0.0000	0.0148	0.0149	0.0147
	2013	0.0000	0.0000	0.0573	0.0896	0.0087	0.0066	0.0496	0.0000	0.0287	0.0307	0.0100	0.0062	0.0066	0.0145	0.0120	0.0007
	2014	0.0000	0.0259	0.0415	0.0961	0.0170	0.0526	0.0543	0.0053	0.0500	0.0285	0.0000	0.0065	0.0160	0.0174	0.0158	0.0008
	2015	0.0205	0.0859	0.0252	0.0356	0.0482	0.0502	0.0539	0.0311	0.0597	0.0180	0.0074	0.0000	0.0086	0.0133	0.0076	0.0000
	2016	0.1016	0.0463	0.0000	0.0000	0.0957	0.0000	0.0000	0.0863	0.0000	0.0000	0.0096	0.0195	0.0118	0.0000	0.0000	0.0000

表7—19 东营市、濮阳市单项指标障碍度计算结果

	θ_{ij}	C_{11}	C_{12}	C_{13}	C_{14}	C_{15}	C_{16}	C_{21}	C_{22}	C_{23}	C_{24}	C_{25}	C_{31}	C_{32}	C_{33}	C_{34}	C_{35}	C_{41}
东营	2012	0.0128	0.0000	0.0103	0.0293	0.0232	0.0232	0.0698	0.0692	0.0556	0.0750	0.0520	0.0369	0.0234	0.0772	0.0251	0.0712	0.0122
	2013	0.0076	0.0057	0.0085	0.0247	0.0198	0.0164	0.0441	0.0536	0.0725	0.0313	0.0527	0.0287	0.1163	0.0646	0.0172	0.0537	0.0000
	2014	0.0002	0.0086	0.0000	0.0249	0.0200	0.0119	0.0119	0.0354	0.0000	0.0000	0.0577	0.0540	0.0932	0.0648	0.0659	0.0490	0.0581
	2015	0.0002	0.0170	0.0055	0.0095	0.0072	0.0069	0.0000	0.0505	0.0803	0.0245	0.0718	0.0275	0.0190	0.0246	0.0509	0.0203	0.0631
	2016	0.0000	0.0499	0.0110	0.0000	0.0000	0.0000	0.2339	0.0000	0.1205	0.0218	0.0000	0.0000	0.0000	0.0000	0.0000	0.0000	0.0033
濮阳	2012	0.0130	0.0298	0.0105	0.0254	0.0233	0.0235	0.1106	0.0584	0.0000	0.0122	0.0652	0.0370	0.0902	0.0631	0.0169	0.0723	0.0446
	2013	0.0090	0.0276	0.0093	0.0268	0.0227	0.0161	0.1357	0.0000	0.0629	0.0134	0.0460	0.0387	0.1156	0.0691	0.0000	0.0547	0.0556
	2014	0.0057	0.0071	0.0000	0.0311	0.0246	0.0096	0.0057	0.0609	0.0423	0.0198	0.0464	0.0486	0.1205	0.0819	0.0313	0.0389	0.0559
	2015	0.0035	0.0043	0.0098	0.0047	0.0199	0.0056	0.0000	0.0749	0.0791	0.0000	0.0000	0.0169	0.1118	0.0744	0.0607	0.0187	0.0561
	2016	0.0000	0.0000	0.0153	0.0000	0.0000	0.0000	0.0309	0.0698	0.0603	0.1135	0.0497	0.0000	0.0000	0.0000	0.0521	0.0000	0.0000

	θ_{ij}	C_{42}	C_{43}	C_{44}	C_{45}	C_{46}	C_{51}	C_{52}	C_{53}	C_{54}	C_{55}	C_{61}	C_{62}	C_{63}	C_{64}	C_{65}	C_{66}
东营	2012	0.0000	0.0000	0.0070	0.0000	0.0000	0.0484	0.0455	0.0481	0.0000	0.0380	0.0138	0.0102	0.0147	0.0160	0.0145	0.0142
	2013	0.0066	0.0165	0.0646	0.0447	0.0137	0.0383	0.0388	0.0534	0.0127	0.0330	0.0055	0.0014	0.0129	0.0133	0.0131	0.0141
	2014	0.0082	0.0345	0.0700	0.1059	0.0259	0.0158	0.0479	0.0506	0.0201	0.0112	0.0000	0.0000	0.0134	0.0132	0.0112	0.0167
	2015	0.0323	0.0671	0.0572	0.0749	0.0616	0.0322	0.0591	0.0230	0.0617	0.0000	0.0000	0.0061	0.0091	0.0123	0.0084	0.0159
	2016	0.1077	0.1350	0.0000	0.1168	0.1015	0.0000	0.0000	0.0000	0.0251	0.0242	0.0044	0.0207	0.0000	0.0000	0.0000	0.0241
濮阳	2012	0.0393	0.0000	0.0711	0.0000	0.0000	0.0473	0.0537	0.0000	0.0000	0.0386	0.0140	0.0122	0.0000	0.0148	0.0130	0.0000
	2013	0.0212	0.0018	0.0655	0.0314	0.0208	0.0440	0.0000	0.0261	0.0011	0.0369	0.0000	0.0120	0.0058	0.0158	0.0143	0.0000
	2014	0.0000	0.0059	0.0125	0.0605	0.0577	0.0513	0.0039	0.0571	0.0358	0.0384	0.0003	0.0069	0.0130	0.0148	0.0115	0.0000
	2015	0.0479	0.0320	0.0020	0.0854	0.0551	0.0000	0.0359	0.0534	0.0526	0.0352	0.0008	0.0016	0.0159	0.0150	0.0150	0.0119
	2016	0.0958	0.1200	0.0000	0.1362	0.0903	0.0213	0.0125	0.0089	0.0835	0.0000	0.0002	0.0000	0.0182	0.0000	0.0000	0.0214

表7-20 攀枝花市、铜陵市单项指标障碍度计算结果

	θ_{ij}	C_{11}	C_{12}	C_{13}	C_{14}	C_{15}	C_{16}	C_{21}	C_{22}	C_{23}	C_{24}	C_{25}	C_{31}	C_{32}	C_{33}	C_{34}	C_{35}	C_{41}
攀枝花	2012	0.0128	0.0206	0.0000	0.0151	0.0160	0.0231	0.1370	0.0689	0.0000	0.0597	0.0230	0.0457	0.0853	0.0250	0.0000	0.0709	0.0430
	2013	0.0105	0.0188	0.0034	0.0129	0.0130	0.0191	0.0120	0.0505	0.0759	0.0495	0.0156	0.0399	0.1218	0.0000	0.0169	0.0607	0.0586
	2014	0.0071	0.0000	0.0030	0.0281	0.0220	0.0133	0.1239	0.0632	0.0168	0.0000	0.0000	0.0169	0.0878	0.0805	0.0227	0.0417	0.0200
	2015	0.0062	0.0321	0.0133	0.0436	0.0344	0.0086	0.0839	0.0444	0.1069	0.1115	0.0031	0.0048	0.0376	0.0988	0.0555	0.0273	0.0497
	2016	0.0000	0.0438	0.0154	0.0000	0.0000	0.0000	0.0000	0.0000	0.1042	0.0866	0.0959	0.0000	0.0000	0.0733	0.0837	0.0000	0.0000
铜陵	2012	0.0046	0.0311	0.0000	0.0311	0.0246	0.0246	0.0287	0.0721	0.0550	0.0692	0.0147	0.0102	0.1180	0.0743	0.0000	0.0755	0.0000
	2013	0.0017	0.0037	0.0018	0.0274	0.0207	0.0153	0.1394	0.0701	0.0522	0.0433	0.0081	0.0132	0.1188	0.0783	0.0008	0.0108	0.0421
	2014	0.0001	0.0173	0.0005	0.0298	0.0215	0.0220	0.1015	0.0762	0.0000	0.0000	0.0000	0.0000	0.1379	0.0893	0.0071	0.0301	0.0678
	2015	0.0000	0.0217	0.0047	0.0167	0.0090	0.0000	0.0493	0.0317	0.0732	0.0752	0.0643	0.0251	0.0210	0.0357	0.0455	0.0254	0.0384
	2016	0.0214	0.0000	0.0172	0.0000	0.0000	0.0061	0.0000	0.0000	0.1196	0.1184	0.1049	0.0765	0.0000	0.0000	0.0934	0.0000	0.0567

	θ_{ij}	C_{42}	C_{43}	C_{44}	C_{45}	C_{46}	C_{51}	C_{52}	C_{53}	C_{54}	C_{55}	C_{61}	C_{62}	C_{63}	C_{64}	C_{65}	C_{66}
攀枝花	2012	0.0631	0.0067	0.0697	0.0006	0.0000	0.0462	0.0000	0.0536	0.0317	0.0126	0.0138	0.0000	0.0124	0.0159	0.0134	0.0141
	2013	0.0601	0.0000	0.0628	0.0009	0.0211	0.0503	0.0220	0.0552	0.0382	0.0395	0.0004	0.0127	0.0153	0.0152	0.0151	0.0123
	2014	0.0359	0.0081	0.0381	0.0939	0.0470	0.0447	0.0386	0.0249	0.0576	0.0198	0.0000	0.0063	0.0153	0.0155	0.0011	0.0061
	2015	0.0271	0.0282	0.0150	0.0005	0.0703	0.0000	0.0628	0.0000	0.0000	0.0000	0.0160	0.0014	0.0032	0.0121	0.0000	0.0015
	2016	0.0000	0.1185	0.0000	0.0149	0.0891	0.0358	0.0789	0.0595	0.0762	0.0000	0.0154	0.0120	0.0000	0.0000	0.0116	0.0000
铜陵	2012	0.0000	0.0000	0.0743	0.0135	0.0000	0.0251	0.0427	0.0571	0.0518	0.0403	0.0000	0.0129	0.0000	0.0170	0.0154	0.0150
	2013	0.0051	0.0045	0.0584	0.0251	0.0298	0.0000	0.0481	0.0337	0.0559	0.0300	0.0138	0.0123	0.0070	0.0126	0.0132	0.0144
	2014	0.0023	0.0954	0.0182	0.0902	0.0479	0.0452	0.0175	0.0249	0.0000	0.0330	0.0156	0.0146	0.0139	0.0125	0.0158	0.0170
	2015	0.0635	0.0769	0.0000	0.0000	0.0598	0.0165	0.0529	0.0053	0.0117	0.0212	0.0139	0.0024	0.0135	0.0091	0.0121	0.0142
	2016	0.0193	0.1228	0.0056	0.0000	0.0711	0.0806	0.0000	0.0000	0.0196	0.0000	0.0186	0.0000	0.0245	0.0000	0.0000	0.0236

表 7-21 丽江市、白山市单项指标障碍度计算结果

	θ_{ij}	C_{11}	C_{12}	C_{13}	C_{14}	C_{15}	C_{16}	C_{21}	C_{22}	C_{23}	C_{24}	C_{25}	C_{31}	C_{32}	C_{33}	C_{34}	C_{35}	C_{41}
丽江	2012	0.0108	0.0000	0.0077	0.0000	0.0065	0.0195	0.1007	0.0581	0.0000	0.0391	0.0297	0.0362	0.0985	0.0498	0.0471	0.0598	0.0108
	2013	0.0085	0.0076	0.0080	0.0075	0.0170	0.0178	0.1454	0.0501	0.0772	0.0000	0.0010	0.0461	0.0782	0.0816	0.0044	0.0600	0.0528
	2014	0.0092	0.0415	0.0000	0.0027	0.0134	0.0154	0.1181	0.0000	0.0027	0.1084	0.0006	0.0663	0.0335	0.0840	0.0000	0.0599	0.0814
	2015	0.0054	0.0000	0.0204	0.0000	0.0474	0.0115	0.0000	0.0911	0.0203	0.1407	0.0000	0.0807	0.0412	0.0000	0.0065	0.0440	0.0000
	2016	0.0000	0.0439	0.0176	0.0094	0.0000	0.0000	0.0727	0.0454	0.0113	0.0956	0.1095	0.0000	0.0000	0.0086	0.0152	0.0000	0.0690
白山	2012	0.0124	0.0000	0.0035	0.0284	0.0225	0.0132	0.1333	0.0671	0.0034	0.0132	0.0582	0.0444	0.1136	0.0748	0.0543	0.0193	0.0356
	2013	0.0091	0.0382	0.0000	0.0372	0.0282	0.0000	0.0000	0.0000	0.0950	0.0112	0.0835	0.0350	0.1191	0.0558	0.0569	0.0093	0.0733
	2014	0.0023	0.0318	0.0000	0.0377	0.0266	0.0314	0.0003	0.0373	0.0000	0.0000	0.0722	0.0426	0.0848	0.0000	0.0000	0.0277	0.0462
	2015	0.0033	0.0214	0.0057	0.0097	0.0102	0.0165	0.0572	0.0472	0.0570	0.0684	0.0250	0.0276	0.0380	0.0504	0.0228	0.0649	0.0221
	2016	0.0000	0.0404	0.0145	0.0000	0.0000	0.0192	0.1220	0.0295	0.0876	0.0484	0.0000	0.0000	0.0000	0.0667	0.0561	0.0000	0.0000

	θ_{ij}	C_{42}	C_{43}	C_{44}	C_{45}	C_{46}	C_{51}	C_{52}	C_{53}	C_{54}	C_{55}	C_{61}	C_{62}	C_{63}	C_{64}	C_{65}	C_{66}
丽江	2012	0.0256	0.0127	0.0588	0.0735	0.0000	0.0379	0.0444	0.0452	0.0299	0.0319	0.0057	0.0102	0.0123	0.0134	0.0122	0.0119
	2013	0.0000	0.0128	0.0479	0.0952	0.0360	0.0498	0.0000	0.0069	0.0396	0.0251	0.0001	0.0000	0.0000	0.0037	0.0144	0.0052
	2014	0.0916	0.0000	0.0417	0.0496	0.0653	0.0415	0.0382	0.0078	0.0000	0.0206	0.0000	0.0031	0.0000	0.0036	0.0000	0.0000
	2015	0.0553	0.0357	0.0000	0.0240	0.1220	0.0000	0.0540	0.0084	0.1128	0.0194	0.0283	0.0167	0.0000	0.0034	0.0002	0.0108
	2016	0.0213	0.1354	0.0285	0.0000	0.0873	0.0825	0.0395	0.0000	0.0831	0.0000	0.0047	0.0112	0.0000	0.0000	0.0002	0.0080
白山	2012	0.0277	0.0288	0.0679	0.0514	0.0000	0.0191	0.0000	0.0344	0.0000	0.0368	0.0180	0.0118	0.0000	0.0122	0.0121	0.0006
	2013	0.0000	0.0000	0.0599	0.0000	0.0225	0.0478	0.0410	0.0701	0.0079	0.0495	0.0146	0.0081	0.0000	0.0208	0.0026	0.0000
	2014	0.0857	0.0403	0.0364	0.0185	0.0468	0.0654	0.0715	0.0527	0.0634	0.0000	0.0122	0.0122	0.0005	0.0133	0.0187	0.0192
	2015	0.0253	0.0723	0.0622	0.0821	0.0544	0.0000	0.0287	0.0134	0.0501	0.0000	0.0126	0.0095	0.0134	0.0057	0.0132	0.0096
	2016	0.0274	0.0976	0.0000	0.1091	0.0839	0.0239	0.0629	0.0000	0.0776	0.0000	0.0178	0.0000	0.0141	0.0000	0.0000	0.0012

表 7-22 邯郸市、辽源市单项指标障碍度计算结果

θ_{ij}		C_{11}	C_{12}	C_{13}	C_{14}	C_{15}	C_{16}	C_{21}	C_{22}	C_{23}	C_{24}	C_{25}	C_{31}	C_{32}	C_{33}	C_{34}	C_{35}	C_{41}
邯郸	2012	0.0072	0.0270	0.0061	0.0270	0.0213	0.0213	0.1265	0.0636	0.0000	0.0690	0.0590	0.0000	0.0000	0.0710	0.0000	0.0655	0.0518
	2013	0.0120	0.0274	0.0067	0.0176	0.0164	0.0119	0.1071	0.0000	0.0607	0.0475	0.0492	0.0072	0.1095	0.0587	0.0163	0.0481	0.0452
	2014	0.0065	0.0134	0.0000	0.0133	0.0123	0.0186	0.1058	0.0082	0.0046	0.0431	0.0401	0.0458	0.1072	0.0214	0.0454	0.0482	0.0193
	2015	0.0060	0.0000	0.0125	0.0028	0.0034	0.0114	0.0547	0.0093	0.0886	0.0893	0.0389	0.0505	0.1019	0.0468	0.0614	0.0000	0.0115
	2016	0.0000	0.0000	0.0167	0.0000	0.0000	0.0000	0.0000	0.0894	0.1201	0.0000	0.0000	0.0629	0.1438	0.0000	0.0948	0.0000	0.0000
辽源	2012	0.0169	0.0314	0.0114	0.0346	0.0305	0.0305	0.0000	0.0561	0.0000	0.0773	0.0846	0.0450	0.0000	0.0000	0.0604	0.0080	0.0000
	2013	0.0076	0.0378	0.0133	0.0378	0.0257	0.0116	0.0361	0.0131	0.0940	0.0716	0.0396	0.0395	0.1509	0.0409	0.0721	0.0000	0.0111
	2014	0.0013	0.0276	0.0072	0.0299	0.0172	0.0065	0.0362	0.0000	0.0562	0.0000	0.0174	0.0374	0.1110	0.0189	0.0505	0.0765	0.0166
	2015	0.0018	0.0019	0.0080	0.0080	0.0074	0.0000	0.0886	0.0716	0.0632	0.0130	0.0000	0.0475	0.0958	0.0655	0.0026	0.0266	0.0286
	2016	0.0000	0.0000	0.0000	0.0000	0.0000	0.0168	0.1574	0.0021	0.0476	0.0859	0.0125	0.0000	0.1007	0.0884	0.0000	0.0521	0.0645

θ_{ij}		C_{42}	C_{43}	C_{44}	C_{45}	C_{46}	C_{51}	C_{52}	C_{53}	C_{54}	C_{55}	C_{61}	C_{62}	C_{63}	C_{64}	C_{65}	C_{66}
邯郸	2012	0.0000	0.0435	0.0644	0.0828	0.0000	0.0300	0.0486	0.0415	0.0000	0.0350	0.0000	0.0112	0.0000	0.0147	0.0121	0.0000
	2013	0.0394	0.0390	0.0605	0.0471	0.0180	0.0272	0.0450	0.0000	0.0040	0.0304	0.0082	0.0004	0.0137	0.0121	0.0135	0.0000
	2014	0.0510	0.0792	0.0105	0.0573	0.0317	0.0287	0.0496	0.0509	0.0164	0.0271	0.0085	0.0005	0.0128	0.0100	0.0128	0.0000
	2015	0.0551	0.0371	0.0000	0.0001	0.0724	0.0000	0.0477	0.0626	0.0669	0.0288	0.0098	0.0000	0.0116	0.0071	0.0117	0.0000
	2016	0.1072	0.0000	0.0221	0.0011	0.0814	0.0818	0.0000	0.0911	0.0239	0.0000	0.0234	0.0050	0.0126	0.0000	0.0000	0.0240
辽源	2012	0.0835	0.1046	0.0923	0.0000	0.0000	0.0637	0.0000	0.0710	0.0000	0.0501	0.0076	0.0001	0.0022	0.0107	0.0101	0.0162
	2013	0.0796	0.0000	0.0091	0.0011	0.0264	0.0368	0.0000	0.0356	0.0235	0.0367	0.0048	0.0045	0.0048	0.0190	0.0123	0.0040
	2014	0.0433	0.0852	0.0650	0.0154	0.0316	0.0427	0.0568	0.0323	0.0574	0.0102	0.0001	0.0131	0.0000	0.0172	0.0156	0.0038
	2015	0.0000	0.0821	0.0262	0.0662	0.0618	0.0242	0.0547	0.0447	0.0571	0.0000	0.0097	0.0097	0.0148	0.0154	0.0129	0.0000
	2016	0.0059	0.0454	0.0000	0.1031	0.0683	0.0000	0.0605	0.0000	0.0290	0.0109	0.0158	0.0000	0.0168	0.0000	0.0000	0.0162

（三）计算分类指标障碍度

根据前文求得的单项指标障碍度，可求得各市的分类指标障碍度。临汾市、阜新市、东营市、濮阳市、攀枝花市、铜陵市的分类指标障碍度如表 7-23 所示，丽江市、白山市、邯郸市、辽源市的分类指标障碍度如表 7-24 所示。

表 7-23　临汾市、阜新市、东营市、濮阳市、攀枝花市、铜陵市分类指标障碍度计算结果

	$\hat{\theta}_{ik}$	2012 年	2013 年	2014 年	2015 年	2016 年
临汾	经济	0.0896	0.0787	0.0556	0.0737	0.0566
	制度	0.2952	0.3144	0.2128	0.1579	0.3110
	结构	0.2658	0.2712	0.2299	0.1282	0.1292
	产业	0.1839	0.1929	0.2823	0.3651	0.2071
	要素	0.1072	0.0861	0.1418	0.2368	0.2443
	生态	0.0582	0.0567	0.0776	0.0383	0.0517
阜新	经济	0.0773	0.0937	0.0806	0.0585	0.0636
	制度	0.1498	0.2805	0.2095	0.2780	0.4383
	结构	0.3452	0.2898	0.2557	0.1375	0.0696
	产业	0.1921	0.1705	0.2070	0.2763	0.3013
	要素	0.1762	0.1156	0.1907	0.2129	0.0863
	生态	0.0593	0.0499	0.0564	0.0368	0.0409
东营	经济	0.0989	0.0827	0.0656	0.0464	0.0609
	制度	0.3217	0.2542	0.1050	0.2271	0.3762
	结构	0.2339	0.2805	0.3268	0.1423	0.0000
	产业	0.0822	0.1460	0.3027	0.3562	0.4643
	要素	0.1800	0.1762	0.1455	0.1761	0.0494
	生态	0.0834	0.0603	0.0545	0.0518	0.0492
濮阳	经济	0.1255	0.1115	0.0781	0.0478	0.0153
	制度	0.2463	0.2579	0.1752	0.1540	0.3242
	结构	0.2794	0.2781	0.3212	0.2824	0.0521
	产业	0.1550	0.1964	0.1926	0.2785	0.4423
	要素	0.1396	0.1081	0.1865	0.1771	0.1262
	生态	0.0541	0.0479	0.0465	0.0602	0.0399

续表

$\theta_{ik}^{\wedge}$		2012 年	2013 年	2014 年	2015 年	2016 年
攀枝花	经济	0.0875	0.0777	0.0736	0.1383	0.0593
	制度	0.2886	0.2035	0.2040	0.3499	0.2867
	结构	0.2269	0.2393	0.2497	0.2240	0.1570
	产业	0.1832	0.2034	0.2430	0.1907	0.2077
	要素	0.1442	0.2052	0.1856	0.0628	0.2504
	生态	0.0696	0.0709	0.0443	0.0343	0.0390
铜陵	经济	0.1160	0.0705	0.0911	0.0520	0.0448
	制度	0.2396	0.3131	0.1777	0.2937	0.3429
	结构	0.2780	0.2219	0.2645	0.1528	0.1699
	产业	0.0892	0.1533	0.2566	0.3287	0.2756
	要素	0.2170	0.1678	0.1206	0.1076	0.6130
	生态	0.0603	0.0733	0.0894	0.0651	0.0667

表 7-24　丽江市、白山市、邯郸市、辽源市分类指标障碍度计算结果

$\theta_{ik}^{\wedge}$		2012 年	2013 年	2014 年	2015 年	2016 年
丽江	经济	0.0445	0.0664	0.0822	0.0847	0.2777
	制度	0.2276	0.2736	0.2298	0.2521	0.3346
	结构	0.2913	0.2704	0.2437	0.1724	0.0238
	产业	0.1814	0.2447	0.3295	0.2369	0.3415
	要素	0.1894	0.1214	0.1081	0.1946	0.2050
	生态	0.0658	0.0234	0.0067	0.0593	0.0241
白山	经济	0.0801	0.1127	0.1298	0.0667	0.0742
	制度	0.2751	0.1897	0.1098	0.2547	0.2875
	结构	0.3064	0.2762	0.1551	0.2038	0.1228
	产业	0.2114	0.1557	0.2739	0.3185	0.3180
	要素	0.0903	0.2162	0.2530	0.0923	0.1644
	生态	0.0366	0.0495	0.0785	0.0641	0.0330

续表

$\hat{\theta}_{ik}$		2012 年	2013 年	2014 年	2015 年	2016 年
邯郸	经济	0.1099	0.0919	0.0639	0.0361	0.0167
	制度	0.3181	0.2646	0.2018	0.2808	0.2094
	结构	0.1364	0.2399	0.2679	0.2606	0.3015
	产业	0.2425	0.2491	0.2489	0.1762	0.2107
	要素	0.1550	0.1065	0.1728	0.2061	0.1968
	生态	0.0380	0.0480	0.0446	0.0402	0.0650
辽源	经济	0.1554	0.1338	0.0896	0.0271	0.0168
	制度	0.2180	0.2545	0.1098	0.2364	0.3056
	结构	0.1134	0.3034	0.2943	0.2379	0.2411
	产业	0.2815	0.1262	0.2571	0.2649	0.2872
	要素	0.1848	0.1326	0.1995	0.1807	0.1003
	生态	0.0469	0.0495	0.0498	0.0529	0.0489

二、典型资源型城市的实证分析

（一）临汾市转型指数障碍因子诊断

1. 单项指标障碍度分析

临汾是处于成熟期的煤炭资源型城市，发展特征主要表现为：产业结构逐步完善，矿产资源产量稳步提升，第二产业占据主导地位，经济发展对资源产业的依赖性较强。对比分析发现，近五年来临汾市主要障碍因子主要分布在制度、结构、产业等层面如表 7—25 所示。由图 7—12 可知，在供给侧结构性改革的驱动之下，临汾市 2012—2016 年间，制约其转型发展的障碍因子外贸依存度（C_{21}）和规模以上重工业增加值占 GDP 比重（C_{33}）取得了较好的成效，总体呈现下降趋势，而人口增长弹性系数（C_{22}）、医疗保险参与率（C_{23}）、外商投资企业比重（C_{34}）呈现出逐年上升趋势，是临汾市转型发展的主要障碍，其中人口增长弹性系数（C_{22}）和外商投资企业比重（C_{34}）的障碍因子综合指数最高，如图 7—13 所示，说明临汾市经济发展对于城市的带动效应较弱，外商对于城市的投资力度有待加强。第二产业从业人员比重（C_{32}）、城镇化率

（C_{35}）等指标也是制约临汾市经济转型的主要障碍。第二产业从业人员比重反映的是城市居民就业结构，比重越大，经济转型的负担也就越重。2017 年，临汾市城镇化率为 51.4%，低于山西省的平均水平 57.34%，说明地区的组织程度和管理水平还有待加强。

表 7-25　临汾市综合转型指数的主要障碍因子排序

排序	临汾市				
	2012 年	2013 年	2014 年	2015 年	2016 年
1	C_{21}	C_{21}	C_{22}	C_{43}	C_{22}
	0.1174	0.1102	0.0871	0.1021	0.1396
2	C_{32}	C_{23}	C_{33}	C_{42}	C_{34}
	0.1000	0.0730	0.0826	0.0815	0.1223
3	C_{45}	C_{32}	C_{45}	C_{46}	C_{52}
	0.0761	0.0727	0.0802	0.0768	0.1154
4	C_{33}	C_{33}	C_{44}	C_{54}	C_{46}
	0.0659	0.0723	0.0622	0.0710	0.1115
5	C_{24}	C_{25}	C_{34}	C_{51}	C_{51}
	0.0640	0.0642	0.0603	0.0622	0.0986
6	C_{35}	C_{25}	C_{25}	C_{34}	C_{23}
	0.0608	0.0642	0.0595	0.0584	0.0962
7	C_{44}	C_{35}	C_{21}	C_{23}	C_{43}
	0.0598	0.0525	0.0575	0.0555	0.0870

成熟期的煤炭资源型城市经济效益良好且呈现上升趋势，资源开采所产生的生态危机被不断涌现的经济效益掩盖，增加人均可支配收入成为社会发展的侧重点。因此，这一阶段临汾市单位 GDP 能耗（C_{44}）、社会消费品零售总额增长率（C_{45}）高于全国平均水平，资源产业扩张导致产业结构过重。需要特别指出的是，2015 年、2016 年专利授权量（C_{51}）和科教支出占财政支出比重（C_{54}）也逐渐上升为影响临汾市经济转型的障碍因子，说明临汾市人才、科技、创新等要素供给无法满足城市转型发展需要，借助供给侧结构性改革改善要素供给质量、提升要素供给效率成为当务之急。

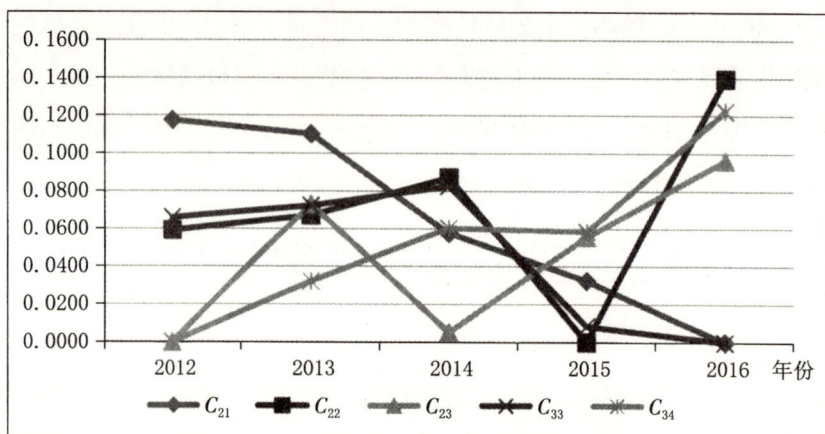

图 7-12 2012—2016 年临汾市主要障碍因子变化趋势

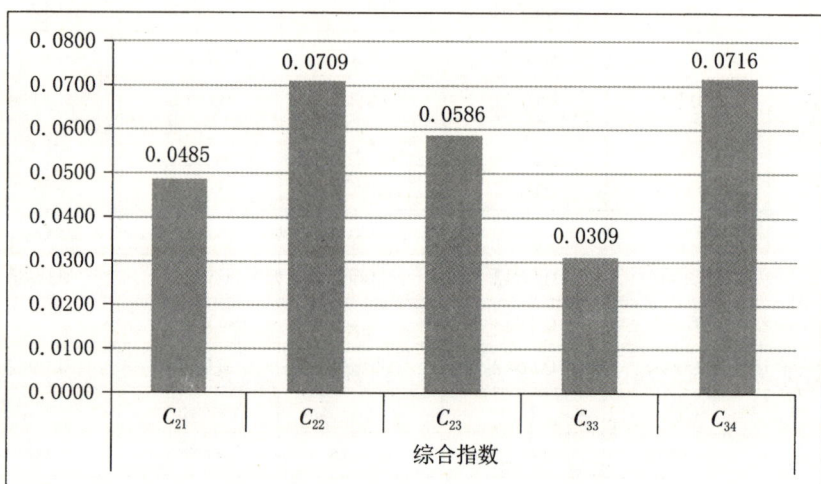

图 7-13 临汾市障碍因子综合指数

2. 分类指标障碍度分析

通过单项指标障碍度可以求得分类指标障碍度。从图 7-14 中可以看出，临汾市制度障碍度、结构障碍度、生态障碍度变化趋势相同，经济障碍度、产业障碍度、要素障碍度变化趋势近似。2012—2013 年，临汾市经济、制度、结构、产业等六个层面障碍度均有所上升。2013—2015 年，制度障碍度和结构障碍度大幅下降，产业障碍度和要素障碍度提升明显。这说明 2012—2013 年临汾市沿用传统经济发展路径，资源型产业持续壮大，不同层面障碍因子的负向作用有所增强。2013 年以后，临汾市经济结构性矛盾突出，产业环境没有得到明显改善，单位工业增加值能耗不减反增，要素环境持续恶化，人才、资金、技术等要素供给不足，要素障碍逐渐凸显。2015 年是分类障碍指数的转折点，原因在于供给侧结构性改革实施后，临汾市针对制度、结构、产业、要素等层面发力，扭转了产业障碍度、要素障碍度、经济障碍度持续上升的趋势。2016 年，制度障碍一跃成为多层障碍指数之首，表明临汾市需要加强医疗保险、养老保障制度等的建设，破除供给侧结构性改革的制度障碍。

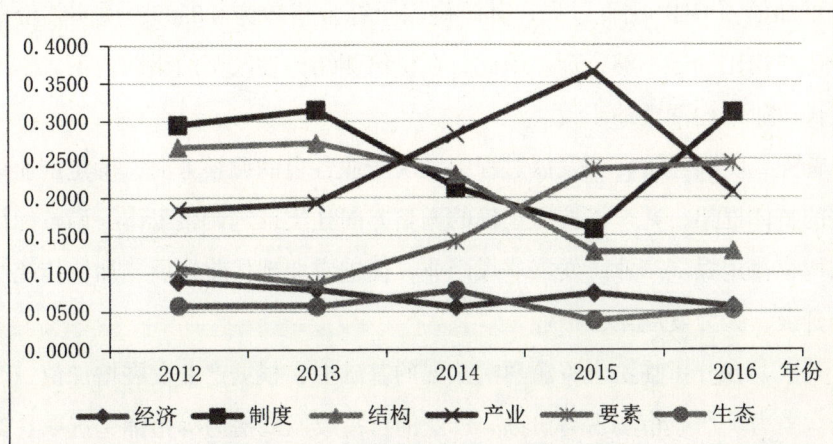

图 7—14　临汾市分类指标障碍度变化趋势

3.障碍规避

在供给侧结构性改革的驱动之下，针对上述临汾市转型障碍因子进行分析与诊断，发现临汾市的障碍规避主要集中在制度、结构和产业层面。

（1）制定切合实际的投资倾斜政策。由上述分析结果可知，临汾市的外商投资企业比重障碍因子一直处于上升趋势，而且其障碍因子综合指数达到了 0.0716，说明外商投资比重较低、区域经济外向程度较弱。制度层面的医疗保险参与率障碍因子综合指数为 0.0586，也处于较高的水平。除此之外，城镇化率也是制约临汾市城市转型的主要障碍因子。首先，临汾市应该制定优先建设城乡基础设施的政策，完善城乡基础设施。基础设施建设是提高人民生活水平、改善人居环境和促进可持续发展的基础工程。要在更大范围内实现矿产资源、劳动力、资金等生产要素的优化配置，使矿产资源带来的利益能惠及资源型城市的每一个公民，从而能够切实地为城乡人民提供良好的人居环境。其次，临汾市政府应制定侧重发展农村经济的政策，让城市建设与发展农村经济并重。要重视县乡村各级发展的规划，推进农村地区产业区域化、市场化管理，发展优质、高效型生态农业。最后，制定一些招商引资的优惠政策，吸引外商投资，进而推动大项目的建设。这样可以推动临汾市积极快速发展，也能逐步改变以往过度依赖传统资源产业的问题。

（2）加快临汾市产业结构调整步伐。从结构层面来看，临汾市规模以上重工业增加值占 GDP 比重过大，其障碍因子综合指数为 0.0309，说明临汾市三次产业结构比例还不够合理。因此，在供给侧结构性改革的驱动之下，临汾市应加快产业结构调整的步伐。

首先，明确经济转型发展过程中三次产业各自的调整方向，确定产业结构调整的整体框架，并严格按照正确的调整方向扎实推进调整工作。调整优化产业结构，稳定煤炭产业，发展非煤产业，促进农业现代化发展，加快传统产业改造升级，大力发展第三产业。

其次，在分析临汾市资源禀赋状况的基础上，根据产业发展增加值、产业市场竞争力、产业市场占有份额、产业的可持续发展潜力等指标，选取具备条件的产业作为全市转型发展的重点来培养。集中适度的人力、物力、财力，使新的支柱产业又快又好地崛起，以此来支撑全市的经济转型发展。

最后，随着人民生活水平及质量的提高，高额消费与多样的消费需求已成为经济活动的中心。同时在工业化阶段，工业化是现代服务业高速发展的基础条件，而现代服务业尤其是生产性服务业的发展对于支持制造业升级、创新又起着决定性的作用。因此，临汾市应大力发展金融、保险、咨询等知识型服务业和研发设计、售后服务、商务服务等生产性服务业。

（3）完善临汾市创新型人才机制。值得注意的是，要素层面的专利授权量和科教支出占财政支出比重也逐渐上升为影响临汾市经济转型的障碍因子。2015 年，临汾市科教支出占财政支出比重障碍因子数值为 0.0710；2016 年，临汾市专利授权量障碍因子数值为 0.0986，都处于较高的水平。临汾市应该提高要素的投入，逐步提高要素质量和效率。具体措施如下。

首先，重视基础教育及高科技人才的培养。新型的临汾需要高素质的人才，加强基础教育是快速提高人口素质的根本途径。加大高科技人才的培养是切实提高城市自主创新能力的关键。不仅是资源产业，临汾市的各行各业都需要高科技人才来注入新鲜的活力，增强各行业的竞争力。其次，建立引进高科技人才的机制。临汾市转型发展需要高科技人才支持，为了引进高科技人才，要建立引进人才机制，用高薪酬来刺激高科技人才的引进。一方面可以留下临汾生源的高校优秀毕业生，为老家奉献自己的真才实学，另一方面可以引进其他地区的高科技专业人才，从而形成人才保障体系，为临汾市的转型建设添砖加瓦。最后，要加强对临汾市教育机构的资金投入，为培养人才提供资金保障。资金一方面来自政府，另一方面来自社会闲散资本。总之，各方面相互配合打造临汾市人才队伍，为城市转型发展提供智力支持。

（二）阜新市转型指数障碍因子诊断

1. 单项指标障碍度分析

阜新市是处于衰退期的煤炭资源型城市，是中国重要的能源基地之一，素有"煤电之城"之称，然而经济发展存在着工业化发展滞后、第三产业发展缓慢、城镇化发展动力不足等问题，GDP 总量在省内倒数。因此，阜新市产业优化升级对提升产业竞争力、摆脱经济发展困境有着重要的意义。从表 7—26 可以看出，阜新市转型发展障碍主要存在于制度层面、结构层面和产业层面。从制度层面看，外贸依存度（C_{21}）、医疗保险参与率（C_{23}）、城镇职工基本养老保险参与率（C_{24}）是阜新市转型发展的主要障碍因子，说明阜新市对外贸的依赖性较强，缺乏一定的经济独立。其次在医疗保障、养老等社会福利制度方面还需要进一步完善。从结构层面看，第二产业从业人员比重（C_{32}）、规模以上重工业增加值占 GDP 比重（C_{33}）是制约阜新市转型发展的主要障碍因子，说明阜新市三次产业结构不合理，对主导资源型产业的依赖性较强。从产业层面来看，社会消费品零售总额增长率（C_{45}）和单位 GDP 能耗（C_{44}）是阜新市经济转型的主要障碍因子，说明阜新市近几年经济发展波动较大，资源消耗较为严重。需要注意的是，普通高等学校在校生人数（C_{53}）和科教支出占财政支出比重（C_{54}）也对阜新市转型发展产生了影响，阜新市对教育经费的投资力度还有待加强。

表 7-26　阜新市综合转型指数的主要障碍因子排序

排序	阜新市				
	2012 年	2013 年	2014 年	2015 年	2016 年
1	C_{32}	C_{32}	C_{45}	C_{21}	C_{21}
	0.1162	0.1166	0.0961	0.1488	0.1510
2	C_{45}	C_{45}	C_{32}	C_{43}	C_{23}
	0.0861	0.0896	0.0943	0.0859	0.1137
3	C_{24}	C_{33}	C_{21}	C_{32}	C_{42}
	0.0776	0.0768	0.0845	0.0740	0.1016
4	C_{33}	C_{23}	C_{33}	C_{23}	C_{46}
	0.0761	0.0727	0.0761	0.0738	0.0957
5	C_{35}	C_{22}	C_{25}	C_{41}	C_{22}
	0.0736	0.0689	0.0693	0.0610	0.0928
6	C_{44}	C_{25}	C_{34}	C_{54}	C_{53}
	0.0724	0.0639	0.0610	0.0597	0.0863

由图 7-15 可知，在制约阜新市转型发展的主要障碍因子中，排名前五位的分别是外贸依存度（C_{21}）、医疗保险参与率（C_{23}）、第二产业从业人员比重（C_{32}）、规模以上重工业增加值占 GDP 比重（C_{33}）和社会消费品零售总额增长率（C_{45}）。规模以上重工业增加值占 GDP 比重（C_{33}）和社会消费品零售总额增长率（C_{45}）等障碍因子在 2012—2016 年总体呈现出下降的趋势，其指标综合指数也处于较低的水平，如图 7-16 所示，说明阜新市在供给侧结构性改革的推动之下，其转型策略取得了良好的效果。2017 年阜新市全年规模以上工业实现增加值 70.9 亿元，同比下降 5.0%。按轻、重工业分，轻工业完成增加值 20.1 亿元，同比下降 3.5%；重工业完成增加值 50.8 亿元，同比下降 5.6%。全年实现主营业务收入 244.3 亿元，产品销售率达 97.9%，实现税金 9.7 亿元，实现利润总额 10.1 亿元。指标第二产业从业人员比重（C_{32}）总体也呈现出下

降的趋势，但其障碍因子综合指数却居高不下。2017年阜新市三次产业结构比例为 24.0∶26.2∶49.8，说明阜新市一直在尝试协调产业结构，也取得了一定的效果，还需要继续努力，降低其障碍因子综合指数。而外贸依存度（C_{21}）和医疗保险参与率（C_{23}）则呈现出上升的趋势，说明阜新市对外贸易政策和社会保障制度需进一步完善。

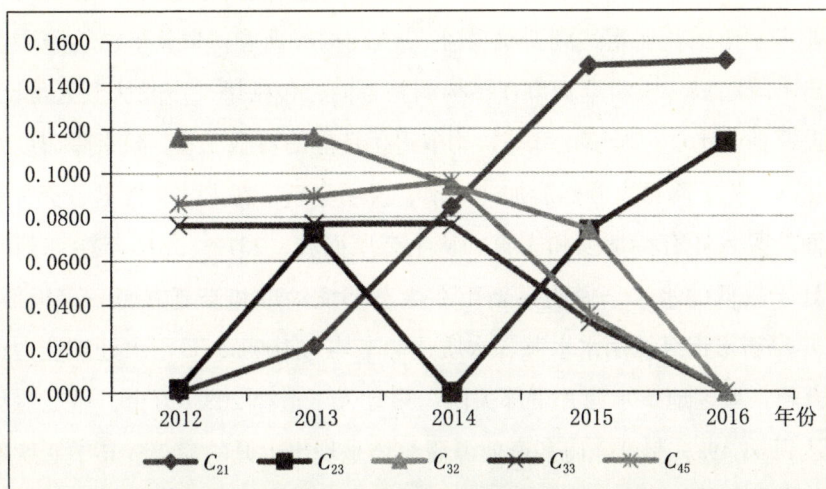

图 7-15　2012—2016 年阜新市主要障碍因子变化趋势

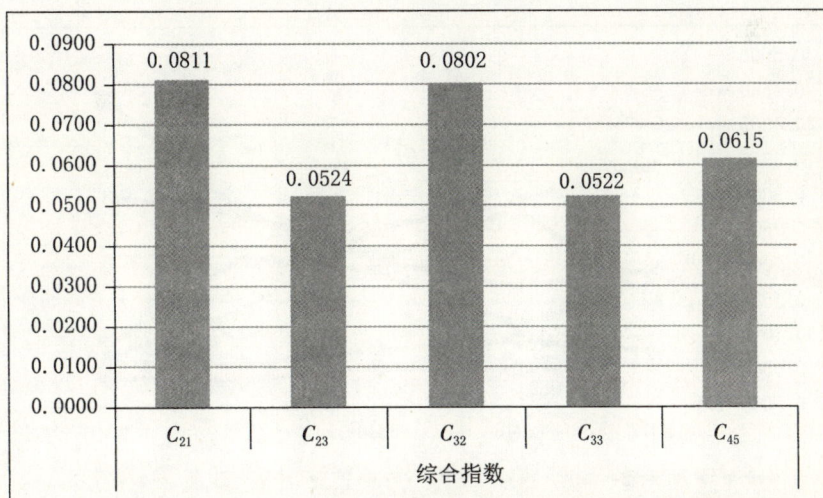

图 7-16　阜新市障碍因子综合指数

2. 分类指标障碍度分析

整体而言，阜新市生态障碍度最低，制度障碍度最高，要素障碍度处于波动变化之中，呈现出下降的趋势，如图 7—17 所示。从经济层面看，阜新市经济障碍度在 2012—2016 年总体呈现出下降的趋势，说明在供给侧结构性改革的推动之下，阜新市经济发展基础更加坚实。确立了工业"344"产业布局，大力实施《中国制造 2025》行动纲要，装备制造、农产品加工、能源三大支柱产业占全市工业比重达到 70% 以上。从结构层面看，阜新市结构障碍度也呈现出下降趋势，说明阜新市在结构调整方面，包括第二产业从业人员比重、外商投资企业比重、城镇化率等，均取得了良好的转型成效。要素障碍度处于波动状态，先下降再上升然后加速下滑，说明阜新市在人才、技术、资金等要素层面的投入还有待加强和完善。从生态层面看，2012—2016 年生态障碍度一直处于较低的水平，说明阜新市在生态环境治理和修复方面一直很努力。2017 年阜新市市级饮用水水源、水质达标率均为 100%，日污水处理能力达到 28.5 万吨，城区地下水源井全部关闭。累计人工造林 203.7 万亩，城区绿化覆盖率达到 41.1%。制度障碍和产业障碍总体呈现出上升的趋势，其中制度障碍的变化幅度较大，2012—2013 年处于上升趋势，2013—2014 年处于下降趋势，2014 年以后加速上升到 2016 年的 0.4383。虽然阜新市在结构调整方面取得了

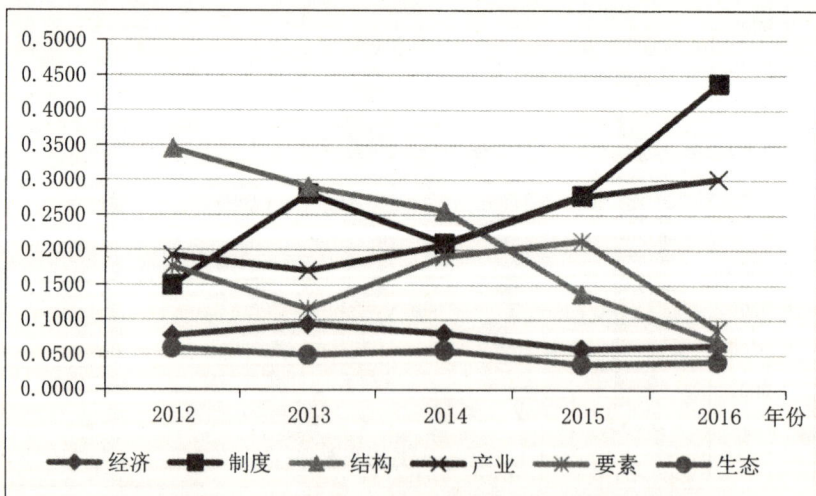

图 7—17 阜新市分类指标障碍度变化趋势

一些成效，但产业规模不大、产业结构不优仍然是制约城市转型发展的重要障碍因子。因此，阜新市应该把城市转型重点放在制度层面和产业层面上，努力抓好建设，推动城市转型发展。

3. 障碍规避

在供给侧结构性改革的驱动之下，针对上述阜新市转型障碍因子的分析与诊断，可以从以下几个方面提出规避转型障碍的措施。

（1）以项目建设为核心，巩固经济稳中向好势头。从制度层面看，阜新市外贸依存度障碍因子综合指数为 0.0811，在所有障碍因子综合指数中最高，说明阜新市对外贸的依赖性较强，缺乏一定的经济独立。因此，阜新市应牢固树立抓项目就是抓有效投资、抓发展、抓后劲的理念，把扩大有效投资作为稳增长的首要任务，坚决打好投资攻坚战。实施"3215 项目牵动计划"，以大唐煤制天然气、页岩气勘探开发、富国皮革项目建设为牵动，加快富国皮革产业链和"零排放"、保利机器人生产线、彰武大数据产业集聚区、宝厦集成建筑基地、徐工二期、浙江玉环汽摩配等项目的建设步伐。围绕特色资源、产业基础等比较优势，盘活低效用地、工业厂房、存量资产，延伸产业链条，包装储备一批科技含量高、税收贡献大、质量效益好的项目。紧紧抓住新一轮东北振兴、国家支持资源型地区经济转型、突破辽西北、县域经济发展等重大历史机遇，用好用足各项政策。围绕中央预算内资金、国家重大专项、省产业投资引导基金等政策性资金，积极争取支持，力争更多项目纳入上级盘子。

（2）以招商合作为牵动，提高对外开放水平。继续开展"招商季"活动，坚持全员招商，强化领导带头领任务、走出去，压实各级各部门责任，主动开展协会招商、展会招商、商会招商等活动，形成人人关心、人人参与招商引资的浓厚氛围。完善重点项目专人跟踪服务机制，提升招商成效。以国内外 500 强企业、行业龙头企业、上市公司等为目标，积极开展上门招商。积极引进战略投资者，吸引和推动大型央企、省企、民企在阜设立地区总部以及研发中心、营销中心和生产加工基地。围绕重点产业，按照"两头延伸"的原则，大力引进产业关联度高、企业协作性高、产品附加值高的项目。结合产业园区建设，支持龙头企业打造产业集聚园，鼓励企业以商招商。主动对接"一带一路"，积极参与"五大区域战略"，加快融入辽宁自贸区，建立常态化招商机制。主动承接京津冀、长三角地区产业转移，深化沈阜互动合作，加强与江苏盐城对口合作，搭建平台、建立机制、互动共赢。

（3）以市场需求为导向，稳步提升服务业质量。从结构层面看，第二产业从业人员比重障碍因子综合指数为 0.0802；规模以上重工业增加值占 GDP 比重障碍因子综合指数为 0.0522，处于较高的水平，是制约阜新市转型发展的主要障碍因子。这说明阜新市三次产业结构不合理，对主导资源型产业的依赖性较强。因此，阜新市在转型发展的过程中，要加快现有商贸、住宿、餐饮等传统服务业的改造升级，积极发展新业态。加快兴隆 CBD 三期、万达广场、红星美凯龙、义乌小商品城等项目建设。推动文化、旅游融合发展，抓好世界玛瑙之都、禅修温泉、北方文化名山、国家矿山公园、沙地国家森林公园、黄家沟生态旅游度假区六大旅游区建设。发展生产性服务业，加快中国邮政集团物流中心、新邱煤炭物流园等项目建设。围绕阜新进入高铁时代，规划一批休闲旅游、医养结合等服务业项目。大力发展外包服务业，扩大阜新产品网上销售规模，推进线上线下融合发展。主动融入辽宁与阿里巴巴、京东商城等战略合作项目，发展光华科技等阜新特色平台。

（4）以保障和改善民生为目的，努力增进百姓福祉。阜新市的医疗保险参与率障碍因子变化趋势总体呈现上升趋势，其障碍因子综合指数为 0.0524，说明阜新市政府在民生保障方面还需要继续努力。因此，阜新市应该重点办好各项民生实事，如支持少数民族特色村镇、文化产业、优势产业、改善民生等 20 个项目，促进民族地区发展；改造薄弱学校 17 所，维修校舍 10 万平方米，新建和改扩建幼儿园 6 所，改善办园条件 18 所，提升教育教学保障水平；推进医院"分级诊疗"，实行医保支付按病种分值结算，实现省内异地安置人员就医一卡通，缓解看病难、看病贵问题；全面推行"9110"改革，放大"3550"成效，促进行政审批和便民提效等。

（三）东营市转型指数障碍因子诊断

1. 单项指标障碍度分析

东营市是成熟期的石油资源型城市，是中国第二大石油工业基地胜利油田的崛起地，被评为中国"六大最美湿地之一"。其经济实力较强，工业生产平稳增长，对外贸易保持稳定增长，对外经济合作积极推进。但随着经济的不断发展，东营市的产业布局也越来越不合理，东营市要在供给侧结构性改革的推动之下，进行产业结构的优化转型，寻找城市发展新的支撑点。对比分析东营市转型指数主要障碍因子发现，制度障碍、结构障碍和产业障碍是亟待破解的难题。统计分析主要障碍因子出现的频率发现，医疗保险参与率（C_{23}）、平均每千人拥有医生数（C_{25}）、规模以上重工业增加值占 GDP 比重（C_{33}）、社会消费品零售总额增长率（C_{45}）、产业研发经费投入强度（C_{46}）、第二产业从业人员比重（C_{32}）等障碍因子出现的频率较高，说明东营市产业结构不合理，产业研发投入强度还有待完善，如表 7—27 所示。从制度层面看，医疗保险参与率（C_{23}）、平均每千人拥有医生数（C_{25}）、外贸依存度（C_{21}）等指标出现的频率较高，说明东营市在医疗保障体系方面还有待加强，应该强化民生建设，提高医疗保险参与率和增加医生数量。2017 年东营市对外贸易进出口总额为 1312.03 亿元人民币，比上年增长 31.1%。其中，出口 334.36 亿元，增长10.8%；进口 997.67 亿元，增长 39.9%。对外贸易促进了经济的发展，使得城市对外依赖性变强，经济独立性较差。除此之外，普通高等学校在校生人数（C_{53}）和科教支出占财政支出比重（C_{54}）也逐渐成为制约东营市转型发展的障碍因子，说明东营市在教育事业方面需加大投资，要重视技术与创新人才的培养，促进城市的转型发展。

表 7—27　东营市综合转型指数的主要障碍因子排序

排序	东营市				
	2012 年	2013 年	2014 年	2015 年	2016 年
1	C_{33}	C_{32}	C_{45}	C_{23}	C_{21}
	0.0772	0.1163	0.1059	0.0803	0.2339
2	C_{24}	C_{23}	C_{32}	C_{45}	C_{43}
	0.0750	0.0725	0.0932	0.0749	0.1350

续表

排序	东营市				
	2012 年	2013 年	2014 年	2015 年	2016 年
3	C_{35}	C_{33}	C_{44}	C_{25}	C_{23}
	0.0712	0.0646	0.0700	0.0718	0.1205
4	C_{21}	C_{44}	C_{34}	C_{43}	C_{45}
	0.0698	0.0646	0.0659	0.0671	0.1168
5	C_{22}	C_{35}	C_{33}	C_{41}	C_{46}
	0.0692	0.0537	0.0648	0.0631	0.1015
6	C_{23}	C_{22}	C_{41}	C_{54}	C_{42}
	0.0556	0.0636	0.0581	0.0617	0.1077
7	C_{25}	C_{53}	C_{25}	C_{46}	C_{12}
	0.0520	0.0534	0.0577	0.0616	0.0499

由图 7—18 可知，制约东营市经济转型障碍因子的前五位分别是医疗保险参与率（C_{23}）、平均每千人拥有医生数（C_{25}）、规模以上重工业增加值占GDP 比重（C_{33}）、社会消费品零售总额增长率（C_{45}）、产业研发经营投入强度（C_{46}）。其中平均每千人拥有医生数（C_{25}）、规模以上重工业增加值占 GDP 比重（C_{33}）在 2012—2016 年总体呈现出下降的趋势，说明东营市在供给侧结构性改革的驱动之下，医疗事业有了极大改善，对于资源主导型企业的依赖程度也逐渐下降。而医疗保险参与率（C_{23}）、社会消费品零售总额增长率（C_{45}）、产业研发经营投入强度（C_{46}）等障碍因子总体呈现出上升的趋势，其中医疗保险参与率（C_{23}）和社会消费品零售总额增长率（C_{45}）的障碍因子综合指数是最高的，如图 7—19 所示。说明东营市居民医疗保险参与率还比较低，应逐步向居民普及医疗保险的相关优惠政策，提高医疗保险参与率。除此之外，应发展现代服务业等新兴产业，合理调整产业结构，促进传统产业的升级和转型。因此，在供给侧结构性改革的驱动之下，东营市应找出自身存在问题并逐步解决，促进城市的转型发展。

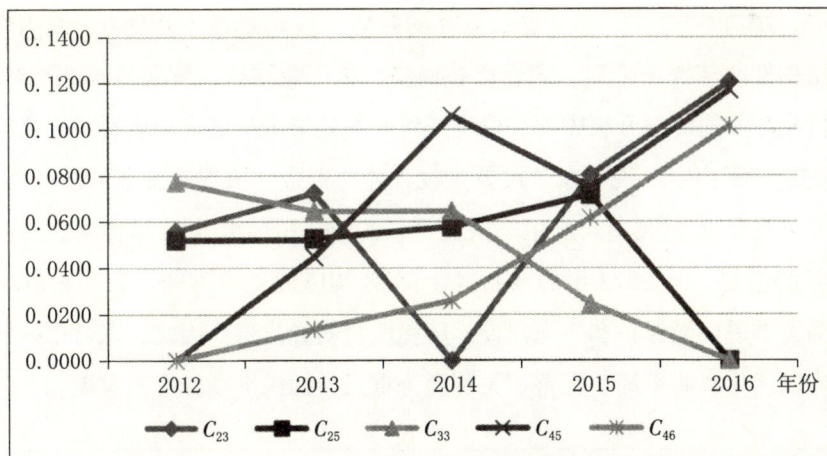

图 7-18　2012—2016 年东营市主要障碍因子变化趋势

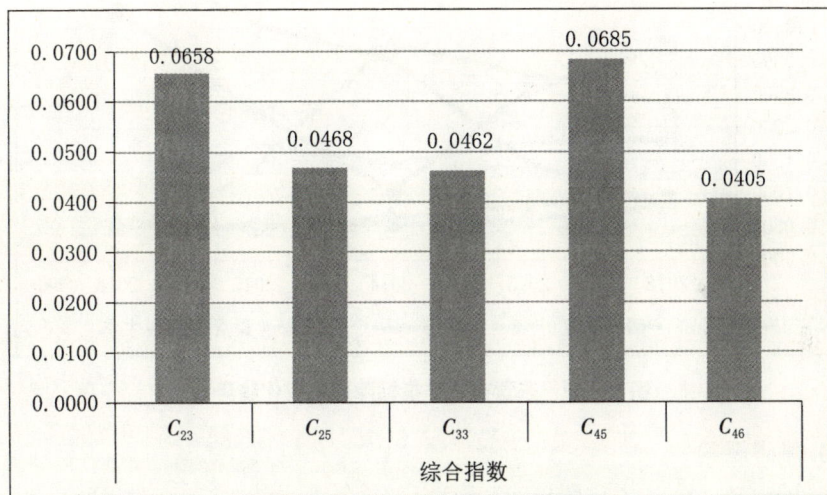

图 7-19　东营市障碍因子综合指数

2. 分类指标障碍度分析

由图 7-20 可知，东营市作为成熟期的资源型城市，综合经济实力较强，人均可支配收入不断提高，2017 年东营市城镇居民人均可支配收入 44763 元，增长 7.7%；农村居民人均可支配收入 16252 元，增长 8.4%。经济的持续增长是城市转型的重要驱动力。因此，经济障碍度在 2012—2016 年间总体呈现出不断下降的趋势。从结构层面看，2012—2014 年结构障碍度呈现出直线上升的趋势，2014年之后，又呈现出下降的趋势，从0.3268下降到0，说明在供给侧结构性改革提出之后，东营市在调整三次产业结构、发展战略新兴产业、促进传统产业的转型升级方面均取得了较好的效果。从要素层面看，要素障碍的变化趋势不稳定，说明东营市要重视人才、资金、资源等要素的协同发展，提升要素的质量和效率。从生态层面看，2012—2016年生态障碍度总体呈现出下降的趋势，从2012年的0.0834下降到2016年的0.0492，表明东营市近年来强力推进环境保护和生态建设，环境质量明显改善。因此，东营市的转型发展应以优化产业布局、完善相关制度为重点，加快推动城市的发展。

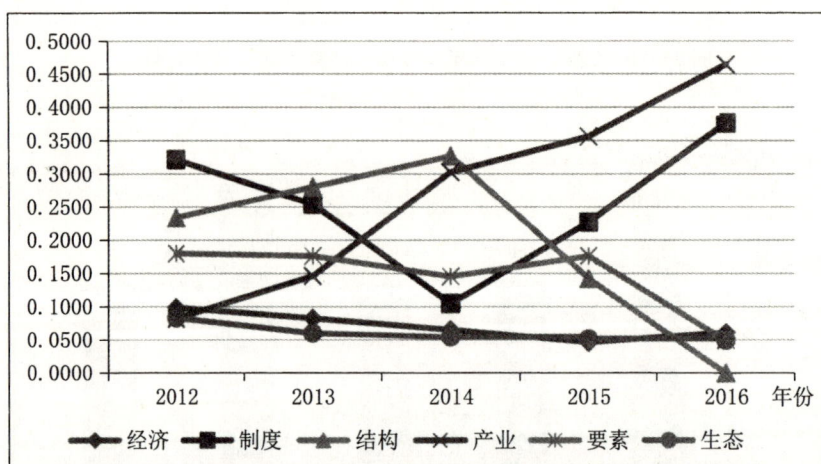

图7-20　东营市分类指标障碍度变化趋势

3.障碍规避

在供给侧结构性改革的驱动之下，针对上述东营市转型障碍因子的分析与诊断，可以从以下几个方面提出规避转型障碍的措施。

（1）调整产业结构，促进东营市产业转型。从结构层面看，东营市第二产业从业人员比重障碍因子出现频率较高，规模以上重工业增加值占GDP比重障碍因子综合指数较高，为0.0462，说明东营市的产业结构比例还不够合理，产业转型存在问题。因此，东营市应深入实施《中国制造2025》东营方案，加快推进新型工业化，使四大产业集群规模档次和质量效益明显提升，成为全国领先、世界有影响力的先进制造业基地，让一批新兴产业成为重要支柱产业。加快发展现代农业，率先实现农业现代化。重点突破服务业，打造区域性服务中心。着力培育新增长点，东营港石化产业基地、黄河三角洲农业高新区、东营综合保税区、空港产业区、广利港临港产业区、东营高新区发展实现重大突破，成为引领产业发展的强大引擎。大力强化创新驱动，科技创新体系日趋完善，创新创业蓬勃发展，科技进步对经济增长的贡献率大幅提高，建设区域性创新中心。

（2）发挥资源优势，扩大东营市对外开放水平。经上述分析发现，东营市资源产业总产值占 GDP 比重障碍因子综合指数为 0.0685，说明东营市对于传统资源型产业的依赖较高。为此，东营市应发挥其资源优势，吸引外商投资建厂，提高东营市国际知名度。

首先，突出重点领域改革。积极推进公立医院人事薪酬制度改革，完善管理体制、价格机制、医保制度；以医联体和家庭医生签约为抓手，继续推进分级诊疗制度建设。深化校长职级制和"县管校聘"改革。加快实施文化市场综合执法改革。完成行业协会与行政机关脱钩工作。深入推进综合行政执法体制改革和事业单位分类改革。其次，推动形成全面开放新格局。深入实施境外百展市场开拓计划，办好橡胶轮胎展、石油装备展、有色金属展、石油化工展、农业博览会，加强重点产品出口基地建设和龙头企业扶持，推动对外贸易稳定增长。继续帮助企业争取进口原油使用资质。加强东营综合保税区建设运营和对外招商，积极争取设立保税区 B 区。加快企业"走出去"步伐，支持企业参与"一带一路"建设，引导企业加强境外资源能源战略合作，推动传统产品输出向"产品＋服务"输出转型。加强国际交流合作，更好地利用海外资源。

（3）完善保障制度，提高东营市民生水平。从制度层面看，东营市医疗保险参与率、平均每千人拥有医生数等障碍因子出现的频率较高，医疗保险参与率障碍因子综合指数达到了 0.0658，仅次于资源产业总产值占 GDP 比重综合指数，说明东营市在医疗保障体系方面还有待加强。另外，2015 年东营市科教支出占财政支出比重障碍度为 0.0617，说明东营市在教育经费投入方面还需要继续加大力度。因此，东营市在改善民生水平方面主要从以下方面展开。

首先，优先发展教育事业。启动第三期学前教育三年行动计划，统筹推进义务教育优质均衡和城乡一体化发展，扩充普通高中优质教育资源。抓好城乡学校、幼儿园建设，加快推进市二中、市中专二期工程建设。加快建设高端教育园区，积极做好招院引校工作，加快推进山东农业大学国际现代农业科教基地、北航东营飞行学院建设。其次，加快建设"健康东营"。积极发展医疗卫生事业，培育首批健康村镇，在全省率先实现国家卫生县城全覆盖。实施基层医疗卫生机构标准化建设三年行动计划，壮大全科医生队伍，提升医疗服务水平。加强市县两级妇幼保健能力建设。稳妥推进油田医疗卫生机构移交工作，做好市级传染病医院、精神卫生中心建设的前期工作。传承发展中医药事业，规划建设市中医院。加强人口计生工作，提高出生人口素质。提升食品药品检验检测能力，保障群众饮食用药安全。

（四）濮阳市转型指数障碍因子诊断

1.单项指标障碍度分析

濮阳市是处于衰退期的石油资源型城市，发展特征表现为：石油资源枯竭、经济发展动力不足、现代化工业体系并未完全建立、经济发展结构性矛盾突出。统计分析发现，濮阳市转型发展障碍因子集中在制度、结构、产业三个层面，人口增长弹性系数（C_{22}）、第二产业从业人员比重（C_{32}）、规模以上重工业增加值占 GDP 比重（C_{33}）、内资企业工业总产值比重（C_{41}）、社会消费品零售总额增长率（C_{45}）等是抑制濮阳市转型发展的主要障碍因子，如图 7—28 所示。据 2017 年濮阳市国民经济与社会发展统计公报显示，第一产业增加值 169.03 亿元；第二产业增加值 882.84 亿元；第三产业增加值 568.69 亿元。三次产业结构比为 10.4∶54.5∶35.1，第二产业所占比重已经超过 50%，说明该市三次产业结构失衡较为严重。作为石油资源型城市，在 2017 年规模以上工业主要产品产量中，天然原油比上年下降 13.8%，天然气下降 16.2%，经济发展正处于衰退阶段，给濮阳市的转型发展带来了阻碍。

要素层面障碍因子突出说明濮阳市面临严重的技术、人才短缺等问题，特别是在资源产业经济效益持续下滑的大背景下，经济转型成功与否全面影响其他层面转型评价指标。普通高等学校在校生人数（C_{53}）和科教支出占财政支出比重（C_{54}）反映了濮阳市的人才培养水平和对现代教育发展的重视程度。必要的软硬件资源能够有效吸引人才、技术、资金等要素聚集，为产业转型创造有利条件。

表 7-28　濮阳市综合转型指数的主要障碍因子排序

排序	濮阳市				
	2012 年	2013 年	2014 年	2015 年	2016 年
1	C_{21}	C_{21}	C_{32}	C_{32}	C_{45}
	0.1106	0.1357	0.1205	0.1118	0.1362
2	C_{32}	C_{32}	C_{33}	C_{45}	C_{43}
	0.0902	0.1156	0.0819	0.0854	0.1200
3	C_{35}	C_{33}	C_{22}	C_{23}	C_{24}
	0.0723	0.0691	0.0609	0.0791	0.1135
4	C_{44}	C_{44}	C_{45}	C_{22}	C_{42}
	0.0711	0.0655	0.0605	0.0749	0.0958
5	C_{25}	C_{23}	C_{46}	C_{33}	C_{46}
	0.0652	0.0629	0.0577	0.0744	0.0903
6	C_{33}	C_{41}	C_{53}	C_{34}	C_{54}
	0.0631	0.0556	0.0571	0.0607	0.0835
7	C_{22}	C_{35}	C_{41}	C_{41}	C_{22}
	0.0584	0.0547	0.0559	0.0561	0.0698

由濮阳市主要障碍因子变化趋势可知，2012—2016 年濮阳市人口增长弹性系数（C_{22}）和社会消费品零售总额增长率（C_{45}）等障碍因子总体呈现上升趋势，说明衰退时期的濮阳市的经济发展对于人口红利释放的作用不明显，如图 7-21 所示。对于石油资源的不规范开采导致石油资源的开采量逐年下降，给濮阳市转型带来了冲击。其中，第二产业从业人员比重（C_{32}）和社会消费品零售总额增长率（C_{45}）障碍因子的综合指数最高，如图 7-22 所示。总的来说，濮阳市转型发展的任务比较艰巨，转型过程中遇到的难题亟待解决。

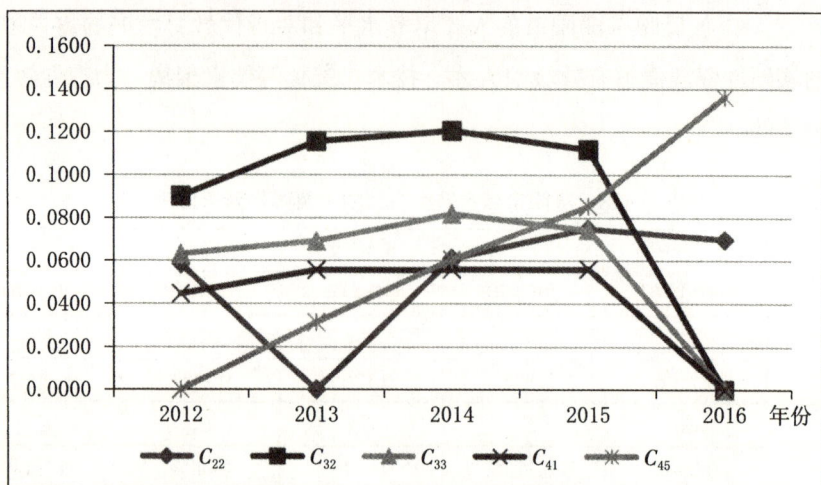

图 7-21 2012—2016 年濮阳市主要障碍因子变化趋势

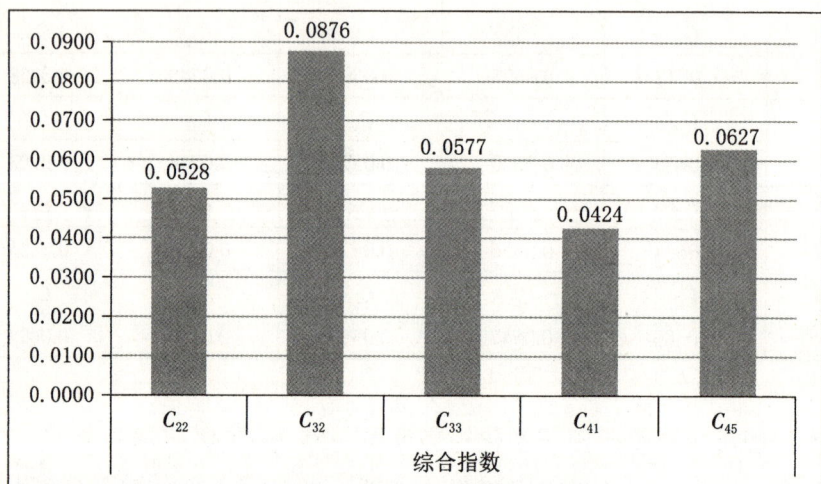

图 7-22 濮阳市障碍因子综合指数

2. 分类指标障碍度分析

分类指标障碍度整体上反映了不同层面单项指标障碍度的变化特征。从图 7-23 可以看出，濮阳市经济发展结构性问题突出，结构障碍、制度障碍和产业障碍是其转型发展的主要难题。从结构层面看，2012—2014 年结构障碍高于其他层面障碍水平，并呈现上升趋势，2015 年是变化的转折点，2016 年结构障碍骤然下降至 0.0521。要素障碍与结构障碍的变化趋势接近，都呈现出先上升后下降的趋势。制度障碍和产业障碍的变化情况趋同，都表现出先上升、后下降、又上升的趋势。2016 年濮阳市制度障碍和产业障碍远远高于其他层面障碍水平，这与濮阳市石油产业枯竭、接替产业不强的现状相符。经济障碍和生态障碍的变化趋势相近，说明生态环境治理必须依托区域经济实力，产业发展阶段也极大地影响区域污染治理。2015 年是濮阳市障碍因子变化的转折点，2016 年濮阳市要素、结构、经济、生态等层面障碍度持续下降，说明濮阳市持续深化供给侧结构性改革，调整经济结构和产业结构，提升要素供给质量和效率，加大力度改善生态环境。可以预期的是，濮阳市下阶段会着力发展以旅游业为代表的服务业，健全现代工业体系，完善社会保障制度，降低产业障碍度和制度障碍度。

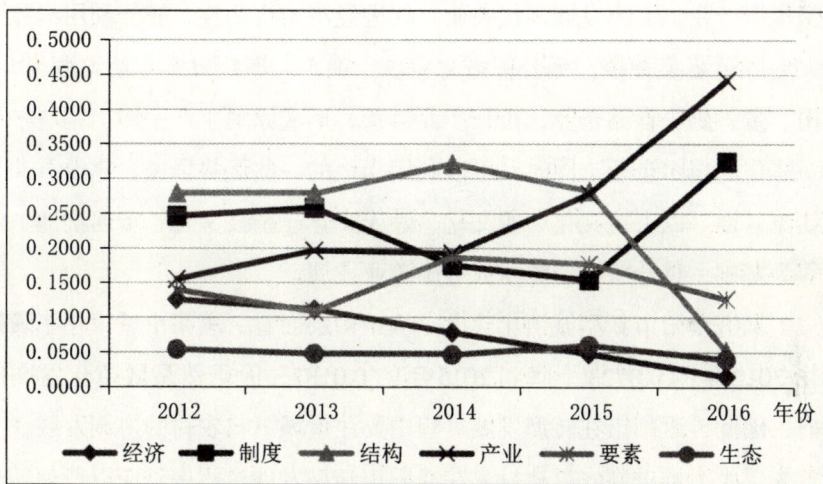

图 7-23　濮阳市分类指标障碍度变化趋势

3. 障碍规避

在供给侧结构性改革的驱动之下，针对上述濮阳市转型障碍因子的分析与诊断，可以从以下几个方面提出规避转型障碍的措施。

（1）加快濮阳市产业结构优化升级。从濮阳市的结构层面看，第二产业从业人员比重和规模以上重工业增加值占 GDP 比重是制约濮阳市转型发展的主要障碍因子，其障碍因子综合指数分别为 0.0876 和 0.0577，都处于较高的水平。濮阳市的转型发展需要将产业结构优化升级作为重中之重，具体措施如下。

首先，选好接替产业，坚持多元化发展。在产业转型过程中，短期内是很难完全抛弃资源型产业的，因此首要任务就是发展资源型产业，到一定阶段后或条件成熟时必定会重点发展接替产业，并实现资源型产业和接替产业的协调互动发展。当前濮阳市产业转型的关键是选择科学、合理、符合发展实际的接替产业作为新的支柱产业。这将会大大推动产业转型升级发展，但是盲目跟风、发展一些不切合实际的新兴产业，只会事倍功半，加速城市的衰退。其次，加快产业结构调整步伐，突出产业创新。加大对现有产业的技术改造，淘汰落后的技术及装备，积极推进高新技术在支柱产业中的应用，加快传统产业的升级，促使劳动、资金密集型产业向资金、技术密集型产业过渡。着力培植知识密集型产业，大力发展现代农业，促进经济结构调整，充分利用本地资源优势发展绿色蔬菜种植，无公害畜禽养殖、加工。围绕日常生活培育米、面、油、肉、蛋、奶等食品企业，拉长产业链条，形成原料生产—加工制造—市场销售一体化的集团企业。同时，可以利用当地的一些优势资源，建设石油、天然气物流基地。以上古文化、龙文化、姓氏文化、杂技文化、黄河湿地、油田景观等为基础，整合旅游资源，促进旅游业发展。

（2）推进濮阳市新型城镇化建设。从结构层面看，濮阳市城镇化率障碍度虽然由 2012 年的 0.0723 下降到 2015 年的 0.0187，但仍然是城镇化发展的主要障碍，因此，濮阳市在转型发展过程中要注重城镇与农村的协调发展。

首先，大力推进新农村建设。在濮阳市转型发展过程中，应以产业转型为契机，大力推进现代化农业和特色农业建设，积极发展农产品深加工工业，延长农村经济产业链条，增加农民收入；应不断完善农民基本生活保障体系和医疗体系，构建经济富裕、文化繁荣、乡风文明、村容整洁的社会主义和谐新农村。其次，构建现代城镇体系。城镇是连接城市和农村的中间桥梁。因此在濮阳市转型过程中，应大力开展城镇建设，不断完善城镇布局体系。发挥濮阳市地理区位优势，积极承接东部地区产业；结合濮阳市传统优势产业，发展高新技术产业；以农业新科技和农业信息为手段，推进现代农业建设等。坚持以中心城市为带动、以城镇体系为桥梁、以新型农村社区为基础，构筑协调发展、相互促进的现代城镇体系。

（3）完善濮阳市社会保障制度。从制度层面看，濮阳市医疗保险参与率指标障碍度从2013年的0.0629上升到2015年的0.0791，说明濮阳市在医疗保障制度方面还需要完善。因此，濮阳市在转型发展的过程中要注重以人为本，提高民生水平。努力破除城市内部二元结构，积极扩大就业，提升社会保障水平，完善基本公共服务，改善生产生活环境，促进社会和谐稳定，稳步提升城镇化发展质量和水平，使资源开发和经济发展成果惠及广大人民群众。着重加强人才体系建设，提高企业创新力。高等院校、企业以及个人要形成共同利益体，在促进科学技术转为实效的同时，既能解决就业问题，又能培养高科技人才。要提升企业在科技创新中的主导地位，切实做好人才选拔录用工作，将科研人才更好地应用到产业结构转型上，培养更多更好的优秀实用型人才。总之，以产业转型为航向，多管齐下，使得人才培养、企业实用、科研成效三位一体，综合提高资源型城市可持续发展。

（五）攀枝花市转型指数障碍因子诊断

1. 单项指标障碍度分析

攀枝花是我国西部处于成熟期的冶金资源型城市。攀枝花素有"中国钒钛"之都称号，采矿、冶炼业在经济中占比最高时达到90%。近年来，钢铁、煤炭等行业面临调整，攀枝花立足优越的自然条件，大力发展阳光康养产业，推动产业升级和城市转型发展。从表7-29的主要障碍因子排序可知，攀枝花转型发展障碍因子主要集中在制度、结构、产业三个层面。外贸依存度（C_{21}）、人口增长弹性系数（C_{22}）、医疗保险参与率（C_{23}）、规模以上重工业增加值占GDP比重（C_{33}）、产业研发经费投入强度（C_{46}）等是攀枝花转型发展的主要障碍因子。从制度层面看，攀枝花市外贸依存度较高，经济增长依赖于资源型产品出口，容易受到国际金融风险的影响。从结构层面看，攀枝花市规模以上重工业增加值占GDP比重较大，说明近年来攀枝花市对重工业的发展力度较大，导致三次产业结构比例失衡。重视资源型产业的地位是十分重要的，但也应该大力发展以旅游业为代表的第三产业。从产业层面看，攀枝花市单位产值能耗高于全国平均水平，资源型企业比重较大，成本费用率呈现下降趋势。因此，攀枝花应该大力提升第三产业比重，改善企业经济效益。

表 7-29　攀枝花市综合转型指数的主要障碍因子排序

排序	攀枝花市				
	2012 年	2013 年	2014 年	2015 年	2016 年
1	C_{21}	C_{23}	C_{21}	C_{24}	C_{43}
	0.1370	0.0759	0.1239	0.1115	0.1185
2	C_{35}	C_{44}	C_{45}	C_{23}	C_{23}
	0.0709	0.0628	0.0939	0.1069	0.1042
3	C_{44}	C_{35}	C_{32}	C_{33}	C_{25}
	0.0697	0.0607	0.0878	0.0988	0.0959
4	C_{22}	C_{42}	C_{33}	C_{21}	C_{46}
	0.0689	0.0601	0.0805	0.0839	0.0891
5	C_{42}	C_{41}	C_{22}	C_{46}	C_{24}
	0.0631	0.0586	0.0632	0.0703	0.0866
6	C_{24}	C_{53}	C_{54}	C_{52}	C_{34}
	0.0597	0.0552	0.0576	0.0628	0.0837
7	C_{53}	C_{22}	C_{46}	C_{34}	C_{52}
	0.0536	0.0505	0.0470	0.0555	0.0789

由图 7-24 可知，在制约攀枝花市产业转型的障碍因子中，排名前五位的分别是外贸依存度（C_{21}）、人口增长弹性系数（C_{22}）、医疗保险参与率（C_{23}）、城镇职工基本养老保险参与率（C_{24}）、产业研发经费投入强度（C_{46}）。其中，指标外贸依存度（C_{21}）和人口增长弹性系数（C_{22}）在 2012—2016 年总体呈现出下降的趋势，说明攀枝花市在供给侧结构性改革的驱动之下，在经济发展、对外贸易方面均取得了良好的成效。2017 年，攀枝花市全年招商引资到位资金 663.19 亿元，增长 16.7%，全年实现进出口总额 26.24 亿元，增长 89.3%。其中，出口总额 11.21 亿元，增长 22.8%；进口总额 15.04 元，增长 217.2%。而医疗保险参与率（C_{23}）、城镇职工基本养老保险参与率（C_{24}）和产业研发经费投入强度（C_{46}）总体呈现出上升的趋势，说明攀枝花市在人民生活和社会

保障方面还需要继续努力，要加大产业研发经费的投入力度，不断创新，促进科技成果转化。由图 7－25 可以看出，攀枝花市障碍因子综合指数最高的指标都集中在制度层面，这也是该市接下来需要着重改善的方面。

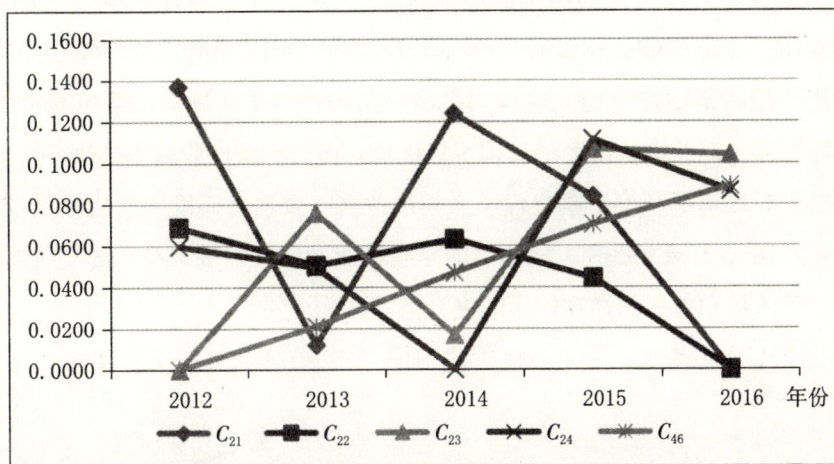

图 7－24　2012—2016 年攀枝花市主要障碍因子变化趋势

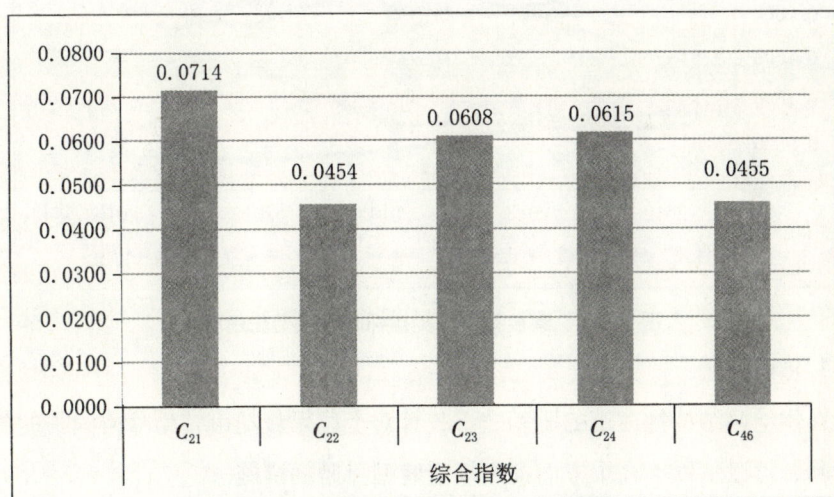

图 7－25　攀枝花市障碍因子综合指数

2. 分类指标障碍度分析

整体而言，攀枝花市生态障碍度最低，制度障碍度最高，经济障碍度处于波动变化之中，呈现下降趋势。从经济层面和生态层面看，攀枝花市生态环境状况良好，对城市转型发展的阻碍逐年降低，经济障碍度与生态障碍度十分接近，表明二者的关联效应长期存在。结构障碍度与产业障碍度密切相关，产业问题绝大部分可以归结为结构问题。从图7-26中可以看出，2012—2014年攀枝花市产业障碍和结构障碍均呈现上升趋势，2015年后，结构障碍加速下滑，产业障碍则逆势上扬。这说明供给侧结构性改革实施后，攀枝花市大力发展旅游业，产业结构及经济结构明显优化，但资源型产业的生产效率并未实质提升，对环境的负面影响也没有大幅度改善。要素障碍度的变化幅度较大，2015—2016年大幅度提升，原因可能是旅游业发展并未带来要素的实质聚集，要素供给质量和效率仍存在较大的提升空间。

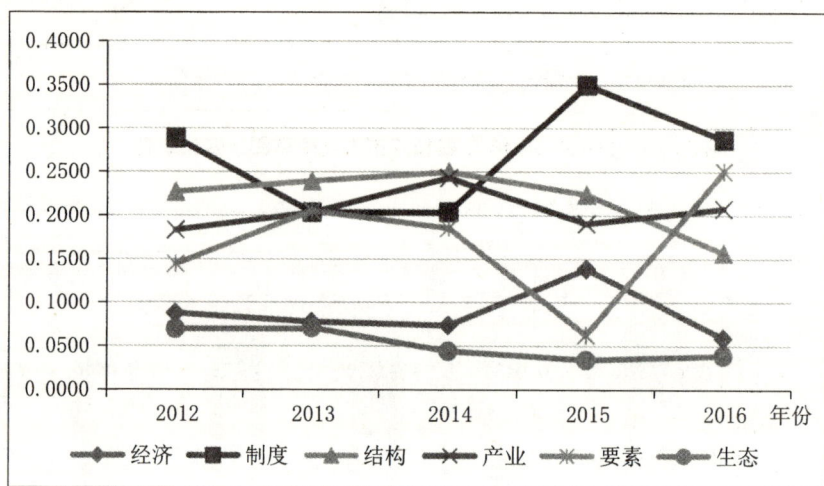

图7-26 攀枝花市分类指标障碍度变化趋势

3.障碍规避

在供给侧结构性改革的驱动之下，针对上述攀枝花市转型障碍因子的分析与诊断，可以从以下几个方面提出规避转型障碍的措施。

（1）稳增长调结构，推动经济高质量发展。从结构层面看，攀枝花市2014年第二产业从业人数指标障碍度为0.0878，第二产业所占比重较大，规模以上重工业增加值占GDP比重指标障碍度从2014年的0.0805上升至2015年的0.0988，对重工业依赖性较强，产业结构不合理。因此，在转型发展过程中，不仅应注重产业结构的调整，也应该大力发展以旅游业为代表的第三产业。

首先，加快构建现代产业体系，巩固发展钒钛钢铁等传统优势产业，积极培育钒钛新材料、石墨及石墨烯材料、节能环保装备等战略新兴产业，不断提升产业发展层次和水平。加快工业园区基础设施建设，完成投资 12 亿元。强化重大产业项目支撑，着力引进一批钒钛深加工项目。大力发展实体经济，制造业对工业强市至关重要，确保新增钒钛深加工等先进制造业企业 10 户、规模以上工业企业 50 户。其次，加快发展现代服务业。充分发挥消费对经济增长的基础性作用，新增线上企业 20 户以上，服务业增加值增长 8.5%。大力培育发展现代物流、研发设计、创业孵化、科技服务等现代服务业。全面启动全国阳光康养旅游目的地、国家全域旅游示范区、全国旅游休闲示范城市创建工作，大力推进"厕所革命"，努力使旅游总收入突破 335 亿元、增长 20%以上。

（2）突出富民惠民，高水平率先全面建成小康社会。从制度层面看，攀枝花市医疗保险参与率障碍因子综合指数为 0.0608，城镇职工基本养老保险参与率障碍因子综合指数为 0.0615。两者都是攀枝花市转型发展的主要障碍因子，说明人民生活和社会保障方面还需要继续努力，提高保障水平。除此之外，普通高等学校在校生人数和科教支出占财政支出比重也逐渐成为制约攀枝花市转型发展的障碍因子，因此在转型发展过程中还要优先发展教育，具体措施如下。

首先，抓好就业和社会保障。确保新增就业 1.55 万人，建立统一的社会保障公共服务平台，增强养老保险、失业保险兑付保障能力。健全社会救助体系，强化农村留守儿童关爱保护，提升困境儿童保障水平。建立健全"租售补"并举住房保障机制。其次，优质均衡发展社会事业。坚持教育优先发展战略，进一步提高教育质量和水平，提高公办和普惠性幼儿园学位占比。统筹推进城乡义务教育一体化发展，加强职业教育，支持攀枝花学院内涵式发展。推进"三线文化"国家级品牌打造，争创第四批国家公共文化服务体系示范区。最后，实施健康攀枝花战略。加快推进花城新区医院、市妇女儿童医院建设，开展康养医疗基础性科学研究，积极推进家庭医生签约服务和医保付费方式等改革，提高基层医疗机构服务水平、医护人员专业化水平和医疗装备水平。

（3）提升开放合作水平，加快建设四川南向门户。从制度层面看，攀枝花市外贸依存度障碍因子综合指数为 0.0714，是所有综合指数中最高的，说明攀枝花市要注重对外合作，而不仅仅依赖贸易进口。因此，攀枝花市在转型发展过程中要加快提高对外开放度，提高对外开放水平。

首先，推进对外开放。加大重点地区开放力度，主动融入长江经济带、"一带一路"、东盟自由贸易区及孟中印缅经济走廊建设。拓展对外贸易，推动更多钢铁、钒钛、特色农产品出口。其次，深化区域合作。抢抓省委大力推进"四项重点工程"机遇，积极推进与天府新区的产业合作，承接产业转移；提前开展与天府国际机场航班航线对接，促进互联互通；用好自贸区平台，利用"蓉欧班列"加大对外贸易。协调丽江、大理、楚雄等市（州），加快推进丽（丽江）攀、攀大（大理）高速公路云南段建设。深化与北京、上海、成都、苏州、无锡、常州等城市的合作。最后，强化专业化招商。精准搭建合作平台，提高专业化招商能力，围绕钒钛深加工和广泛运用，强化补链强链招商。抓实产业部门招商，围绕"1+5+N"重点产业，利用西博会等活动平台，加大外资项目招引力度，引进实际到位资金 700 亿元。

（六）铜陵市转型指数障碍因子诊断

1.单项指标障碍度分析

铜陵市是我国东北部处于衰退期的冶金资源型城市，发展特征表现为：经济发展质量还不够高，牵动性的大项目、好项目不多，科技创新和人才支撑不够有力，产业结构不优、新旧动能接续不足的矛盾较为突出。由表 7—30 可知，铜陵市转型发展障碍因子主要集中在制度层面、结构层面和产业层面。从制度层面来看，人口增长弹性系数（C_{22}）、城镇职工基本养老保险参与率（C_{24}）是制约铜陵市转型发展的主要障碍因子，表明铜陵市经济增长对于人口的带动效应较差，亟待改善。铜陵市在人民生活与社会保障方面还存在问题，如医疗保险参与率、城镇职工基本养老保险参与率较低等，应以民生为主，改善人民生活。从结构层面来看，第二产业从业人员比重（C_{32}）、规模以上重工业增加值占 GDP 比重（C_{33}）是铜陵市转型发展的主要障碍因子，说明铜陵市产业结构不够合理，第二产业所占比重过大，还需要进一步调整和优化。从产业层面来看，规模以上工业企业成本费用利润率（C_{43}）是制约该市发展的主要障碍因子，表明铜陵市以资源作为主导产业的高耗能企业的效益正在下滑，应注重产业的转型与升级发展。此外，铜陵市的转型发展还需要创新技术，提高资源利用率，加大教育经费的投资，注重对于人才的培养，为城市的转型发展奠定坚实的基础。

表 7-30　铜陵市综合转型指数的主要障碍因子排序

排序	铜陵市				
	2012 年	2013 年	2014 年	2015 年	2016 年
1	C_{32}	C_{21}	C_{32}	C_{45}	C_{43}
	0.1108	0.1394	0.1379	0.0902	0.1228
2	C_{35}	C_{32}	C_{21}	C_{43}	C_{23}
	0.0755	0.1188	0.1015	0.0769	0.1196
3	C_{33}	C_{33}	C_{43}	C_{24}	C_{24}
	0.0743	0.0783	0.0954	0.0752	0.1184
4	C_{44}	C_{22}	C_{33}	C_{23}	C_{25}
	0.0743	0.0701	0.0893	0.0732	0.1049
5	C_{22}	C_{44}	C_{22}	C_{25}	C_{34}
	0.0721	0.0584	0.0762	0.0643	0.0934
6	C_{24}	C_{54}	C_{41}	C_{42}	C_{51}
	0.0692	0.0559	0.0678	0.0635	0.0806

由图 7-27 可知，在制约铜陵市经济转型的障碍因子中，排名前五位的分别是人口增长弹性系数（C_{22}）、城镇职工基本养老保险参与率（C_{24}）、第二产业从业人员比重（C_{32}）、规模以上重工业增加值占 GDP 比重（C_{33}）、规模以上工业企业成本费用利润率（C_{43}）。其中指标人口增长弹性系数（C_{22}）、规模以上重工业增加值占 GDP 比重（C_{33}）在 2014 年之后总体呈现出下降的趋势，说明在供给侧结构性改革的驱动之下，铜陵市转型发展取得了一定的成效。

2017 年，铜陵市推动经济建设卓有成效，新旧动能加速转换，矢志培育新动能，勇攀产业中高端，产业结构持续优化。制定实施"1365"工业转型升级行动方案，战略性新兴产业产值占规模以上工业比重居全省第 2 位，现代服务业升级发展。第二产业从业人员比重（C_{32}）障碍因子在 2014 年之后也处于下降的趋势，但其障碍因子综合指数却是最高的，达到了 0.0791，如图 7−28 所

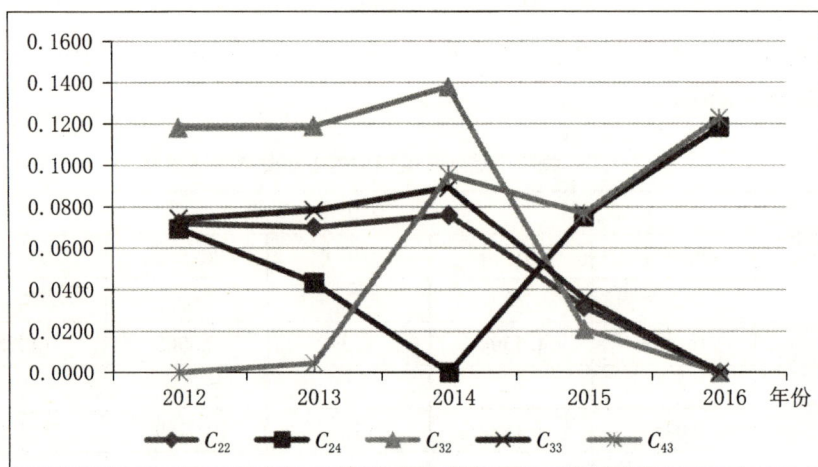

图 7−27　2012—2016 年铜陵市主要障碍因子变化趋势

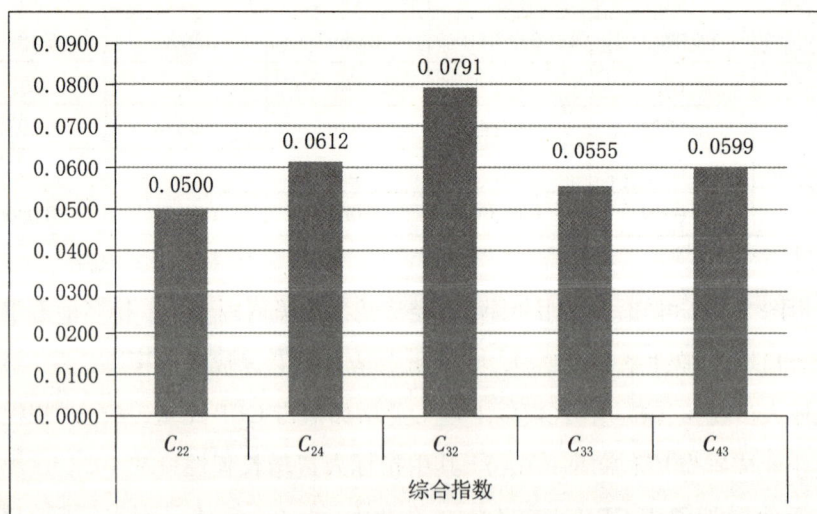

图 7−28　铜陵市障碍因子综合指数

示。这说明铜陵市三次产业结构虽然持续优化，但是效果不是很明显，还需要继续调整。而城镇职工基本养老保险参与率（C_{24}）、规模以上工业企业成本费用利润率（C_{43}）障碍因子处于波动变化状态，2014 年之后，总体呈现出上升的趋势，说明铜陵市在民生保障方面还需要进一步加强，提高城镇职工养老保险参与率。从铜陵市障碍因子综合指数可以看出，铜陵市在发展的过程中应以制度层面、结构层面和产业层面为重，加速城市转型发展。

2. 分类指标障碍度分析

对比分析铜陵市分类指标障碍度的变化趋势，如图 7—29 所示，除要素障碍度之外，经济障碍度、制度障碍度、结构障碍度、产业障碍度和生态障碍度都处于较低的水平。从经济层面看，经济障碍度从 2012 年的 0.1160 下降到 2016 年的 0.0448，说明铜陵市在转型发展的过程中，一直重视经济的平稳发展。2017 年铜陵市全年地区生产总值（GDP）为 1163.9 亿元，按可比价格计算，比上年增长 8.2%。分产业看，第一产业增加值 49.1 亿元，增长 3.3%；第二产业增加值 733.2 亿元，增长 8.5%；第三产业增加值 381.5 亿元，增长 8.2%。从生态层面看，生态障碍度同其他城市一样处于最低水平，说明铜陵市在城市转型发展的过程中注重生态环境保护和修复，成效显著。2017 年铜陵市对污染防治重拳出击，全面打好蓝天、碧水、净土保卫战，实施重点污染防治项目 488 个。PM10、PM2.5 平均浓度下降 15.1%、17.4%，分别居全省第 6 位、第 3 位，优良天数比例全省第三。铜陵空气质量改善幅度居全国 169 个重点城市第 13 位，"蓝天白云、繁星闪烁"渐成常态。制度障碍度、结构障碍度和产业障碍度在 2012—2016 年一直处于波动变化状态。而制度层面、结构层面和产业层面是一种协调发展的关系，铜陵市应调整好三者的关系，促进城市的转型发展。从要素层面看，要素障碍度在 2015 年之前一直处于下降的趋势，2015 年最低为 0.1076，从 2015 年开始，要素障碍度直线上升至 2016 年的 0.6130，说明铜陵市还需要继续加强人才、技术、资金等要素的投入。因此，铜陵市要以产业结构优化、制度调整、要素升级为着力点，加快推动城市的转型发展。

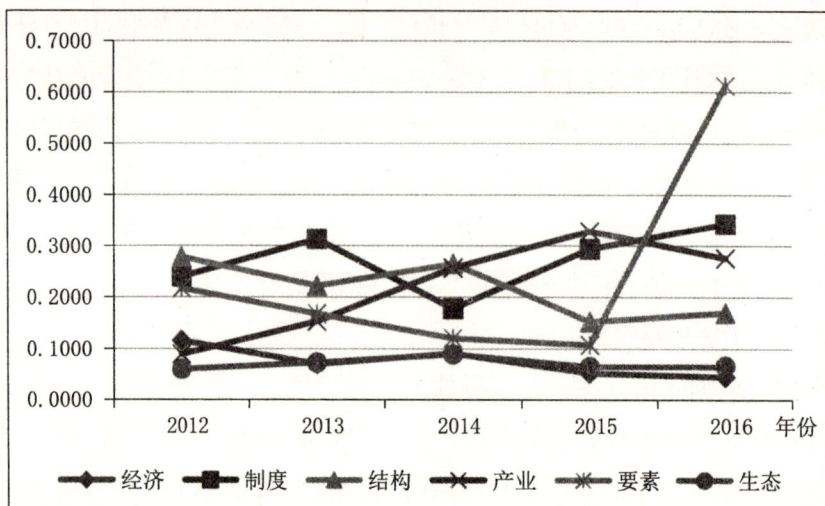

图 7-29　铜陵市分类指标障碍度变化趋势

3.障碍规避

在供给侧结构性改革的驱动之下，针对上述铜陵市转型障碍因子的分析与诊断，可以从以下几个方面提出规避转型障碍的措施。

（1）实施创新发展行动，打造转型升级新引擎。从结构层面来看，第二产业从业人员比重、规模以上重工业增加值占 GDP 比重是铜陵市转型发展的主要障碍因子，其障碍因子综合指数分别为 0.0791 和 0.0555，都处于较高水平，说明铜陵市产业结构不够合理。产业层面的规模以上工业企业成本费用利润率障碍因子在 2012—2016 年间一直处于上升趋势，且障碍因子综合指数为 0.0599，表明铜陵市以资源作为主导产业的高耗能企业的效益正在下滑。因此，铜陵市应注重产业的转型与升级发展，培育新动能。

首先，赋能传统产业升级。开展新一轮技改升级工程，推动传统产业向"微笑曲线"两端延伸，向价值链高端跃升。支持龙头骨干企业聚焦主业开展并购重组，助推铜陵有色跻身世界 500 强。深入实施"优质工程"企业诊断计划，深化与工信部赛迪研究院、电子五所合作，帮助企业破瓶颈、增效益。其次，催生新兴增长点。坚持"无中生有""有中生新"，实施新经济培育计划，引进地标性企业，点燃发展新引擎。构建发展新生态，优化产业生态圈，搭建优秀的承载平台，让投资主体充分选择、自由落户。集聚优质人力资源，厚植要素价格优势，打造"成本洼地"。引进企业新物种，抢占时代风口，积极发展众创、众包、众筹等新模式，加快发展共享、智慧、平台经济等新业态。最后，提高项目建设质效。坚持把项目作为发展的生命线、主抓手，深入落实高质量"四督四保"制度，突出抓好产业项目建设，推动泰富碳新材料、中建材环保装备制造、连浩通精密大电流接触件等项目开工建设，加快北大青鸟氮化镓晶圆片、有色二次资源回收利用等项目建设进度，确保信敏惠新能源汽车电池溶剂、万华秸秆综合利用等项目竣工投产。围绕"公铁水"、生态环保等基础领域，以及人工智能、工业互联网等新型基础设施，谋划储备一批重大项目，争取更多项目纳入国家和省的盘子。

（2）实施区域协调计划，打造铜陵发展"四大中心"。从制度层面看，铜陵市医疗保险参与率障碍度由 2015 年的 0.0732 上升至 2016 年的 0.1196，逐渐成为制约城市转型的障碍因子，说明医疗体系还有待完善。要素层面的专利授权量障碍度为 0.0806，处于较高水平，说明铜陵市的创新技术还不够成熟，研发经费投入还有待进一步加强。因此，铜陵市应以提高创新能力和效率作为转型发展的重点，同时还需要完善医疗服务体系，提高医疗保险参与率，具体措施如下。

首先，打造皖中南科技创新中心。聚焦关键核心技术"卡脖子"问题，全面提升创新能力和效率，争创国家创新型试点市，让全社会研发投入强度达到 2.5% 以上。加强全生命周期创新链建设，争创一批国家和省级科技孵化器、众创空间。其次，打造皖中南金融服务业中心。以城市金融化为方向，大力发展供应链金融等新兴业态，全力做好科讯金服、易酒批、瓜子养车等金融新势力落地服务。规范发展互联网金融，支持企业申报互联网金融牌照，引导金融机构与互联网企业合作创新金融产品。第三，打造皖中南商贸物流中心。适应居民消费升级新趋势，以新流通引领新零售，延展 B2B、B2C/O2O、网络定制等新模式。优化商贸物流设施空间布局，完善城乡快递服务网络，鼓励多式联动，发展冷链物流。最后，打造皖中南大健康产业中心。完善健康医疗服务体系，推动市人民医院、市立医院扩大规模、强身健体，全市基层医疗机构全部实现标准化。引入好医生、迪安诊断、上海桐树等高端优质医疗资源，组建现代医疗集团。加快润泽医养中心等项目建设，建成运营石城医养康复中心，争创全省医养结合试点示范市。建成省级中医药健康旅游基地，构建省内一流大健康产业孵化中心。

（3）实施共享发展行动，增进人民群众新福祉。从制度层面看，铜陵市城镇职工基本养老保险参与率指标障碍因子在2012—2016年基本呈现上升趋势，其障碍因子综合指数为0.0612，说明铜陵市在民生保障方面还需要进一步加强。2013年铜陵市科教支出占财政支出比重障碍度为0.0559，此后虽有下降，但仍然是制约铜陵市转型的障碍因子，说明对于教育经费的投入力度不够。因此，铜陵市应加大民生保障力度，注重教育优先发展。

首先，坚守民生保障底线。把稳就业摆在更加突出位置，加大高校毕业生、退役军人等重点群体就业创业扶持力度。深入实施全民参保计划，扩大新业态就业人员社会保险覆盖面，实现枞阳县城乡居民基本医疗保险并轨运行。发展社会救助、慈善和残疾人事业，提高城乡低保和特困供养人员生活保障标准。加快养老服务三级中心建设。其次，织密公共服务网络。实施第三期学前教育行动计划，新改建公办幼儿园17所，鼓励引导规范社会力量办园。推动义务教育优质均衡发展，启动北斗星城九年一贯制学校、四中新校区建设。深化"名校+"战略，筹建北师大铜陵学校。实施现代职业教育质量提升工程，组建大江职业教育集团，打造全国知名职教高地。支持铜陵学院建设地方应用型高水平大学。培育践行社会主义核心价值观，广泛开展群众性精神文明创建活动。提高市民科学素质。建设体育强市，扩大全国全民健身示范市品牌效应。

（七）丽江市转型指数障碍因子诊断

1.单项指标障碍度分析

丽江市是我国西部处于再生期的森工资源型城市，是云南省重点林区之一，林业用地150万公顷，森林覆盖率达40.3%。近年来，丽江市在转型发展的过程中还存在不少困难和问题，如一产不大、二产不强、三产不精；基础设施滞后；教育、卫生等公共服务与群众的期望还有较大差距等。丽江市须采取有力措施解决好这些困难和问题。从表7−31的主要障碍因子排序可知，丽江市转型发展障碍因子主要集中在制度、结构、产业三个层面。从制度层面看，外贸依存度（C_{21}）、城镇职工基本养老保险参与率（C_{24}）是制约丽江市转型发展的障碍因子，表明丽江市外贸依存度较高，对国际市场具有较高的依赖性。另外在民生保障方面，丽江市还有待加强。从结构层面看，规模以上重工业增加值占 GDP 比重（C_{33}）、城镇化率（C_{35}）是制约丽江市转型发展的障碍因子，表明丽江市近年来对于重工业的发展力度较大，导致三次产业结构比例不合理。丽江市在发展重工业的同时，也要发展以旅游业为代表的第三产业。另外，丽江市的城镇化率还有待提高。从产业层面看，内资企业工业总产值比重（C_{41}）等指标是制约丽江市经济转型的主要障碍因子，表明本土企业的实力还比较弱，企业结构不够合理。值得注意的是，要素障碍因子也逐渐上升为制约丽江市转型发展的主要障碍因子，如普通高等学校在校生人数（C_{53}）、科教支出占财政支出比重（C_{54}）等。因此，丽江市应加大教育投资，提高要素投入。

表 7-31　丽江市综合转型指数的主要障碍因子排序

排序	丽江市				
	2012 年	2013 年	2014 年	2015 年	2016 年
1	C_{21}	C_{21}	C_{21}	C_{24}	C_{43}
	0.1007	0.1454	0.1181	0.1407	0.1354
2	C_{32}	C_{45}	C_{24}	C_{46}	C_{25}
	0.0985	0.0952	0.1084	0.1220	0.1095
3	C_{45}	C_{33}	C_{42}	C_{54}	C_{24}
	0.0735	0.0816	0.0916	0.1128	0.0956
4	C_{35}	C_{32}	C_{33}	C_{22}	C_{46}
	0.0598	0.0782	0.0840	0.0911	0.0873
5	C_{44}	C_{23}	C_{41}	C_{31}	C_{54}
	0.0588	0.0772	0.0814	0.0807	0.0831
6	C_{22}	C_{35}	C_{31}	C_{42}	C_{51}
	0.0581	0.0600	0.0663	0.0553	0.0825

续表

排序	丽江市				
	2012 年	2013 年	2014 年	2015 年	2016 年
7	C_{33}	C_{41}	C_{46}	C_{52}	C_{21}
	0.0498	0.0528	0.0653	0.0540	0.0727
8	C_{34}	C_{51}	C_{35}	C_{15}	C_{41}
	0.0471	0.0498	0.0599	0.0474	0.0690

由图 7-30 可知，在制约丽江市转型发展的障碍因子中，前五位分别是外贸依存度（C_{21}）、城镇职工基本养老保险参与率（C_{24}）、规模以上重工业增加值占 GDP 比重（C_{33}）、城镇化率（C_{35}）、内资企业工业总产值比重（C_{41}）。五个主要障碍因子的变化趋势基本无规律可循。城镇化率（C_{35}）障碍因子在2012—2016 年一直处于下降的趋势，障碍因子综合指数也处于较低的水平，为 0.0447，如图 7-31 所示，表明丽江市城镇结构得到了改善。规模以上重工业增加值占 GDP 比重（C_{33}）障碍因子从 2014 年之后处于下降的趋势，一直保持在 0.01，其障碍因子综合指数也比较低（0.0448），说明在供给侧结构性改革的驱动之下，丽江市对于资源型主导产业的依赖性逐渐减弱，开始注重传

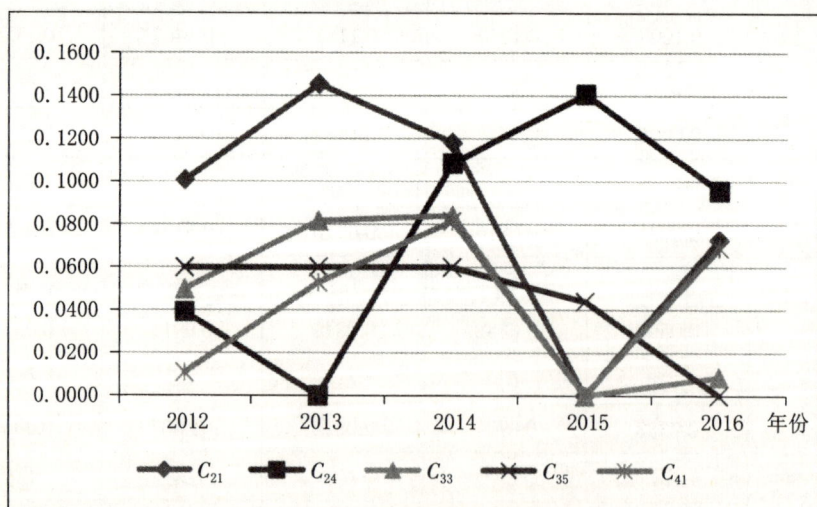

图 7-30　2012—2016 年丽江市主要障碍因子变化趋势

统产业的转型升级。而外贸依存度（C_{21}）、城镇职工基本养老保险参与率（C_{24}）、内资企业工业总产值比重（C_{41}）等障碍因子则处于波动变化状态，说明丽江市在对外贸易、社会民生保障方面还需要进一步改善。从障碍因子综合指数来看，综合指数最高的两个障碍因子都集中在制度层面，结构层面和产业层面也处于较高的水平，说明接下来丽江市转型发展的重点应以制度优化、产业结构调整为着力点，推动城市的转型发展。

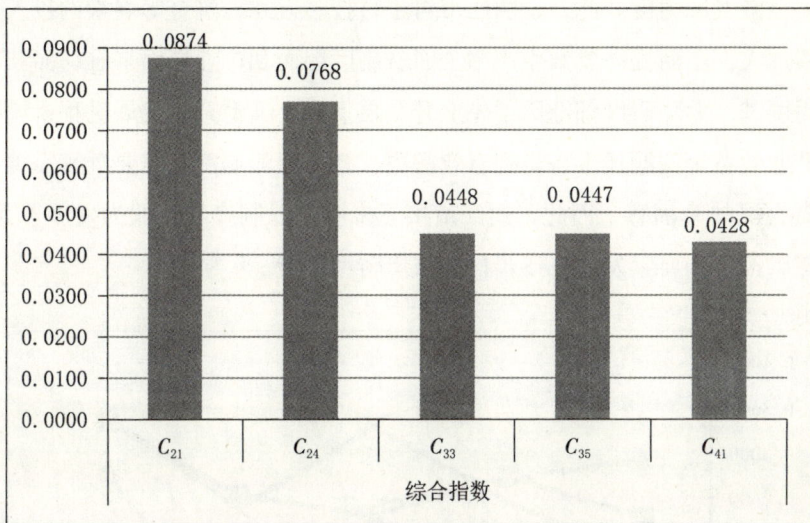

图7-31　丽江市障碍因子综合指数

2.分类指标障碍度分析

由丽江市分类转型指数的变化趋势可知，如图7-32所示，除了结构障碍度外，经济障碍度、制度障碍度、产业障碍度、要素障碍度、生态障碍度基本没有明显的变化规律。生态障碍度与其他层面的障碍度相比处于较低水平，说明丽江市生态环境较好。2012—2016年，丽江市城镇化率从31.4%提高到38.6%。城市建成区绿化覆盖率为33.1%、绿地率为23%。深入开展七彩云南保护丽江行动、滇西北生物多样性保护工程和"森林丽江"建设，重要生态系统和主要物种得到有效保护，森林覆盖率达68.48%，生态环境建设成效显著。从结构层面看，丽江市结构障碍度在2012—2016年一直处于下降的趋势，2016年最低为0.0238，说明丽江市在供给侧结构性改革的驱动之下，坚定不移抓产业发展，内生动力不断增强。在发展壮大文化旅游产业的基础上，确定并大力培育清洁载能产业、高原特色农产业、生物医药和大健康产业，三次产业结构由 17.2∶42.3∶40.5 调整为 14.6∶40.4∶45，产业结构调整初见成效。从经济层面和要素层面来看，经济障碍度和要素障碍度都处于小范围波动状态，但总体都呈现出上升趋势。经济障碍度由 2012 年的 0.0445 上升到 2016 年的 0.2777，说明丽江市经济发展动力不足、经济总量小、人均水平较低，还需继续加大经济发展力度。此外，丽江市对于科技、人才、资金等要素的投入也需要继续加大，不断提高要素生产率。而从制度层面和产业层面来看，丽江市制度障碍度和产业障碍度都经历了先上升、再下降、又上升的发展过程，说明丽江市产业效益等问题还没有得到有效解决，社会保障制度还需要继续完善，逐步提高人民的幸福感。因此，丽江市接下来应该以制度和产业为发展着力点，同时兼顾经济和要素发展，逐步推动城市转型发展。

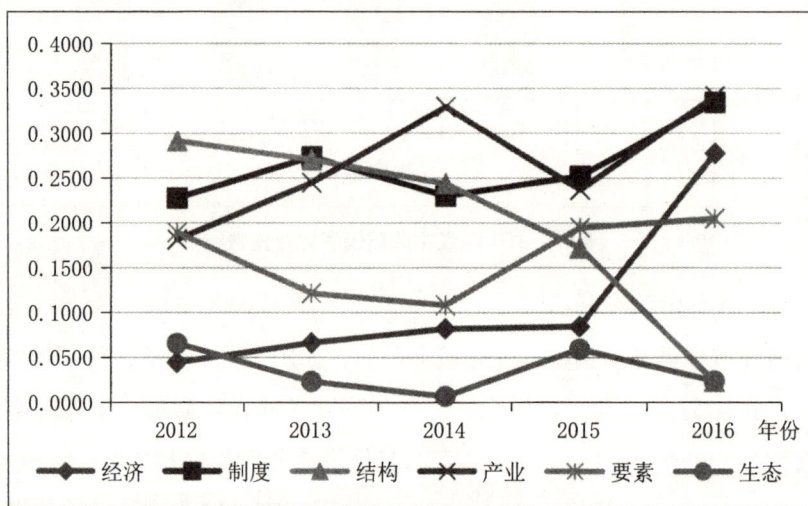

图 7-32　丽江市分类指标障碍度变化趋势

3.障碍规避

在供给侧结构性改革的驱动之下，针对上述丽江市转型障碍因子的分析与诊断，可以从以下几个方面提出规避转型障碍的措施。

（1）构建丽江市产业调整布局。从丽江市发展的结构层面来看，规模以上重工业增加值占 GDP 比重较大，其障碍因子综合指数为 0.0448，2014 年指标数值达到 0.0840，说明丽江市对重工业的依赖性较强。此外，2013 年第二产业从业人员比重障碍度为 0.0782，处于较高水平，说明丽江市的产业结构还不够完善。因此，丽江市接下来的发展除了保持重工业的地位之外，也要发展旅游业等第三产业，逐步完善产业结构。

首先，坚持新发展理念，发挥区域比较优势，形成"一核一区两片一带"经济社会发展空间布局。"一核"，以中心城市为核心，依托丽江古城、玉龙雪山和七河空港经济区，打造全市发展核心，形成带动丽江发展的先导区和经济增长的动力源。"一区"，依托金沙江中游电能资源和攀枝花国家重要工业基地，推进丽攀经济走廊建设，把华坪打造成联动全市、面向攀西、对接成渝的重要增长区。"两片"，永胜县和宁蒗县依托程海和泸沽湖保护开发，大力发展优势特色产业，形成加快发展片区。"一带"，全面参与金沙江开放合作经济带建设，打造带动全市高质量跨越式发展的重要增长极。其次，坚持产业强市，培育发展四大重点产业。坚持国际化、高端化、生态化、特色化、智慧化发展方向，推动旅游从高速增长阶段转向优质旅游发展阶段，着力打造旅游强市。发挥优势，彰显特色，全力打造绿色能源基地、绿色食品基地和健康生活目的地，构建支撑强劲的综合产业体系。加快金沙江中游水能优势向经济优势、发展优势转化，打造具有综合竞争力和影响力的绿色低碳水电硅材、水电铝材和大数据存储基地，建设绿色能源基地。

（2）构建丽江市开放经济体系。从制度层面看，丽江市的外贸依存度障碍因子数值虽然从 2012 年的 0.1007 下降到 2016 年的 0.0727，但仍然处于较高水平，且障碍因子综合指数是最高的，为 0.0874，说明丽江市对外贸易的依赖性较强。因此，丽江市在对外开放的过程中，要抓好供给侧结构性改革带来的发展机遇，实现供需动态平衡，深化科技体制改革，促进科技成果转化。主动融入"一带一路"、长江经济带、澜湄流域经济发展带、孟中印缅经济走廊等建设，加强与珠三角、长三角、成渝经济区等区域的合作，深化与川滇黔、滇川藏等毗邻地区的互动发展。积极开展与世界遗产城市的交流合作，发展国际友城关系。创新招商引资体制机制，坚持引资引智引技并举，加快发展对外贸易。除此之外，还需要健全招商引资"一站式""代办式""保姆式"服务机制，严厉整肃"卡压刁""推绕拖"等行为，着力构建"亲""清"新型政商关系和"万商云集"的良好营商环境。

（3）完善丽江市民生保障体系。由上述分析可知，城镇职工基本养老保险参与率以及城镇化率都是制约丽江市转型发展的障碍因子，其障碍因子综合指数分别为 0.0768 和 0.0447，说明丽江市城镇发展水平还比较低。值得注意的是，要素障碍因子也逐渐上升为制约丽江市转型发展的主要障碍因子，如普通高等学校在校生人数、科教支出占财政支出比重等。因此，丽江市要以民生为主，提高城镇化发展水平，加大教育投资，加快城市的转型发展。

首先，筑牢基本民生底线。强化社会保障托底作用，加强社会救助，加快发展社会事务、社会福利和慈善事业，推动老龄事业全面发展。加快建立多主体供应、多渠道保障、租购并举的住房制度。其次，推动教育振兴发展。实现义务教育发展基本均衡目标，推动古城区、华坪县向义务教育发展优质均衡目标迈进，力争宁蒗县通过国家义务教育均衡验收，鼓励和支持各县（区）与市外品牌高中联合办学，加快职教园区和滇西应用技术大学丽江国际酒店管理学院建设，抓好丽江市专升本工作。第三，推动医疗服务提质升级。加快分级诊疗、现代医院管理制度、药品供应保障制度和综合监管制度建设；加快市医院创建三甲医院步伐，积极开展三甲医院引进工作；加快实施远程诊疗"乡乡通"工程。最后，坚持人才兴市。实行更加积极、更加开放、更加有效的人才政策，全面落实《丽江市英才计划》《高层次人才引进办法》《柔性引进高层次人才办法》等政策，汇聚各方英才助推丽江发展。

（八）白山市转型指数障碍因子诊断

1. 单项指标障碍度分析

白山市是我国东北部处于衰退期的森工资源型城市，其经济发展长期存在"围煤经济、一业独大"的问题，过度采伐和煤炭开采导致的环境问题突出，发展接替产业成为当务之急。从表7-32中可以看出，白山市转型发展障碍主要存在于制度层面、结构层面和产业层面，其中制度障碍度最高。从制度层面看，外贸依存度（C_{21}）、医疗保险参与率（C_{23}）、平均每千人拥有医生数（C_{25}）是白山市转型发展的主要障碍因子，表明白山市医疗制度、养老制度等社会福利制度需要进一步完善。从结构层面看，第二产业从业人员比重（C_{32}）、规模以上重工业增加值占 GDP 比重（C_{33}）、外商投资企业比重（C_{34}）是制约白山市转型发展的主要障碍因子，说明白山市三次产业结构不合理，第二产业所占比重较大；白山市对于企业对外开放的重视程度不够，外商投资企业比重有待进一步提高。从产业层面看，规模以上工业企业成本费用利润率（C_{43}）、单位 GDP 能耗（C_{44}）、社会消费品零售总额增长率（C_{45}）是白山市转型发展的主要障碍因子，说明近几年白山市工业企业效益波动严重，单位产值能耗较高。除此之外，在要素层面，普通高等学校在校生人数（C_{53}）、科教支出占财政支出比重（C_{54}）障碍度也比较高，说明白山市对人才培养和教育的重视程度还有待加强。

表 7-32　白山市综合转型指数的主要障碍因子排序

排序	白山市				
	2012 年	2013 年	2014 年	2015 年	2016 年
1	C_{21}	C_{32}	C_{42}	C_{45}	C_{21}
	0.1333	0.1191	0.0857	0.0821	0.1220
2	C_{32}	C_{23}	C_{32}	C_{43}	C_{45}
	0.1136	0.0950	0.0848	0.0723	0.1091
3	C_{33}	C_{25}	C_{25}	C_{24}	C_{43}
	0.0748	0.0835	0.0722	0.0684	0.0976
4	C_{44}	C_{41}	C_{52}	C_{35}	C_{23}
	0.0679	0.0733	0.0715	0.0649	0.0876
5	C_{22}	C_{53}	C_{51}	C_{44}	C_{46}
	0.0671	0.0701	0.0654	0.0622	0.0839
6	C_{25}	C_{44}	C_{54}	C_{21}	C_{54}
	0.0582	0.0599	0.0634	0.0572	0.0776
7	C_{34}	C_{34}	C_{53}	C_{23}	C_{33}
	0.0543	0.0569	0.0527	0.0570	0.0667

近年来，白山市优化传统产业结构，培育壮大绿色产业和旅游业，做大做强矿泉水产业，绿色转型发展初见成效。由图 7-33 可知，制约白山市产业转型的障碍因子排名前五位的分别是外贸依存度（C_{21}）、医疗保险参与率（C_{23}）、平均每千人拥有医生数（C_{25}）、第二产业从业人员比重（C_{32}）、单位 GDP 能耗（C_{44}）。虽然第二产业从业人员比重（C_{32}）的障碍因子综合指数是最高的，但其障碍因子在 2012—2016 年总体呈现出下降趋势，如图 7-34 所示，说明白山市在供给侧结构性改革的驱动之下，其转型策略出现了较好的成效，产业结构得到优化。指标平均每千人拥有医生数（C_{25}）、单位 GDP 能耗（C_{44}）障碍因子总体也呈现出下降的趋势。而外贸依存度（C_{21}）、医疗保险参与率（C_{23}）障碍因子总体呈现出上升趋势，其中外贸依存度（C_{21}）的障碍因子综合指数也比较高，说明白山市在对外贸易过程中还存在一定的问题。2017 年全市实现进出口贸易总额 17.29 亿元，比上年下降 18.4%，其中，出口 12.89 亿元，增长 5.4%；进口 4.4 亿元，下降 50.9%，还需要加大对外开放程度，坚持走出去和引进来相结合。白山市城镇基本医疗保险参保 63.1 万人，其中城镇职工参保 28.1 万人；城镇居民参保 35.0 万人，医疗保险参与率还有待提高。

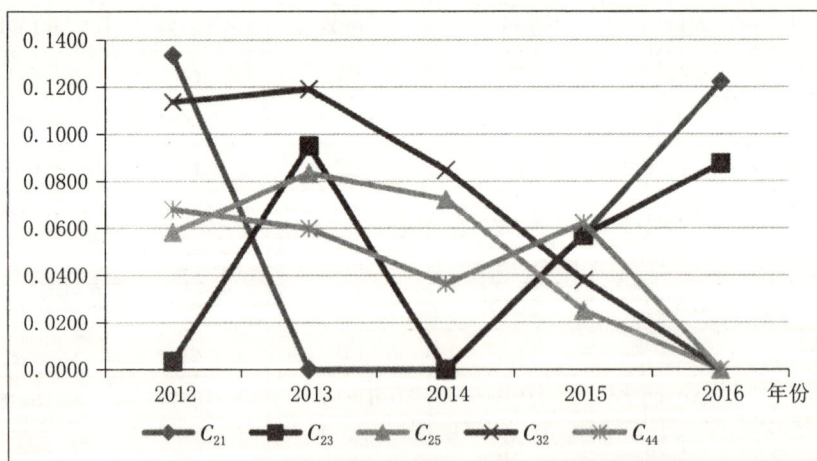

图 7-33　2012—2016 年白山市主要障碍因子变化趋势

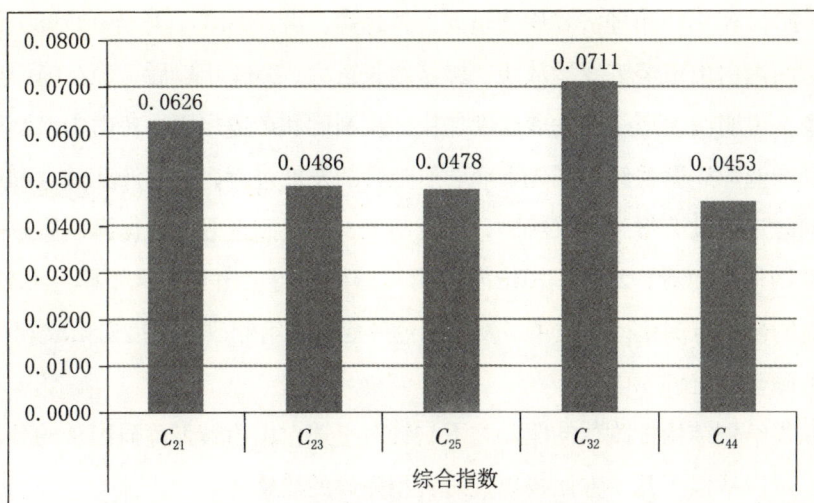

图 7-34　白山市障碍因子综合指数

2. 分类指标障碍度分析

对比分析白山市分类转型指数的变化趋势，经济障碍度、制度障碍度、结构障碍度、产业障碍度、要素障碍度、生态障碍度并无明显的变化规律可循。如图 7-35 所示，分类指标障碍度的变化幅度较大，生态障碍度和经济障碍度低于其他层面的障碍度，且具有较强的稳定性。从生态层面看，白山市生态障碍度一直低于其他层面的障碍度，说明白山市生态环境较好。从经济层面看，

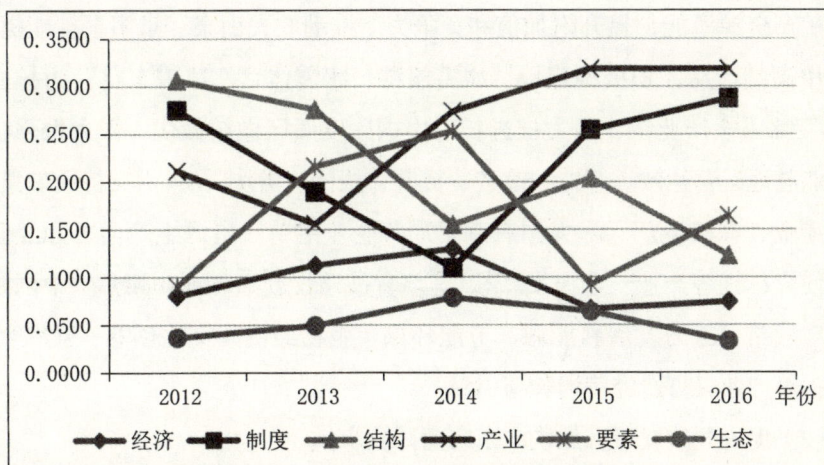

图 7-35　白山市分类指标障碍度变化趋势

2012—2014 年白山市经济障碍度呈现上升趋势，由 0.0801 上升至 0.1298，说明这段时间内白山市经济发展放缓，经济增长乏力；2014 年以后，经济障碍度波动下滑，说明白山市经济发展速度加快。从制度和产业层面看，白山市制度障碍度和产业障碍度都经历了先下降、后上升的发展过程，说明产业效益和产品能耗问题迟迟没有得到有效解决，养老制度、医疗制度等社会保障制度急需完善。从结构层面看，2012—2016 年白山市结构障碍度由 0.3064 下降至 0.1228，充分说明白山市深化行政改革、发展绿色产业的供给侧改革举措初见成效。

3. 障碍规避

在供给侧结构性改革的驱动之下，针对上述白山市转型障碍因子的分析与诊断，可以从以下几个方面提出规避转型障碍的措施。

（1）充分释放发展优势，加快产业转型升级。从结构层面看，第二产业从业人员比重障碍因子综合指数为 0.0711，居最高水平，2016 年白山市规模以上重工业增加值占 GDP 比重障碍度为 0.0667，处于较高水平，说明白山市三次产业结构不合理、第二产业所占比重较大。因此，白山市在供给侧结构性改革的驱动之下，应充分释放发展优势，加快产业转型步伐。

实施产业转型攻坚计划，加快构建具有白山特色的绿色产业体系。深入实施找矿突破行动，力争 147 个探矿权早出成果、小栗子金及多金属矿详查等 5 个项目提交地质报告。推进远通硅藻土深加工、玄武岩拉丝等项目，深度挖掘矿产资源潜能，提升附加值和竞争力。推动农夫山泉、泉阳泉扩能提效，开发中高端产品，积极构建以"冰雪旅游、冰雪体育、冰雪文化"为核心的"3+X"冰雪全产业链，强力推进长白山国际度假区做精做优、做大做强，确保鲁能胜地运营达效。坚持"改造、提升、扶优、劣汰"，重点支持通矿集团、板石矿业、浑江电厂、六大国有森工局等企业由单一资源生产向多元经营转换，使煤林铁等产业"老树发新枝"。培育战略性新兴产业，聚焦"中国制造2025"战略，着力发展新能源、节能环保、生物经济、文化创意、互联网+、大数据等产业，打造经济增长新引擎。

（2）促进开放发展，加快向东向南开放步伐

从制度层面来看，白山市外贸依存度是制约其转型发展的主要障碍因子，

综合指数为 0.0626，且从 2013 年开始一直处于上升趋势，说明白山市对外贸易的依赖性较强，不利于自身经济发展；外商投资企业比重障碍度由 2012 年的 0.0543 上升到 2013 年的 0.0569，说明白山市的招商引资力度不够，还有待加强。因此，白山市要加强对外合作，提高对外开放水平。具体措施如下。

搞好顶层设计，高标准规划建设西起浑江三道沟，经江源、临江（靖宇）、长白至抚松松江河，总长 500 公里的鸭绿江开发开放经济带，举全市之力构建绿色转型振兴平台、改革开放创新平台、兴边富民固防平台，以开放促发展、促振兴。要加大基础设施建设力度，加快鸭绿江边防公路和"两高速、两高铁、一机场"建设，促进互联互通，打造吉林省向东向南开放的连接带。要启动鸭绿江中朝国际旅游风情带建设，整合全市旅游资源，打造世界闻名、国内一流、东北典范的旅游产业带。要抢抓机遇、争取支持，谋划包装一批大项目，打造国家和省各项政策的承接带。要推进长白国家重点开发开放试验区，长白、临江边境经济合作区，十个开发区以及各类特色园区建设，强化开放载体，形成开放合力，打造带动各县（市、区）加快发展的辐射带。

（3）大力推进新型城镇化，加快城乡统筹发展。由上述分析结果可知，2015 年白山市城镇化率指标障碍度为 0.0649，处于较高水平，说明白山市城镇发展水平还比较低，基础设施建设有待完善。白山市应推进新型城镇化建设，在强化发展协调性中壮大整体实力。加强城市规划、建设、管理，编制生态城市总体规划和专项规划，推进"多规合一"，加快"北跨南控、东拓西进"，实施"净畅绿亮美"五化工程，形成"四街四路四出口"城市特色风貌轴，"一江十河"城市滨水景观廊道，"一山一湖"城市后花园。集聚人口、土地等要素资源，提升中心城市功能。全面推动县城扩容提质，增强辐射带动能力，打造功能完善、产业集聚、生态宜居县城。要突出一镇一特色、一镇一风貌，创建一批旅游观光、现代农业、新型工业、商贸物流、生态园林型城镇，争创国家级新型城镇化试点和特色小镇，共建共享"一村一景、一村一业、一村一韵"特色乡村。

（4）以人为本，加快白山市社会民生建设

从制度层面来看，白山市民生保障制度还有待完善，医疗保险参与率指标障碍度综合指数为 0.0468，2016 年其单项指标障碍度达到了 0.0876，说明白山市的医疗体系不健全。2014 年白山市普通高等学校在校生人数指标障碍度为 0.0527，2016 年白山市科教支出占财政支出比重指标障碍度为 0.0776，都处于较高水平，说明白山市对教育发展的重视程度不够，有待进一步加强。因此，白山市要进一步织密扎牢民生保障网，办好 9 大方面 37 件民生实事。扎实推进脱贫攻坚。以产业培植推动"造血扶贫"，实施产业脱贫项目 200 个以上。推进"五提高、一降低、一增加"健康扶贫工程，保障农村贫困人口享有基本医疗卫生服务，进一步完善社会保障体系。扩大五大险种覆盖面，推行城乡居民医保"六统一"，社保"一卡通"覆盖率达到 60%。加快建设康健医院、残疾人康复中心，全面发展各项社会事业。深化教育改革，完成全市县域义务教育均衡发展国家级评估验收，打造中等职业教育省级示范实训基地和示范校，加快建设长白山职业技术学院新校区。真正做到为人民着想，为人民办实事，促进社会事业的稳步发展。

（九）邯郸市转型指数障碍因子诊断

1. 单项指标障碍度分析

邯郸市是成熟期的综合资源型城市，经济实力较强，对外贸易活跃，工业门类齐全，素有"钢城煤都"之称，面对"过重"的产业结构，需要深化供给侧结构性改革，培育新的经济增长点。对比分析邯郸市综合转型指数主要障碍因子发现，如表 7-33 所示，制度障碍、结构障碍、产业障碍和要素障碍是亟待破解的难题。统计分析主要障碍因子出现的频率，发现第二产业从业人员比重（C_{32}）、城镇化率（C_{35}）、外贸依存度（C_{21}）、医疗保险参与率（C_{23}）、普通高等学校在校生人数（C_{53}）等障碍因子出现的频率较高。这说明邯郸市经济发展结构性矛盾突出，产业能耗高于全国平均水平，产业效率和产品供给质量较低。从制度层面看，外贸依存度（C_{21}）和医疗保险参与率（C_{23}）出现的频率较高，说明邯郸市对外贸易较频繁，对外贸易促进了经济发展，城市经济的独立性相对较差。同时，邯郸市应该强化民生建设，提高医疗保险和养老保险参与率。此外，2015—2016 年，普通高等学校在校生人数（C_{53}）和科教支出占财政支出比重（C_{54}）也逐渐成为制约邯郸市转型的障碍因子，说明邯郸市城市转型技术与创新人才短缺，急需加大科教经费投入力度，培养高素质人才，支撑城市转型发展。

表 7-33　邯郸市综合转型指数的主要障碍因子排序

排序	邯郸市				
	2012 年	2013 年	2014 年	2015 年	2016 年
1	C_{21}	C_{32}	C_{32}	C_{32}	C_{32}
	0.1265	0.1095	0.1072	0.1019	0.1438
2	C_{45}	C_{21}	C_{21}	C_{24}	C_{23}
	0.0828	0.1071	0.1058	0.0893	0.1201
3	C_{33}	C_{23}	C_{43}	C_{23}	C_{42}
	0.0710	0.0607	0.0792	0.0886	0.1072
4	C_{24}	C_{44}	C_{45}	C_{46}	C_{34}
	0.0690	0.0605	0.0573	0.0724	0.0948
5	C_{35}	C_{33}	C_{42}	C_{54}	C_{53}
	0.0655	0.0587	0.0510	0.0669	0.0911
6	C_{44}	C_{25}	C_{53}	C_{53}	C_{22}
	0.0644	0.0492	0.0509	0.0626	0.0894
7	C_{22}	C_{35}	C_{35}	C_{34}	C_{51}
	0.0636	0.0481	0.0482	0.0614	0.0818

由图 7-36 可知，制约邯郸市经济转型的障碍因子前五位分别为第二产业从业人员比重（C_{32}）、城镇化率（C_{35}）、外贸依存度（C_{21}）、医疗保险参与率（C_{23}）、普通高等学校在校生人数（C_{53}）。其中外贸依存度（C_{21}）和城镇化率（C_{35}）在 2012—2016 年呈现出下降的趋势，说明邯郸市在供给侧结构性改革的推动之下，对于外贸的依赖程度有了极大的改善；城镇化率也在不断提高，2017 年邯郸市的城镇化率为 55.31%，远超过河北省的平均水平，说明邯郸市城镇人口不断增加。而医疗保险参与率（C_{23}）、第二产业从业人员比重（C_{32}）和普通高等学校在校生人数（C_{53}）等障碍因子总体呈现上升趋势，说明邯郸市在产业结构、社会保障和教育事业方面还存在着问题，亟待解决。就障碍因子综合指数来看，如图 7-37 所示，第二产业从业人员比重（C_{32}）和外贸依

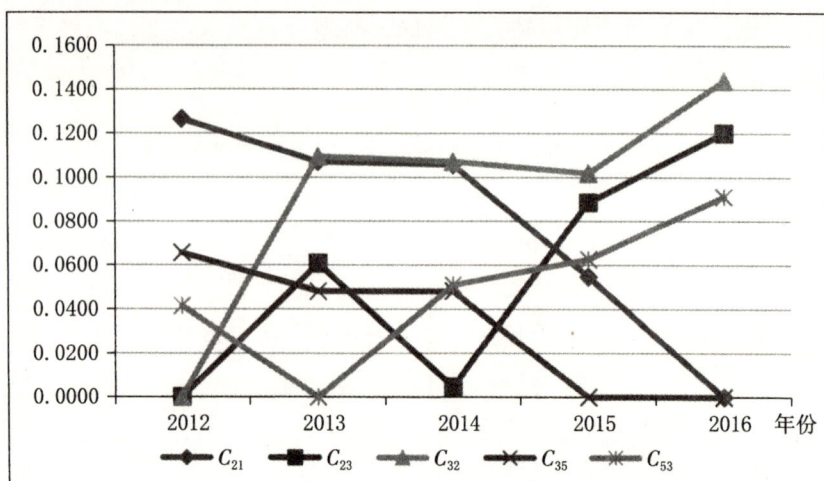

图 7-36 2012—2016 年邯郸市主要障碍因子变化趋势

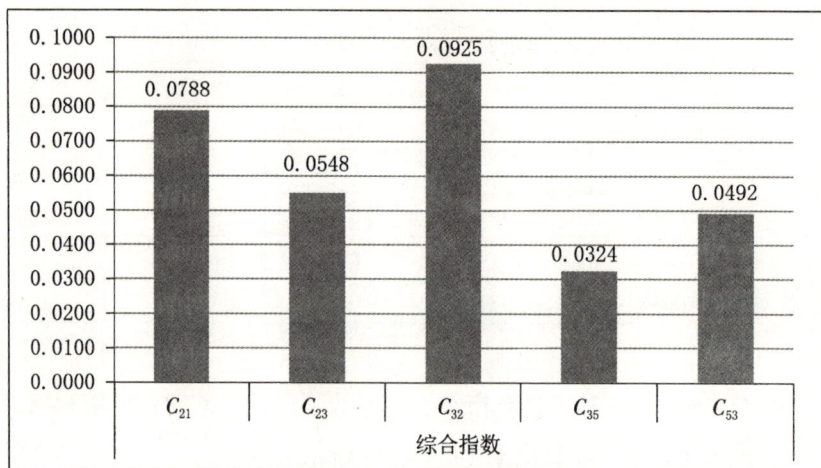

图 7-37 邯郸市障碍因子综合指数

存度（C_{21}）综合指数最高。第二产业从业人员比重能够反映城市居民的就业结构，说明邯郸市产业转型的负担较大，产业转型较为困难。因此，在供给侧结构性改革的驱动之下，邯郸市还需要继续发力，制定出最佳的转型方案，促进城市的转型发展。

2. 分类指标障碍度分析

由图 7-38 可知，邯郸市综合经济实力较强，人均可支配收入不断提高，经济发展助力城市转型，经济障碍度在 2012—2016 年不断下降，低至 2016

年的 0.0167。从生态层面看，2012—2016 年邯郸市生态障碍度有所上升，由 0.038 上升至 0.065，这表明近年来邯郸市对环境污染治理和生态恢复的投入力度不够，环境污染加剧的状况并没有得到有效遏制。从要素层面看，2013 年以后，邯郸市要素障碍度由 0.1065 上升至 0.1968，表明邯郸市要素环境并没有随着经济环境的改善而优化。由于生态环境持续恶化，人才、技术、资金等要素进入邯郸市的速度远不能满足城市转型发展需求，提升要素供给质量和效率迫在眉睫。从结构障碍度看，2012—2016 年邯郸市结构障碍度由 0.1364 上升至 0.3015，远超其他层面障碍度，表明邯郸市第二产业从业人员比重、第二产业固定资产投资比重持续上升，旅游业、服务业等第三产业的发展速度落后于第二产业。因此，邯郸市要以优化产业结构、治理环境污染为着力点，加快推动城市绿色转型发展。

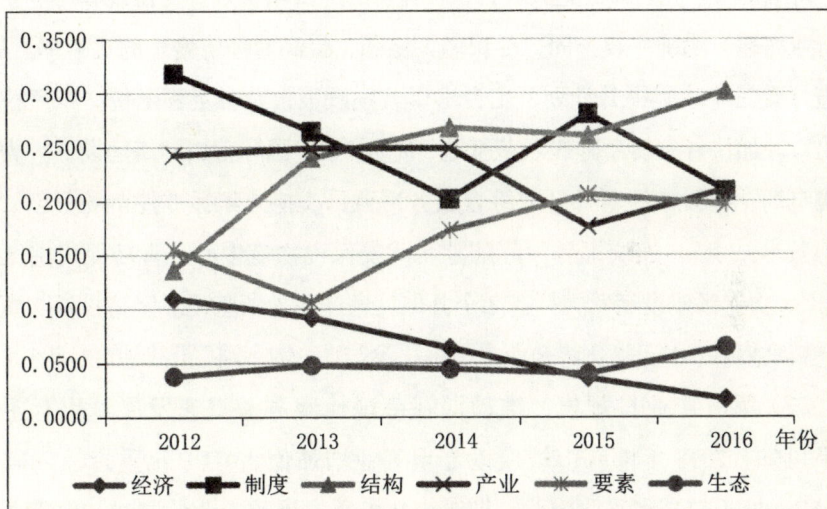

图 7-38　邯郸市分类指标障碍度变化趋势

3. 障碍规避

在供给侧结构性改革的驱动之下，针对上述邯郸市转型障碍因子的分析与诊断，可以从以下几个方面提出规避转型障碍的措施。

（1）抓调整优结构，力促邯郸市工业转型升级。从结构层面来看，邯郸市第二产业从业人员所占比重较大，其障碍因子综合指数最高，为 0.0925，且

2012—2016 年一直处于上升趋势，是邯郸市转型发展的主要障碍因子，说明邯郸市产业结构比例不合理，新兴产业发展缓慢。除此之外，邯郸市外贸依存度障碍因子综合指数为 0.0788，仅次于第二产业从业人员比重，说明邯郸市在对外贸易方面还有待进一步调整，应注重对外合作。因此，邯郸市接下来需要紧抓结构调整优化，出台合理的外贸政策，具体措施如下。

首先，打好钢铁整合重组攻坚硬仗。加快冀南钢铁、太行钢铁、永洋特钢整合重组步伐，促进钢铁产业装备水平提升、产品结构优化、环保设施达标、企业效益提高。支持钢铁深加工项目扩规模、上档次，提高钢铁就地转化率。同时，加大企业技术改造力度，推动煤炭、建材、电力等传统产业向中高端迈进。其次，发展壮大战略性新兴产业。按照"2+5"的思路，加快发展新材料和先进装备制造产业，培育发展生物、电子信息、新能源、节能环保和新能源汽车产业，持续壮大、引进一批龙头项目，培育新的经济增长点。支持现有产业企业对标行业高端，明确主攻方向，尽快做大做强，提高对经济增长的贡献率。最后，实施外贸三年攻坚提升计划，出台出口鼓励政策，及时足额退税，积极稳定外贸出口。加快外贸转型升级示范基地、贸易平台、国际营销网络建设，大力发展跨境电商，建设市级对外开放综合服务平台，支持永年标准件市场争创"市场采购贸易试点"，加快邯郸国际陆港、武安保税物流中心、青岛保税港区邯郸（鸡泽）功能区建设运营，打造 8 个县域特色产业外贸基地。坚持投资与贸易并重，鼓励钢铁、水泥等优势企业走出去，参与"一带一路"沿线地区建设。

（2）第三产业扩规模，推动邯郸市现代服务业提速发展。从上述分析结果可知，2013 年邯郸市规模以上重工业增加值占 GDP 比重指标障碍度为 0.0587，处于较高水平。因此，邯郸市在着重发展重工业的同时，也需要重视以服务业为主体的第三产业的发展，促进产业结构优化。要加快服务业与工农业协同融合发展。一是要发展商贸物流业。培育壮大冀中能源国际物流、鼎峰物流、万合集团等龙头企业，突出抓好林安智慧商贸物流城、武安保税物流中心、润恒冷链物流园等现代物流项目，加快推进友谊时代广场等大型商贸综合体项目建设，推动商贸物流业快速发展。二是要大力培育新兴服务业。适应消费结构升级新趋势，积极培育云计算、服务外包、文化创意、金融租赁等新兴服务业，突出抓好河北网商、恒富电商、平原电商等电子商务园区建设，鼓励引导社会力量发展健康养老、信息消费、教育培训等多种服务业态，促进新兴服务业快发展、大发展。

（3）抓城乡重统筹，着力加快邯郸市新型城镇化进程。从结构层面来看，邯郸市城镇化率障碍因子综合指数为0.0324，2014年，其单项指标障碍度为0.0482，说明邯郸市城镇化水平还比较低，城乡发展还不够协调。因此，在供给侧结构性改革的驱动之下，邯郸市要发挥城镇扩内需、稳增长的作用，坚持以人为本，走集约、智能、绿色、低碳的新型城镇化道路。全面加快智慧城市建设，完善通信网络设施，抓好云计算中心、居民一卡通等项目建设，支持丛台区、永年县和其他有条件的县加快信息化步伐，促进信息化与城市发展深度融合。深入推进城市精细化管理，抓好先行试点，以政府购买社会服务的方式，做好环境卫生、园林绿化、市政设施维护等工作。打造城市管理"严管年"、精细化管理"落实年"，突出抓好城市卫生、小街巷、老旧小区物业、停车秩序、建筑围挡等治理，让共有的生活家园更加整洁、舒适、宜居，加快城镇化进程。除此之外，还需要加快农业产业化步伐。在稳定粮食生产的基础上，按照"抓好龙头、构好机制、建好基地"的思路，重点推进子丰多肽产业园、康诺乳业扩建等100个农业产业化项目建设，扶持壮大30家示范性龙头企业。加快邯郸国家级农业科技园区建设，支持各县（市、区）建设现代农业示范园区，打造一批蔬菜、肉蛋奶优质农产品生产基地。

（十）辽源市转型指数障碍因子诊断

1. 单项指标障碍度分析

辽源市是我国东北部处于衰退期的综合资源型城市。近年来，辽源市城市转型发展不断迈出新步伐，各项事业呈现新局面。但是在巨大的经济下行压力下，部分行业产能过剩、企业开工严重不足、主导产业总体规模不大等问题也成为辽源市转型发展的主要障碍，对此应加大力度，创新举措，切实加以解决。由表7-34的主要障碍因子排序可知，辽源市转型发展的障碍因子主要集中在制度层面、结构层面和产业层面。从制度层面来看，医疗保险参与率（C_{23}）和城镇职工基本养老保险参与率（C_{24}）是制约辽源市转型发展的主要障碍因子，说明辽源市的社会保障制度还需要进一步完善，要逐步提高医疗保险和养老保险参与率，提高人民的幸福感。从结构层面来看，第二产业从业人员比重（C_{32}）、规模以上重工业增加值占 GDP 比重（C_{33}）和外商投资企业比重（C_{34}）是城市转型发展的主要障碍，说明辽源市的三次产业结构比例不够合理，还需要调整优化。2017 年辽源市三次产业比重为 7.3：57.3：35.4，第二产业所占比重过大。除此之外，辽源市外商投资企业比重还比较低，应该调整对外贸易政策，吸引更多的外商投资，促进经济转型发展。从产业层面来看，单位工业增加值电耗（C_{42}）、规模以上工业企业成本费用利润率（C_{43}）、单位 GDP 能耗（C_{44}）等是制约辽源市城市转型发展的障碍因子，说明辽源市资源利用率比较高，资源消耗较为严重，产业结构也不够合理。值得注意的是，要素障碍因子也逐渐成为辽源市转型发展的阻力，说明处于衰退期的辽源市在转型的过程中对教育、人才及技术的重视程度还有待加强。

表 7-34　辽源市综合转型指数的主要障碍因子排序

排序	辽源市				
	2012 年	2013 年	2014 年	2015 年	2016 年
1	C_{43}	C_{32}	C_{32}	C_{32}	C_{21}
	0.1046	0.1509	0.1110	0.0958	0.1574
2	C_{44}	C_{23}	C_{43}	C_{21}	C_{45}
	0.0923	0.0940	0.0852	0.0886	0.1031
3	C_{25}	C_{42}	C_{35}	C_{43}	C_{32}
	0.0846	0.0796	0.0765	0.0821	0.1007
4	C_{42}	C_{34}	C_{44}	C_{22}	C_{33}
	0.0835	0.0721	0.0650	0.0716	0.0884
5	C_{24}	C_{24}	C_{54}	C_{45}	C_{24}
	0.0773	0.0716	0.0574	0.0662	0.0859
6	C_{51}	C_{33}	C_{52}	C_{33}	C_{46}
	0.0637	0.0409	0.0568	0.0655	0.0683
7	C_{34}	C_{25}	C_{23}	C_{23}	C_{41}
	0.0604	0.0396	0.0562	0.0632	0.0645

由图 7—39 可知，制约辽源市产业转型的障碍因子排名前五位的分别是医疗保险参与率（C_{23}）、城镇职工基本养老保险参与率（C_{24}）、第二产业从业人员比重（C_{32}）、规模以上重工业增加值占 GDP 比重（C_{33}）和规模以上工业企业成本费用利润率（C_{43}）。从图中可以看出，2012—2016 年辽源市各障碍因子变化趋势波动比较大，基本无规律可循。其中医疗保险参与率（C_{23}）和规模以上工业企业成本费用利润率（C_{43}）在波动变化中总体呈现下降趋势，说明在供给侧结构性改革的驱动之下，辽源市提高养老金、失业金标准和医保报销比例，在全省率先启动城镇居民大病医疗保险，医疗保险参与率逐步提高，高耗能企业的效益也越来越好。第二产业从业人员比重（C_{32}）在 2013 年达到最高之后，逐渐趋于平稳，但其障碍因子综合指数却达到 0.0917，如图 7—40 所示，说明辽源市第二产业所占比例过大，产业结构严重不合理，需加大产业升级步伐。而城镇职工基本养老保险参与率（C_{24}）和规模以上重工业增加值占 GDP 比重（C_{33}）障碍因子则总体呈现出上升的趋势，说明辽源市对于职工养老保险的普及程度还不够，应继续加大宣传力度，提高养老保险参与率。除此之外，辽源市应减少对主导型产业的依赖，把发展重点放在产业升级和新兴产业的发展上。从辽源市障碍因子综合指数来看，综合指数高的指标基本上都集中在结构层面和产业层面，这都是接下来需要加大改进的地方。

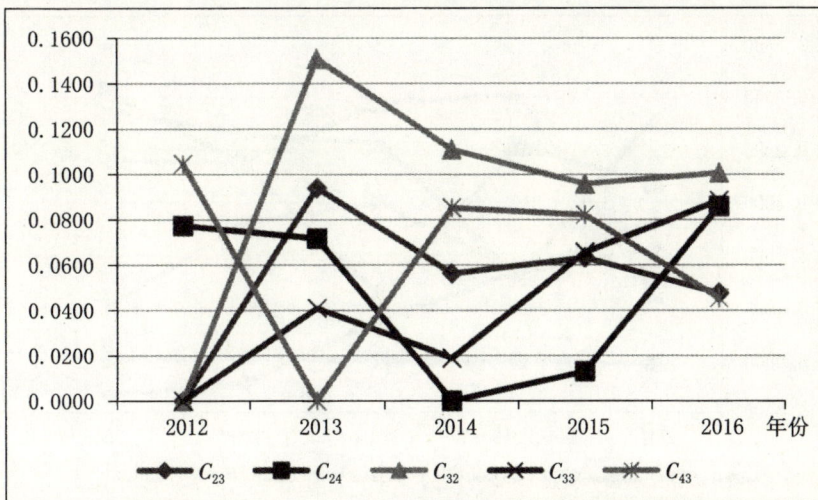

图 7—39　2012—2016 年辽源市主要障碍因子变化趋势

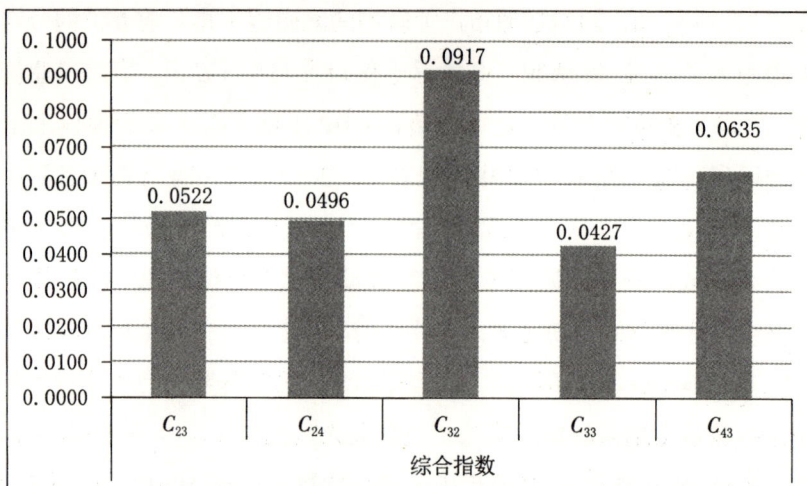

图 7-40　辽源市障碍因子综合指数

2. 分类指标障碍度分析

分类指标障碍度整体反映了不同层面单项指标障碍度的变化特征。从图
7-41 中可以看出，经济障碍度、制度障碍度、结构障碍度、产业障碍度、要
素障碍度、生态障碍度并无明显的变化规律可循。从生态层面看，生态障碍度
一直处于较低的水平，说明辽源市在生态环境保护和修复方面取得了较好的
成效。从经济层面看，2012—2016 年经济障碍度一直保持下降的趋势，从

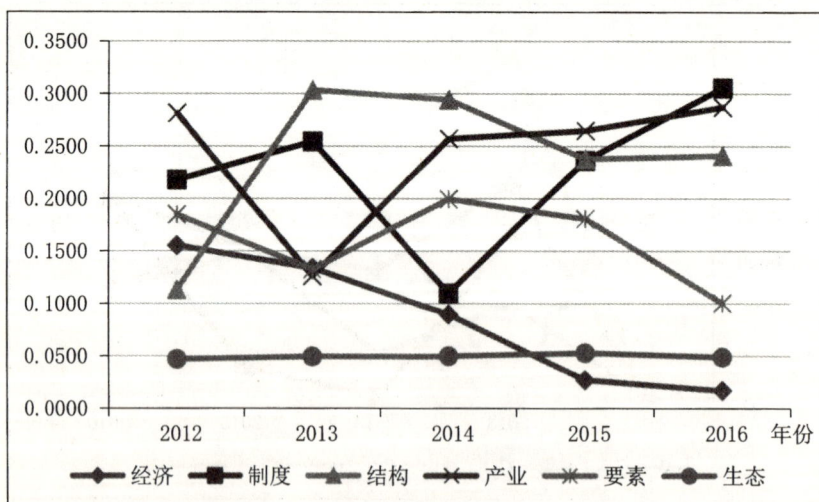

图 7-41　辽源市分类指标障碍度变化趋势

2012 年的 0.1554 下降到 2016 年的 0.0168，经济保持稳定增长，2017 年辽源市地区生产总值达到 760 亿元，增长 6.5%，人均 GDP 突破 10000 美元；地方级财政收入完成 26.8 亿元，增长 5.1%；社会消费品零售总额达到 189 亿元，增长 13%；外贸进出口总额达到 2.4 亿美元，增长 9%。从要素层面看，要素障碍度呈现出先下降再上升后下降的趋势，处于波动的状态，说明辽源市应该重视人才、技术、资源等要素的补充，加大对于教育经费的投资，加大创新力度。而结构障碍度、产业障碍度和制度障碍度总体呈现出上升的趋势，因此，在供给侧结构性改革的驱动之下，辽源市应该重视产业结构调整优化，把转型发展的重点放在这三个层面上，制定出合理的措施，促进经济转型发展。

3. 障碍规避

在供给侧结构性改革的驱动之下，针对上述辽源市转型障碍因子分析与诊断，可以从以下几个方面提出规避转型障碍的措施。

（1）调整优化辽源市产业结构。从辽源市发展的结构层面来看，第二产业从业人员比重、规模以上重工业增加值占 GDP 比重出现频率较高，其障碍因子综合指数分别为 0.0917 和 0.0427。第二产业从业人员比重障碍因子综合指数最高，且在 2013—2016 年一直处于高位运行，说明辽源市的三次产业结构比例不够合理，第二产业所占比重过大，还需要进一步调整优化，积极发展以旅游业为代表的第三产业。因此，辽源市在转型发展过程中要着眼于可持续发展，在重点领域和薄弱环节精准发力，加快打造辽源经济升级版。首先，壮大优势产业规模。加快传统产业转型升级，启动建设高精铝、汽车零部件等先进制造业园区，致力打造百亿级产业集群。突出提升、延伸、精制、品牌、整合的发展方向，推进利源、麦达斯等企业集团化发展，支持东北袜业调整产品结构，加速培育一批行业领军企业，推进产能过剩行业结构调整和并购重组。其次，优先发展现代服务业。培育设计研发、市场营销、投资咨询、技术信息、服务外包等专业组织，支持企业利用自有用地兴办自营性服务业，探索建立生产性服务业总部基地。最后，实施旅游兴市战略。全面拓展观光旅游，突出发展休闲旅游，加快建设旅游基础设施和配套服务体系，积极推动鴜鹭湖生态休闲度假区、矿山湿地公园、扎兰芬围民俗文化园等旅游项目。除此之外，还需要加快推广电子商务、连锁经营、第三方物流等新型商业模式。深入实施创新驱动战略。高度重视企业技术创新，鼓励建立技术研发机构，完善产学研用协同创新机制。

（2）加大辽源市招商引资力度。从上述分析结果可知，2015年辽源市外贸依存度指标障碍度为0.0886，2016年指标障碍度为0.1574，处于较高水平，并且上升趋势明显，说明辽源市对外贸的依赖性较强；外商投资企业比重障碍度从2012年的0.0604上升至2013年的0.0721，说明辽源市的区域经济外向程度较弱。因此，辽源市在供给侧结构性改革的驱动之下，需要扩大对外交流与合作，启动大招商行动，为转型升级持续提供动力。首先，要开展务实招商和精准招商，努力融入新一轮东北振兴战略布局和吉林中部城市群建设，将招商引资领域拓展到"一带一路"。重点推进与浙江中康、北京首农、宁波华翔、裕国国际、中欧商业协会、上海金融发展研究中心等企业和机构的合作。其次，要坚持引资与引智并举，加速升级辽源的人才、产品和技术结构。完善签约或开工项目跟踪落实机制，加快推进修正医药产业园、上海创意文化产业园、蓝天城儿童职业体验中心等项目开工建设。最后，要建立完善的合同约束机制，着力解决制约项目落地的瓶颈问题，强力推动凯旋王国创意园、中意橱柜、辽河北岸城市综合体等项目加快建设。积极营造优越的政务、市场、法治环境，让来辽投资者落地生根、安心创业、放手发展。

（3）加快建设幸福辽源。从制度层面来看，医疗保险参与率和城镇职工基本养老保险参与率是制约辽源市转型发展的主要障碍因子，其障碍因子综合指数为0.522和0.496，处于较高水平，说明辽源市的医疗体系和社会保障体系还有待完善。从要素层面来看，2014年辽源市科教支出占财政支出比重指标障碍度为0.0574，说明辽源市对教育的投资力度还需要加强。因此，加快建设幸福辽源需要切实改善和保障民生。

首先，创业富民工程。扶持城乡创业3000人，新增城镇就业3.5万人；完善最低工资标准调整机制和职工工资正常增长机制；继续提高养老金、失业金标准，扩大民营企业参保范围；稳步推进厂办大集体改革。其次，扶弱助困工程。配套实施低收入家庭医疗救助、临时救助、慈善救助、灾害救助和住房保障制度；建设残疾人康复中心；实现困难学生应助尽助；积极推进农村扶贫开发。第三，满意教育工程。开展乱补课、乱办班专项整治，严查重处败坏师德师风行为；推进优秀教师资源集团交流和优质教育设施共享。最后，健康医疗工程。建设标准化村卫生室 147 个，建立 9 个医疗服务联合体，推行分级诊疗模式。实施食品从农田到餐桌、药品全程可追溯的监管，打击各类不法分子，保障人民生命健康。除此之外，辽源市还需要加大对基层社区的人力、物力投入，赋予其承担职能和与责任相匹配的财权、事权。开展文明社区、和谐邻里、幸福家庭创建活动，共同营造百姓心中的美好家园。

三、资源型城市转型指数障碍因子分异特征

（一）从分类指标障碍度看障碍因子的分异特征

制度障碍、结构障碍和产业障碍是影响资源型城市转型发展的主要难题。这说明在供给侧结构性改革的推动之下，资源型城市虽然在要素、生态等层面取得了良好的成效，但仍然面临着制度不完善、产业结构单一、经济增长乏力等问题，长期积累的体制性和结构性矛盾日益凸显。从前文的实证分析可知，制度变革、结构优化和产业转型在资源型城市转型发展中占据核心的地位，是资源型城市实现转型发展的重要路径。因此，在供给侧结构性改革的推动之下，资源型城市要努力抢抓机遇，在制度、结构和产业等方面创新发展动力和发展方式，促进城市的转型发展。

（二）从单项指标障碍度看障碍因子的分异特征

通过对上述 10 个资源型城市按照煤炭、石油、冶金、森工和综合分类进行障碍因子识别和评价研究，发现了相同类型的资源型城市，其障碍因子存在一些相似特征，具体分析如下。

1. 煤炭资源型城市单项指标障碍度特征

制约煤炭资源型城市转型发展的指标障碍因子主要有第二产业从业人员比重、医疗保险参与率、城镇职工基本养老保险参与率、科教支出占财政支出比重等。其中第二产业从业人员比重、医疗保险参与率和城镇职工基本养老保险参与率是制约煤炭资源型城市的主要障碍因子，说明煤炭资源型城市三次产业

结构不合理，对主导资源型产业的依赖性较强，在民生建设方面还需要进一步完善，逐步提高医疗、养老保险参与率。值得注意的是，科教支出占财政支出比重也对城市转型产生了影响，说明煤炭资源型城市对于教育经费的投入力度还有待加强。因此，在供给侧结构性改革的推动之下，煤炭资源型城市应抓住机遇，加快产业调整步伐，努力增加百姓福祉，重视人才培养，推动城市成功转型。

2. 石油资源型城市单项指标障碍度特征

对比分析处于不同时期的石油资源型城市主要障碍因子发现，第二产业从业人员比重、规模以上重工业增加值占 GDP 比重、互联网宽带接入用户数是影响石油资源型城市转型的主要障碍因子，表明石油资源型城市产业结构比例不协调，第二产业所占比重过大，城市信息化水平较低。此外，要素层面障碍因子突出说明石油资源型城市面临严重的技术、人才短缺等问题，表明其对于教育投资以及人才培养的力度不够。因此，石油资源型城市在转型发展过程中要加快产业结构优化升级，发挥资源优势，扩大城市对外开放水平，完善促进城市发展的软硬件资源，吸引人才、资金、技术等要素的聚集，为城市的转型发展创造有利条件。

3. 冶金资源型城市单项指标障碍度特征

冶金资源型城市转型发展的障碍主要来自于制度层面、结构层面和产业层面。从制度层面看，外贸依存度和人口增长弹性系数是制约冶金资源型城市转型发展的主要障碍因子，表明城市外贸依存度较高，容易受到国际金融风险的影响，经济增长对人口的带动效应较差，亟待改善。从结构层面看，冶金资源型城市规模以上重工业增加值占 GDP 比重较大，说明城市对于重工业的发展力度较大，导致三次产业结构失衡。从产业层面看，冶金资源型城市单位产值能耗较高，一些资源主导型产业的效益正在下滑，表明城市发展应注重产业的转型升级，大力提升第三产业比重，改善企业效益。因此，在供给侧结构性改革的驱动下，冶金资源型城市应推动经济高质量发展，大力发展以旅游业为代表的第三产业，实施创新发展行动，推动城市稳步转型发展。

4. 森工资源型城市单项指标障碍度特征

森工资源型城市在转型发展过程中存在着"围煤经济，一业独大"、基础设施落后、环境污染等问题，急需采取有力措施解决好这些问题。制约森工资源型城市转型发展的障碍因子主要集中在外贸依存度、医疗保险参与率、规模以上重工业增加值占 GDP 比重、单位 GDP 能耗等方面，说明城市发展对于国际市场的依赖性较强，在社会保障制度方面还有待进一步完善，三次产业结构不合理，应提高以旅游业为代表的第三产业比重。另外，专利授权量和科教支出占财政支出比重也逐渐上升为制约森工资源型城市发展的主要障碍因子，说明城市发展对于人才、资金、技术等要素的重视程度不够。因此，森工资源型城市应努力抓住供给侧结构性改革所带来的发展机遇，构建城市发展产业布局，加快产业转型升级，完善城市民生保障体系，重视对于环境的治理与修复工作，推动城市的转型发展。

5. 综合资源型城市单项指标障碍度特征

对比分析处于不同时期的综合资源型城市主要障碍因子发现，制约综合资源型城市转型发展的障碍因子主要有第二产业从业人员比重、医疗保险参与率、单位 GDP 能耗、普通高等学校在校生人数等。这说明综合资源型城市经济发展制度性和结构性矛盾突出，三次产业比例失衡，需要调整优化三次产业结构；医疗保险参与率较低，社会保障制度也需要进一步完善；资源消耗较为严重，产品转化率较低；对教育、人才及技术等要素的重视程度还需加强。因此，在供给侧结构性改革的驱动之下，综合资源型城市应加大城市招商引资力度，完善社会保障制度，加大对于教育的投资，为综合资源型城市的转型发展创造良好的条件。

第五节　供给侧结构性改革驱动资源型城市转型的灰色预测实证研究

一、灰色预测过程及结果

目前，常用的预测方法（如回归分析）常常需要大量的研究样本，如果样本数量较少，会造成预测结果误差较大，难以达到预期效果。灰色预测模型所需建模信息少、运算方便、建模精度高，在各种预测领域都有着广泛的应用，是处理小样本预测问题的有效工具。本书采用灰色预测模型预测 40 个资源型城市未来五年的发展趋势。为了便于计算，将灰色预测模型及精度检验模型编写为 MATLAB 程序，如下所示。

```matlab
clear; clc;
X0=[0.4971  0.4976  0.4967  0.5014  0.4998];
pre_num=5;  % 预测年数
%% 级比检验
n=length(X0);
Xle=exp(-2/(n+1));
Xre=exp(2/(n+1));
lambda=X0(1:end-1)./X0(2:end);
range=minmax(lambda);
if range(2)<Xre && range(1)>Xle
    disp('所有的级比都落在可容覆盖区间，可以建立 GM 模型')
else
    disp('没有通过级比检验')
end
%% 建模 GM(1,1)
X1=cumsum(X0);
Z1=0.5*(X1(2:end)+X1(1:end-1));
Y=X0(2:end)';
B=[-Z1(1:end)' ones(n-1,1)];
u=B \ Y; %u=inv(B'*B)*B'*Y
a=u(1);
b=u(2);
%% 输出结果
Xpre=[X0(1) ones(1, n-1+pre_num)];
for k=1:n-1+pre_num
    Xpre(k+1)=(X0(1)-b/a)*(exp(-a*k)-exp(-a*(k-1)));
end
err=X0-Xpre(1:n);  % 计算残差
epsilon=abs(err)./X0*100; % 计算相对误差
```

```
rho=1-(1-0.5*a)/(1+0.5*a)*lambda; % 计算级比偏差值
%% 画图
t1=2012:2016;
t2=2012:2016+pre_num;
plot(t1, X0, 'o', t2, Xpre, 'r', 'LineWidth', 2)
xlabel('年份')
ylabel('转型指数')
legend('原始数据', '预测数据', 'Location', 'SouthEast')
```

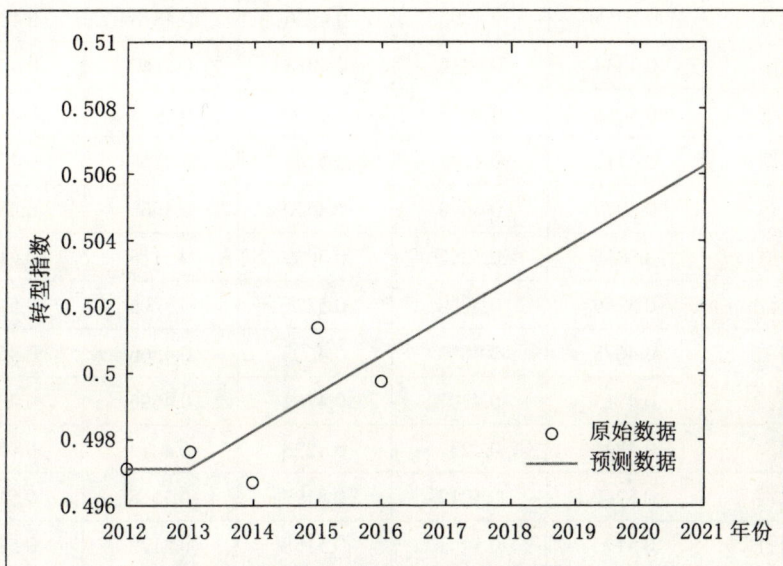

图 7—42　唐山市转型指数预测

　　MATLAB 程序包含了灰色预测模型与精度检验模型，并输出预测数据的折线图，简化了烦琐的计算过程。在 40 个资源型城市的预测过程中，所有城市均通过了精度检验模型，可以建立 GM 模型。鉴于预测城市数量较多，本书以处于再生期的综合资源型城市唐山为例，给出 MATLAB 自动生成的预测数据折线图，如图 7—42 所示。整理 40 个资源型城市预测数据，列于表 7—35。

表 7-35 2017—2021 年 40 个资源型城市综合转型指数预测值

城市	2017 年	2018 年	2019 年	2020 年	2021 年
东营	0.5830	0.5885	0.5940	0.5996	0.6052
韶关	0.5368	0.5358	0.5348	0.5338	0.5328
唐山	0.5017	0.5028	0.5040	0.5051	0.5063
邯郸	0.4661	0.4631	0.4601	0.4572	0.4543
临汾	0.4690	0.4683	0.4676	0.4669	0.4662
大同	0.5446	0.5427	0.5409	0.5391	0.5373
晋城	0.5055	0.4995	0.4936	0.4878	0.4820
本溪	0.4834	0.4836	0.4838	0.4840	0.4842
盘锦	0.5056	0.5028	0.5000	0.4973	0.4946
阜新	0.4712	0.4727	0.4743	0.4758	0.4774
辽源	0.4677	0.4673	0.4670	0.4666	0.4663
松原	0.5035	0.5062	0.5089	0.5116	0.5144
吉林市	0.5255	0.5238	0.5221	0.5204	0.5188
白山	0.4678	0.4640	0.4603	0.4566	0.4529
鸡西	0.4713	0.4707	0.4702	0.4696	0.4690
鹤岗	0.4241	0.4232	0.4223	0.4214	0.4205
黑河	0.5242	0.5217	0.5192	0.5168	0.5143
牡丹江	0.5125	0.5141	0.5158	0.5175	0.5192
伊春	0.4648	0.4633	0.4619	0.4605	0.4591
大庆	0.4205	0.4123	0.4043	0.3964	0.3887
淮南	0.4508	0.4526	0.4545	0.4563	0.4582
铜陵	0.4354	0.4314	0.4274	0.4235	0.4195
马鞍山	0.5375	0.5370	0.5365	0.5360	0.5355
鹤壁	0.4531	0.4543	0.4555	0.4568	0.4580
焦作	0.4219	0.4250	0.4281	0.4312	0.4344
平顶山	0.4826	0.4861	0.4898	0.4934	0.4971
南阳	0.4735	0.4775	0.4815	0.4855	0.4895
濮阳	0.3904	0.3934	0.3964	0.3994	0.4024

续表

城市	2017 年	2018 年	2019 年	2020 年	2021 年
郴州	0.4582	0.4564	0.4546	0.4528	0.4511
贺州	0.4849	0.4849	0.4850	0.4850	0.4851
攀枝花	0.43115	0.43117	0.43119	0.43121	0.43123
乌海	0.4334	0.4314	0.4293	0.4272	0.4251
六盘水	0.4553	0.4591	0.4630	0.4668	0.4707
丽江	0.5286	0.5282	0.5279	0.5275	0.5272
榆林	0.4391	0.4357	0.4323	0.4289	0.4255
白银	0.4753	0.4763	0.4774	0.4785	0.4795
庆阳	0.4099	0.4079	0.4060	0.4040	0.4021
金昌	0.4040	0.4035	0.4031	0.4026	0.4021
石嘴山	0.4362	0.4368	0.4374	0.4381	0.4387
克拉玛依	0.5241	0.5281	0.5321	0.5362	0.5403

二、预测结果分析

为了更加清晰地反映处于不同发展阶段资源型城市发展状况，在预测研究阶段以城市发展阶段为划分尺度，选取不同资源型城市类型的部分样本作为分析依据，预测石油城市、冶金城市、森工城市、煤炭城市、综合城市的综合转型指数变化趋势。成长期综合转型指数分析选择松原（石油类）、榆林（煤炭类）、贺州（冶金类）作为样本，成熟期综合转型指数分析选择东营（石油类）、平顶山（煤炭类）、本溪（冶金类）、黑河（森工类）、邯郸（综合类）作为样本，衰退期综合转型指数分析选择濮阳（石油类）、韶关（煤炭类）、白银（冶金类）、白山（森工类）、辽源（综合类）作为样本，再生期综合转型指数分析选择南阳（石油类）、焦作（煤炭类）、马鞍山（冶金类）、丽江（森工类）、唐山（综合类）作为研究样本。

（一）成长期资源型城市综合转型指数变化趋势分析

处于成长期的资源型城市，资源产品产量处于上升期，资源产业发展处于扩张期，资源产业总产值占 GDP 的比重不断提高，环境污染和生态破坏不可避免。松原市是我国东北地区处于成长期的资源型城市，石油总储量达 26 亿吨，已探明储量 10.8 亿吨。由图 7—43 可以看出，2017—2021 年松原市综合转型指数总体呈现上升趋势，由 0.4849 上升至 0.5144，说明松原市资源产业切实推动了区域经济发展，并促进医疗保险制度、养老保障制度不断完善，吸引人才、技术、资金等要素聚集。榆林市是我国西部重要的煤炭生产基地，2017—2021 年综合转型指数由 0.4391 下降至 0.4225，下降幅度较小，这说明榆林市重视延长煤炭产业链条，大力发展能源矿产采掘业和化工产业，培育战略性新兴产业，避免了产业种类单一化。贺州市是我国南部的冶金城市，根据灰色预测模型的计算结果，2017—2021 年贺州市综合转型指数由 0.4849 上升至 0.4851，上升幅度较小。近年来，贺州市以碳酸钙和新型建筑材料产业为新引擎，进一步推动工业转型升级，加快绿色崛起步伐。

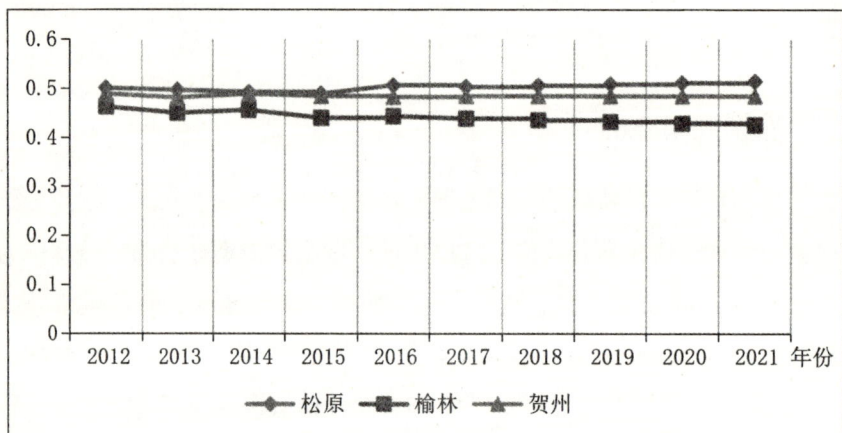

图 7—43 成长期典型资源型城市综合转型指数变化趋势

（二）成熟期资源型城市综合转型指数变化趋势分析

东营市是山东省重要的能源生产基地，属于发展成熟的石油资源型城市。2017—2021 年，东营市综合转型指数由 0.583 上升至 0.6052，原因在于东营市改造提升石油化工、橡胶轮胎等传统产业，加快发展汽车配件及装备制造业，支持培育新能源、信息技术等新兴产业。从图 7—44 可以看出，平顶山和本溪的综合转型指数变化趋势十分接近且水平相当。2017—2021年，平顶山市综合转型指数由0.4826上升到0.4971，本溪市综合转型指数由0.4834上升到0.4842。2016年，平顶山发布了《平顶山市产业结构调整规划》，强调要深入推进供给侧结构性改革，强化新兴产业培育和传统产业升级，积极发展新兴高成长产业。近年来，本溪市充分借鉴国内外城市转型成功经验，做精做优钢铁传统产业，大力发展生物医药战略性新兴产业，积极探索特色转型发展之路。

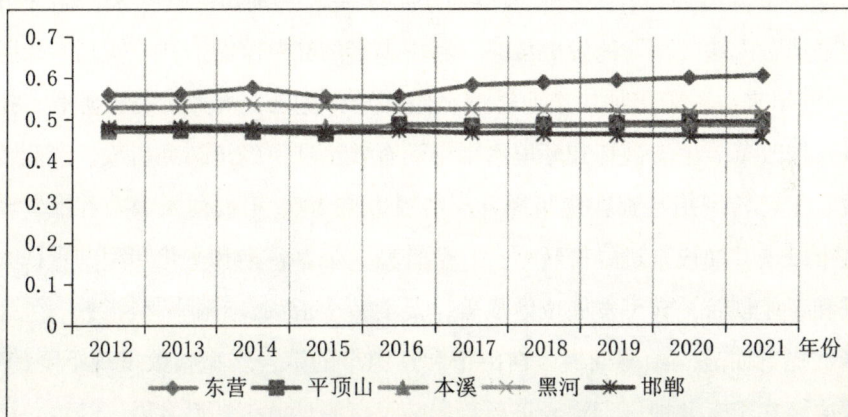

图7—44　成熟期典型资源型城市综合转型指数变化趋势

2017—2021年，黑河市和邯郸市综合转型指数呈现下降趋势，分别由0.5242、0.4661下降至0.5143、0.4543。近年来，东北地区经济发展速度有所放缓，部分城市甚至出现负增长，人口外流现象严重，经济环境和要素环境提升缓慢。2017年，黑河市三次产业占GDP比重分别为47.9%、14.4%和37.7%，第二产业的发展空间较大，预期在未来一段时间内黑河市制度转型指数、产业转型指数、要素转型指数将持续拉低综合转型指数。邯郸市工业门类齐全，素有"钢城煤都"之称。2017年，邯郸市第二产业比重较2016年提高了1.4个百分点，结构转型压力大。近年来，我国北方地区空气污染加重，邯郸市"偏重"的产业结构导致生态环境成为发展短板，治理污染任务艰巨，产业转型指数、生态转型指数还将进一步拉低综合转型指数。

（三）衰退期资源型城市综合转型指数变化趋势分析

从图 7-45 可以看出，预测期内煤炭资源型城市综合转型指数显著大于石油资源型城市，冶金、森工、综合资源型城市综合转型指数介于二者之间。2017—2021 年，韶关市综合转型指数由 0.5368 下降至 0.5328，濮阳市综合转型指数由 0.3904 上升至 0.4024，白银市综合转型指数由 0.4753 上升至 0.4795，白山市综合转型指数由 0.4678 下降至 0.4529，辽源市综合转型指数由 0.4677 下降至 0.4663。韶关市位于我国东南沿海地区，对外贸易往来频繁，作为曾经的煤炭资源型城市，经济发展落后于广东省发达地市。近年来，韶关市采取"主动融入珠三角"的发展策略，利用丰富的红色旅游资源，实现"绿色崛起"。近年来，濮阳市加快产业转型和经济结构优化，大力发展旅游业，扎实推进结构改革，生态破坏和环境污染得到有效治理，经济转型指数、产业转型指数、生态转型指数都在稳步提升。白银市自 2008 年被列入全国首批资源枯竭城市以来，加快推进经济转型、社会转型、生态转型和文化转型，重视人才引进和企业创新，转型发展成效显著，要素转型指数、产业转型指数、生态转型指数提升明显。预测期内，白山市和辽源市的综合转型指数呈现下降趋势，主要原因在于东北地区宏观经济形势影响了资源型城市转型发展，经济负增长和人才流失阻碍了经济结构优化。

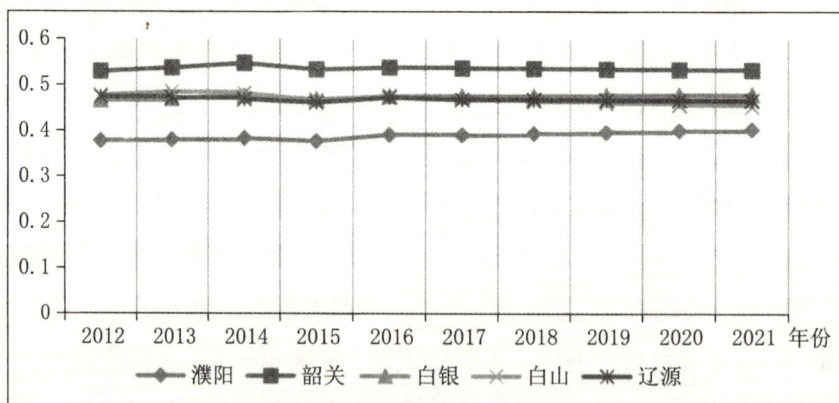

图 7-45 衰退期典型资源型城市综合转型指数变化趋势

（四）再生期资源型城市综合转型指数变化趋势分析

从图 7-46 可以看出，大多数再生期资源型城市综合转型指数呈现上升趋势，森工、冶金资源型城市综合转型指数最高，煤炭资源型城市综合转型指数最低。2017—2021 年，南阳市综合转型指数由 0.4735 上升至 0.4895，焦作市综合转型指数由 0.4219 上升至 0.4344，马鞍山市综合转型指数由 0.5375 下降至 0.5355，丽江市综合转型指数由 0.5286 下降至 0.5272，唐山市综合转型指数由 0.5017 上升至 0.5063。近年来，南阳市产业结构持续优化，大力发展旅游业，五年内三次产业结构由 17.7∶50.3∶32 优化为 16.5∶43.7∶39.8。同时，以创新引领城市转型发展，出台"人才新政 40 条"吸引海内外人才，可以预期南阳市要素转型指数和产业转型指数将会持续提升。焦作市在做大做强优势产业的同时，改造提升化学、机械、建材等传统工业，培育壮大新兴产业和旅游业，将旅游综合收入占 GDP 的比重提升至 10% 左右。预测期内，马鞍山、丽江、唐山的综合转型指数呈现下降趋势，下降幅度较小，但仍高于南阳和焦作的综合转型指数。马鞍山市实施"工业强市"战略，既巩固优化发展钢铁主业，又发展战略性新兴产业，推动城市由功能单一向综合性转变。因此，马鞍山市产业转型指数、结构转型指数拉低了综合转型指数。唐山市第二产业增加值占比超过 57%，产业转型压力大，环境污染治理任务艰巨，实现绿色转型发展需要一定的周期。

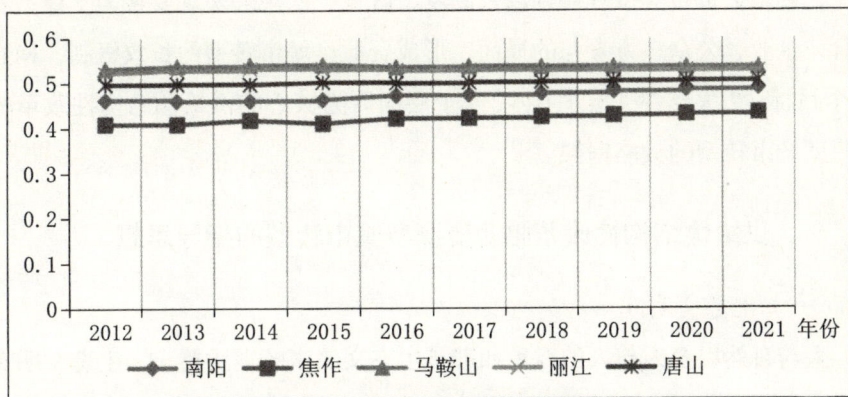

图 7-46　再生期典型资源型城市综合转型指数变化趋势

第八章 供给侧结构性改革驱动资源型城市转型的战略框架及对策

第一节 供给侧结构性改革驱动资源型城市转型的战略框架

基于供给侧结构性改革视域下资源型城市转型评价及预测，构建包含指导思想、转型目标、支撑体系、参与机制的资源型城市转型战略框架，并以制度、结构、产业、要素等四个层面为核心，提出供给侧结构性改革驱动资源型城市转型的对策建议。鉴于此，本书以供给侧结构性改革作用路径及实施方式为研究依据，围绕资源型城市转型指导思想，立足于资源型城市转型目标，以人才、创新、资金等微观要素以及制度、政策、法规等宏观要素为支撑，实现政府、企业、公众多方参与的局面，形成资源型城市转型的长效机制，构建以"1 个目标、2 大支撑、3 方主体、4 个层面"为核心的供给侧结构性改革驱动资源型城市转型的战略框架。①

一、供给侧结构性改革驱动资源型城市转型的指导思想

（一）生态文明观

人与自然以及人与人的双重和谐是生态文明观的本质要求。生态文明观脱

---

① 徐君：《供给侧结构性改革驱动资源型城市转型战略框架及路径设计》，《企业经济》2018 年第 11 期。

离了"纯生态"的狭隘观点，将人类社会和谐纳入生态文明建设之中，协调解决生态因子矛盾和社会因子矛盾。全面认识生态文明观必须服从以下三个维度：人类自身与生态环境、发展模式与生态环境、文明兴衰与生态环境。生态环境承载人类及人类发展，又关系人类文明兴衰，处理好与生态环境的关系至关重要。资源型城市的发展困境既有人与自然的矛盾，也有人类社会内部矛盾，以生态文明观剖析资源型城市十分贴切。

（二）供需平衡理论

供需平衡是指市场上供求之间的不平衡、不适应现象被完全消除，实现供给与需求的相对一致。供给侧结构性改革实施目标就是化解过剩产能，解除过度占用。供需平衡是社会再生产顺利进行的保证，是合理配置社会资源的有效手段。现阶段，资源型城市转型发展的困境主要是由供需错配导致的，资源型产业的产品类型无法满足快速变化的市场需求，高端产品供给不足，低端产品产能过剩，结构性失衡严重。鉴于此，在实施供给侧结构性改革的过程中，必须深入理解供需平衡理论的科学内涵，帮助资源型城市矫正资源错配，加速要素流通。

（三）资源基础理论

资源基础理论认为，不同城市具有不同的有形和无形资源，这些资源在一定条件下可以转化为独特的发展能力。区域间竞争优势来源于特殊的异质资源。资源型城市兴起所依赖的资源各不相同，不同资源型城市的地理位置、发展阶段、要素基础也各不相同。供给侧结构性改革的政策措施体现于制度、结构、产业、要素等不同侧面，相同措施作用于不同资源型城市所显现的政策效果存在差异。因此，借助供给侧结构性改革这一政策"东风"实现资源型城市转型，必须因地制宜、因时制宜。

（四）可持续发展理论

可持续发展是资源型城市转型的最终目标，也是供给侧结构性改革实施的最优效果。资源型城市可持续发展包含经济可持续、社会可持续、生态可持续等不同侧面。资源型城市转型既要建立集约型经济增长方式，也要保证人类活动与自然承载能力相协调，谋求社会全面进步。供给侧结构性改革以破解经济发展中的结构性矛盾为主要诉求，淘汰落后产能，推动产业转型升级，发展现代工业，构建多元化发展格局，实现经济、社会、生态的可持续发展。

二、供给侧结构性改革驱动资源型城市的转型目标

实现资源型城市可持续发展是供给侧结构性改革驱动资源型城市转型的最终目标。从城市发展的视角看，资源型城市转型包括经济转型、社会转型、文化转型和生态转型，四位一体地实现经济结构优化、社会繁荣进步、文化和谐文明、生态恢复改善的理想状态。从供给侧结构性改革的视角看，资源型城市转型必须达到制度变革、结构优化、产业转型和要素升级。制度、结构、产业、要素作为城市发展的支撑主体，集中体现了资源型城市转型发展的方向。

（一）城市视角下的转型目标

（1）经济转型。首先，深化资源型产业供给改革，延长产业链条，实现产品深加工，提升产品质量，增加产品种类，矫正供需错配的市场现状，防止低端产品过度占用企业资源。其次，实现资源型城市经济结构转型，引入现代工业体系，积极培育接替产业，提升第三产业发展水平，构建高质量、多元化产业体系。最后，持续深化国有企业改革，明确市场的决定性作用，积极发展非公有制经济，加速创新要素流通，激发企业创新能力，形成富有活力的良性竞争机制。

（2）社会转型。首先，完善资源型城市基本公共服务体系，加强棚户区改造，改善民生，提升就业率，降低失业率，切实增加居民收入。其次，健全医疗、养老、失业等社会保障体系，完善法律法规体系，贯彻两众两创，规范经济社会发展秩序，激发社会创新活力。最后，完善城市基础设施建设，满足居民日常生活工作需求，建立便利的交通、通信、能源、娱乐设施供给体系。

（3）文化转型。首先，加大教育事业投入力度，弘扬优秀传统文化，挖掘本地民俗文化，形成极具地方特色的文化氛围。其次，重视城市精神文明建设，构建和谐社区文化，完善城市管理制度，吸引优秀人才落户，放大高素质人群驱动城市文明提升的效应。最后，建成精神文明的和谐社会，传承资源型城市宝贵的矿区文化，弘扬老一代矿区工人吃苦耐劳的革命传统，发展

繁荣文化产业。

（4）生态转型。首先，加大环境污染治理力度，重新规划开采塌陷区，积极恢复已经破坏的自然环境，积极借鉴绿色城市、海绵城市、智慧城市的治理理念，构建生态宜居的城市环境。其次，改善城市生态环境，有效控制城市主要污染物排放，恢复城市生态功能，改善城市人居环境。最后，实施生态规划，对后续资源开发与城市发展进行宏观规划，减少人类活动对生态环境的干预，实现人类与自然和谐共生。

（二）改革视角下的转型目标

（1）制度变革。首先，深化行政体制改革，强化财政税收制度改革，简政放权，加大开放力度，破除资源型城市转型的体制机制障碍，构建现代化行政管理体制。其次，健全以市场机制为核心的综合分配体系，降低传统工业部门比重，构建现代工业体系，形成以自主创新为核心主动力的经济结构。最后，完善法律法规，构建公平的制度环境，加大针对民营企业、创新型企业的扶持力度。

（2）结构优化。首先，能源消费结构得到优化，不可再生能源的使用比重不断下降，清洁能源消费比例稳步提升，资源开采及产品加工实现低碳化。其次，资本结构和技术结构大幅改善，资金使用成本进一步降低，技术优势逐渐显现，宏观结构性降低与微观结构性增强同时存在。最后，要素投入结构配比得当，创新的核心驱动作用进一步凸显，区域壁垒逐渐消除，要素流动符合市场规律。

（3）产业转型。首先，产业经济效益大幅提升，第三产业比重不断上升，甚至超过第二产业成为资源型城市发展的关键，传统产业模式被淘汰，高技术、高收益、低污染的企业逐渐增多。其次，产业发展环境不断优化，政策环境、法律环境、制度环境等宏观环境明显改善，产业内部公平竞争、合法经营，产业竞争力明显提升。最后，资源型城市的产业外向度持续提高，产业辐射能力显著增强，带动上下游企业提升竞争实力。

（4）要素升级。首先，自主创新能力满足经济发展需求，并具有一定超前性，开始引领经济增长方向，优化经济增长方式。其次，人力资源水平明显改观，资源型城市内整体教育水平提升明显，开始拥有结构合理的人才资源，不同类型人才在各自岗位上实现自我价值。最后，资源型城市资金供给充足，社会闲散资金向实体经济流动，金融安全进一步提升，企业创新资金需求得到有效保障。

三、供给侧结构性改革驱动资源型城市转型的支撑体系

宏观支撑体系与微观支撑体系相辅相成，共同构成供给侧结构性改革驱动资源型城市转型的支撑体系。宏观支撑体系关系资源型城市转型的顶层设计，主要包括制度、政策和法规。微观支撑体系是资源型城市转型的要素基础，主要包括人才、创新和资金，其中，创新主要是指制度创新和技术创新。

（一）宏观支撑体系

（1）制度。制度以其硬性约束特征推动资源型城市转型发展。完善的制度供给是供给侧结构性改革驱动资源型城市转型的保障。一方面，宏观制度供给包括宏观经济制度、税收制度、行政制度、文化制度等，供给侧结构性改革调整宏观制度中不适应城市转型发展的部分，为接替产业发展扫清障碍。另一方面，微观制度供给为资源型城市转型提供便利。对于政府部门而言，专门针对资源型城市转型的税收优惠、规划引导、融资支持等制度降低了转型成本。对于企业而言，管理制度创新有利于集聚创新资源，激发企业创新活动。

（2）政策。政策对资源型城市转型具有重要引领作用。供给侧结构性改革是国家推动的一项改革措施，贯彻实施依赖于具体政策。一方面，不同区域、不同发展阶段、不同类型的资源型城市依据其实际情况，以供给侧结构性改革的思路和目标为实施依据，制定城市转型措施，引领资源型城市实现可持续发展。另一方面，包含供给侧结构性改革的具体措施在实践中需要动态调整。体现供给侧管理思路的资源型城市转型促进措施之前就广泛存在，关键在于如何整合完善，使其发挥宏观支撑作用。

（3）法规。法规包含立法机构颁布的法律条文和政府出台的政策性条例。法律条文更具权威性，但相对宏观。政策性条例实践性强，更加具体明确。一方面，法律法规从宏观层面调节资源型城市的土地、人才、资金等要素供给，

为资源型城市发展划定资源利用、环境污染的红线。另一方面，政府作为政策的制定者和实施者，在法律框架内，制定政策性条例来细化供给侧结构性改革措施，约束资源型企业的经营行为，防止其盲目追求经济利益。因此，实施供给侧结构性改革必须首先完善法律法规，规范政府政策措施，制约市场主体越轨行为。

（二）微观支撑体系

（1）人才。人才作为智力资源对资源型城市转型的支撑发挥了非常关键的作用。首先，人才是创新活动的承担者，人才的思维方式、教育经历、知识储备等为企业创新活动奠定基础。其次，人才聚集形成人力资源，成为企业乃至资源型城市的无形财富。资源型城市陷入发展困境既有产业结构不合理的不利因素，也有人才、资金等要素匮乏的基础缺陷。吸引人才落户将有效改变资源型城市发展潜力，提升城市竞争力。最后，人才聚集形成外溢效应，人才的消费需求促进第三产业发展，间接影响城市产业格局。因此，资源型城市必须重视人才的基础支撑作用，深入实施供给侧结构性改革，吸引创新要素聚集。

（2）创新。创新是资源型城市转型的动力源泉，是优化产业结构、转换增长动力的关键。一方面，技术创新既能有效促进接替产业发展，延伸产业链条，增大第三产业比重，实现产业转型升级，也能提高资源型产品附加值，提升生产过程集约化、低碳化水平。另一方面，制度创新是创新的前提和基础，为技术创新提供有效支撑。制度创新改善企业体制机制中不适应创新活动的部分，完善企业制度创新机制，保证技术创新顺利进行。因此，必须把技术创新和制度创新统一起来，坚持技术创新和制度创新双轮驱动资源型城市转型。

（3）资金。资金是创新活动的血液，加速资本流通是供给侧结构性改革的侧重点。首先，资金为创新活动提供保障。资源型企业开展创新活动离不开资金支持，创新产品在上市前的等待期也需要资金支持，资金贯穿于创新活动的全过程。其次，资金流动性增加了金融市场的风险，降低资金流动性风险能促进经济平稳增长。供给侧结构性改革就是要加大金融市场改革力度，利用金融支持去杠杆、去库存、去产能。最后，供给侧结构性改革改善金融结构，减少无效金融供给，提升金融资源配置效率，提高资金供给满足资源型城市转型的能力。

四、供给侧结构性改革驱动资源型城市转型的参与机制

政府、企业、公众是供给侧结构性改革驱动资源型城市转型的参与主体。其中，政府是关键参与主体，企业是转型发展的主要对象，而资源型城市转型也离不开公众的支持。因此，必须明确参与主体的地位作用和耦合作用关系，构建以政府倡导、企业响应、公众参与为核心的资源型城市转型参与机制。

（一）参与主体及其地位作用

供给侧结构性改革驱动资源型城市转型的参与主体既有政府、产业、企业等宏观主体，也有人才、技术、资金等微观要素。为了准确说明参与机制的内在关系，选取较为关键的政府、企业和公众作为分析对象，厘清它们在参与机制中的作用。

（1）政府是供给侧结构性改革和资源型城市转型的倡导者、管理者，是协同发展政策的制定者、实施者。政府主导的供给侧结构性改革公布后，具体细则需要在实施后不断完善。政府需要制定配套政策吸引人才、资金、技术等要素聚集，促进现代工业成长，也需要协调企业与社会公众，促使企业积极开展创新活动，鼓励市民创新创业。由此可见，在供给侧结构性改革驱动资源型城市转型过程中，政府是关键参与者。

（2）企业作为产品生产和社会服务的提供主体，在资源型城市转型过程中担负提高产品供给质量和供给效率的重任。在市场机制下，企业既是生产者又是消费者。企业依赖特有技术将原料转化为产品，向市场供应商品。此时，企业的经营行为直接影响供给侧结构性改革驱动资源型城市转型的进程、质量与效果。同时，企业在生产过程中消费了电力、石油、食品等能源资源，又是市场内的消费者。此时，企业应该起到信息反馈的作用，促使产品供应单位提升产品质量。因此，企业在资源型城市转型过程中具有双重角色，是供给侧结构性改革驱动资源型城市转型的核心参与者。

（3）公众既是转型过程的参与者，又是转型成果的受益者，是供给侧结构

性改革驱动资源型城市转型的动力源泉。一方面，社会公众持续为资源型城市转型提供人力资源，既包括参与自主创新的高端人才，也包括政策制定者、实施者以及普通劳动者。资源型城市转型获得社会公众的理解和支持，能够加速实现资源型城市可持续发展。另一方面，社会公众是产品的最终消费者，公众的意识、选择、行为反向影响产品生产。通过供给侧结构性改革提升公众的环保意识和节约意识，形成统一的发展理念，迫使产业加速结构调整，提升产品质量。

（二）参与主体的耦合作用关系

政府、企业、公众作为供给侧结构性改革驱动资源型城市转型的参与主体，分别担负倡导、响应、参与的重任。

（1）政府是政策的倡导者、制定者和实施者。针对经济发展中隐藏的问题，政府委托专家学者展开仔细而深入的调查论证，提出问题的解决思路，并形成政策雏形。借鉴以往管理经验，政府将问题解决思路具体化、全面化，并概括成易于理解的简明性语言，向社会公布。各级政府回应中央政府倡导，依据区域实际情况制定细化改革措施。企业及公众积极理解并配合改革措施，调整生产及消费行为，协同解决问题。

（2）企业是改革措施的实施主体。政府改革措施正式发布后，企业的响应措施既有积极主动的，也有消极被动的。对于充满活力的新兴企业，政府改革措施中提供的优惠财税政策为企业发展提供机遇，企业积极响应政府号召，加大创新力度，提升产品质量，扩大市场占有率。对于竞争力弱的传统企业，政府改革措施继续压缩其生存空间，企业面对持续上升的经营成本被迫考虑转型发展，部分企业布局得当成功获取竞争优势，部分企业被市场淘汰。企业所经历的提升与淘汰就是供给侧结构性改革驱动资源型城市转型发展的政策效果。

（3）公众是改革措施的检验者。前文已经提到，社会公众既为资源型城市转型提供人力资源，也反向推动企业改善经营行为。产品生产在一定程度上是市场需求的回应，同时产品也能引领市场需求。政府改革措施实施后，企业迫于成本压力改进原有生产方式，产出附加值更高的新产品。产品调整如果符合市场需求的变化趋势，新产品会迅速取代老产品，企业转型发展获得良好开端。同时，新产品被公众认可将引发新一轮市场竞争，进一步增大企业转型压力。

因此，政府倡导是基础，企业响应是关键，公众参与是保障，共同构成了供给侧结构性改革驱动资源型城市转型的参与机制。

五、供给侧结构性改革驱动资源型城市转型的战略框架模型

以"1个目标、2大支撑、3方主体、4个层面"为核心的供给侧结构性改革驱动资源型城市转型的战略框架如图8-1所示。

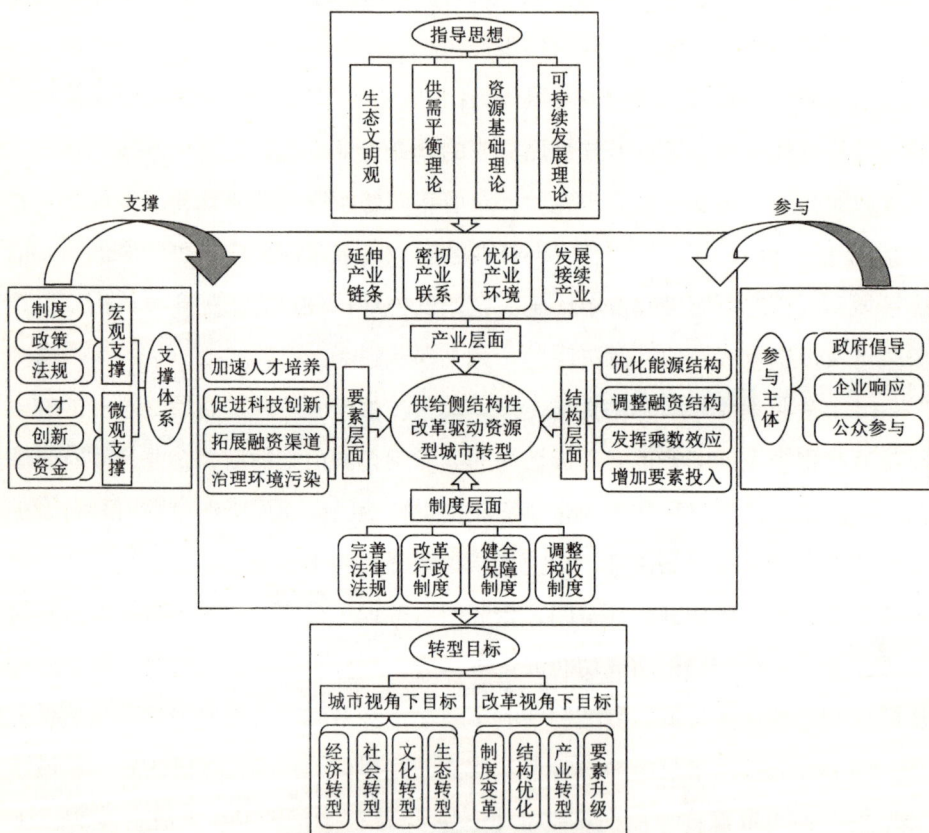

图8-1　供给侧结构性改革驱动资源型城市转型的战略框架模型

基于前文对转型指导思想、目标、支撑体系、参与机制、层面的分析，现将供给侧结构性改革驱动资源型城市转型的战略框架要点进行分述。

（一）指导思想对供给侧结构性改革驱动资源型城市转型具有引领作用

生态文明观将人类社会和谐纳入生态文明建设之中。供需平衡理论体现了供给侧结构性改革供给侧、需求侧兼顾的改革思路。资源基础理论点明了资源型城市要根据资源禀赋和地理位置走有特色的转型之路。可持续发展理论对资源型城市产业结构和要素基础提出了更高的战略要求。无论资源是否富集，资源型城市都要牢固树立可持续发展的生态文明理念，促进生态环境与经济发展相协调、与人类活动相适应。在资源型城市发展过程中，既要推广绿色生产技术，从源头控制资源消耗与污染物排放，也要构建完善的监管体系，提高资源能源利用率，延长使用年限。

（二）城市视角下的转型目标与改革视角下的转型目标是不同研究角度的要点总结，殊途同归

经济、社会、文化、生态等四个层面全面反映了资源型城市的发展状况，立足这四个视角观察供给侧结构性改革驱动资源型城市转型效果，能够有效分析成绩与不足。制度、结构、产业、要素四个研究视角打破了传统划分模式，同样涵盖了经济、社会、文化、生态等不同层面，更加贴近供给侧结构性改革的作用路径及方式。改革视角下的目标层次划分相互交叉，体现了协同发展的研究思路，更加紧密地将供给侧结构性改革与资源型城市转型联系起来。需要特别指出的是，有关资源型城市的研究中，采用经济、社会、文化、生态等四个层面的划分方式更为普遍。无论采取哪种划分方式，本书认为并无优劣之分，只要能将研究思想表达清楚即可。

（三）宏观支撑体系与微观支撑体系协同配合，加速实现资源型城市可持续发展

宏观支撑体系包括制度、政策、法律，属于顶层设计范畴；微观支撑体系包括人才、创新、资金，属于要素资源。一方面，宏观支撑体系通过改革行政管理体制和经济制度，颁布改革措施，影响资源型城市传统发展模式，改变城市内外部环境，吸引人才、技术、资金等要素聚集，为资源型城市转型发展奠定基础。另一方面，微观支撑体系的特征、数量、效率是宏观政策制定的重要参考。人才、创新、资金作为资源型城市转型发展的微观支撑，能够影响企业

创新活动和产业发展，进而影响供给侧结构性改革的实施效率，改变资源型城市转型的速度和质量。

（四）供给侧结构性改革驱动资源型城市转型的参与主体是政府、企业、公众等三方

政府是供给侧结构性改革和资源型城市转型的倡导者、管理者，是协同发展政策的制定者、实施者。企业作为产品生产和社会服务的提供主体，在资源型城市转型过程中担负提高产品供给质量和供给效率的重任。公众既是转型过程的参与者，又是转型成果的受益者，是供给侧结构性改革驱动资源型城市转型的动力源泉。

（五）供给侧结构性改革驱动资源型城市转型从制度、结构、产业、要素等四个层面发力，要以质取胜

以质取胜是供给侧结构性改革有别于以往改革措施的关键之处。资源型城市转型发展必须着力提高制度供给、结构优化、产业转型和要素供给，提高全要素生产率，实现资源型城市可持续发展。从制度层面看，制定改革措施必须因地制宜，对处于不同发展阶段、不同地理位置、不同资源禀赋的资源型城市分类引导，探索特色化转型发展模式。从结构层面看，结构优化包括产业结构、经济结构、要素投入结构等，资源型城市要把经济结构升级作为转型主攻方向，大力发展服务业和战略性新兴产业，降低刚性产业结构。从产业层面看，产业转型包括纵向转型和横向转型两个方面，横向转型是指加深产业联系、密切产业合作，纵向转型是指延长产业链条、提高产品附加值。从要素层面看，吸引人才、资金、技术等创新要素聚集，加速要素流通，加速人才培养和技术创新，夯实资源型城市转型发展的基础。

第二节　供给侧结构性改革驱动资源型城市转型的对策设计

近年来，长期高度依赖资源产业的资源型城市经济增速普遍放缓。我国经

济发展进入新常态后，资源型城市经济发展下行的形势更为严峻。虽然资源型城市为我国经济社会发展、工业体系完善做出了较大的贡献，但传统发展模式下的快速发展使资源型城市成为我国实现高质量发展的重要阻力。在当前形势下，资源型城市只有通过供给侧结构性改革努力补齐短板，厘清市场和政府的边界，围绕"三去一降一补"调结构，才能破解资源型城市可持续发展的障碍，加快产业升级，实现城市转型。

一、推进制度变革，强化顶层设计

资源型城市的转型发展离不开政府的支持。一方面，政策对资源型城市转型发展具有导向作用，具有倾斜性的政策能够凸显城市的人才、技术、资源等优势，加快产业转型步伐。另一方面，体制机制障碍长期阻碍国有企业改革，资源型企业财权、事权不一致的现象广泛存在。采矿企业所获利益与其应承担的责任不对应，矿区农民的利益难以得到有效维护。再加上资源型城市内各种利益关系错综复杂，协调起来的难度更大。

（一）推进体制转轨，打造不竭动力

（1）深入推进国有企业改革，大力发展民营企业。一是大力推进国有企业改革。建立现代化公司治理结构，精简人事，提高企业运行效率。二是大力发展混合所有制经济。鼓励民营资本进入，完善法律法规，保障民营资本合法权益，扩展企业业务范围，提升企业盈利水平，降低企业负债率。三是实施国有企业职工持股改革。增强员工归属感，深化企业行政制度改革，建立能上能下的管理制度，杜绝官僚主义和形式主义。四是大力推进股权多元化。运用主板上市公司、新三板上市企业资源，寻求与实体公司联手，做大实体板块，防止经济脱实向虚。

（2）坚持刀刃向内，深化行政体制改革。一是深化"放管服"改革。建立权力清单、责任清单、中介服务清单、公共服务清单"四张清单"制度，实行网上运行、线上办理、在线监察，提升服务效能。二是推进"多规合一"改革。实现国民经济计划，城市、国土、环保等多项规划"多图变一图"。推动审批提速提效，变部门审批为政府审批、变串联审批为并联审批、变线下审批为线上审批。

（3）强化责任约束，建立监管清单制度。围绕监管缺失、不平衡、不到位等突出问题，探索建立部门监管清单制度，强化部门监管责任落实的约束。扎实开展"双随机、一公开"监管试点，寻求构建良好的营商环境。

（二）创新政府工作机制，凝聚发展合力

我国资源型城市大多都是计划经济的产物，政府长期处于控制性地位。在资源型城市自主转型的机制尚未建立时，必须重视资源型城市党委和政府的作用，通过政府主导建立一种有效的工作机制，形成供给侧结构性改革驱动资源型城市转型的强大合力，这样才能确保资源型城市转型顺利推进。一是高效的作业机制。要提高地方党委、政府部门在供给侧结构性改革驱动资源型城市转型过程中的领导能力，必须建立高效的作业机制，形成领导合力。对于重点项目，建立一事一议制度，要定期召开专题研究会，及时解决在推进过程中出现的问题，对外发布项目进展情况，确保项目按时高质量落地。二是良好的诚信机制。对城市、企业和个人来讲，诚信是有价值、可以变成钱的，也是一种生产力。在资源型城市转型过程中，要竭力打造诚信体系，不断营造务实诚信的社会氛围，努力塑造良好的地区和国内影响力，提高对外部投资的吸引力，实现"你若盛开，蝴蝶自来"的效果，借助外部新投资不断促进资源型城市转型。三是优秀的领导团队。从一定意义上讲，供给侧结构性改革驱动资源型城市的转型力就是地方党委和政府的领导力，建设高素质的领导团队是保证转型的前提。

（三）促进经济转型，推动优势产业发展

经济转型是供给侧结构性改革驱动资源型城市转型的关键，产业转型升级是资源型城市经济转型的内核。

（1）抓住资源、延伸资源，提高资源利用水平。提高传统资源利用效率，大力推广新能源、绿色能源，延伸产业链条，实现资源型产品深加工，力争实现资源开发利用水平达到行业或地区领先水平。一方面，促进企业强强联合，加大创新力度，提升资源型产品附加值，整合上下游企业，降低资源要素流转成本。另一方面，提升资源利用效率，改变以往无节制开发的发展模式，争取国际定价权，掌握发展主动权。

（2）促改革、提效率，提升非资源产业比重。一方面，大力发展战略性新兴产业。政府要完善硬件设施，不断满足项目落地相关条件，培育壮大战略性新兴产业集群，加快推进现有产业向中高端迈进。同时，支持地方高校发展，培育高素质人才，实施产学研结合发展，改善城市软件设施。另一方面，提升现代服务业水平。服务业代表了地区经济活跃程度，资源型城市应该以旅游业为发展主轴，带动餐饮业、住宿业、交通运输业等快速发展，提升区域经济活力。

（3）搭平台、建载体，强化转型发展支撑。重点抓好以下四大平台建设。一是强化园区平台建设。加快推进已有开发园区的配套设施建设，积极做好新的国家级园区、省级开发园区立项申请，掌握好、利用好开发园区的政策，提升企业项目落地的承接能力，确保引进项目进得来、落得下、经营好、作用强。二是增强科技研发平台建设。着重围绕产业链布局创新链，围绕创新链部署科技创新平台的建设，提升资源整合和顶层设计。针对重点产业集群的核心技术研究及主导行业重大创新产品的研发，联合建立重大技术研发机构、产业技术创新联盟、民营技术创新科研机构、企业博士后工作站等新型研发组织和创新载体。推动高校、科研院所与企业形成利益共同体，建立产学研协同创新机制，使科技研发平台在全社会创新活动中成为重要载体并发挥核心作用。三是提高科技公共服务平台共享率。鼓励高校、科研院所与企业以新建或共建法人实体的方式创立研发机构，政府为其建立公共服务平台提供政策支持。以全面实施科技企业孵化器培育与提升计划为基础，加强对社会资金投入的引导，推进省级企业孵化器及专业孵化器的建设进程，达到加快全省区域核心产业发展速度的目的。努力做好专业的知识产权代理机构的引入和培育，争取早日建成知识产权共享平台。

（四）完善激励机制，拓宽转型路径

需求侧解决的是资源在市场导向下的流向问题，即选择问题。供给侧解决的是如何通过供给侧结构性改革建立企业激励机制的问题，即激励问题。例如在去产能方面，要立足于引导过剩产能的发展方向，建立相应激励机制降低资源消耗率。在控制成本方面，一是通过规范政府收费项目降低制度性成本，二是通过推进金融、电价市场化及流通体制等改革达到降低企业融资成本、电价及物流成本的目的，帮助企业改善经营、降低成本。在僵尸企业的处置方面，依靠优势企业兼并重组的方式带动这些企业开拓发展新空间。

二、促进结构优化，筑牢转型基础

供给侧结构性改革驱动资源型城市转型，就是通过改革资源型城市增量促存量调整，在政府增加投资过程中优化资源型城市资本结构、投融资结构、产业结构，在实现资源型城市转型的基础上不断提高经济可持续发展与人民生活水平。

（一）优化资源型城市的资本结构，构建"一体三化"资本结构新格局

（1）更新观念，树立大资源理念。传统理念认为，仅有矿产资源属于资源，矿产资源枯竭后，资源型城市将自然进入衰退。实际上，资源型城市除了矿产资源外，还有许多资源。资源型城市在供给侧结构性改革过程中，要不断更新理念，树立"一切可以吸附和集聚资本的生产要素都是资源"的大资源理念。放宽眼界，努力挖掘能吸附和集聚资本的新资源，例如文化、历史、自然资源等。矿产资源枯竭后其吸引资本的能力自然会下降，此时，资源型城市政府和市场自然会努力寻找新的经济增长点。政府会通过出台文件和政策明确对新兴产业的支持和扶持力度，提高新资源吸附和集聚资本的能力，为推动资源型转型提供新的生产要素。

（2）推进资源产业发展循环经济，突出链式发展，不断优化资源型城市资源资本结构。供给侧结构性改革驱动资源型城市转型并不意味着简单地关停资源企业，也不是断然将资源产业排除在产业结构之外，而是要将资源产业优化升级，实现高质量发展。一是探索建立"资源＋"模式，不断优化调整资源开发格局。以资源产业中具有比较优势的企业为主体和核心，通过横向整合推动资源型城市产业链向纵深方向发展，加快资源产业上下游纵向一体化。二是坚持"科学技术是第一生产力"，就地消纳、绿色循环、综合利用多措并举，通过技术创新，不断提高资源的资本转化能力。三是紧跟国家政策，以供给侧结

构性改革、"绿水青山就是金山银山"、生态文明建设等作为城市转型的指导思想，努力争取上级政策支持，重点瞄准中央对资源型城市的转移支付和优惠政策，加快推进生态环境修复、土地复垦等项目建设。

（3）大力发展新兴产业，丰富资源型城市资本门类，加快推进资源型城市非矿资源资本化。一是明确城市定位，确定资源型城市的比较优势，努力承接发达地区的产业转移，增强对发达地区资本的吸引力，为新能源、新材料和高新技术等行业发展提供坚实的资本支撑。二是深挖传统矿产资源以外的资源，丰富资源型城市的资源结构，努力从"一枝独秀"转向"万紫千红"，将资源优势转化为经济优势。三是创造性实施互联网＋战略，抢抓"中国制造2025"机遇，努力构建"互联网＋资源"模式，促进电子商务、众创空间等新业态、新模式发展，为资源型城市大众创业万众创新提供新的支撑，不断打造资源型城市经济增长的新支点。

（4）努力提高全要素生产率，不断优化资源型城市资本产出效率。一是加快推进城镇化进程，提高人力资本产出。深入推进户籍改革，为农村人口进城务工提供更多便利，让农村居民在就业、就医等方面与城镇居民享有同等待遇。按照"转移、集中、减贫"的思路和原则，引导劳动力向第二、第三产业转移。二是加快棚户区改造进度，完善社会保障，提高最低工资标准，增加居民收入，加大继续教育力度，提高员工劳动能力和劳动技能，增强资源型城市低收入群体的消费能力。三是迎合国家"双创"战略，建立有利于自主创业的体制机制，提高资源型城市资本流动的活力。充分利用国家"双创"政策，建立创新创业孵化基地，支持资源型城市的企业职工进行创业。为来资源型城市创业和就业的高校毕业生在贷款、培训、税收等方面提供优惠政策，加快"人、智、货"等资本的交互涌动，优化资本产出结构。四是加快公共事业建设，提高政府社会资本投入。拓展义务教育年限，实行十二年免费教育，提高资源型城市居民平均受教育年限，增加人力资本投资，积累人力资本存量，为资源型城市迎来新一轮快速发展提供强有力的智力和人才支撑。

（二）优化资源型城市投融资结构

（1）积极融入"一带一路"倡议，扩大资源型城市对外开放。修改后的

《中华人民共和国立法法》赋予了地方政府立法权，所有设区的市都可以根据地方的实际，在不违背宪法、法律、行政法规的前提下，制定地方性法规。在供给侧结构性改革过程中，资源型城市可根据本地区的实际情况，制定有利于供给侧结构性改革和转型的地方性法规，助推资源产品更新升级，加速资源企业环保设备改造。完善企业退出机制，给予从高耗高污染行业主动退出的企业专项转型奖励和扶持资金。鼓励和引导资源型城市企业进行全产业链整合，不断提升资源型城市的产业竞力。主动融入"一带一路"倡议，积极与"一带一路"沿线国家开展合作和交流，通过贸易交往，力争在更大区域释放资源型城市的过剩产能。

（2）完善顶层设计，加大政府对资源型城市转型的财税政策支持力度。财税政策是供给侧结构性改革的重要内容和主要抓手，是资源型城市转型的风向标和指挥棒。在供给侧结构性改革过程中，资源型城市要合理实施财税政策，刺激城市经济向绿色发展转移。依据国际标准，在《环境保护法》等法律法规和政策的框架内，科学编制本市污染治理规划，引导企业积极投入节能减排和产业结构改造中。科学安排政府财政支出，不断增加城市污染治理和节能减排投资，从而有效治理资源型城市粗放式发展的生态环境欠账。

（3）创新融资渠道，提高资源型城市转型投资主体的积极性。由于资源型城市生态环境历史欠账较多，仅仅依靠政府投资进行转型力量有限、进程缓慢，需要激发作为市场主体的企业积极投身到资源型城市转型的伟大事业中，增加参与城市转型的主体，夯实转型的基础，丰富转型投资的来源渠道。在供给侧结构性改革过程中，资源型城市要研究制定适合本市的激励机制，通过制度和优惠政策激发市场机制作用，营造良好的城市转型环境和生态环境。在法律框架允许的范围内，鼓励社会资本以多种形式投入资源型城市转型和生态环境修复，允许境外机构参与资源型城市转型、境外资本投入资源型城市转型。在供给侧结构性改革驱动资源型城市转型的过程中，促进投资主体多元化。

（4）完善资源型城市转型投资的管理与监督机制。一是要建立和完善资源型城市转型资金使用去向信息公开披露机制。抓好政务公开这个政府职能部门的"牛鼻子"，及时准确向社会公布转型资金来源和使用用途，自觉接受社会监督。鼓励媒体和媒介监督转型资金的使用，建立和完善重大转型投资项目论证和听证制度，借助社会公众监督的作用用好转型资金，提高资金使用的效率和效果。二是建立完善的转型资金使用审批程序。发挥专家、学者的作用，认真论证转型项目投资建设的可行性及预期的运营效果，提高转型资金投资决策的科学性。三是要强化转型资金的检查，加强对转型资金投资项目运行的监管，保证资金使用安全。

（三）优化资源型城市产权结构

供给侧结构性改革驱动资源型城市转型要取得新的进展和成效，必然涉及产权制度。资源型城市要紧紧抓住这个"牛鼻子"，努力做好国有企业混改和农村"三权分置"。

（1）要厘清产权的边界，加强对资源型城市产权的保护。边界不清，受侵害、不稳定的事情会经常发生，其原因在于资源型城市各经济主体之间关系和权利界限模糊。由于先天原因，资源型城市公有制经济在市场中易被强化，处于主导地位。而私有制经济主体虽然与公有制经济主体具有同样重要的地位，但由于"先天不足"，其权利易被弱化，处于从属地位。因此，在供给侧结构性改革过程中，资源型城市要以股份制改革为重点，在立法、政策等方面实现新突破，努力营造所有市场经济主体处于完全平等的市场地位的环境，鼓励优势企业相互参股，公司高管和员工持股，形成以混合所有制为主的现代产权制度。

（2）让市场真正在资源型城市转型中对资源配置起到决定作用。在历届（次）中央有关经济工作会议上，加快国有企业改革都是重点和焦点。在供给侧结构性改革过程中，资源型城市要以国企混合所有制改革作为突破口，以建立国有企业灵活高效的市场化机制为出发点和落脚点，将国有企业混出新模式、新业态，激发国有企业在资源型城市转型和供给侧结构性改革中的引领和示范作用。在供给侧结构性改革过程中，资源型城市转型要处理好政府与市场的关系。一是要进一步规范市场化经营，促进国有企业回归市场主体。由于我国特殊的发展历程，资源型城市建立和发展有特殊的历史和现实背景，资源型城市的国有企业具有政府的"影子"，没有真正回归市场成为市场主体，造成资源型城市国有企业对市场"水土不服"。二是通过国有企业市场化经营，实现资源型城市资本化改革。通过供给侧结构性改革，改革资源型城市国有资本经营体制，逐步建立起"管资本"的现代国有资产管理模式。

（3）必须强化资源型城市市场经济的合作、协作作用和规律。虽然市场经济是竞争经济，但并不排除合作和协作。从一定程度上讲，社会主义市场经济更强调合作和协作。在供给侧结构性改革中，资源型城市要不断推进国有企业混合所有制改革，通过国有资本、集体资本、非公有资本等交叉持股、相互融合，使国有资本的作用进一步放大。通过农村土地"三权分置"改革，将农民从土地上释放出来，也赋予土地更多的自由，为农村土地经营权的流转松绑，赋予土地所有者更多的财产资源，这有利于提高农村生产要素的配置和利用效率，有利于加快推进供给侧结构性改革驱动资源型城市转型的进程。

三、加快产业转型，构建支撑体系

（一）优化产业发展环境，提高产业发展水平

产业发展环境的变化是供给侧结构性改革驱动资源型城市转型的外部因素。资源型城市成功转型的关键在于能否灵活应对并适应环境的变化。一方面，资源型城市第二产业发展环境发生变化。由于资源型城市低端能源供给过剩，能源供应处于供大于求的状态，导致资源型企业经营市场丢失。积极探索新能源的开发途径，提升能源的供给质量，已经成为资源型企业的转型方向。另一方面，产业经济的发展方式由粗放型向集约型转变，科技和创新成为企业的核心竞争力。这激励着资源型城市转变发展方式，以科技投入为核心，以清洁生产为抓手，实现生产要素的优化重组，提升全要素生产率，从而推进资源型城市转型升级。

产业发展的水平高低直接决定了资源型城市转型的经济基础和启动时机。资源衰竭是大部分资源型城市转型的动因。资源型城市的传统发展路径依赖于矿产资源的开采，一旦矿产资源枯竭限制了城市经济的发展，资源型城市必须在改革经济发展方式的过程中逐步转型，在转型中寻求新的发展机遇。

传统资源产业积累的物质基础成为资源型城市转型的基础助推力。它为资源型城市转型提供了资金支持、技术支持、劳动力支持和基础设施支持。资源型城市转型发展要做到资源产业发展和传统产业发展并行，使经济集约、高效、绿色发展。

（二）注重区域产业差异，优化产业结构

城市经济基础决定了资源型城市转型效果的好坏，区域经济的差异决定了资源型城市转型绩效的高低，原因有两个，一是发达的城市经济为资源型城市转型提供了强有力的经济支持、技术支持和人才支持，二是城市间融合程度高，对外开放的程度较强。我国经济发展的现状是东南沿海地区经济发达程度及开放程度远高于中西部地区，东营和枣庄是两个极具代表性的城市，此类资源型城市产业结构转型升级以诸多外部有利条件为基础，转型途径多、难度低，转型效果较好。另外，区域间不同的地理位置、教育结构、资源禀赋为资源型城市转型提供不同的资源、技术和人才供给，它们间接影响了资源型城市转型的效果，这也是造成城市产业差异的原因。

实现产业链攀升、推动产业结构升级是资源型城市转型的基本要求。传统资源型城市产业类型单一、产业间横向联系弱、产业结构刚性明显的产业结构特征使产业发展变得更困难。传统资源型城市产业发展依赖于资源的开采，一旦资源枯竭，经济发展则会陷入停滞，这使实现经济转型发展显得更为迫切。实现产业转型发展的核心是要摆脱传统资源束缚，在重点发展第三产业和高新技术产业的过程中寻找新的经济增长点，使第三产业和高新技术产业成为城市经济的主导产业，达到实现产业结构升级的目的，提升传统资源型城市的转型效果。

（三）提升供给能力，打破路径依赖

资源型城市产业供给能力的提升以技术创新为依托，技术创新能力提升的程度决定了资源型产业转型升级的进度。一方面，要提高技术改造的进度和力度。技术改造是企业补偿性投资的一种方式，对因技术进步及生产活动引起的企业生产设备损耗进行补偿。供给侧结构性改革要全方位提升资源型城市产业的集约发展力，需做到技术改造与节能环保结合、与安全生产结合、与落后产能淘汰结合。另一方面，要着力于促进技术创新。建立健全技术革新机制，加大对技术创新的投入，着力提升产品结构水平、产品质量水平、制造装备水平、工艺流程水平、信息化水平和安全生产水平，重点建设技术中心、工程实验室、工程中心等创新平台。提升企业核心竞争力，重点要做好一批投资规模大、产业关联度高、市场前景好、高技术水平的技术改造项目。提升产学研合作力度，改进现有研发机制，提高技术转化率，改进研发机制，使企业成为研发活动的主体，使科技创新在经济发展及社会进步中起到支撑和引领的作用。

要使资源型城市摆脱对资源产业路径的依赖，必须要进行产业链再造。资源型城市传统产业主要以自然资源的开采加工为主，属于重型工业，在生产制造环节会存在沉淀成本。因此，进行产业链再造应以交易成本内部化为着力点，大力推进区域产业的上游下游产业一体化发展，达到降低沉淀成本、减少交易费用的目的，从而实现产业整体效益的最大化。具体而言，企业要依据上下游产业的关联程度，按照产业链发展模式发展前后连锁的关联项目，延长产业链条；以资源开发为基础，激发现有产业的诱发作用，提升资源型产业链再造能力；采取建立长期契约、产权结构重调、上下游一体化等手段，降低沉淀成本，实现交易成本内部化。企业以此达到资源型产业链再造的目的，最终提升资源型产业的竞争优势。

（四）发展产业集群，重构竞争优势

产业集群是工业化发展的趋势，是促进区域经济发展方式转变的重要途径，也是供给侧结构性改革的客观要求，其所彰显出的独特竞争优势已受到世界各国及地方政府的高度关注，已成为世界经济发展的主流之一。产业集群有利于加强企业间交流合作、共享共建，能够扩大企业比较优势的基础，加快技术创新步伐，并扩大技术创新成果的应用范围，提高技术创新的价值，具有"内部经济"和"外部经济"。因此，资源型城市要将产业集群作为转型产业发展的重要形式，以传统资源产业为重点，借助供给侧结构性改革建设特色鲜明、集中度高的产业集群，推动产业链条上的企业间协作和耦合关系，探索建立技术创新联盟，联手攻克产业内企业面临的共性技术问题，打造一批具有竞争优势、辐射带动力强特征的产业集群与产业基地，促进资源型城市区域经济的提升。

资源型城市因资源而建，主要进行资源开发，产业结构相对单一，大多集中于资源产品的初加工上，处于产业链的最低端，产业竞争力和附加值较低。在供给侧结构性改革驱动转型过程中，资源型城市要抓住市场倒逼机遇，从技术研发、信息服务等方面入手，努力建立完善的公共服务平台，建立相互协作、互相支撑、上下联动的现代化资源深加工产业集群。推动资源型城市产业向智能制造、高端研发挺进，完成由"加工制造车间"向"研发制造中心"转变，努力抢占现代制造业产业制高点。除了做好资源开发，还要向研发、深加工、物流等产业链后端发力，持续推进资源型城市产业组织的变化和新价值的创造，促进资源型城市产业链整体价值的提升。

（五）关注市场需求，转变发展模式

满足市场需求是人类社会经济活动的出发点和落脚点，市场需求的状态决定了企业的经营状况、营收水平和可持续发展能力。当前，虽然资源型城市普遍存在产能过剩的压力，但在一些具体的细分市场仍然存在产能不足的情况。这就要求资源型城市在进行供给侧结构性改革驱动转型时，不仅要努力去产能，不断提高产品质量，同时要丰富产品种类，突出产品特色，走特色和差异之路，引领市场创造新需求，不断推进产业的转型升级。鼓励资源型城市企业加大产品开发力度，加快产品升级换代。总之，资源型城市在转型过程中要紧盯市场需求，瞄准潜在和多样化市场需求，以创新驱动新技术、新产业、新业态不断涌现，借助创新原动力不断开辟市场需求新天地。

"三去一降一补"是在供给侧结构性改革中需重点抓好的任务，因此，实现产业绿色化、低碳化、循环化是资源型城市转型发展的最终目标。针对资源型城市存在资源产业"一业独大"、资源能源消耗大、生态环境脆弱的特点，供给侧结构性改革驱动资源型城市转型要遵循生态经济发展规律，综合运用现代科学技术、生态和环境保护手段，改进资源产业的生产方式和生产工艺，不断降低产业的能耗、污染和排放。开发和推广废物再利用技术，变废物为资源，不断延伸资源型城市的产业链，实现集约、高效生产。推进资源型城市区域内及跨区域的企业、产业间共生耦合，构建资源循环综合利用体系，形成多产业协同循环链接的现代产业体系，提高资源产业的开采、利用和回收率，实现对排放物无废、无害、无污染的再利用与再循环，实现高碳资源低碳发展，最终提高产业的经济和生态效益。

（六）化解过剩产能，降低退出成本

化解资源型城市过剩产能要用好政府有形的手和市场无形的手，确保两手都要抓，两手都要硬，两只手叠加会使资源型城市转型实现事半功倍的效果。如果单纯依靠市场这只无形的手，不能很好发挥政府的作用，无法从根本上解决资源型城市过剩的产能。加快推进政策创新，因势利导，降低供给侧结构性改革驱动资源型城市转型的风险。资源型城市产业结构的优化升级必须大力化解过剩产能。原因在于产能过剩不仅不利于资源型城市的产业发展和升级，而且占用大量的社会资源会影响新产业、新业态的产生和发展以及新供给的增长。要坚决向僵尸企业开刀，通过做减法不断淘汰落后产能、去掉过剩产能，才能为新产业、新业态的产生和发展以及新供给的增长提供更多的资源和更大的空间，创造更有利的条件，推动资源型城市的经济结构不断向更高质量和水平的供需状态跃升。资源型城市要借鉴国际经验，加快政府机构改革，深化"放管服"改革，简化企业登记、注销、破产等相关程序，降低企业退出成本，妥善处理转型与供给侧结构性改革之间的关系，既要实现不断转型，又要确保社会稳定。完善资源型城市企业破产立法，建立完备的企业破产和资产清算的法律程序，设立僵尸企业破产处置绿色通道，加快破产清算案件审理，做好职工安置和再就业工作。要尽可能多地采用兼并重组的方式，确保资源型城市转型不产生大的地震，采用人企分离、"保人不保企"的政策。

四、矫正要素扭曲配置，创新要素供给机制

由于资源富集区偏离区域的核心区，资源型城市在产生时就带有缺陷，存在地缘上的劣势，加上生态环境破坏严重、基础设施落后，资源型城市普遍有资金、技术、人才等外流的现象。在供给侧结构性改革中，资源型城市要进行经济、产业、生态等的重构，将深度开发"原字号"和培育壮大"新字号"并举，通过加减乘除运算纠正生产要素错配现象，创新城市要素优化供给机制，为城市转型提供高质量的生产要素供给。

（一）优化人力资本供给，提高人力资源水平

在资源型城市的众多资源中，人力资源是最为重要的资源，其不仅是知识资源的载体，更是深化供给侧结构性改革的智力源泉。因此，资源型城市要重视吸收专业化人才，优化人力资本的供给，不断提高人力资源水平，才能实现城市转型。

要抓住劳动技能这个"牛鼻子"，努力提高基层劳动者素质，为资源型城市转型的基础生产活动提供丰富的高素质劳动力资源。大力发展职业教育，提升社会对职业教育的认可度，注重提高教育水平，强化财力投入，提高人才培养质量，努力培育行业和产业领军人才，充分发挥"人才红利"的优势。注重企业技术员工的在岗培训，加大培训力度，培养适应新时代要求的现代产业技术工人。加大对职业教育的投资力度，努力办好具有地方特色的职业教育，满足域内对特殊职业技术人员的需求，确保资源型城市在持续推进转型的过程中拥有充足的基层人力资本供给。

重点培育高素质专业人才和研发人员，确保供给侧结构性改革驱动资源型城市转型强劲有力。努力推进产教融合、产学研协同的创新体系，加快推进"双创"，培育资源型城市转型的新支撑。充分利用前期发展所形成的良好基础条件，主动出击，主动作为，积极融入国家创新发展的大潮，根据相关认定标准，开展高新技术企业培育和支持行动。树立不拘一格创业的思想，实施行业领军式创新企业培育行动，培养一批在域内具有一定体量和影响力的领军企业。鼓励中小企业特色式和内涵式发展，培育达人式创新型企业。利用专业人才开展精准服务，对有上市意愿和能力的企业加强政策宣讲和专项辅导，帮助企业对接资本市场，为资源型城市的企业实现快速发展争取更多的资本支持。

引进高级专门管理人才，对供给侧结构性改革驱动资源型城市转型进行顶层设计。任何组织和地方，如果没有人，发展和竞争无从谈起，更不要说高级专门人才。过去城市的竞争主要是科技和GDP的竞争，进入新时代，城市的竞争转为人才的竞争，特别是高层次人才的竞争。引进高级专门管理人才是供

给侧结构性改革驱动资源型城市转型，促进城市创新能力提升的关键之举。原因在于高级管理者思想观念新颖、管理知识丰富、行为作风务实，能为资源型城市转型提供科学指导。资源型城市要想尽一切办法，做好高级管理人才引进，确保人才引得来、留得住、用得好。

（二）加大科技创新力度，提升核心技术水平

科技创新是供给侧结构性改革驱动资源型城市转型的关键驱力，资源型城市要努力引导社会力量自主开展研发活动，不断提升整个城市的科技创新能力，点燃转型发展引擎。一是"科学技术是第一生产力"，通过创新可以将科学技术转化为更高质量的生产力，为资源型城市转型培育新动能。技术密集型企业建立在科学技术基础上，尤其是大数据、人工智能、生物制药等高新技术产业，更是新发明、新技术的复合体，具有非常强的市场竞争力，可以作为供给侧结构性改革驱动资源型城市转型时重点选择的产业。二是科技创新为供给侧结构性改革驱动资源型城市转型提供了必要的技术支撑。科技创新可以提高资源型城市具有比较优势产业的竞争优势，提升产业的专业化水平。互联网＋、大数据等新技术在资源型城市的应用，有助于提高城市的信息化、现代化水平，促进社会经济系统的迭代更新。

打通阻碍科技创新与产业产品创新有效衔接的关键环节，疏通科技创新与产业产品创新对接的经络，依靠科技创新促进产品更新升级，缓解资源型城市发展不平衡和不充分的问题。世界上多个资源型城市的成功转型都隐现着科技创新的身影。在转型升级以后，匹兹堡虽然仍是钢铁资源型城市，但科技创新使匹兹堡钢铁产品的品质产生了质的飞跃，同时生产活动更节能和环保了。借助新技术，德国鲁尔地区从典型的煤炭资源型城市摇身一变成为以高新技术产业为主的现代工业城市。因此，在供给侧结构性改革过程中，资源型城市要努力构建促进科技创新的体制机制，为科技创新活动提供良好的制度环境，充分发挥科技创新对资源型城市转型的作用。

搭建更多科技创新平台，以平台战略促进技术共享和交流。减少技术保护壁垒，扩大新技术和新成果的宣传和推广，努力将科技创新成果扩大运用到更多的领域和行业，最大限度地挖掘科技创新成果的潜力，使科技创新成为资源

型城市转型的催化剂，提高资源型城市的智慧化、信息化水平。在供给侧结构性改革过程中，资源型城市要将科技创新型企业和高新技术产业作为转型的重点和方向，通过技术共享，加快解决影响资源型城市转型的关键技术和关键领域，加快推进比较优势转化为资源型城市的生产力。

加快推进产教融合，探索产学研合作的新模式和新机制。一是要不断推进产教融合，引导高校与企业深度合作，优化和调整培养方案与模式，促进企业与高校间技术和人才的互动，加快资源型城市企业转型的技术创新步伐。二是要设立并利用好技术改造和企业发展专项资金，鼓励符合资源型城市转型产业发展规划的企业进行技术革新，为其在关键技术和关键领域的改造提供资金和技术支持，引导整个产业链的技术进步，实现四两拨千斤的效果。三是梳理资源型城市现有产业的共性和关键技术，由政府牵头，建立关键技术攻关小组和平台，力争在关键技术上实现新突破，解决单个企业解决问题的力量薄弱的问题，实现资源型城市资源产业整体的升级。

（三）加快土地供给改革，优化国土资源利用结构

（1）要把握好资源型城市土地资源的收与放，加强土地供给的计划性。在供给侧结构性改革驱动资源型城市转型的过程中，会有一批产能落后的传统资源型企业被市场淘汰，对其占用的土地要及时收回，做好新的规划，避免土地长期闲置。随着资源型城市转型发展的步伐加快，更多的资源型城市传统企业会加入产业升级的大军，成为高新技术企业。升级后的企业更强调协同发展和规模化发展，因此，政府要做好高新技术产业园区的规划和建设，特别是土地供给的规划，做到未雨绸缪。从目前的资源型城市转型情况来看，很多城市将发展旅游业作为转型首选的产业。旅游业虽然属于第三产业，但其发展仍然需要占用一定规模的土地。而由于许多资源型城市的旅游业基础薄弱，景区基础设施建设还比较滞后，当大兴旅游业时，就会出现旅游景区建设用地与基础设施建设用地相矛盾的情况，需要资源型城市对旅游业建设用地做好规划。

（2）市场调节和政府调控相结合，完善资源型城市土地供给渠道。政府调控是许多资源型城市在土地供给规划时采取的主要方式，虽然简单有效，但很难做到区别对待，难免出现优秀的企业得不到必要的土地供给、产能落后的企

业反而得到的情况，会严重挫伤优秀企业的积极性。资源型城市应将土地进行细分，经营性的土地交由市场进行调节，非经营性土地的使用更多地依靠政府调控，努力寻找二者一起发力的平衡点。

（3）运用土地审批手段促进资源型城市产业升级。在我国全面深化改革的进程中，政府的行政审批手续进行了大幅简化，企业用地审批环节大幅压缩。政府要抓住关键环节，使有限的土地用到资源型城市产业结构调整的方向上，对符合资源型城市转型的企业给予更快捷的审批。支持更多高新技术企业和第三产业发展，是加快供给侧结构性改革驱动资源型城市转型的有效手段，也是破解资源型城市"一业独大"、产业集中度高的有效措施。由于高新技术企业占地少、能耗低、污染少、潜力大，资源型城市应首先满足此类企业的用地需求。对于将旅游业作为转型接替产业的资源型城市，应根据本地区土地规划对旅游业的配套产业发展给予土地供给的扶持。对于配合资源型城市转型的物流业，要予以扶持，但由于土地需求量较大，要通过建立物流园区力争实现集约式发展。加快土地供给改革，优化国土资源利用结构，其土地供应渠道框架如图8-2所示。

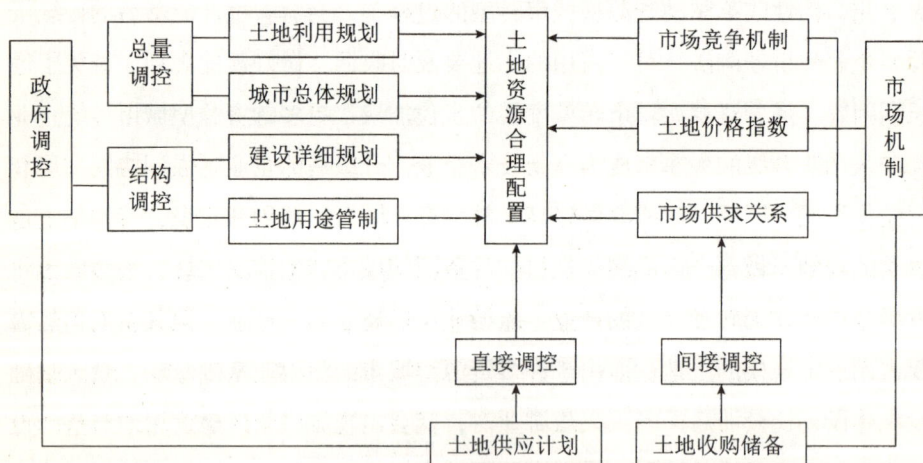

图8-2 土地供应渠道框架图

（四）加强金融和资本创新体系建设，提升服务实体经济能力

（1）研究制定支持资源型城市国有企业战略性改组、兼并的政策，加快混

合所有制改革进程。近年来，资源型城市经济运行下行压力较大，背后映射出资源型城市面临经济结构、产业结构等深层次问题，急需解决。通过供给侧结构性改革，不断深化国有企业改革，深入优化经济运行结构，培育经济增长的新动能，建立资源型城市转型完善的、高效而有活力的微观经济基础。在供给侧结构性改革驱动资源型城市转型的过程中，要双向推进国有企业混合所有制改革。一是在政策和法律允许的情况下，逐步放开非国有资本进入资源型城市的领域，让更多有实力的非国有企业加入资源型城市转型的伟大事业中来。允许非国有资本以多种形式参与资源型城市国有企业混合所有制改革，实行同股同权，切实保护好非国有资本投资主体的合法权利，激发更多的非国有资本参与国有企业改制重组的积极性。二是鼓励国有资本以出资入股、收购股权联合投资等多种形式参与非国有企业的经营管理，加强与非国有企业的互动，充分发挥国有资本的优势，培育、扶持和鼓励非国有企业的快速发展。在推进资源型城市国有企业混合所有制改革过程中，"中国制造2025"重点领域应是金融业聚焦的重点。金融业要从自身实际出发，在严控资产负债比的前提下，不断进行业务创新，优化业务流程，发挥好金融业信贷资金对资源型城市转型的引领作用，提升与资源型城市转型和供给侧结构性改革的契合度和耦合度。要研究制定支持资源型城市国有企业混合所有制改革的信贷政策，支持国有企业和非国有企业以入股贷款、并购贷款等方式筹集资金，用于参股、并购等，不断优化资源配置，提高资源型城市产业集中度，增强核心竞争力。

（2）完善和壮大小微企业金融服务体系，提升服务创新创业和中小微企业的能力。在资源型城市转型过程中，"双创"的主力军小微企业是不容忽视的群体，它们不仅可以提供就业岗位、维护社会稳定，更有利于资源型城市产业结构和经济结构的优化调整。一是资源型城市要建立完善的服务创新创业和小微企业的金融服务体系，充分发挥企业信用担保体系，通过实地调查、借助第三方对创新创业和小微企业的生产经营状况进行研判，准确对它们的贷款投放力度做出判断，保证它们经营和发展的有效资金供给。二是资源型城市金融机构要积极配合国家的"三去一降一补"战略，遵循信贷原则，在研判的基础上，适度扩大对创新创业和小微企业的贷款规模，特别是对前景较好的，优化贷款程序。三是资源型城市金融机构要不断创新金融产品，开发多种面向创新创业和小微企业的灵活的金融产品，积极推进技术融资、订单融资、保单融资等面世，尝试"私人订制"式贷款，实行"一事一议"制度，积极发放技术改造贷款，帮助企业进行技术改造升级，进而实现整体转型升级。

五、转变经济增长方式，培育转型新动能

（一）实施多元创新驱动战略，腾挪实体经济振兴空间

改革开放以来，中国的经济实现了长期的高速增长，事实表明这段时期的高速增长来源于要素驱动和投资驱动，是粗放的、不可持续的。但在新时代，这种依靠要素和投资驱动的高速增长即将寿终正寝。内生增长理论认为，一个地区或国家经济持续增长的不竭动力主要来源于包括科学技术在内的多元创新驱动。因此，在资源型城市转型的过程中，要借助供给侧结构性改革的东风，大力实施多元创新驱动战略，依靠创新为资源型城市实体经济振兴发展腾挪空间。高素质的人才是实施多元创新驱动的关键，而我国正面临人口老龄化的现实，因此，需要我国政府继续放开计划生育政策，蓄积更多人口红利。同时，紧盯世界科学技术发展走向，集聚和培育紧跟世界科技主攻方向的人才，以项目和平台为纽带，激发人才、项目、资金等的活力，努力建立人才高地。科技创新和产业创新是供给侧结构性改革驱动资源型城市转型的动力支撑系统，也是资源型城市实施多元创新驱动战略的核心。在引进、消化、吸收和创新技术的过程中，要突出实体经济的关键地位，兼顾好资源型城市传统产业改造升级与新兴产业蓬勃发展之间的关系。建立资源型城市产业技术战略联盟，充分发挥实体经济、高校和科研机构的优势资源，加大科技创新力度。做大做强资源型城市实体经济，将其打造为创新投入及成果转化的主体，加快创新成果向现实生产力的转化，促进实体经济高质量发展，提高实体经济的核心竞争力。制度是供给侧结构性改革驱动资源型城市转型的重要保障，制度创新对资源型城市转型的影响比科技创新更为重要。制度不仅直接影响资源型城市实体经济吸引资本、技术等的能力和创造财富的效果，而且影响科技创新对资源型城市转型的驱动成效。对资源型城市来讲，实施制度创新就是要进一步加大"放管

服"的力度和范围，建立健全相关法律制度。通过法律制度净化市场环境，充分挖掘资源型城市实体经济的比较优势，努力打造属于资源型城市的实体经济，且有自己竞争力的产品品牌。加强资源型城市转型的顶层设计，强化政府与实体经济的信息共享，降低实体经济的成本负担，为资源型城市转型和实体经济振兴发展腾挪空间。

（二）推动结构优化升级，释放经济发展动能

促进经济结构优化升级，不仅能加快资源型城市转变经济增长方式的步伐，也是资源型城市转型发展的着力点。通过优化升级资源型城市经济结构，不仅能实现生产要素由低效率产业或部门向高效率产业或部门转移，也能优化生产要素供给结构，提高要素供给质量和效率，淘汰和减少资源型城市无效和低端供给，为供给侧结构性改革驱动资源型城市转型奠定结构基础。产业结构改革是转型的重头戏，也是转型的重点和基础性问题。在转型过程中，资源型城市要将制造业的智能化、信息化和现代化作为产业结构改革的主攻方向，借助新一代信息技术，加快传统制造业改造、优化和升级，不断培育新的生产制造技术。推进互联网＋与制造技术的融合发展，借助大数据等现代化技术，紧盯世界制造业和产业发展的前沿与方向。优化资源型城市资源配置，通过培育新产业、新业态不断将制造业和服务业推向高端，发挥精细化服务对转型发展的支撑作用。经济结构优化是供给侧结构性改革驱动资源型城市转型的难点。推进资源型城市经济结构优化升级，要努力发挥发达地区的辐射带动作用，建立发达地区与资源型城市"一对一"的辐射带动制度。借鉴已有成熟的城市群发展模式，将资源型城市纳入区域城市群中，积极培育转型的增长极。调整优化城市群产业布局，统筹兼顾城市群内产业发展现状，按照比较优势原则，提升资源型城市"磁吸效应"，加快推进生产要素区域内的流动，打造具有城市群特色的优势产业。二元结构是供给侧结构性改革驱动资源型城市转型的突出问题。资源型城市转型的过程同时伴随着城镇化。城镇化是打破城乡二元结构的重要法宝，是加快推进资源型城市经济增长方式转变的有效抓手。在城镇化建设过程中，要充分激发社会资本参与资源型城市基础设施建设、生态环境修复、就业岗位创造等方面的积极性和主动性，从政策、体制、机制等方

面加快推进城乡一体化，推动农村人口市民化，激发生产要素活力，打破要素流动壁垒，促进要素在城乡之间的自由流动，充分释放城镇化聚集效应，提高全要素生产效率。

（三）防范风险和矛盾，确保经济顺利转型

在供给侧结构性改革驱动资源型城市转型过程中，会冒出新的风险和矛盾，也是资源型城市转变经济增长方式必须要面临和解决的问题。进入新常态，来到新时代，我国经济的发展已由高速增长向中高速转变，过去在高速增长背后隐藏的金融风险、杠杆率高、产能过剩、生态环境破坏等问题日益凸显。而经济增长速度的下降，增加了降低金融风险、杠杆率和解决产能过剩等问题的难度。在供给侧结构性改革驱动资源型城市转型过程中，要处理好经济增长与风险防范之间的关系。通过优化金融机构对资源型城市政府和国有企业的贷款期限和贷款结构，调整政府债券的期限结构、债务利率等，降低政府和国有企业短期偿债压力。引导有实力的企业兼并重组产业链条上下游的企业，消除僵尸企业，降低资源型城市因企业破产倒闭带来失业而引发社会不稳定的风险。支持资源型城市有实力的企业上市，借助社会资本加快其转型升级，降低去产能可能引发的金融风险。降低金融市场进入门槛，降低民营银行和金融机构成立的基本条件，努力建成多层次的融资体系，为资源型城市转型提供更为便利的金融服务。改革资源型城市官员的考核机制，树立五大发展理念，倡导新的政绩观，降低产能过剩和高杠杆率的风险。加快国有企业改革，推进混合所有制改革进程，以增强资源型城市市场主体的活力和抵御风险的能力。进一步加强资源型城市市场风险检测与预警，强化与周边城市间市场风险的联防联控能力，以免出现"交叉感染"，进而引发系统性风险，为转型筑牢风险防控的篱笆。

六、加强生态环境治理，实现绿色生态发展

党的十九大报告强调："我们要建设的现代化是人与自然和谐共生的现代化。"许多资源型城市都走过牺牲环境搞开发、搞建设的弯路，因此对习近平总书记提出的"绿水青山就是金山银山"有着更深刻的认识。生态环境问题是

供给侧结构性改革驱动资源型城市转型发展面临的一个非常严峻的问题。对资源型城市来讲，生态环境治理和转型发展有着共同的价值取向。长期的粗放式发展使生态破坏、环境污染、土地退化等问题在资源型城市层出不穷，严重制约供给侧结构性改革驱动资源型城市转型。

（一）树立生态发展理念，筑牢资源型城市转型的生态屏障

全面开展资源型城市生态环境承载力评估，研判城市的生态承载力，制定转型过程中的生态环境建设和保护规划，防治生态环境承载力的下降。加大重大生态安全事件的预警，防止生态功能退化，保障转型的生态安全。落实资源开发生态补偿保证金制度，对新建和现有资源开采、利用企业，特别是矿产资源开采、利用企业，要依据设计年限和余期分年计提生态补偿保证金，用于生态环境修复和污染治理。保证金要存到指定账户，由资源型城市政府与企业共同监管，确保专款专用，避免被挪作他用。建立资源型城市水资源开发利用和保护专项基金，专门用于节水设施建设、污水治理、水资源循环利用等项目。

加强资源型城市与周边地区和城市的贸易交流，提高城市能源利用效率。我国资源型城市普遍呈现第二产业工业占 GDP 比重较高的情况，城市的能源消耗比较大。较之非资源型城市，资源型城市的能源利用效率存在较大的改进空间。一是要改变能源消费形态，减少直接消耗原煤的数量，降低原煤在能源消费结构中的比例，多使用页岩气、二次能源、新能源，提高电、天然气等清洁能源在能源消费结构中的比例，以减轻生产、生活对生态环境的影响。二是加大宣传力度，树立人人节约能源的新风尚。开展节约能源技能大比拼，"以比促节、以比带节"，促进节能技术不断涌现。设立节约能源专项奖励基金，专门奖励对资源型城市节能降耗做出突出贡献的个人、企业、高等院校、科研院所等。树立资源型城市节能降耗先锋，利用多种途径广为宣传，力争使节能降耗成为城市人民的一种自觉行动。在街道社区、企业、厂矿、商业区等设立节能降耗宣传栏，宣传节能降耗的常识、做法，营造崇尚节能降耗的良好社会风尚。三是促进资源型城市与周围地区和城市的贸易交流，在更大区域内释放转型的生态压力。随着我国高铁铁路网建设速度加快，绝大多数资源型城市都已进入或即将进入城铁或高铁的新时代，为资源型城市与周边及更大范围地区

和城市的贸易交流提供了便利的交通优势。资源型城市也都建立了更大范围的"朋友圈"，在更大的"朋友圈"内，更有利于调整优化产业结构和经济结构，能更好地发挥自己的比较优势，为供给侧结构性改革驱动资源型城市转型提供了更大的释放生态压力的空间。

（二）完善经济手段，保护资源型城市转型的生物生产性土地

生物生产性土地为资源型城市转型提供了生物、生产资源，保证了生物多样性，是生产、生活活动废弃物的承载地，其生产能力决定了转型过程中的生态承载力。根据资源的消耗和再生速度，资源型城市的资源可以分为可再生和不可再生两类资源。再生速度不慢于消耗速度的资源称为可再生资源，即流量资源，消耗速度不慢于再生速度的资源称为不可再生资源，即存量资源。在供给侧结构性改革驱动资源型城市转型时，要注重对存量资源的保护。原因在于存量资源被消耗了，很难得到及时的补充和修复，流量资源消耗后，可以通过再生及时得到补充。

增加农业生产补贴，激发农民耕地的积极性，提高对资源型城市耕地保护的力度。用经济学划分商品属性的标准衡量，耕地具有公共物品属性，如果不能给予在耕地上劳作的人适度补贴，势必会挫伤其从事农业活动的积极性，也就不会不断增加对耕地的投资，耕地的生产力将得不到有力保护，也无法阻止农民从土地转到其他工作岗位，最终无法确保人民口粮的安全。资源型城市政府要充分认识到耕地的特殊性和重要性，科学评估本市范围内的土地数量和耕地价值，坚决贯彻落实党中央、国务院及上级出台的有关耕地保护的政策和文件。同时，要结合资源型城市的特点，科学制定转型过程中的农业生产补贴和扶持政策，实施一系列的补偿制度，以经济的手段激发农村劳动人口耕地的积极性。资源型城市政府也要科学评估本市的土地类型，科学规划农作物和经济作物的种植类型和种植面积，加大对农业生产活动的指导力度，促进其质量不断提升，确保生物生产性土地得到切实有效的保护。

加大对资源型城市植树造林的奖补力度，激发公众和社会组织参与植树造林的积极性，不断扩大生态林的种植面积。资源型城市工业比重高，相对于非资源型城市，生态更为脆弱。植树造林不仅可以美化环境、净化空气，还有

利于降低资源型城市的生态脆弱性、防止水土流失，促进经济发展，促进资源型城市改变过去"黑色"的印象，不断树立"绿色"的新印象。资源型城市要科学编制植树造林规划，建立更为完善的植树造林扶持和奖励政策，从税收上降低企业用于植树造林的支出，延长植树造林土地的承包年限，吸收更多社会资金参与"绿化城市、生态城市"建设中来。在资源型城市中开展树木认植认养活动，积极引导社会公众参与植树造林的后续养护工作，倡导"人人有树养"，实现"树树有人养"，提高植树造林的成活率，确保植树造林的成效。推进阳台、屋顶绿化工程，全方位、立体化推进资源型城市绿化工程。

加大对资源型城市农业科技创新的投入力度，促进资源型城市农业的高质量发展。支持对农作物种子的培育，特别是支持本土的种子培育和研发企业，鼓励种子企业强强联合，培育更具竞争力企业。加大对农业科技成果的引进力度，培育更多适合资源型城市土地和环境的农作物，促进农产品向更高产、更优质的方向发展，提供流量资本的供给，减少存量资本的使用和消耗，确保存量资本的数量，保证生态承载力。

（三）倡导生态消费，提高资源型城市公众生态保护意识

资源型城市的生态环境问题主要是由消费活动引起的。在我国能源使用部门中，居民能源消耗已成为继工业部门外的第二大能源消耗部门，占所有终端能源消费的11%。如果考虑私人交通出行所致的能源消耗，那么居民能源消费占比会更高。随着居民收入水平和生活质量的提高，居民消费能源的支出占生活支出的比例较低，导致居民对能源的消费表现出很大的随意性，给资源型城市生态环境带来很大的压力和威胁。

生态环境治理是资源型城市的一个群众性问题，不仅事关当前每个人的切身利益，也影响到子孙后代的生存和发展，需要一个比较长的过程才能得到改善。资源型城市生态环境治理除了需要政府和企业的努力外，更需要社会公众的参与，在积极营造生态环境治理的氛围中，加快生态环境治理的进程。一是资源型城市可根据本市的情况制定《生态环境治理行动纲要》，以传统媒体和新媒体相结合的方式对行动纲要进行立体式、全方位宣传，使纲要的精神渗透

到居民、企业、政府生产和生活的每个环节，引导居民生活方式、企业生产方式和政府治理方式向生态化转变。二是营造反对奢侈消费和劣质消费，倡导理性消费的消费氛围。奢侈消费会引起珍稀资源的破坏，影响珍稀资源的恢复和再生速度，甚至会加快其消亡进程。劣质产品使用寿命短，居民的新消费频率高，导致消耗资源的速度更快，对资源型城市的生态环境破坏和影响更为严重。三是开展多层面的生态安全教育，促进资源型城市居民生态安全行为的养成。资源型城市在加快基础设施建设、方便居民出行的同时，要大力倡导绿色出行、低碳出行，推行共享共建的生态安全生活方式，减少不必要的消费，抵制奢侈和过度消费，减少城市人均生态足迹，形成符合新时代生态文明建设要求的新风尚。四是资源型城市政府要主动强化主体责任，全面落实生态环境损害终身追究制，将生态安全确定为政府指导市场活动的出发点和落脚点。补贴从事生产和消费生态产品的个人和组织，加快普及生态消费品，完善相关法律法规，从法律层面制约粗放式的生产和生活行为，加快资源型城市公众生态保护意识的形成。

七、树立资源开发新理念，开辟转型新路径

（一）加快资源型城市工业遗产旅游开发

《全国资源型城市可持续发展规划（2013—2020 年）》确定的我国资源型城市的数量为 262 个，其中衰退期 67 个。随着衰退期资源型城市的资源日渐枯竭，会出现大量的废旧矿场、倒闭破产的厂矿，这也是资源型城市发展为人类遗留下的工业遗产。这些工业遗产见证了资源型城市从建市到今天的发展和变化，见证了资源型城市工业化进程的艰辛，是几代资源型城市人沉淀的珍贵回忆。如果处理不当，这些工业遗产不仅不能促进资源型城市发展，反而会成为转型过程的绊脚石。因此，如何挖掘、再利用这些工业遗产，使它们变废为宝，充分发挥在资源型城市转型过程中的作用，成为新时代资源型城市转型面临的重要课题。

我国的世界文化遗产拥有量在世界上居第二位，仅次于意大利，而在《世界遗产名录》中，中国仅有都江堰一个工业文化遗产，不仅与我国的经济体量

不相符，更不符合我国正由工业大国向工业强国转变的现实。对工业遗产的保护重视程度不够是非常重要的原因。2017年初，《关于加强分类引导培育资源型城市转型发展新动能的指导意见》（发改振兴〔2017〕52号）的发布，为新时代挖掘、抢救和保护资源型城市的工业遗产开出了良方，也激发了公众对工业遗产保护的重视。

资源型城市的工业遗产更多的是废弃的矿山、工业设备、机器厂房。由于它们失去了生产能力和经济价值，对资源的聚集能力也随之降低，使周围的发展也随之落魄。由于历史的原因，资源型城市的旧厂房多位于繁华中心地带，弃之可惜食之无味，但又有较高的土地利用价值。在这些地方可以进行工业遗产旅游开发项目。工业遗产旅游能扩大我国旅游市场的产品类型，丰富旅游产品的内涵，不仅有利于工业遗产的保护，而且为资源型城市转型带来了新的契机，也为供给侧结构性改革驱动资源型城市转型提供了新的加法思路。大力开发资源型城市工业遗产旅游，为需要就业的劳动力提供了更多选择，能扩大就业面，降低失业率；能有效推动第三产业发展，有助于调整和优化三次产业的比例结构；有利于改变资源型城市产业结构单一的局面，促进城市经济结构转型。

德国的鲁尔地区在转型时建立了亨利钢铁厂等主题博物馆，充分挖掘和利用了当地的工业遗产，堪称工业遗产利用的优秀案例。我国资源型城市在转型过程中开发工业遗产可以以此为鉴。通过在遗弃的老建筑、老矿区建主题博物馆或科学馆，可以将工业遗产实体的保护与工业文化传承有机结合，根据实际情况，采用"整体保护"或"保护与再生"模式。

（二）充分利用资源型城市转型的文化资源

虽然我国早期的资源型城市的产生有其特殊的政治和历史背景，其发展呈现出与非资源型城市有显著区别的特点，无论是成长期、成熟期，还是衰退期、再生期的资源型城市，其产生和发展都与资源开发高度相关。每个资源型城市都有独特的创业过程和创业历史，所形成的独特城市文化和城市精神也造就了丰富的文化旅游资源。要将开发工业遗产和文化旅游作为供给侧结构性改革驱动资源型城市转型的重要抓手和载体，整合自然、历史和文化资源等，促进资源型城市文化产业、自然生态与旅游业的有机融合，不断壮大旅游市场，逐渐建成现代复合型旅游体系，通过市场化、社会化的手段把资源型城市打造成旅游市场新的明星。

由于资源型城市建设之初的位置比较偏僻、基础设施比较差，因此在发展过程中克服了很多困难。资源型城市为我国建设完整的工业体系做出了很大的牺牲，留下了很多艰苦奋斗、勇于开拓的感人故事，其中不乏很多为了祖国的富强、民主、文明、和谐、美丽而舍个人、舍小家的创业故事，形成了体现社会主义核心价值观的红色文化和红色故事。在供给侧结构性改革驱动资源型城市转型过程中，要将红色文化和红色故事与资源型城市的历史文化和自然资源一道组成积极向上的人文环境，增强资源型城市的文化自信，提升文化软实力。

资源型城市要利用历史文化资源大力发展文化产业。文化产业具有鲜明的生态特征，是典型的绿色经济、循环经济，不仅资源消耗低，而且有助于改变资源型城市传统的消费模式。资源型城市要努力将自己的文化物化，形成红色文化旅游景观，开发相应的旅游产品，既发挥激励作用，又促进产业结构调整升级，实现社会价值与经济价值的统一，促进转型发展。国家首批资源枯竭城市之一的焦作市，由于在资源开始枯竭时才考虑转型，所以属于被动转型的类型，但其准确把握住了自身独特的自然资源和历史文化资源，坚持打造太极故里、山水焦作，成为资源型城市转型的典范和楷模。六盘山是我国"大三线建设"的重要城市，市委市政府在三线建设指挥部的办公楼上建设了三线建设博物馆，以此激励世人铭记和弘扬"三线精神"。

参考文献

［1］陈宪：《着力加强供给侧结构性改革》，《文汇报》2015年11月18日。

［2］陈晓君、张云云：《"一带一路"战略下我国加工贸易供给侧改革的契机及对策》，《经济纵横》2016年第4期。

［3］陈妍、梅林：《东北地区资源型城市经济转型发展波动特征与影响因素——基于面板数据模型的分析》，《地理科学》2017年第7期。

［4］逄锦聚：《经济发展新常态中的主要矛盾和供给侧结构性改革》，《政治经济学评论》2016年第2期。

［5］冯志峰：《供给侧结构性改革的理论逻辑与实践路径》，《经济问题》2016年第2期。

［6］公丕祥：《经济新常态下供给侧改革的法治逻辑》，《法学》2016年第7期。

［7］龚刚：《论新常态下的供给侧改革》，《南开学报（哲学社会科学版）》2016年第2期。

［8］黄剑：《论创新驱动理念下的供给侧改革》，《中国流通经济》2016年第5期。

［9］胡志丁、葛岳静、侯雪等：《经济地理研究的第三种方法：演化经济地理》，《地域研究与开发》2012年第5期。

［10］［英］哈耶克：《自由秩序原理（上）》，生活·读书·新知三联书店1997年版。

［11］何黎明：《推进供给侧结构性改革　培育物流业发展新动能》，《中国流通经济》2016年第6期。

［12］姜朝晖：《以供给侧改革引领高等教育发展》，《重庆高教研究》2016年第1期。

［13］李哈滨、王政权：《空间异质性定量研究理论与方法》，《应用生态学报》1998年第6期。

［14］李杰：《新疆油气资源型城市产业接续与对策研究》，博士学位论文，新疆农业大学，2011年。

［15］李鹏飞、代合治、谈建生：《资源枯竭型城市产业转型实证研究——以枣庄为例》，《地域研究与开发》2012年第2期。

［16］林卫斌、苏剑：《理解供给侧改革：能源视角》，《价格理论与实践》2015年第15期。

［17］刘洋：《东北资源型城市可持续发展的财税政策研究》，硕士学位论文，大庆石油学院，2009年。

［18］刘云刚：《中国资源型城市界定方法的再考察》，《经济地理》2006年第6期。

［19］刘吕红：《资源型城市概念的历史考察及意义》，《四川师范大学学报（社会科学版）》2005年第5期。

［20］刘慧：《山西省资源型城市转型效果评价及影响因素研究》，硕士学位论文，华东师范大学，2017年。

［21］陆岷峰、杨亮：《互联网金融企业驱动供给侧改革的策略研究》，《石家庄经济学院学报》2016年第2期。

［22］吕景泉、马雁、杨延等：《职业教育：供给侧结构性改革》，《中国职业技术教育》2016年第9期。

［23］卢为民：《推动供给侧结构性改革的土地制度创新路径》，《城市发展研究》2016年第6期。

［24］罗文韬：《资源型城市转型过程中的政府行为研究》，硕士学位论文，中国地质大学（北京），2009年。

［25］路璐、盛宇华、董洪超：《供给侧改革下国企改革与创新效率的制度分析》，《工业技术经济》2018年第1期。

［26］毛峰：《乡村旅游供给侧改革研究》，《改革与战略》2016年第6期。

［27］曲娜：《内蒙古煤炭资源枯竭型城市转型效果及影响因素研究》，硕士学位论文，内蒙古师范大学，2015年。

［28］任玉琨：《基于博弈模型的资源型城市产业转型分析——以油气资源型城市产业转型为例》，《经济问题探索》2009年第4期。

［29］沈建光：《供给侧改革与需求管理要协调推进》，《第一财经日报》2015 年 11 月 24 日第 A15 版。

［30］盛昭瀚：《国家创新系统的演化经济学分析》，《中外管理导报》2002 年第 10 期。

［31］石岿然、肖条军：《双寡头零售市场的演化稳定策略》，《系统工程理论与实践》2004 年第 12 期。

［32］沈满洪、何灵巧：《外部性的分类及外部性理论的演化》，《浙江大学学报（人文社会科学版）》2002 年第 1 期。

［33］孙平军、修春亮、王忠芝：《基于 PSE 模型的矿业城市生态脆弱性的变化研究——以辽宁阜新为例》，《经济地理》2010 年第 8 期。

［34］孙青林、胡晓鸣、王思源：《新时期煤炭资源型城市转型发展的规划应对——以〈淮南市城市总体规划（2016—2035 年）〉为例》，《城市发展研究》2018 年第 8 期。

［35］陶晓燕：《基于主成分分析的资源型城市产业转型能力评价》，《资源与产业》2013 年第 2 期。

［36］唐楠：《资源型城市产业转型研究》，硕士学位论文，西北大学，2015 年。

［37］谭俊涛：《基于演化弹性理论的东北地区资源型城市转型研究》，博士学位论文，中国科学院大学，2017 年。

［38］谭玲玲：《资源型城市转型过程中的政府职能重塑》，《山东工商学院学报》2017 年第 1 期。

［39］滕泰：《加强供给侧改革　开启增长新周期》，《经济参考报》2015 年 11 月 18 日。

［40］涂蕾：《新常态下资源型城市产业转型研究——以湖南省娄底市为例》，硕士学位论文，湖南师范大学，2016 年。

［41］吴雅云、高世葵：《内蒙古资源型城市产业转型能力评价》，《资源与产业》2015 年第 1 期。

［42］王川红：《我国资源型城市转型协调研究》，博士学位论文，电子科技大学，2009 年。

［43］王冠：《煤炭资源型城市生态安全演变机理及评价研究》，博士学位论文，河南理工大学，2016 年。

［44］王让会、樊自立：《塔里木河流域生态脆弱评价研究》，《干旱环境监测》1998 年第 4 期。

［45］王廷惠、黄晓凤:《以"五大发展理念"引领供给侧结构改革》,http://www.cs.com.cn/sylm/zjyl_1/201608/t20160826_5042743.html.

［46］王婷婷、张欢:《供给侧改革形势下推进信托业转型发展研究》,《西南金融》2016年第4期。

［47］王杨、雷国平、刘兆军等:《煤炭资源枯竭型城市土地可持续利用动因分析》,《经济地理》2010年第7期。

［48］向铮:《基于产业转型的煤炭资源型城市竞争力提升研究》,博士学位论文,山东师范大学,2016年。

［49］熊花:《资源型城市产业转型升级中的政府职能转变研究》,《江西社会科学》2014年第6期。

［50］徐林:《释放新需求　创造新供给》,《中国财经报》2015年12月1日。

［51］徐君、李贵芳、王育红:《国内外资源型城市脆弱性研究综述与展望》,《资源科学》2015年第6期。

［52］徐君:《资源型城市系统演化的动力学分析》,《广西社会科学》2011年第2期。

［53］徐君、高厚宾、王育红:《生态文明视域下资源型城市低碳转型战略框架及路径设计》,《管理世界》2014年第6期。

［54］徐君、高厚宾、王育红:《资源型城市低碳转型的"驱力—障碍"因素分析》,《科技管理研究》2014年第24期。

［55］徐君、李贵芳:《中国资源型城市脆弱性时空演化理论与实证研究》,中国经济出版社2017年版。

［56］姚平、姜日木:《技术创新、制度创新与资源型城市产业转型——基于生命周期的视角》,《科学管理研究》2012年第6期。

［57］叶雪洁、吕莉、王晓蕾:《经济地质学视角下的资源型城市产业转型路径研究——以淮南市为例》,《中国软科学》2018年第2期。

［58］袁广林:《供给侧视野下高等教育结构性改革》,《国家教育行政学院学报》2016年第6期。

［59］杨建林、张思锋、王嘉嘉:《西部资源型城市产业结构转型能力评价》,《统计与决策》2018年第5期。

［60］杨振超：《淮南资源型城市可持续发展战略转型研究》，博士学位论文，中南大学，2010 年。

［61］赵西君、吴殿廷、戎鑫等：《成熟期资源型城市产业转型发展模式研究——以济宁市为例》，《地理与地理信息科学》2007 年第 6 期。

［62］张蓓：《农产品供给侧结构性改革的国际镜鉴》，《改革》2016 年第 5 期。

［63］张米尔、孔令伟：《资源型城市产业转型的模式选择》，《西安交通大学学报（社会科学版）》2003 年第 1 期。

［64］张米尔、武春友：《资源型城市产业转型障碍与对策研究》，《经济理论与经济管理》2001 年第 2 期。

［65］张荣光、付俊、杨劬：《资源型城市转型效率及影响因素——以四川为例》，《财经科学》2017 年第 6 期。

［66］张团结、王志宏、从少平：《基于产业契合度的资源型城市产业转型效果评价模型研究》，《资源与产业》2008 年第 1 期。

［67］张宗勇：《煤炭行业供给侧改革探究》，《煤炭经济研究》2016 年第 4 期。

［68］张雨浦：《煤炭资源型城市竞争力的系统演化与仿真研究》，博士学位论文，哈尔滨工业大学，2013 年。

［69］周峰、王新华、李剑峰等：《软 PLC 编辑系统的设计与实现》，《计算机工程与应用》2005 年第 7 期。

［70］周一星：《城市地理学》，商务印书馆 1995 年版。

［71］周勇：《我国资源型城市产业转型模式研究》，硕士学位论文，首都经济贸易大学，2007 年。

［72］Arce D.G. & Danel G.（eds.），"An Evolutionary Game Approach to Fundamentalism and Conflict"，*Journal of Institutional and theoretical Economics*，Vol.159，No.1（2005），pp.132–54.

［73］Barnes T.J. & Britton J.N.H.（eds.），"Canadian Economic Geography at the Millennium"，*Canadian Geographer*，Vol.44，No.1（2000），pp.4–24.

［74］Barnes T.J. & Hayter R.，"The Restructuring of British Columbia's Coastal Forest Sector: Flexibility Perspectives"，*BC Studies*，No.113（1997），pp.7–34.

［75］Blaug M., "Say's Law of Markets: What Did it Mean and Why Should We Care?", *Eastern Economic Journal*, Vol.23, No.2（1997）, pp.231–235.

［76］Bo W. U. & Longjun C.I., "Temporal and Spatial Patterns of Landscape in the Mu Us Sandland, Northern China", *Acta Ecologica Sinica*, Vol.21, No.2（2001）, pp.191–196.

［77］Bradbury J., "The Impact of Industrial Cycles in the Mining Sector: the Case of the Québec–Labrador Region in Canada", *International Journal of Urban & Regional Research*, Vol.8, No.3（1984）, pp.311–331.

［78］Buell M.F., "Quantitative Plant Ecology", *Quarterly Review of Biology*, Vol.51, No.1（1964）, pp.606–607.

［79］Clark C., *The Conditions of Economic Progress*, London: Macmillan Press. 1951.

［80］Coase R.H., "The New Institutional Economics", *Journal of Institutional and Theoretical Economics*, Vol.140, No.1（1984）, pp.229–310.

［81］Cressman M.D. & Heyka R.J.（eds.）, "Lipoprotein（a）is an Independent Risk Factor for Cardiovascular Disease in Hemodialysis Patients", *Circulation*, Vol.86, No.2（1992）, pp. 475–482.

［82］Dai W. & Zhang M. Z.（eds.）, "Ecological Security Evaluation of Water Resource Based on Ecological Footprint Model", *Environmental Science & Technology*, Vol.36, No.12（2013）, pp.228–233.

［83］Diamond P., "Optimal Income Taxation: An Example with a U–Shaped Pattern of Optimal Marginal Tax Rates", *The American Economic Review*, No.88（1998）, pp.123–129.

［84］Dillard D., "The Keynesian Revolution and Economic Development", *The Journal of Economic History*, Vol.8, No.2（1948）, pp.171–177.

［85］Felson M. & Spaeth J.L., "Community Structure and Collaborative Consumption: A Routine Activity Approach", *American Behavioral Scientist*, Vol.21, No.4（1978）, p.23.

［86］Keynes J.M., *The General Theory of Employment, Interest, and Money*, London: Palgrave Macmillan, 1936.

［87］Lucas R., "Expectations and the Neutrality of Money", *Journal of Economic Theory*, No.4（1972）, pp.103–241.

[88] Giannitsarou C., "Supply-side Reforms and Learning Dynamics", *Journal of Monetary Economics*, Vol.53, No.2 (2006), pp.291-309.

[89] Gulinck H. & Múgica M. (eds.), "A Framework for Comparative Landscape Analysis and Evaluation Based on Land Cover Data, with an Application in the Madrid Region (Spain)", *Landscape & Urban Planning*, Vol.55, No.4 (2001), pp.257-270.

[90] Huo B.F. & Ye Y.X. (eds.), "The Impact of Human Capital on Supply Chain Integration and Competitive Performance", *International Journal of Production Economics*, Vol.178, No.9 (2016), pp.132-143.

[91] Hutchinson G.E., "The Concept of Pattern in Ecology", *Proceedings of the Academy of Natural Sciences of Philadelphia*, No.105 (1953), pp.1-12.

[92] Janssena M.A. & Schoon M.L. (eds.), "Scholarly Networks on Resilience, Vulnerability and Adaptation within the Human Dimensions of Global Environment Change", *Global Environment Change*, Vol.16, No.3 (2006), pp.240-252.

[93] Jones S.B., "Mining and Tourist Towns in the Canadian Rockies", *Economic Geography*, Vol.9, No.4 (1933), pp.368-378.

[94] Kuznets S., *Modern Economic Growth: Rate, Structure and Spread*, New Hayen and London: Yale University Press, 1966.

[95] Li H., "A New Contagion Index to Quantify Spatial Patterns of Landscapes", *Landscape Ecology*, Vol.8, No.3 (1993), pp.155-162.

[96] Lucas R.E. Jr., "Why doesn't capital flow from rich to poor countries?", *American Economic Review*, No.2 (1990), pp.92-96.

[97] Mackintosh W.A., "Economic Factors in Canadian History", *Canadian Historical Review*, Vol.4, No.1 (1923), pp.12-25.

[98] Markey S. & Halseth G. (eds.), "The Struggle to Compete: From Comparative to Competitive Advantage in Northern British Columbia", *International Planning Studies*, Vol.11, No.1 (2006), pp.19-39.

[99] Mcmahon G. & Remy F., *Large Mines and the Community: Socioeconomic and Environmental Effects in Latin America, Canada, and Spain*, Washington DC: IDRC

and World Bank, 2001.

[100] Metzler A., "Business Cycles and the Modern Theory of Employment", *American Economic Review*, Vol.36, No.3 (1946), pp.278-291.

[101] Milne B.T., "Measuring the Fractal Geometry of Landscapes", *Applied Mathematics & Computation*, Vol.27, No.1 (1988), pp.67-79.

[102] Parker P., "Canada-Japan Coal Trade: an Alternative Form of the Staple Production Model", *Canadian Geographer*, Vol.41, No.3 (1997), pp.248-267.

[103] Petty W., *Several Essays in Political Arithmetick*, Routledge: Thoemmes Press, 1992.

[104] Reynolds H.L. F., "On Definition and Quantification of Heterogeneity", *Oikos*, Vol.73, No.2 (1995), pp.280-284.

[105] Robinson J.L., "Geographical Reviews", *American Geographical Review*, Vol.54, No.2 (1964), pp. 289-291.

[106] Ross D.P. & Usher P.J., *From the Roots up : Economic Development as if Community Mattered*, Toronto: James Lorimer & Company, 1986, PP. 55-68.

[107] Say J.B., *Letters to Mr. Malthus on Several Subjects of Political Economy and on the Cause of the Stagnation of Commerce*, Translated by John Richter, London: Printed for Sherwood, Neely, and Jones, 1967.

[108] Schumpeter J.A., *Capitalism, Socialism, and Democracy*, New York: Harper and Brothers, 1942.

[109] Schultz T.W., "Reflections on Agricultural Production, Output and Supply", *Journal of Farm Economics*, Vol.38, No.3 (1956), pp.748-762.

[110] Slocombe D.S., "Resources, People and Places: Resource and Environmental Geography in Canada 1996-2000", *Canadian Geographer*, Vol.44, No.1 (2010), pp.56-66.

[111] Smith A., *The Wealth of Nations*, London: W Strahan and T Cadell, 1776.

[112] Solow R.M., "A Contribution to the Theory of Economic Growth", *Quarterly Journal of Economics*, Vol.70, No.1 (1956), pp.65-94.

[113] Suarez-Villa L., "Urban Growth and Manufacturing Change in the United States-

Mexico Borderlands: A Conceptual Framework and an Empirical Analysis", *Annals of Regional Science*, Vol.19, No.3 (1985), pp.54–108.

[114] Selten R., *A Noncooperative Model of Characteristic-function Bargaining*, Institut f ü r Mathematische Wirtschaftsforschung an der Universität Bielefeld, 1980.

[115] Tanya B. & Hayter R., "Resource Town Restructuring, Youth and Changing Labour Market Expectations: the Case of Grade 12 Students in Powell River", *BC Studies*, No.103 (2003), pp.75–103.

[116] Tehrani N.A. & Makhdoum M.F., "Implementing a Spatial Model of Urban Carrying Capacity Load Number (UCCLN) to Monitor the Environmental Loads of Urban Ecosystems. Case Study: Tehran Metropolis", *Ecological Indicators*, Vol.32, No.9 (2013), pp.197–211.

[117] Turner M., "Landscape Ecology: the Effect of Pattern on Process", *Annual Review of Ecology & Systematics*, Vol.20, No.20 (2003), pp.171–197.

[118] Weibull J.W., *Evolutionary game theory*, MIT press, 1997.

[119] Yamada K., "Labor Supply Responses to the 1990s Japanese Tax Reforms", *Labour Economics*, Vol.18, No.4 (2011), pp.539–546.

后　记

资源型城市因资源开发而兴起，因资源耗竭而衰落，这是其生命周期发展的必然趋势，转型发展势在必行。2015 年 11 月，习近平总书记提出供给侧结构性改革，旨在调整经济结构，促进产业优化重组，实现要素资源的最优配置，消除过剩产能，提高有效供给，为资源型城市转型研究提供了新思路。本书突破了从需求侧研究资源型城市转型问题的传统思路，从全面提高供给质量的视角展开，破解了资源型城市转型动力不足的难题，促进了供给侧结构性改革与资源型城市转型发展的有效结合，延展了供给侧结构性改革的应用范围，创新了资源型城市转型的思路和内容。

本书是在国家社科基金项目"供给侧结构性改革驱动资源型城市转型的机制、战略框架及对策"（16BJY042）研究成果基础上，修改、补充、完善而成。由于研究内容具有系统性、交叉性、复杂性的特征，部分成果的科学性、现实性、实践性和针对性尚需完善。"山再高，往上攀，总能登顶；路再长，走下去，定能到达。"吾将继续努力和不懈探索，为资源型城市的可持续发展做出贡献。

感谢东营、韶关、唐山、邯郸、临汾、大同、晋城、本溪、盘锦、阜新、辽源、松原、吉林市、白山、鸡西、鹤岗、黑河、牡丹江、伊春、大庆、淮南、铜陵、马鞍山、鹤壁、焦作、平顶山、南阳、濮阳、郴州、贺州、攀枝花、乌海、六盘水、丽江市、榆林、白银、庆阳、金昌、石嘴山等 40 个资源型城市的相关政府部门的大力支持，使我能够顺利获取本书实证研究部分需要的大量数据。

感谢任腾飞、王冠、李贵芳、戈兴成、贾倩等研究生在资料收集方面做出的贡献。感谢人民出版社车金凤编辑和刘诗灏编辑为本书出版提供的大力支持和帮助。

本书参考了大量的参考文献，个别资料在文中没有一一注明，在此对所有文献的作者也表示衷心的感谢！

策划编辑：车金凤

责任编辑：刘诗灏

封面设计：九　五

图书在版编目（CIP）数据

供给侧结构性改革与中国资源型城市转型 / 徐君著 . —北京：人民出版社，2019.11

ISBN 978-7-01-021412-2

Ⅰ.①供… Ⅱ.①徐… Ⅲ.①中国经济—经济改革—研究 ②城市经济—经济可持续发展—研究—中国 Ⅳ.① F121 ② F299.2

中国版本图书馆 CIP 数据核字（2019）第 225383 号

供给侧结构性改革与中国资源型城市转型

GONGJICE JIEGOUXING GAIGE YU ZHONGGUO ZIYUANXING CHENGSHI ZHUANXING

徐　君　著

人民出版社 出版发行

（100706　北京市东城区隆福寺街 99 号）

环球东方（北京）印务有限公司印刷　新华书店经销

2019 年 11 月第 1 版　2019 年 11 月北京第 1 次印刷

开本：710 毫米 ×1000 毫米　1/16　印张：22.5

字数：350 千字

ISBN 978-7-01-021412-2　定价：88.00 元

邮购地址 100706　北京市东城区隆福寺街 99 号

人民东方图书销售中心　电话（010）65250042　65289539